Michael Moritz

Die Geburt
eines Kults

Börsenbuchverlag

Die Originalausgabe erschien unter dem Titel
Return to the little kingdom:
Steve Jobs, the creation of Apple, and how it changed the world
ISBN 978-1-59020-281-4

© Copyright der Originalausgabe:
Copyright © 2009, 1984 by Michael Moritz.
All rights reserved. The Overlook Press, Peter Mayer Publishers, Inc., New York.

© Copyright der deutschen Ausgabe 2011:
Börsenmedien AG, Kulmbach

Übersetzung: Egbert Neumüller
Gestaltung Titel: Johanna Wack, Börsenbuchverlag
Gestaltung, Satz und Herstellung: Martina Köhler, Börsenbuchverlag
Lektorat: Claus Rosenkranz
Druck: CPI – Ebner & Spiegel, Ulm

ISBN 978-3-941493-74-2

Alle Rechte der Verbreitung, auch die des auszugsweisen Nachdrucks,
der fotomechanischen Wiedergabe und der Verwertung durch Datenbanken
oder ähnliche Einrichtungen vorbehalten.

Bibliografische Information der Deutschen Nationalbibliothek:
Die Deutsche Nationalbibliothek verzeichnet diese Publikation in der
Deutschen Nationalbibliografie; detaillierte bibliografische Daten
sind im Internet über <http://dnb.d-nb.de> abrufbar.

Postfach 1449 • 95305 Kulmbach
Tel: 0 92 21-90 51-0 • Fax: 0 92 21-90 51-44 44
E-Mail: buecher@boersenmedien.de
www.boersenbuchverlag.de

Für die besten Ergänzungen seit der ersten Ausgabe:
HCH JWM WJM

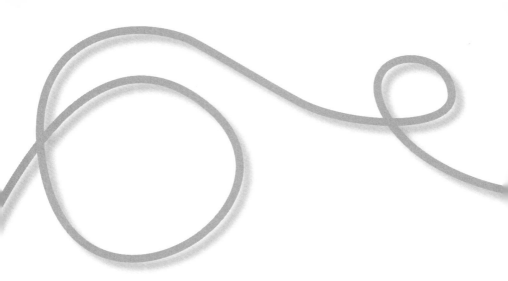

INHALT

Danksagungen.	7
Prolog.	9
Einführung.	17
„Boomtown by the Bay".	35
Supergeheime Himmelsspione.	43
Vergaser und Mikrofone.	59
Der Cream-Soda-Computer.	67
Der Leiter.	97
Das kleine blaue Kästchen.	107
Honig und Nüsse.	129
Rauschkisten.	153

Stanley Zeber Zenskanitsky.	**173**
Zur Hälfte richtig.	**201**
Eine Menge Mist.	**231**
Mercedes und eine Corvette.	**251**
Was für ein Motherboard.	**275**
Anforderungen erfüllt.	**291**
Die besten Verkäufer.	**319**
Die Dummkopf-Explosion.	**353**
Die Platin-Kreditkarte.	**395**
Willkommen IBM, im Ernst –.	**425**
Epilog.	**471**

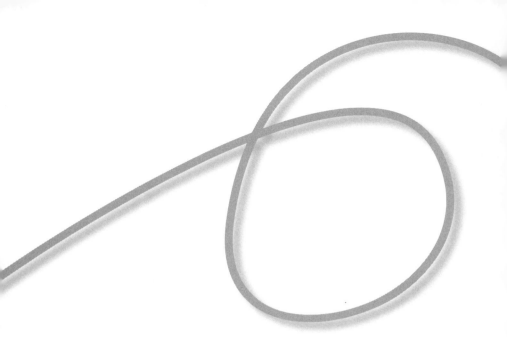

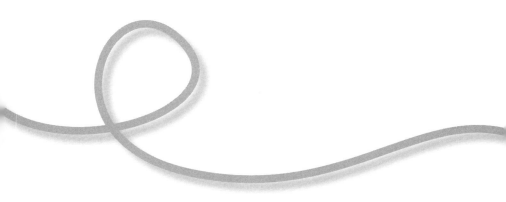

Danksagungen.

Dutzende von Leuten ließen sich für dieses Buch interviewen. Viele lehnten ab. Ich hoffe, diejenigen, die ihre Türen öffneten und profitablere Tätigkeiten dafür unterbrachen, haben nicht das Gefühl, sie hätten ihre Zeit verschwendet. Andere ließen mich freundlicherweise Aktenschränke durchwühlen und Fotoalben durchsehen, während mich die Herausgeber der *San Jose Mercury News* in ihrem Archiv willkommen hießen. Dick Duncan, Leiter der Korrespondentenabteilung von *Time*, duldete einen weiteren meiner die Routine störenden Ausflüge und gab mir dafür Urlaub. Ben Kate, Leiter des Westküstenbüros von *Time*, gewährte mir die umfassende Unterstützung, die all jene kennen werden, die einmal für ihn gearbeitet haben. Catazza Jones verbesserte das erste Manuskript, Julian Bach kümmerte sich um das Geschäftliche und Maria Guarnaschelli trug ihren flotten, eleganten Stil bei.

– Michael Moritz
Potrero Hill, Frühjahr 1984

Prolog.

Wenn *Time* das alljährliche Ritual begeht, die Auswahl seiner Person des Jahres bekannt zu geben, erinnert mich das unweigerlich an eine Situation vor fast 30 Jahren, als ich von der damaligen Bekanntmachung völlig überrascht wurde. Als das Jahr 1982 heraufdämmerte und ich gerade von meiner Position als *Time*-Korrespondent in San Francisco eine Auszeit nahm, beschlossen die Herausgeber der Zeitschrift, den Computer zur „Person" des Jahres zu küren. Diese Ausgabe enthielt auch ein Porträt des Apple-Mitgründers Steve Jobs, an dem ich mitgeschrieben hatte. Und damit begannen meine Probleme.

Es war schwer zu sagen, wer über den *Time*-Artikel mehr erbost war – Jobs oder ich. Steve nahm zu Recht Anstoß an seinem Porträt und daran, was in seinen Augen ein grober Missbrauch seines Vertrauens war. Ich war genauso irritiert darüber, wie das Material, das ich fleißig für ein Buch über Apple gesammelt hatte, von einem New Yorker Redakteur gefiltert und mit Boulevard-Klatsch vergiftet worden war.

Seine Aufgabe bestand normalerweise darin, über die bunte Welt der Rockmusik zu berichten. Steve machte keinen Hehl aus seiner Wut und hinterließ auf dem Anrufbeantworter, den ich in meinem umgebauten Erdbebenbunker am Fuße des Potrero Hill in San Francisco stehen hatte, einen Sturzbach von Nachrichten. Er verbannte mich verständlicherweise aus Apple und verbot allen in seinem Umkreis, mit mir zu sprechen.

Diese Erfahrung ließ in mir die Entscheidung reifen, nie wieder irgendwo zu arbeiten, wo ich mein Schicksal nicht weitgehend selbst unter Kontrolle habe oder wo ich pro Wort bezahlt werde. Ich beendete meinen Urlaub und veröffentlichte mein Buch „The Little Kingdom: The Private Story of Apple Computer", von dem ich fand, dass es im Gegensatz zu dem unglückseligen Zeitschriftenartikel ein ausgewogenes Portrait des jungen Steve Jobs vorstellte. Meinen Pflichten gegenüber *Time* kam ich noch nach und flüchtete bei der ersten Gelegenheit, um anfänglich die halbe Belegschaft eines spezialisierten Verlagsdienstes zu werden, der viele Jahre später, lange nachdem ich in die Welt des Wagniskapitals eingestiegen war, von Dow Jones übernommen wurde.

In den drei Jahrzehnten, die seither vergangen sind, habe ich mich manchmal nach den Winkelzügen des Schicksals gefragt, die mich mit Steve in Verbindung brachten. Wenn ich nicht in meinen Zwanzigern gewesen wäre, hätte mich *Time* wahrscheinlich niemals nach San Francisco geschickt, wo ich zufällig zu der gleichen Generation gehörte, die Computersoftware und Biotech-Unternehmen gründete. Hätte ich Steve nicht kennengelernt, hätte ich auch Don Valentine nicht getroffen, den Gründer von Sequoia Capital und einen der ersten Apple-Investoren. Hätte ich Don nicht kennengelernt, hätte ich nie ein Bewerbungsgespräch darüber geführt, die unterste Sprosse auf der kurzen Leiter von Sequoia Capital zu werden. Hätte ich nicht über Apple geschrieben, wo mich eine Besessenheit von der damals noch nicht erzählten Geschichte der Gründerzeit ergriff, hätte ich niemals so intensiv über die Eigenschaften und Zufälle nachgedacht, die ein Unternehmen formen. Hätte ich nicht Mitte der 1980er-Jahre das Venturecapital-Geschäft von der Pike auf gelernt, hätte ich niemals das Glück gehabt, das mir dann über den Weg lief. Und hätte ich Steve und Don nicht kennengelernt, wäre mir nie klar geworden, wieso es am besten ist, nicht so zu denken wie alle anderen.

Ich bin sicher, als Steve ein Teenager im kalifornischen Los Altos war, hätte er sich nie träumen lassen, dass er eines Tages an der Spitze eines Unternehmens stehen würde, dessen Zentrale laut Google Maps drei Straßenecken und 1,6 Meilen vom Eingangstor seiner Highschool entfernt ist, das seit 1996 über 200 Millionen iPods, 1 Milliarde iTunes-Songs, 26 Millionen iPhones und über 60 Millionen Computer verkauft hat; oder dass sein Gesicht zwölfmal die Titelseite von *Fortune* zieren würde; oder dass er quasi nebenbei im Alleingang zur Finanzierung und Gestaltung von Pixar beitragen würde, einer Computeranimations-Firma, die mit zehn enorm erfolgreichen Filmen mehr als fünf Milliarden Dollar an den Kinokassen eingespielt hat. Er könnte sich auch über die Irrungen und Wirrungen wundern, die ihn zu dem gemacht haben, was er ist: dass er seine Jugendzeit in einem Gebiet verbrachte, das damals noch nicht als Silicon Valley bezeichnet wurde; dass der Apple-Mitgründer Stephen Wozniak ein Jugendfreund von ihm war; dass er in einem Sommer als Labortechniker bei Atari arbeitete, dem Hersteller des ersten beliebten Arcade-Videospiels Pong; dass sich der Atari-Gründer Nolan Bushnell bei Don Valentine Geld beschafft hatte; und dass Nolan zu den Leuten gehörte, die Steve in Richtung Don drängten. So sehen die Brotkrumen aus, die planlos auf dem Weg des Lebens verstreut liegen.

Inzwischen habe ich dank der rauen Erfahrungen aus fast 25 Jahren Wagniskapitalbranche eine hoffentlich präzisere Sichtweise auf die außerordentlichen Leistungen von Steves Unternehmerleben entwickelt

– demnach verdient er einen Platz unter den größten Amerikanern, den lebenden und den toten.

Steve ist der Vorstandsvorsitzende von Apple, aber was noch wichtiger ist (auch wenn das nicht auf seiner Visitenkarte steht): Er ist einer der Gründer des Unternehmens. Wie die Geschichte von Apple zeigt, kennt der Mensch keine größere Entfernung als den einzelnen Schritt, der einen Vorstandsvorsitzenden von einem Gründer trennt. Vorstandsvorsitzende sind größtenteils Produkte des Bildungswesens und anderer Institutionen. Gründer – oder zumindest die besten unter ihnen – sind unaufhaltsame Naturkräfte, die sich nicht unterdrücken lassen. Von den vielen Gründern, die ich getroffen habe, ist Steve der fesselndste. Steve hat mehr als irgendein anderer Mensch die moderne Elektronik in Objekte der Begierde verwandelt.

Steve besaß schon immer die Seele eines Dichters, der kritische Fragen stellt – der von uns anderen ein wenig entrückt ist und der von früher Jugend an seinen eigenen Weg geht. Wenn er in einer anderen Zeit geboren worden wäre, kann man sich leicht vorstellen, dass er auf Güterzüge aufgesprungen und seinem Stern gefolgt wäre. (Es ist kein Zufall, dass er und Apple bei der Finanzierung von Martin Scorseses „No Direction Home", der fesselnden Filmbiografie über Bob Dylan, geholfen haben.) Steve wurde von wohlwollenden Eltern adoptiert und aufgezogen, die nie viel Geld hatten. Ihn zog das Reed College an, eine Schule, die eine außerordentliche Anziehungskraft auf intelligente, nachdenkliche Teenager ausübt, und die in den 1970er-Jahren maßgeschneidert für alle Kinder war, die wünschten, sie wären in Woodstock gewesen. Der dortige Kalligrafie-Unterricht schärfte seinen Sinn für Ästhetik – dieser Einfluss ist immer noch in allen Apple-Produkten und in der Apple-Werbung sichtbar.

Die Kritiker von Jobs mögen sagen, er könne eigensinnig, halsstarrig, jähzornig, launisch und stur sein – aber zeigen Sie mir jemanden, der etwas Bedeutendes erreicht hat und der nicht von Zeit zu Zeit diese

Eigenschaften an den Tag legt und der kein Perfektionist ist. Zu Steve gehört auch das schelmische, berechnende und misstrauische Wesen des Basars. Er ist ein beharrlicher, überzeugender und elektrisierender Verkäufer – so ziemlich der einzige Mensch, den ich kenne, der die Kühnheit besitzt, landesweit Bushaltestellen mit Werbung für ein so banales Produkt wie eine drahtlose Maus zuzupflastern. Er ist aber auch der Mann, der vor Jahrzehnten so freundlich war, einen Vorstandsvorsitzenden im Krankenhaus zu besuchen, nachdem ihn ein Schlaganfall umgeworfen hatte, und der in letzter Zeit auf gönnerhafte Art jüngeren Vorstandsvorsitzenden im Silicon Valley großzügig Ratschläge gibt.

Etwa zu der Zeit, als ich ins Wagniskapitalgeschäft ging, warf der Verwaltungsrat von Apple Steve zugunsten eines Mannes aus dem Osten hinaus, der ein Vertreter der Konventionen war. In seiner typischen Art verkaufte Steve alle seine Aktien des Unternehmens bis auf eine, und bei Sequoia Capital schüttelten wir den Kopf, als wir zusahen, wie er ein Unternehmen formte, dass er NeXT nannte. Er beschaffte sich Geld von Investoren (einschließlich Ross Perot) zu einer hohen Bewertung, und ich erinnere mich daran, wie ich seine Unternehmenszentrale besuchte. Man konnte das drohende Fiasko förmlich sehen. Das Logo war von Paul Rand entworfen worden und in der Lobby gab es eine freitragende Treppe – Anklänge daran sieht man in den Treppen, die man heute in vielen Apple Stores antrifft.

NeXT war für Steve ein Schritt aus seinem natürlichen Element heraus. Er versuchte, Computer an Großunternehmen zu verkaufen – und die ließen sich nicht von Produkten hinreißen, die das Bauchgefühl ansprachen. Außerdem war er dadurch zu einer Zeit dem Trubel des Verbrauchergeschäfts entrückt, als die Computerfirmen so langsam bewiesen, dass sie dank ihres Vorsprungs in den Bereichen Software und Silizium einen natürlichen Vorteil gegenüber Konsumartikelherstellern hatten, die sich bemühten, zu Computerfirmen zu werden.

Steve hielt sich zwar auch dann noch bei NeXT, als schwächere Charaktere schon längst das Handtuch geworfen hätten, aber am Ende, als das Todesröcheln aus dem Unternehmen zu dringen begann, schien es, als wäre auch er dazu verurteilt, zu einer Fußnote der Geschichte zu werden.

Heute, zwölf Jahre später, lässt sich die missliche Lage nur schwer beurteilen, in der Apple steckte, nachdem es Ende 1996 NeXT in dem verzweifelten Bemühen gekauft hatte, sich selbst wiederzubeleben. Die Zyniker im Silicon Valley machten sich darüber lustig, dass es Steve schaffte, NeXT für mehr als 400 Millionen Dollar zu verkaufen, obwohl das Unternehmen nur circa 50.000 Computer verkauft hatte. Als Steve zu Apple zurückkehrte, hatten ihn die jahrelangen geschäftlichen Widrigkeiten gestählt.

Mit der Wiedergeburt von Apple sind viele Menschen vertraut. Weniger vertraut sind sie wohl mit der Tatsache, dass sie wenige Parallelen hat – wenn überhaupt. Wann ist je ein Gründer in das Unternehmen zurückgekehrt, aus dem er rüde hinausgeworfen worden war, und hat einen derart vollständigen und spektakulären Turnaround wie den von Apple organisiert? Turnarounds sind zwar unter jeden Umständen schwierig, aber bei einem Technologieunternehmen sind sie doppelt schwierig. Es ist keine Übertreibung, zu behaupten, dass Steve Apple nicht nur einmal, sondern zweimal gegründet hat – und beim zweiten Mal tat er es allein.

Jedem, der einen genaueren Eindruck von Steve bekommen möchte, empfehle ich, sich auf YouTube die Eröffnungsrede anzusehen, die er im Jahr 2005 in Stanford hielt – und die wohl eine der freimütigsten und gehaltvollsten Reden ist, die je vor einer Versammlung junger Menschen gehalten wurden. Unter anderem beschwor er das Gefühl herauf, dass jeder von uns die Chance hat, Spuren zu hinterlassen, etwas Besonderes zu tun und vor allen Dingen seinen eigenen Weg zu gehen. Er schloss seinen Vortrag mit einer Ermahnung, die er der letzten Ausgabe des Whole Earth Catalog entlehnt hatte: „Stay hungry. Stay foolish." [etwa: „Bleib hungrig und närrisch."] Und ich habe festgestellt, dass dies auch für jeden ein wunderbarer Rat ist, der sein Leben damit zubringen möchte, in junge Unternehmen zu investieren.

– Michael Moritz, San Francisco, 2009

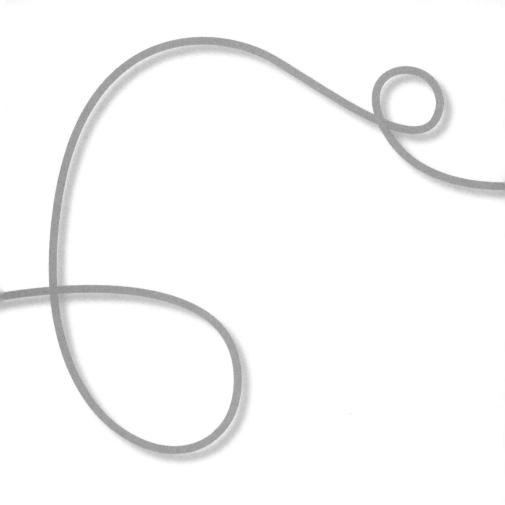

Einführung.

Über Unternehmen zu schreiben kann eine gefährliche Beschäftigung sein. Denn ebenso wie Menschen sind Unternehmen nie das, was sie zu sein scheinen. Beide haben den natürlichen Drang, sich von ihrer besten Seite zu zeigen, aber Unternehmen – insbesondere Großunternehmen – verwenden viel mehr Zeit und Geld auf den äußeren Anschein als die meisten Personen. Werbeanzeigen sind so gestaltet, dass sie das Unternehmen und seine Produkte in möglichst verführerischem Licht darstellen. Es werden PR-Agenturen beauftragt, Pressemitteilungen herauszugeben, Reporter mit Informationen zu versorgen und mit unbequemen Fragen umzugehen. Wertpapieranalysten, Banker und Broker werden emsig hofiert, um sicherzustellen, dass die Börsen den Aktien des Unternehmens auch die gebührende Aufmerksamkeit schenken.

Unternehmen, die noch nicht in das Licht der Anlegeröffentlichkeit getreten sind, haben zudem einen besonderen Charme. Sie brauchen sich noch keine Sorgen über die strenge Kritik von Bundesbehörden oder Aktionären zu machen, die nur eine kultivierte Bekanntheit zu schätzen wissen. Ihre Gründer und Manager sprechen normalerweise weniger gehemmt als die Führungskräfte von größeren Organisationen, und sie sind nicht so ängstlich auf die Bewahrung ihrer Geheimnisse bedacht. In den ersten paar Jahren freuen sich die meisten Unternehmen über jede Publicity, die sie bekommen können. Aber die Artikel, die in großen Zeitungen und Zeitschriften erscheinen, sind durch das Thema bedingt meist kurz, und gewöhnlich beschönigen sie viele Aspekte der Fortschritte eines jungen Unternehmens, während der Reiz des Neuen die Kritik tendenziell entschärft. Aber bis zu dem Zeitpunkt, zu dem eine Unternehmenschronik in Auftrag gegeben wird, sind die Einzelheiten aus der frühen Zeit häufig bereits verloren. Es entstehen Mythen über das Leben in der guten alten Zeit, und sogar gut gemeinte Bemühungen werden vom Fakt zur Fiktion. Wie ein weiser Mann einmal gesagt hat: Die Nostalgie ist nicht das, was sie einmal war. Also spricht vieles dafür, über ein Unternehmen zu schreiben, bevor seine Gründer und frühen Angestellten sterben oder sich die Einzelheiten in einem dunstigen Nebel verlieren.

Solange Unternehmen noch klein sind, lassen sie sich ziemlich leicht beschreiben, doch sobald sie über eine Garage oder eine Büroflucht hinauswachsen, werden sie immer unübersichtlicher. Wenn die Mitarbeiter über Fabriken und Lagerhäuser im ganzen Land oder in Übersee verstreut sind, bleiben einem nur Eindrücke, die man wie pointillistische Tupfer und Kleckse aufzeichnen muss. Doch nicht nur die schiere Größe ist ein Hindernis, sondern es gibt auch noch technischere Hindernisse. Denn der Versuch, den Ton und die Natur eines amerikanischen Großunternehmens herauszufinden, ist ein bisschen wie die Aufzeichnung des Geschehens in Gorki*. Man kann zwar verbitterten Flüchtlingen ein paar Geschichten ablauschen, aber eine genauere Untersuchung ist da schon gewagter. Es ist schwierig, ein Touristenvisum zu bekommen, einfach, die offizielle Linie zu entdecken, unmöglich, sich zu bewegen, ohne verfolgt zu werden, und nur allzu leicht, ausgewiesen zu werden.

Trauriger Weise haben Kleinunternehmen in einer bestimmten Ecke von Kalifornien die irritierende Angewohnheit, sich in Großunternehmen zu verwandeln. In den vergangenen 30 Jahren wurden die Obstgärten zwischen San Jose und San Francisco niedergemäht, um Dutzenden von Unternehmen Platz zu machen, die jetzt das Silicon Valley bilden. Die meisten von ihnen verdienen mit irgendetwas Geld, das etwas mit Elektronik zu tun hat, und sie sind so schnell gewachsen, dass man leicht meinen könnte, die herabgefallenen Pflaumen und Aprikosen würden einen fruchtbaren Boden bilden. Da sich die Entwicklungen der Mikroelektronik im Laufe des vergangenen Jahrzehnts vom Raketencockpit

---

* Anm. d. Ü.: Seit 1990 (also nach Erscheinen der Erstausgabe) heißt es wieder „Nischni Nowgorod" und ist seit 1991 auch wieder frei zugänglich.

auf den Schreibtisch verlagert haben, locken diese Unternehmen die übliche Schmarotzerherde von Politikern, Managementberatern und Journalisten an, die scharf darauf sind, eine Heilung für die Krankheiten zu entdecken, von denen andere Industrien geplagt sind.

Bis zu einem gewissen Grad wurde das populäre Bild dieser Unternehmen aus künstlichen Illusionen geschaffen. Man nimmt an, sie würden ihre Geschäfte auf neuartige Weise betreiben. Sie gelten als ungezwungene, lockere Arbeitsplätze, an denen ungewöhnliche Geister bei Laune gehalten werden. Man nimmt an, ihre Gründer würden ihren Reichtum teilen, während Hierarchie und Bürokratie – die Flüche konventioneller Großunternehmen – irgendwie abgeschafft wären. Die Chefs dieser Unternehmen, so erzählt man uns, lassen Mitarbeiter einfach in ihre Büros hereinkommen und entlassen abgesehen von Dieben und Fanatikern nur widerstrebend jemanden. Wenn man auf die Werbeleute hört, werden diese Unternehmen von Menschen mit blühender Fantasie und einem Hang zum Risiko gegründet. Anscheinend führen sie neue Produkte mit der vorhersehbaren Gewissheit ein, mit der Henry Kaiser einst die Liberty-Frachter vom Stapel ließ, und die Entwicklung eines neuen Chips oder eines tollen Computers wird unweigerlich als das Resultat des Laufs des Schicksals dargestellt. Selten wird über sie gesprochen, ohne dass irgendwie auf Gott, das Land oder den Pioniergeist angespielt wird.

• • •

Für all das gibt es kein besseres Beispiel als Apple Computer, Inc., das frühreifste Kind des Silicon Valley. Innerhalb von acht Jahren ist es vom Wohnzimmer auf einen Jahresumsatz von mehr als einer Milliarde Dollar angewachsen, während der Aktienmarkt seinen Aktien einen Wert von über 2,5 Milliarden Dollar zuwies. Es ist in kürzerer Zeit unter die Fortune 500 gekommen als irgendein anderes Start-up-Unternehmen in der Geschichte dieses Indexes, und die Chancen stehen gut, dass es vor seinem zehnten Geburtstag zu den 100 größten Industrieunternehmen der Vereinigten Staaten gehören wird. Zwei seiner Aktionäre sollen zu den 400 wohlhabendsten Menschen der Vereinigten Staaten gehören, und weit über 100 seiner Angestellten sind Millionäre geworden. Nach den gängigen Kriterien stellt Apple die Leistungen aller Unternehmen, die im Silicon Valley geboren wurden, in den Schatten. Es ist größer als Unternehmen, die Jahrzehnte vor ihm gegründet wurden, es hat neue Produkte entworfen und eingeführt, und es brauchte dafür keinen Unternehmens-Sugardaddy um Hilfe zu bitten.

Als ich erstmals darüber nachdachte, dieses Buch zu schreiben, war Apple schon ein großes Unternehmen. Damals schwebte es zwischen dem großen Erfolg, den der Personal Computer Apple II gebracht hatte, und einer doppelten Herausforderung: dem Bau und der Einführung einer neuen Gerätereihe und der Konkurrenz gegen den Moloch aus Armonk namens IBM. Die Frühzeit von Apple wurde schnell zu dem Stoff, aus dem man Volkslieder und Legenden macht, und die PC-Industrie reifte schnell heran. Viele kleine Unternehmen, die es geschafft hatten, die Frühzeit zu überleben, fielen so langsam hinten herunter. Ein paar taten sich hingegen als führende Unternehmen hervor, und eines davon war Apple.

Ich dachte, ich könnte mehr über das Silicon Valley, über das Aufkommen einer neuen Industrie und über das Leben in einem jungen Unternehmen erfahren, wenn ich mich auf eine Firma konzentrierte, anstatt zu versuchen, mich mit mehreren zu befassen. Es interessierte mich, ob das Image der Realität entsprach, ob die öffentlichen Aussagen zu den persönlichen Handlungen passten. Ich wollte mich auf die Jahre konzentrieren, bevor Apple ein börsennotiertes Unternehmen wurde, die Atmosphäre untersuchen, die die Gründer nährte, und herausfinden, wie sich ihre Persönlichkeiten auf das Unternehmen auswirkten. In geringerem Maße wollte ich auch die üblichen Fragen klären: Warum? Wann? Wie? „Zur richtigen Zeit am richtigen Ort" erklärt natürlich zum Teil den Erfolg von Apple, aber Dutzende oder gar Hunderte anderer Menschen, die Mikrocomputer-Unternehmen gründeten, sind trotzdem gescheitert.

Einige Monate lang genoss ich bei Apple eine sorgfältig beschnittene Freiheit. Ich durfte an Besprechungen teilnehmen und die Fortschritte eines neuen Computers beobachten. Aber das Unternehmen, das ich 1982 sah, unterschied sich sehr von der kleinen Firma, die im Jahr 1977 nur eine Garage füllte. Deshalb habe ich die Schnappschüsse aus dem Inneren des Unternehmens über das ganze Buch verstreut. Es ist kein autorisiertes Porträt von Apple Computer und es sollte auch nie eine definitive Firmengeschichte werden. Abgesehen von Schriftstücken, die durchsickerten, hatte ich keinen Zugang zu unternehmensinternen Dokumenten. Der Name einer Figur, die in der Erzählung mehrmals kurz auftaucht – Nancy Rogers –, wurde geändert, und einige Menschen, die in dem Text erwähnt werden, haben entweder das Unternehmen verlassen oder andere Funktionen übernommen. Ich merkte schnell, dass das Verfassen eines Buches über ein wachsendes Unternehmen in einer Branche, die sich in schwindelerregendem Tempo verändert, zumindest eines mit der Produktion eines Computers gemeinsam hat: Beide könnten immer *noch* besser sein, wenn man jede neue und verlockende Entwicklung einbeziehen würde. Aber genauso wie ein Ingenieur musste ich irgendwann fertigwerden und abliefern. Es geht also um Apples Weg zu seiner ersten Milliarde Dollar.

„Können wir Deine Party vielleicht jemandem verkaufen?"
– STEVE JOBS

Eine lange Reihe Balkontüren tönte die kalifornische Sonne ab. Das gefilterte Licht mit seinen langen Herbststrahlen spielte auf einer langen

unordentlichen Reihe von Koffern, Kleiderbeuteln, Rucksäcken und Gitarrenkoffern. Die Besitzer des Gepäcks saßen auf halbkreisförmig aufgestellten Stühlen mit gerader Lehne um einen gemauerten Kamin herum. Die meisten der rund 60 Gesichter gehörten zu dem blinden Fleck, der Menschen zwischen dem Ende des Teenageralters und den frühen Dreißigern tarnt. Etwa ein Drittel waren Frauen. Die meisten von ihnen trugen eine androgyne Uniform – Jeans, T-Shirts, Tank Tops und Laufschuhe. Ein paar Bäuche gab es, gelegentlich eine graue Strähne und überdurchschnittlich viele Brillengläser. So manche Wange war unrasiert, und einige waren noch schläfrig. Mehrere Polyester-Baseballkappen mit blauem Schirm trugen den Umriss eines Apfels, aus dem ein Stück herausgebissen war, und in schwarzen Buchstaben die Worte MACINTOSH DIVISION.
Vor der Gruppe saß auf der Kante eines Stahltischs eine große, schlanke Gestalt Ende 20. Sie trug ein kariertes Hemd, verwaschene Jeans und abgewetzte Laufschuhe. Um das linke Handgelenk schlang sich eine schmale Digitaluhr. Die Nägel an ihren langen, zarten Fingern waren bis zur Kuppe abgekaut, doch ihr glänzendes schwarzes Haar war sorgfältig frisiert und die Koteletten sauber geschnitten. Sie zwinkerte mit ihren tiefbraunen Augen, als würden ihre Kontaktlinsen brennen. Sie war von blasser Hautfarbe und ihr Gesicht wurde von einer schmalen, eckigen Nase geteilt. Die linke Seite war sanft und schelmisch, während die rechte einen grausamen, mürrischen Zug trug. Es war Steven Jobs, Vorsitzender und Mitgründer von Apple Computer sowie der Geschäftsführer der Macintosh Division.
Die Gruppe, die darauf wartete, dass Jobs zu reden anfing, arbeitete in Apples jüngster Abteilung. Ein Bus hatte sie aus der Unternehmenszentrale im kalifornischen Cupertino über eine Reihe pinienbestandener Hügel zu einer zweitägigen Klausurtagung in einer Feriensiedlung gebracht, die an der Pazifikküste für Wochenendurlauber gebaut worden war. Geschlafen wurde in einer holzverkleideten

Eigentumswohnanlage mit imposanten Schornsteinen. Das Holz war vom Wind und der Gischt grau verwittert und die Gebäude waren zwischen Sanddünen und spitzem Gras aufgereiht. Die Gruppe, die sich im hellen Morgenlicht versammelt hatte, bildete die lockere Zusammenstellung, die für eine junge Computerfirma typisch war. Einige von ihnen waren Sekretärinnen und Labortechniker. Manche waren Hardware- und Software-Ingenieure. Wieder andere arbeiteten in den Bereichen Marketing, Herstellung, Finanzen und Personal. Ein paar schrieben Bedienungsanleitungen. Einige waren erst kürzlich zu Apple gekommen und trafen ihre Kollegen zum ersten Mal. Andere waren aus einer Abteilung namens Personal Computer Systems versetzt worden, die die Computer Apple II und Apple III herstellte. Manche hatten vorher in der Personal Office Systems Division gearbeitet, die die Einführung eines Gerätes namens Lisa vorbereitete, das Apple an Unternehmen verkaufen wollte. Die Macintosh Division wurde manchmal einfach „Mac" genannt, aber das Fehlen eines offiziell klingenden Namens spiegelte ihre unstrukturierte Geburt wider. Denn der Computer mit dem Codenamen „Mac" war in mancherlei Hinsicht eine Unternehmenswaise.

Jobs begann und sprach ruhig und langsam. „Dies ist die Crème de la Crème von Apple. Wir haben hier die besten Leute und wir müssen etwas tun, was die meisten von uns noch nie getan haben: Wir haben noch nie ein Produkt ausgeliefert." Mit federndem Schritt ging er zu einer Staffelei und zeigte auf ein paar banale Sprüche, die in kindlicher Schrift auf große, cremefarbene Blätter geschrieben waren. Er verwandelte sie in Predigten. „Geschafft ist es erst, wenn wir liefern", las er vor. „Wir müssen Millionen und Abermillionen von Details ausarbeiten. Vor sechs Monaten glaubte niemand, dass wir das schaffen könnten. Jetzt glaubt man es. Wir wissen zwar, dass die einen Haufen Lisas verkaufen werden, aber die Zukunft von Apple ist der Mac." Er schlug eines der Blätter zurück, zeigte auf den nächsten Slogan und las:

„Keine Kompromisse." Er nannte das geplante Datum für die Einführung des Computers und sagte: „Lieber das Datum nicht einhalten als etwas Falsches ausliefern." Dann machte er eine Pause und setzte hinzu: „Aber wir werden es einhalten." Er schlug das nächste Blatt zurück und verkündete: „Der Weg ist das Ziel." Dann prophezeite er: „In fünf Jahren werden Sie auf diese Tage zurückblicken und sagen: ‚Das waren die guten alten Zeiten.' Wissen Sie", sagte er nachdenklich und mit einer Stimme, die sich um eine halbe Oktave hob, „das ist der schönste Ort bei Apple, an dem man arbeiten kann. Hier ist es so, wie es bei Apple vor drei Jahren war. Wenn wir dieses sozusagen Reine bewahren und die richtigen Leute einstellen, dann wird das auch ein großartiger Ort zum Arbeiten bleiben."

Jobs zog eine zerknitterte weiße Plastiktüte über den Tisch, ließ sie vor dem Knie baumeln und fragte im Ton von jemandem, der die Antwort schon kennt: „Wollen Sie mal was Nettes sehen?" Ein Gegenstand, der aussah wie ein Terminplaner, glitt aus der Plastiktüte. Das Gehäuse war mit braunem Filz bezogen, und als es sich öffnete, enthüllte es eine Computerattrappe. Ein Bildschirm nahm eine Hälfte ein und eine Schreibmaschinentastatur die andere. „Das ist mein Traum", sagte Jobs, „von dem, was wir Mitte oder Ende der 1980er-Jahre machen werden. Mit dem Mac Eins oder dem Mac Zwei werden wir das nicht schaffen, aber mit dem Mac Drei. Das wird der Höhepunkt der ganzen Mac-Geschichte."

Debi Colemann, die Controllerin der Abteilung, interessierte sich mehr für die Vergangenheit als für die Zukunft. Wie ein Kind, das auf eine vertraute Gute-Nacht-Geschichte hofft, bat sie Jobs, den Neulingen zu erzählen, wie er den Gründer von Osborne Computers, dessen tragbarer Computer das Unternehmen Apple Umsätze gekostet hatte, zum Schweigen gebracht hatte. „Erzählen Sie uns, was Sie zu Adam Osborne gesagt haben", flehte sie. Mit widerwilligem Schulterzucken wartete Jobs, bis sich etwas Spannung aufbaute, und legte dann mit der Story los: „Adam Osborne lästert immer über Apple. Er redete und redete über den Lisa und darüber, wann wir ihn liefern würden, und dann fing er an, über den Mac zu witzeln. Ich versuchte, cool zu bleiben und höflich zu sein, aber er fragte immer wieder: ‚Was ist denn jetzt mit diesem Mac, von dem wir immer hören? Gibt es den echt?' Er ging mir dermaßen auf die Nerven, dass ich zu ihm sagte: ‚Adam, der ist so gut, dass Du selbst dann, wenn er Deine Firma pleite gemacht hat, losgehen und ihn für Deine Kinder kaufen willst.'"

Die Gruppe wechselte zwischen Sitzungen drinnen und Sitzungen im Freien auf einem verdorrten Grasstreifen. Manche kramten in einem Pappkarton herum und zogen sich T-Shirts über, die den Namen des Computers in schrägen Buchstaben auf der Brust trugen. Die Klausurtagung schien eine Kreuzung aus Beichtstuhl und gruppendynamischer Sitzung zu sein. Es herrschte eine nervöse, leicht angespannte Heiterkeit, aber die alten Hasen, die schon bei früheren Klausurtagungen dabei gewesen waren, sagten, die Atmosphäre sei entspannt und unauffällig. Ein paar Programmierer murmelten, sie wären lieber zum Arbeiten in Cupertino geblieben, streckten sich auf dem Gras aus und hörten sich die Briefings von anderen Gruppenmitgliedern an.

Manche bedienten sich an der Obstschale, knackten Walnüsse oder zerdrückten Getränkedosen, als Michael Murray, ein dunkelhaariger Marketingmensch mit Grübchen und verspiegelter Sonnenbrille, Branchenstatistiken, Absatzprognosen und Marktanteile herunterrasselte. Er zeigte, dass der Mac bei seiner Einführung zwischen den teureren Bürocomputern von Konkurrenten wie IBM, Xerox und Hewlett-Packard einerseits und den billigeren Heimcomputern von Firmen wie Atari, Texas Instruments und Commodore andererseits angesiedelt wäre. „Wir haben ein Produkt, das eigentlich 5.000 Dollar kosten müsste, aber wir haben die Zaubermacht, es unter 2.000 zu verkaufen. Wir werden die Erwartungen einer ganzen Gruppe von

Menschen neu definieren." Er wurde gefragt, wie sich der Absatz des Mac auf Apples Bürocomputer Lisa auswirken würde. Dieser war ein ausgefeilterer Computer, der allerdings auf den gleichen Prinzipien basierte.

„Ein Katastrophenszenario gibt es schon", gab Murray zu. „Wir könnten sagen, dass Lisa für Apple eine tolle Übung war. Wir können das als Erfahrung verbuchen und zehn Stück verkaufen."

„Lisa wird unglaublich großartig", warf Jobs mit fester Stimme ein. „Wir werden in den ersten sechs Monaten 12.000 Stück verkaufen, und im ersten Jahr 50.000."

Die Marketingleute sprachen über Tricks zur Umsatzsteigerung. Sie sprachen darüber, wie wichtig es wäre, zu versuchen, Hunderte von Macs an Universitäten mit ausgezeichnetem Renommee zu verkaufen oder sie ihnen zu spenden.

„Warum nicht den Mac an Sekretärinnen verkaufen?", fragte Joanna Hoffman, eine kesse Frau mit leichtem ausländischen Akzent.

„Wir wollen nicht, dass die Unternehmen meinen, das Gerät wäre ein Textverarbeitungssystem", erwiderte Murray.

„Das Problem lässt sich aber lösen", konterte Hoffman. „Wir könnten den Sekretärinnen sagen: ‚Das ist Ihre Chance, Bereichsleiterin zu werden.'"

Es gab eine Diskussion über die Steigerung des Auslandsabsatzes. „Wir haben die Sorte Hightech-Magnetismus, die für Japaner anziehend sein könnte", warf Hoffman ein. „Aber die können sich unmöglich hier durchsetzen, während wir hier sind, und wir werden uns dort trotzdem durchsetzen."

„Bis vor Kurzem waren wir in Japan ganz groß", bemerkte Bill Fernandez, ein spindeldürrer Techniker, in spitzem Stakkato.

Chris Espinosa, der Chef der Redakteure, die Bedienungsanleitungen für den Computer vorbereiteten, baute sich, in seinen Sandalen schlurfend, vor der Gruppe auf. Er war gerade 21 geworden, und als er ein paar Notizen aus einem kleinen roten Rucksack zog, verkündete er: „Ihr habt alle eine tolle Party verpasst."

„Ich hab gehört, da gab's Trips umsonst", meldete sich jemand zu Wort.

„Die gab's draußen zu kaufen", gluckste Espinosa.

„Können wir Deine Party vielleicht jemandem verkaufen?", fragte Jobs scharf.

Espinosa erbleichte und ging zum Geschäftlichen über. Er erzählte seinen Kollegen, dass es ihm schwerfiel, qualifizierte Redakteure einzustellen, dass seine Mitarbeiter mehr Mac-Prototypen brauchten, mit denen sie arbeiten konnten, und dass die Grafikabteilung von Apple nicht unbedingt gewillt war, einigen seiner Anfragen nachzukommen. „Wir wollen Bücher machen, die einfach wunderschön sind", sagte er, „die man erst durchliest und sich dann ins Regal stellt, weil sie so toll aussehen."

• • •

Unterbrochen wurden die Arbeitssitzungen von Kaffeepausen, Spaziergängen am Strand, ein bisschen Frisbeespielen im Gras, vereinzelten Pokerpartien und einem purpurroten Sonnenuntergang. Das Abendessen wurde zwar an langen Kantinentischen serviert, aber mit Mensafutter hatte es nichts zu tun. Auf jedem Tisch stand eine Batterie aus Zinfandels, Cabernets und Chardonnays, aber die Stangenweißbrote waren schneller verschwunden. Nach dem Essen führte jemand, der aussah wie ein nüchterner Kieferorthopäde mit dünnem silbernen Haar und eulenartiger Brille, etwas auf, das in Computerkreisen als kabarettistischer Auftritt durchging. Diese Gestalt, die ein Mac-T-Shirt über einem langärmeligen Hemd trug, war Ben Rosen. Er hatte den Ruf, den er sich an der Wall Street als Elektronikanalyst, als fleißiger Herausgeber eines informativen, geistreichen Börsenbriefs und als Veranstalter jährlicher PC-Konferenzen erworben hatte, in eine Karriere als Wagniskapitalgeber transformiert. Bevor er angefangen hatte, in Computerfirmen zu investieren, waren seine Kommentare genauso begehrt gewesen wie sein Ohr.

Für die Mac-Gruppe hatte Rosen ein informelles Skript aus Bemerkungen, schlauen Sprüchen, Tipps und Branchenklatsch ausgearbeitet. Er lieferte einen knappen Überblick über einige Konkurrenten von Apple und tat Texas Instruments als „Unternehmen für die Fallstudien von Business Schools" ab, fügte allerdings nach kurzem Nachdenken hinzu: „Die sollen angeblich in drei Wochen ihren fast IBM-kompatiblen Computer einführen."

„Und der Preis?", fragte Jobs.

„20 Prozent unter dem Vergleichspreis", erwiderte Rosen.

Er sprach über preisgünstige Heimcomputer und erwähnte Commodore: „Ich habe da ein paar Notizen über Commodore, über die ich unter vier Augen sprechen kann. Je mehr man über das Unternehmen weiß, umso schwerer fällt es, Zuversicht zu entwickeln."

Das flapsige Geplänkel hatte teilweise ein Ende, als Rosen begann, über IBM zu sprechen, dessen Personal Computer für Apple eine ernste Konkurrenz darstellte. „Eine der Sorgen von Apple", bemerkte Rosen, „ist IBMs Zukunft." Er gestand, dass er kürzlich bei einem Besuch in der PC-Abteilung von IBM in Boca Raton beeindruckt war, und er beschrieb die Pläne für drei neue Personal Computer, soweit er sie kannte. Dann blickte er sich im Raum um und sagte: „Das ist der wichtigste Teil von Apple Computer. Der Mac ist Eure offensivste und defensivste Waffe. Ich habe noch nie etwas gesehen, das man damit vergleichen könnte." In spöttischem Ton erwähnte er noch ein Branchengerücht: „Unter anderem kursiert an der Wall Street das Gerücht einer Fusion von IBM und Apple."

„IBM hat aber schon gesagt, es stünde nicht zum Verkauf", gab Randy Wigginton, ein junger blonder Programmierer, zurück.

Die Mitglieder der Mac-Gruppe begannen, Fragen zu stellen. Einer wollte wissen, wie sich die Apple-Aktie nach Rosens Meinung entwickeln würde. Ein anderer wollte unbedingt erfahren, wann ein PC-Softwarehersteller die Umsatzmarke von 100 Millionen Dollar erreichen würde, während ein weiterer mit eher strategischen Neigungen fragte, wie Apple dafür sorgen könnte, dass die Computerhändler in ihren immer dichter besetzten Regalen einen Platz für den Mac freiräumen würden.

„Uns droht eine Krise", sagte Jobs aus dem hinteren Bereich des Raums zu Rosen. „Wir müssen beschließen, wie wir den Mac nennen wollen. Wir könnten ihn ‚Mac' nennen, ‚Apple IV' oder ‚Rosen I'. Wie gefällt Euch ‚Mac'?"

„Stecken Sie 30 Millionen Dollar in die Werbung", sagte Rosen, „dann hört sich das toll an."

Rosen war das einzige Intermezzo in der Serie von Vorträgen, die alle Mac-Abteilungsleiter nacheinander hielten. Diese Vorträge boten eine kurze Besichtigungstour eines Computerunternehmens und betäubten alle mit einem Wirrwarr von Fakten. Die schwungvollen Präsentationen wurden gelegentlich von Applaus für eine besonders gute oder unerwartete Nachricht unterbrochen. Der Leiter der technischen Abteilung, Bob Belleville, ein leise sprechender Ingenieur, der gerade von Xerox zu Apple gekommen war, sagte: „Bei Xerox haben wir immer gesagt, es ist wichtig, dass man jeden Tag ein bisschen was schafft; beim Mac ist es wichtig, dass man jeden Tag viel schafft." Burrell Smith, der Haupt-Hardware-Ingenieur, lief knallrot an, sagte, er habe nicht genug Material für zehn Minuten, und spielte Gitarre. Der Designer des Computergehäuses zündete ein paar Kerzen an, setzte sich mit dem Rücken zu den anderen auf einen Stuhl und spielte seine Bemerkungen mit einem Kassettenrekorder ab. Andere sprachen über Probleme mit der Erfüllung der FCC-Anforderungen an elektronische Geräte.

Die Programmierer berichteten von ihren Fortschritten mit der Software. Matt Carter, ein stämmiger Mann, der etwas mitgenommen aussah und der für einen Teil der Herstellung verantwortlich war, rasselte einen Schnellkurs in Werksanordnung herunter und führte einen Film darüber vor, wie die neue Produktionslinie von Apple für den Mac aussehen würde. Er sprach über Umlaufförderer und Einfülltrichter, automatische Kuvertiermaschinen und lineare Bänder, über Prototypen und Preiszusagen. Ein anderer Mann aus der Herstellung erzählte von Ausschussquoten, Verbesserungen des Ausstoßes pro Person und Tag und von der Materialbearbeitung. Der letzte Punkt veranlasste Jobs, zu versprechen: „Wir werden mit unseren Zulieferern richtig hart verhandeln, wir werden ihnen Druck machen wie noch nie." Debi Coleman, die Finanzcontrollerin, trug ihre Version vom Einmaleins der Buchhaltung vor und erklärte die Unterschiede zwischen Lohneinzelkosten und Lohnnebenkosten, Bestandskontrolle, Systeme zur Verfolgung von Anlagegütern, die Analyse von Fertigungsmitteln, die Bestandsbewertung, die Varianz von Kaufpreisen und Break-even-Niveaus.

• • •

Gegen Ende der Klausurtagung stellte sich Jay Elliot vor, ein großer Mann aus der Personalabteilung von Apple. „Ich bin Personalmanager", sagte er. „Ich freue mich wirklich, dass ich hier sein darf. Danke für Euer Kommen. Wir von der Personalabteilung versuchen, Leistungsträger nutzbar zu machen…"
„Und was heißt das auf Englisch?", unterbrach ihn Jobs.
„Die Personalabteilung", stammelte Elliot, „wird üblicherweise als bürokratische, blödsinnige Organisation betrachtet…"
Als sich Elliot wieder gefangen hatte, schlug er Möglichkeiten vor, den Einstellungsbedarf zu bewältigen. Der geplante Orgachart für die Mac-Abteilung war mit kleinen Kästchen übersät, in denen die Großbuchstaben TBH standen: „To Be Hired", noch einzustellen. Elliot sagte, seine Abteilung werde jeden Monat mit 1.500 Bewerbungen überschwemmt,

und er schlug vor, man solle die Kandidaten aus den Namen auf den Apple-Garantiekarten auswählen.

„Kein normaler Mensch schickt seine Garantiekarte zurück", sagte Jobs. Er drehte sich auf seinem Stuhl um und wandte sich an den Programmierer Andy Hertzfeld. „Andy, hast Du Deine Garantiekarte eingeschickt?"

„Der Händler hat sie ausgefüllt", sagte Herzfeld.

„Sehen Sie?", sagte Jobs, während er sich wieder umdrehte.

„Wir könnten Anzeigen im ARPANET schalten", schlug Herzfeld vor. Damit meinte er das staatlich finanzierte Computernetzwerk, das Universitäten, Forschungseinrichtungen und Militärbasen miteinander vernetzt. „Da gäbe es zwar rechtliche Probleme, aber die könnten wir ignorieren."

„Wir könnten Zeitungsanzeigen schalten, aber da ist die Erfolgsquote ziemlich niedrig", wagte sich Vicki Milledge vor, die ebenfalls in der Personalabteilung arbeitete.

„Wir sollten eines tun", sagte Jobs. „Wir sollten Andy in die Universitäten schicken, dort soll er sich in den Labors herumtreiben und die besten Studenten finden."

Als Elliot fertig war, startete Jobs einen Monolog. Er kramte einen grauen glänzenden Ordner heraus, der eine Zusammenfassung der Fortschritte beim Mac enthielt, und ermahnte alle, sie sollten gewissenhaft auf sämtliche Computerunterlagen aufpassen. „Einem unserer Vertreter in Chicago wurde von einem IBM-Mitarbeiter ein kompletter Plan über die Verkaufseinführung von Lisa angeboten. Die kommen überall hin." Er ging wieder zur Staffelei und zu einem letzten Flipchart, der eine umgekehrte Pyramide zeigte. Unten war ein Streifen mit „Mac" beschriftet und die darüber liegenden Streifen trugen die Worte FABRIK, LIEFERANTEN, SOFTWAREHÄUSER, VERTRIEBSMANNSCHAFT und KUNDEN. Jobs erklärte das Dreieck und wies auf die Reihenfolge der Bänder hin: „Wir haben die große Chance,

auf die weitere Entwicklung von Apple Einfluss zu nehmen. An jedem Tag, der vergeht, sendet die Arbeit von 50 Leuten, die hier geleistet wird, eine gigantische Welle durch das Universum. Ich bin von der Qualität unserer Welle wirklich beeindruckt." Er machte eine Pause. „Ich weiß, manchmal ist es ein bisschen schwierig, mit mir auszukommen, aber noch nie in meinem Leben hat mir etwas so viel Spaß gemacht. Mir geht es total gut." Der Anflug eines Lächelns huschte über sein Gesicht.

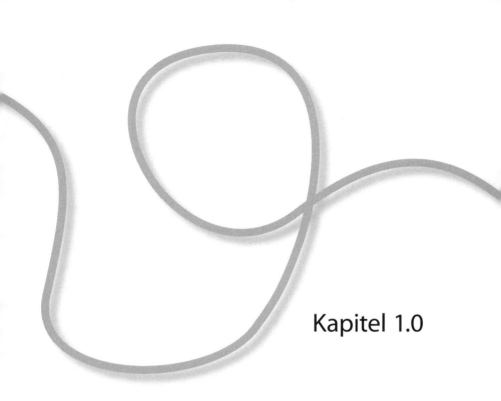

Kapitel 1.0

„Boomtown by the Bay".

Planierraupen und Löffelbagger ratterten durch den Steinbruch und rissen gelbbraune Narben in die Hügelflanke. Die Maschinen sandten Staubschwaden in die Luft über dem südlichen Ende der San Francisco Bay. Große hölzerne Plakatwände verkündeten, dass die Maschinen und der Steinbruch der Kaiser Cement Company gehörten. Die Erde in den Kippern sollte das Fundament der Städte bilden, die auf der Ebene unterhalb des Steinbruchs errichtet wurden. Die Lastwagen rumpelten an Stacheldrahtrollen vorüber, an Schildern, die vor einem steilen Gefälle warnten, probierten ihre Bremsen aus, rollten auf eine Landstraße und quälten sich durch die engen Kurven und die Schlaglöcher, die nach Cupertino führten, ein Dorf, das sich sehr bemühte, nicht zur Stadt zu werden. Von den Toren des Steinbruchs aus war an diesem Werktagmorgen Mitte der 1950er-Jahre die Lage der Kreuzungen, die den Mittelpunkt von Cupertino bildeten, an den zylindrischen Umrissen von lehmfarbenen Futter- und Getreidesilos zu erkennen.

In den 1950er-Jahren war das Santa Clara Valley noch überwiegend ländlich geprägt. An manchen Stellen wurde das Grünland von Gebäudeklecksen gesprenkelt. Aus der Ferne sah das so aus, als hätte jemand kleine Müllladungen ausgeschüttet und sie dann so verteilt und verschmiert, dass sich in der Talsohle eine Reihe kleiner Städte bildete, die sich in der Ebene zwischen San Jose und San Francisco erstreckten: Los Gatos, Santa Clara, Sunnyvale, Mountain View, Los Altos, Palo Alto, Menlo Park, Redwood City, San Carlos, Hillsborough, Burlingame und South San Francisco.

Die meisten Städtchen waren noch in Art und Stil der 1930er-Jahre gehalten. Die Gebäude waren selten mehr als zwei Stockwerke hoch. Die Autos durften noch schräg auf beiden Seiten der Hauptstraße parken. Die Straßenecken waren häufig mit einer Vertretung der State Farm Insurance, einer Tankstelle, einer Filiale der Bank of America und einer Vertretung von International Harvester geschmückt und in

Städten wie Cupertino hatte es noch vor gar nicht so langer Zeit Kampagnen gegeben, um einen Zahnarzt und einen Allgemeinmediziner anzuwerben. Direkt daneben der Mittelpunkt der Welt: ein Rathaus, das im spanischen Missionsstil aus Terrakottaziegeln gebaut war und das von einer Bücherei, einem Polizeirevier, einem Spritzenhaus, einem Gericht und Palmenstümpfen flankiert wurde.
Aber zwischen diesen Städtchen gab es allerlei Unterschiede. Jedes hatte sein eigenes Klima und es wurde umso wärmer, je weiter entfernt die Stadt von dem Nebel von San Francisco lag. Am Südende der Halbinsel war das Sommerwetter eindeutig mediterran, und ein kleines Priesterseminar, das oberhalb von Cupertino lag, hätte sich auch an den Rand eines Hügels in der Toskana schmiegen können. Die Städte hatten ihre eigenen Stadträte und Steuern, ihre eigenen Gemeindeordnungen und Eigenarten, ihre Zeitungen und Gewohnheiten. Bei den Bürgermeisterwahlen wimmelte es von Gerüchten und Unterstellungen, die aus einer Gemeinde herrührten, in der die Menschen, wenn nicht den Bürgermeister persönlich, so doch jemanden kannten, der ihn kannte. Und selbstverständlich trennten Neid und Snobismus die Städte voneinander.
Die Rechtsanwälte und Ärzte, die sich in den Hügeln von Los Gatos Häuser bauten, behaupteten – ohne auch nur einen Hauch von Ironie –, das Gehirn von San Jose schlafe in Los Gatos. Die Menschen, die in Los Altos Hills wohnten, schauten auf die Leute in Los Altos herab, die im Flachland lebten. In Palo Alto mit seinen anmutigen Bäumen und der Stanford University herrschte ein entspanntes Lebensgefühl. Hier gab es ein paar Elektronikfirmen, die von ehemaligen Studenten gegründet worden waren. Städte wie Woodside und Burlingame, die oberhalb der Ebene lagen, verströmten eine schicke Aura mit Pferden, Polospielen und sehr exklusiven Golfclubs. In Burlingame war der erste Country Club der Westküste gegründet worden. Aber die Menschen, die in dem nahe gelegenen Hillsborough wohnten, gaben als

Adresse häufig Burlingame an, weil sie nicht für neureich gehalten werden wollten. Und hinter San Carlos, San Bruno und Redwood City lag das raue South San Francisco – ein industrielles Anhängsel der eigentlichen Stadt unterhalb der Start- und Landebahnen des Flughafens San Francisco. Dort ballten sich Stahlwerke, Gießereien, Eisenhütten, Raffinerien, Maschinenhallen und Holzlager, und dort hatten die Stadtväter ihr überschäumendes Temperament nach außen gekehrt und erlaubt, dass Planierraupen in gigantischen Lettern auf den Hügel hinter der Stadt den Slogan SOUTH SAN FRANCISCO, THE INDUSTRIAL CITY hineinkratzten.

Doch jetzt gab es mitten im Tal und vor allen Dingen um Sunnyvale herum Lücken in den Obstgärten und Anzeichen dafür, dass eine neue Welt Einzug hielt. Die meisten Laster aus dem Steinbruch von Kaiser Cement fuhren in Richtung Sunnyvale. Eimerseilbagger, Kräne und Straßenschaber warteten auf Beton und Stahl, die für den Bau der neuen Raketenabteilung der Lockheed Corporation gebraucht wurden. Bis 1957 war Sunnyvale sechsmal so groß wie am Ende des Zweiten Weltkriegs, und mittlerweile war es qualifiziert für die Aufnahme in landesweite Jahrbücher. Die Stadtgespräche waren von bedeutungsschwangeren Schlagwörtern wie Besteuerungsgrundlage, Wertgutachten, Baugenehmigung, Bauvorschriften, Kanalisation und Wasserkraft geprägt. Es gab Gerüchte über neue Unternehmen und Spekulationen, dass ein großer Automobilhersteller ein Werk in Sunnyvale bauen würde. Als sich die 1950er-Jahre ihrem Ende zuneigten, meldete die Handelskammer von Sunnyvale fröhlich, dass die städtischen Statistiken stündlich veralteten und dass alle 16 Minuten ein neuer Arbeiter in Sunnyvale ankam. In den Werbebroschüren wurde sie als „Stadt mit eingebauter Zukunft" und als „Boomtown by the Bay" bezeichnet.

Die Neuankömmlinge in der Stadt, die „hoch hinaus wollte" und „im Rhythmus der Zukunft" lebte, waren ein wesentlicher Bestandteil des amerikanischen Strebens nach einem vorstädtischen Lebensstil. Die Häuser waren gegen das Gewimmel der Gemeinschaft abgeschottet und das nächste Geschäft war eine Autofahrt entfernt. Die Häuser an sich hatten das unverkennbare Gepräge der Bay Area: Sie waren niedrig, einstöckig und die Dächer waren entweder flach oder leicht zur Seite geneigt, wie bei einem Gartenschuppen (die Immobilienmakler betonten gern, dass es Jungs leichtfiel, ihre Modellflugzeuge wieder von den Dächern zu holen). Was von außen gesehen die Fassaden dominierte, waren allerdings die Garagen, die den Wohnbereich wie ein angetackertes Anhängsel aussehen ließen. Die großen metallenen Garagentore schienen der natürliche Eingang zu sein.

In Broschüren war von Strahlungswärme die Rede, „der modernen und gesunden Art, ein Haus zu heizen", von holzverkleideten Wänden, Kork und Bitumenziegeln, Hartholzküchenschränken und großen Kleiderschränken mit Schiebetüren, die „sich mit größter Leichtigkeit öffnen lassen". Was in den Prospekten nicht stand: Bei den örtlichen Feuerwehrleuten ging der Witz um, dass diese Verbindung aus Balken und Sparren im Zweifelsfall innerhalb von sieben Minuten bis zum Erdboden abbrannte – und dass die Gemeinschaft der Schwarzen auf der falschen Seite der Eisenbahnschienen der Southern Pacific sowie auf der falschen Seite des Freeway isoliert war.

Die meisten Familien, die nach Sunnyvale zogen, wurden durch die Aussicht auf Arbeit bei Lockheed angelockt. Viele von ihnen waren gewissenhaft und fleißig. Sie fragten die Immobilienmakler, wo der geplante Freeway – die Interstate 280 – voraussichtlich verlaufen würde, und prüften die geplante Strecke auf Landkarten im Rathaus von Sunnyvale nach. Sie fragten Bekannte nach empfehlenswerten Schulen und erfuhren, dass Palo Alto und Cupertino auf der gesamten Halbinsel den besten Ruf genossen. Da war von unternehmungslustigen Lehrern, Bundesstipendien, Experimenten mit neuerer Mathematik und von offenem Unterricht die Rede.

Sie gingen aufs Schulamt und fanden dort eine Landkarte vor, auf der die bestehenden Schulen markiert waren und verzeichnet wurde, wo vielleicht in Zukunft weitere Schulen gebaut werden könnten. Und dann entdeckten sie die seltsame Beschaffenheit der Grenzen des Schulbezirks Cupertino: Damit ihre Kinder auf die Schulen der Stadt Cupertino gehen konnten, brauchten sie gar nicht in Cupertino zu wohnen. Der Schulbezirk umfasste auch Teile von San Jose, Los Altos und Sunnyvale, und die günstig gelegenen Häuser wurden mit Aufschlag verkauft. An manchen Stellen wurden sogar Häuser von der Grenze in zwei Teile geteilt.

• • •

Jerry Wozniak, ein Ingenieur Mitte dreißig, war einer von Tausenden, die Ende der 1950er-Jahre von Lockheed eingestellt wurden. Er, seine Frau Margaret und ihre drei kleinen Kinder Stephen, Leslie und Mark ließen sich in einem Haus in dem ruhigen Teil von Sunnyvale nieder, der im Einzugsgebiet des Schulbezirks Cupertino lag.

Am anderen Ende der Halbinsel, im Sunset District von San Francisco, adoptierten Paul und Clara Jobs ihr erstes Kind Steven. In den ersten fünf Lebensmonaten fuhren sie ihr Baby häufig unter den Straßenlaternen, Imitationen von Originalen aus dem 19. Jahrhundert, spazieren, über die Straßenbahnschienen und am Strand entlang, im Schatten der feuchten Strandmauer, unter dem Nebel, dem zinnfarbenen Himmel und den grauen Möwen.

Kapitel 2.0

Supergeheime Himmelsspione.

Lockheed, ein Unternehmen von höchster Geheimhaltungsstufe, wurde zum Synonym für Sunnyvale. Als die Raketenabteilung in der zweiten Hälfte der 1950er-Jahre wuchs, veränderte sie das wirtschaftliche Klima des Santa Clara Valley, verwandelte Sunnyvale mehr oder weniger in eine Firmenstadt und verlieh der Gemeinde den Hauch des Mysteriösen. Man sprach von Lockheed, als würden dort Science-Fiction-Gestalten alltäglichen Beschäftigungen nachgehen. Lockheed war in das Gewebe des nationalen Raumfahrtprogramms eingesponnen und in Sunnyvale kannte man gewisse Aspekte von Discoverer, Explorer, Mercury und Gemini bald genauso gut wie die Namen einiger Astronauten. Man hätte meinen können, H. G. Wells sei in der Abteilung für Öffentlichkeitsarbeit von Lockheed tätig und würde Pressemitteilungen über einen endlosen Strom von Wunderdingen veröffentlichen.

Es gab Gerüchte über ein Labor, das Weltraumbedingungen simulieren konnte, über einen Kassettenrekorder, der so klein war, dass man ihn auf der Handfläche halten konnte, und über „Hotshot", den stärksten Windkanal der Privatwirtschaft. Ingenieurteams von Lockheed erforschten eine spezielle Brennstoffzelle für die Energieversorgung von Raumschiffen und sie zeichneten Pläne für eine vorgefertigte, 400 Tonnen schwere bemannte Raumstation in der Form eines Glücksrads. Es gab auch eher finstere Gerüchte. Man wusste, dass einige Lockheed-Ingenieure an einer ballistischen Mittelstreckenrakete arbeiteten, die als die „supergeheime Polaris" bekannt war, und an einem „Himmelsspion": einem geheimen „supertollen" Erdsatelliten, ausgerüstet mit einer Fernsehkamera, welche die Russen ausspähen konnte. Das Unternehmen ließ stolz verlauten, dass sein Weltraumkommunikationslabor sieben Minuten vom Erstflug eines Explorer-Satelliten aufgezeichnet hatte, und es brüstete sich damit, dass sein schüsselförmiges Radioteleskop 20 Satelliten gleichzeitig überwachen konnte. Anderen Berichten zufolge gab es bei Lockheed einen erstaunlichen

elektronischen Computer, der angeblich die Intelligenz eines Menschen besaß, der aber auch geschickt Tic Tac Toe spielen konnte.
Als Jerry Wozniak im Jahr 1958 bei Lockheed zu arbeiten begann, kam er also in ein Unternehmen, das große Ideen hatte – zumindest schien es der Außenwelt so. Wozniak war ein markiger Mann mit dickem Hals und starken Unterarmen und seine Kraft hatte ausgereicht, um in der Footballmannschaft des California Institute of Technology in Pasadena, wo er Elektrotechnik studiert hatte, als offensiver Tailback zu spielen. Nachdem er ein Jahr lang als Junior-Ingenieur bei einem kleinen Unternehmen in San Francisco gearbeitet hatte, kündigte er und verbrachte zusammen mit einem Partner zwölf Monate damit, eine Maschine zu konstruieren, die Rohmaterialien wie zum Beispiel Asbestplatten stapeln, verpacken und zählen konnte. Aber dem Duo war das Geld ausgegangen, bevor es einen Prototyp fertigstellen konnte, was Wozniak zu der Schlussfolgerung veranlasste: „Technisch gesehen war das wohl eine gute Idee, aber uns war nicht klar, was man braucht, um ein Unternehmen aufzuziehen."
Nach dem Abschluss an der Cal Tech hatte Wozniak geheiratet. Seine Frau Margaret war auf einer kleinen Farm im Bundesstaat Washington aufgewachsen. Während des Zweiten Weltkriegs hatte sie in den Collegeferien als Elektrikergeselle in den Kaiser-Werften in Vancouver gearbeitet, wo sie die damaligen kleinen Flugzeugträger verkabelte, die im Dock gebaut wurden. Irgendwann hatten ihre Eltern ihre Siebensachen verkauft und waren in das warme Los Angeles gezogen. „Kalifornien", hatte sich Margaret Wozniak gedacht, „das war der tollste Ort der Welt." Doch nachdem Jerrys Liebesabenteuer mit dem Unternehmertum gescheitert war und im August 1950 ihr erster Sohn Stephen zur Welt kam, wurden die Wozniaks in die Sphäre der Unternehmen zurückgezogen. Mehrere Jahre lang reisten sie durch die südkalifornische Luftfahrtindustrie, die aus den Gehversuchen der ersten Flieger entstanden war. Und wie Tausende anderer Familien

setzten die Wozniaks bald Städte wie Burbank, Culver City und San Diego mit Unternehmen wie Lockheed, Hughes Aircraft, Norfolk und McDonnell Douglas gleich. Eine Zeit lang arbeitete Jerry Wozniak als Waffenkonstrukteur in San Diego, dann half er beim Bau von Autopiloten für Lear in Santa Monica. Er kaufte sein erstes Haus im San Fernando Valley, bevor die maßgeblichen Personen von Lockheed beschlossen, eine Abteilung in Sunnyvale aufzubauen.

• • •

Während seine Kinder monatelang in Häusern spielten, die sie aus Umzugskartons gebaut hatten, gewöhnte sich Jerry Wozniak an den Rhythmus der kurzen Pendelfahrt, die ihn zu Lockheed brachte. „Ich hatte nie vor, sehr lange bei Lockheed zu bleiben. Ich hatte vor, erst in die Gegend zu ziehen und mich später endgültig niederzulassen." Das Unternehmen hielt sich von Familienangelegenheiten fern. Lockheed war versteckt und abgeschirmt hinter Sicherheitsgenehmigungen, Sonderausweisen, uniformierten Wachen und Stacheldrahtzäunen. Kinder huschten eigentlich nur dann durch die Tore des Unternehmens, wenn die Öffentlichkeit am Wochenende des Unabhängigkeitstages eingeladen war, die akrobatischen Flugkunststücke der Blue Angels zu beobachten. Wenn sich Jerry Wozniak am Samstagmorgen Arbeit aus dem Büro holen musste, warteten seine Kinder im Auto – umgeben von dem riesigen Parkplatz mit seinen Fischgrätenmustern. Lockheed war wie eine alte Tante, die wollte, dass die Kinder nur zum Essen erscheinen.

Wenn Jerry Wozniak abends oder am Wochenende Arbeit mit nach Hause brachte und sich mit großen Bögen blaukariertem Millimeterpapier und mit Zeichenstiften ins Familienzimmer setzte, befasste er sich normalerweise mit Entwürfen, die die Miniaturisierung elektronischer Bauteile vollständig ausreizten. In der Raketenabteilung arbeitete Wozniak an dem Lageregelungssystem für die Polaris-Rakete und kurz danach an einem Plan zum Einsatz von Computern für die Konstruktion integrierter Schaltkreise. Noch später arbeitete er in einem Bereich namens „Special Projects", der, wie er seinen Kindern sagte, etwas mit Satelliten zu tun hatte. In Jerry Wozniaks Position gehörte es daher zur täglichen Arbeit, Fachzeitschriften zu lesen, sich durch Konferenzprotokolle zu wühlen, Monografien durchzublättern und sich grundsätzlich über die Entwicklungen auf dem Gebiet der Elektronik auf dem Laufenden zu halten.

Die Satelliten, die bei Lockheed entworfen wurden, waren dafür gebaut, Millionen von Meilen weit zu reisen, aber die Umlaufbahnen der Lockheed-Familien hatten einen geringeren Umfang. Die Wozniaks machten nie lange Urlaub. Normalerweise fuhren sie an Weihnachten oder an Ostern nach Südkalifornien, um die Großeltern zu besuchen. Ab und zu aßen sie im Restaurant, fuhren zum Brunchen nach Sausalito oder machten einen Ausflug zu einem Baseballspiel der San Francisco Giants, aber größtenteils lag der Mittelpunkt ihrer Welt in Sunnyvale. Mit Kriegsspielen und Sport befasste sich Jerry Wozniak genauso intensiv wie mit Elektronik. Stundenlang spielte er mit seinen Söhnen im Garten Baseball, und er wurde Trainer der Braves, einer Little-League-Mannschaft aus Sunnyvale. Aber am meisten freute er sich auf das Golf-Viererspiel, das er samstagsmorgens mit Nachbarn im nahe gelegenen Cherry Chase Country Club spielte – ein großer Name für einen Club, in dem die Golfer, wenn sie 18 Löcher spielten, zweimal um den Platz gingen. Und hier gewannen Wozniak senior und Wozniak junior ein Vater-Sohn-Golfturnier. Sonntagsnachmittags schauten sie sich im Fernsehen Footballspiele an.

Und bei den Wozniaks war wie bei Tausenden anderen kalifornischen Familien, die ihre Kinder in den 1960er-Jahren großzogen, Schwimmen die Sportart, die sie am meisten interessierte. Die Schwimmmannschaft des nahe gelegenen Santa Clara erwarb sich landesweites Ansehen, und schnell wurde das Schwimmen zu mehr als einem

Zeitvertreib. Die alten Wozniaks fanden, dieser Sport könnte den Teamgeist, den Wettbewerbsgeist und das Gefühl der persönlichen Leistung stärken. Sie meldeten ihre Kinder bei den Mountain View Dolphins an.

Margaret Wozniak war eine Frau mit sehr klaren Vorstellungen, die auch nicht zögerte, ihren Kindern die Meinung zu sagen. Wenn sie ihnen Vorträge über Sparsamkeit hielt, ritten sie manchmal auf ihrer Arbeit im Krieg herum und nannten sie Rosie the Riveter [berühmtes Plakat aus dem Zweiten Weltkrieg], aber Margaret Wozniak war schon gewissermaßen Feministin gewesen, bevor der Begriff in Mode kam. („Als ich merkte, dass ich keine eigenständige Person mehr war, sah ich mich nach etwas Neuem um.") Sie wurde Präsidentin der Republikanischen Frauen in Sunnyvale – „Es gefiel mir, Bekannte im Stadtrat zu haben" – und manchmal nahm sie für langweilige Wahlkreisarbeiten die Hilfe ihrer Kinder in Anspruch.

Die Wozniaks ließen im Hintergrund klassische Schallplatten laufen, weil sie hofften, dass das unterschwellige Niveau der Musik ihre Kinder ansprechen würde. Aber Leslie bevorzugte Teenie-Popmagazine und die Radiosendungen aus San Francisco, die sie mit ihrem Transistorradio hören konnte. Ihre Brüder zogen Fernsehsendungen mit faszinierenden Elementen vor, zum Beispiel „Solo für O.N.C.E.L." und „I Spy" sowie Horrorserien wie „Creature Feature", „Twilight Zone" und „The Outer Limits". Die Science-Fiction färbte ab, und dazu kamen wahrscheinlich noch Spuren der Geheimnistuerei von Lockheed und die energiegeladenen, selbstsicheren Reden der örtlichen Honoratioren, die sich Sorgen um die kommunistische Bedrohung machten: Stephen Wozniak wollte in den ersten Jahren der Highschool eine ultrageheime Spionage-Agentur gründen. „Wir wollten so geheim sein, dass wir andere nicht einmal spüren könnten." Die Wozniak-Kinder behielten einen verdächtigen Nachbarn im Auge, weil sie überzeugt waren, dass er für die Russen arbeitete.

Mitte der 1960er-Jahre lag die Elektronik wie ein Virus in der Luft von Sunnyvale, und wer anfällig dafür war, steckte sich an. Im Hause Wozniak hatte der älteste Sohn ein schwaches Immunsystem. Als Stephen in der fünften Klasse war, bekam er einen Bausatz für ein Voltmeter. Er befolgte die Anweisungen, lötete die Drähte zusammen und schaffte es, das Gerät fertigzustellen. Stephen zeigte mehr Interesse für Elektronik als seine Schwester und sein jüngerer Bruder Mark. Dieser bemerkte dazu: „Mein Vater hat ihn sehr früh darauf gebracht. Ich habe keinerlei derartige Unterstützung bekommen."

Die meisten Nachbarn der Wozniaks waren Ingenieure. Ein Nachbar, der im gleichen Jahr wie die Wozniaks ein Haus in der Gegend gekauft hatte, machte sich nie die Mühe, seinen Garten zu gestalten, aber ein paar Kinder aus der Gegend stellten fest, dass er einen Elektronik-Restposten-Laden hatte und Elektronikteile gegen kleinere Arbeiten eintauschte. Sie jäteten Unkraut, kratzten Farbe ab, schrieben die Stunden auf und bekamen für ihre Arbeit Teile. Ein paar Häuser weiter in der anderen Richtung gab es jemanden, der auf Funkgeräte, Sendeempfangsanlagen und Peilgeräte spezialisiert war, die aus dem Zweiten Weltkrieg und dem Koreakrieg übrig geblieben waren. Einer von Stephen Wozniaks Freunden aus der Nachbarschaft namens Bill Fernandez sagte: „Es war immer jemand da, der Fragen über Elektronik beantworten konnte." Die Kinder lernten, zwischen den Spezialgebieten der Männer zu unterscheiden. Einige waren gut in Theorie, manche erklärten die Dinge gern mathematisch, während andere eher eine praktische Neigung hatten und sich auf Faustregeln verließen.

Ein Mann bot Unterricht für Leute an, die eine Amateurfunklizenz haben wollten. Als Stephen Wozniak in der sechsten Klasse war, machte er die Funkerprüfung, baute sich ein 100-Watt-Funkgerät und begann, seine Codebuchstaben herunterzurasseln. Einmal vermischten sich Elektronik und Politik: Als Richard Nixon im Jahr 1962 im

Wahlkampf um das Amt des Gouverneurs von Kalifornien war, sorgte Margaret Wozniak dafür, dass ihr Sohn Nixon die Unterstützung aller Amateurfunker von der Serra School in Cupertino anbot. Stephen war zwar der einzige echte Funker an der Schule, aber der Plan ging auf. Nixon und ein untersetzter Wozniak mit Bürstenschnitt waren gemeinsam auf einem Foto auf der Titelseite des *San Jose Mercury* zu sehen.

Wozniak fand Funkgeräte unterhaltsamer, wenn sie umgebaut und mit den Häusern von Nachbarn verbunden waren. Er spannte Kabel, die mit Lautsprechern verbunden waren, von einem Haus zum anderen, um Morsezeichen zu übertragen, und stellte mit seinen Freunden fest, dass sie einander hören konnten, wenn sie in die Lautsprecher hineinsprachen: „Wir wussten zwar nicht, wieso, aber seit diesem Tag hatten wir Gegensprechanlagen zwischen den Häusern."

Etwa um diese Zeit befasste sich Stephen bei der Wissenschaftsausstellung der Cupertino Junior High School mit dem Spiel Tic Tac Toe. Er und sein Vater berechneten eine elektronische Simulation dieses Spiels, das man normalerweise mit Stift und Zettel spielt, und arbeiteten Kombinationen aus, in denen ein Mensch gegen eine Maschine antrat. Stephen dachte sich die Gestaltung der elektronischen Schaltkreise aus, die die Züge darstellen sollten, während sein Vater einen Vorrat von Widerständen, Kondensatoren, Transistoren und Dioden von einem Freund beschaffte. Seine Mutter war ziemlich irritiert, als Stephen das Spiel auf dem Küchentisch zusammenbaute. Er schlug Nägel als elektrische Verbindungen in ein Sperrholzbrett und montierte die Kleinteile. Auf der Rückseite des Bretts montierte er eine Ansammlung roter und weißer Glühbirnen und unten brachte er eine Reihe von Schaltern an, mit denen der Spieler seinen Zug auswählen konnte.

• • •

Ein paar Jahre nach dem Bau des Tic-Tac-Toe-Spiels entdeckte Wozniak in einem Buch über Computer einen faszinierenden Schaltplan.

Dabei handelte es sich um ein Gerät namens Ein-Bit-Addierer-Subtrahierer, der genau das tat, was sein Name sagte: Zahlen addieren und subtrahieren. Einem Teil der technischen Beschreibung konnte Wozniak anhand dessen folgen, was er gelernt hatte, als er mit Baukästen herumgespielt und das Tic-Tac-Toe-Brett gebaut hatte. Andere Aspekte waren ihm jedoch vollständig fremd. Zum ersten Mal stieß er auf die Idee, dass elektronische Rechenmaschinen Lösungen für logische Probleme liefern könnten. Er begann, die Algebra der Logik zu erkunden, und erfuhr, dass man Schalter – die nur an oder aus sein konnten – verwenden konnte, um Aussagen wiederzugeben – die nur wahr oder falsch sein konnten. Er machte sich mit dem System der Binärzahlen vertraut – eine Reihe von Einsen und Nullen, das entwickelt worden war, um zwei Spannungsniveaus in einem Stromkreis elektronisch darzustellen.

Der Schaltplan des Ein-Bit-Addierer-Subtrahierers war sehr begrenzt. Er konnte nur jeweils ein Bit, also eine Binärstelle, verarbeiten. Wozniak wollte etwas Leistungsfähigeres haben, das in der Lage wäre, viel größere Zahlen zu addieren und zu subtrahieren, und deshalb baute er die Idee zu einem komplizierteren Gerät aus, das er Zehn-Bit-Parallel-Addierer-Subtrahierer nannte. Dieser war in der Lage, zehn Stellen gleichzeitig zu verarbeiten. Er konstruierte die nötigen Schaltungen selbst und baute Dutzende von Transistoren, Dioden und Kondensatoren auf eine Steckplatine – eine beschichtete Tafel mit regelmäßigen Bohrungen. Die Platine hatte etwa die Größe eines Bilderbuchs und war an einem Holzrahmen befestigt. Den unteren Rand der Leiterplatte säumten zwei Reihen Schalter. Mit der einen gab man Zahlen in den Addierer ein, mit der anderen in den Subtrahierer, und das Ergebnis wurde – wiederum in binärer Form – durch eine Reihe kleiner Lampen angezeigt. Im Grunde hatte Wozniak damit die einfache Version dessen gebaut, was Ingenieure als Arithmetik-Logik-Einheit oder Rechenwerk bezeichnen, also eine Maschine, die arithmetische Aufgaben bearbeiten kann. Das Gerät konnte die Anweisungen beziehungsweise das Programm verarbeiten, das mithilfe der Schalter von Hand eingegeben wurde. Es konnte Zahlen addieren und subtrahieren, aber sonst weiter nichts.

Als das Gerät fertig war, nahm er es zu dem Wissenschaftswettbewerb des Schulbezirks Cupertino mit und gewann damit den ersten Preis. Später errang es den dritten Preis in der Bay Area, obwohl Wozniak dabei gegen ältere Konkurrenten antrat. Als Entschädigung für die Enttäuschung, dass er nur Dritter geworden war, wurde er mit seinem ersten Flug belohnt – einem Rundflug über die Alameda Naval Air Station.

„Das wird der tollste Flugsimulator der Welt."
– KURT SCHWEER

Ein halbes Dutzend Manager der Crocker Bank saß um einen großen L-förmigen Tisch herum, trank Kaffee aus Porzellantassen und sah zu, wie eine weiße Leinwand von der Decke heruntergelassen wurde. Sie hätten die Vorstellung eines Innenarchitekten von der Hollywood-Garderobe eines Filmstars bevölkern können, der zufällig ein Computer war. Die Tischplatte ruhte auf zylindrischen Aluminiumbeinen und Farnkraut in Blumentöpfen sprenkelte den violetten Teppich mit dreieckigen Schatten. An der Wand hingen gerahmte Skizzen und oben liefen Spiegel, die aussahen wie moderner Brokat, rund um die Wände. Daniel Lewin, ein Marketingmanager von Apple mit glattem, eckigen Kiefer, sauber gebundener Krawatte und frisch gebügeltem blauen Hemd, ließ die Leinwand herunter. Er drückte auf einen verborgenen Knopf, und ein paar kastanienbraune Türflügel, die entlang von zwei Wänden des sechseckigen Raums verliefen, surrten zur Seite. Punktstrahler leuchteten über die Lehnen einiger Stühle hinweg auf zwei ebene Verkaufstische, auf denen sechs Lisa-Computer standen.

Lewin spielte schon seit Monaten den Unternehmensbesichtigungsführer und hatte ähnliche Gruppen von Dutzenden von Großunternehmen durch das gleiche Zimmer und durch das gleiche Drehbuch und die gleiche Besichtigungstour gescheucht. Zwar ahmte Apple die Filmindustrie nach und bezeichnete diese ganztägigen Sitzungen als „Sneak Previews", aber sie waren genauso sorgfältig geplant wie Storyboards. Sie sollten Besucher von Fortune-500-Unternehmen dazu bringen, Dutzende von Lisa-Computern zu bestellen, und sie sollten den Verdacht im Keim ersticken, Apple sei ein windiges Unternehmen, das nicht in der Lage war, zu liefern, was es zu verkaufen hoffte. Die meisten Besuchergruppen waren eine Mischung aus langjährigen Managern von Computerabteilungen mit professionellem Misstrauen gegen Desktop-Computer und Amateuren gewesen, deren Computerleidenschaft sich an den kleineren Geräten entzündet hatte. Alle Besucher des Vorführraums unterzeichneten Formulare, die sie zur Geheimhaltung verpflichteten, aber Lewin gab gern zu: „Bis wir Lisa einführen, haben alle wichtigen Leute ihn schon gesehen."

Knackig ließ Lewin eine Serie von Zahlen vom Stapel, die klangen wie die offiziellen Eröffnungsabsätze eines Jahresberichts. Er erzählte der Gruppe, dass Apple alle 30 Sekunden einen Apple II und alle 18 Sekunden ein Diskettenlaufwerk herstellte. Er erläuterte einen Managementchart und merkte dazu an: „Wir entwickeln uns zu einer eher traditionellen Organisation." Er gab zu, dass einige Details über Lisa an die Presse durchgesickert waren, doch er sagte, dies gehöre zur Unternehmensstrategie. „Apple", so Lewin, „hat die Presse sehr gut im Griff. Aber bevor Sie gesehen haben, was wir gemacht haben, bezweifle ich, ob Sie das begreifen können. Kein anderes Unternehmen wäre bereit, dieses Risiko auf sich zu nehmen. Die meisten Unternehmen sind daran interessiert, große Computer herzustellen." Lewin erklärte, dass das Fundament für das Konzept des Lisa nicht bei Apple gelegt worden war, sondern Mitte und Ende der 1970er-Jahre bei der Xerox Corporation. „Wir haben diese Ideen genommen", sagte Lewin mit dem Stolz eines autorisierten Auspuffhändlers, „und haben sie verinnerlicht. Wir haben sie Apple-isiert."

Als Lewin mit seinen Vorbemerkungen fertig war, stellte er Burt Cummings vor, einen Ingenieur mit rundem Gesicht und Locken. Cummings setzte sich an einen Lisa, dessen Bildschirm auf zwei Fernsehmonitoren an der Wand vergrößert dargestellt wurde. Er begann sofort mit technischen Einzelheiten. „Warum nennen Sie ihn Lisa?", unterbrach ihn einer der Leute von der Crocker Bank.

„Das weiß ich nicht", sagte Cummings schulterzuckend. „Da gibt es eigentlich keine großartigen Gründe." Er setzte die Vorführung fort und plötzlich wurde der Bildschirm zu einem chaotischen Buchstabensalat. Peinlich berührt sah sich Cummings die Bescherung an und sagte hastig: „Manchmal stürzt er ab. Die Software ist sechs Monate alt."

Cummings tippte ein paar Befehle in den Computer, die auch tatsächlich wirkten, und machte mit seiner Vorführung weiter. Er ließ eine Reihe verschiedener Bilder am Bildschirm aufblitzen. „Ist das alles vorgespeichert?", fragte Kurt Schweer, ein weiterer Besucher von Crocker. „Sie kennen den Xerox Star", sagte Lewin. „Deswegen meinen Sie, das wäre vorgespeichert. Das hier ist unglaublich schnell. Darauf sind unsere Ingenieure stolz."

• • •

Alle 15 bis 30 Minuten stellte Lewin einen weiteren Manager aus der Lisa-Gruppe vor. John Couch, der Leiter der Lisa-Abteilung, der müde und abgekämpft aussah, erzählte eine nüchterne Geschichte von der Entwicklung des Computers und der Bedeutung, die Apple der Kontrolle über die Software beimaß. Er erklärte, Lisa sei Teil einer konzertierten Anstrengung, den Nutzer mit einer großen Menge

Software vor der nackten Technik der Maschine abzuschirmen. Er erklärte, der Apple III habe bei der Einführung etwa zehnmal so viel Software enthalten wie der Apple II, während Lisa etwa mit dem Zehnfachen der Software des Apple III ausgeliefert würde. Er betonte, nachdem Apple mit dem Apple II Programmiersprachen wie Basic geliefert habe, sei es mit dem Apple III zu Programmen für Finanzanalysen übergegangen, während der Nutzer bei Lisa diverse Aufgaben mit minimalem Aufwand erledigen könne. „Lisa", so Couch nachdrücklich, „stand ursprünglich für ‚Large Integrated Software Architecture'. Jetzt steht es für ‚Local Integrated Software Architecture'." Dann kam ein kleiner Seitenhieb auf die Konkurrenz: „Das Problem bei Xerox war nicht zuletzt, dass die keinen Personal Computer gebaut haben. Die haben ihn nicht für Privatleute gemacht."

・・・

Dann wurden die Banker unter viel Aufblitzen von Sicherheitsausweisen in ein benachbartes Gebäude geleitet, das als Montagezentrum für den Lisa fungierte. Wasu Chaudhari, ein genialer Mann aus der Herstellung, führte sie zu den Regalen der Fertigungsprüfung, wo Dutzende von Computern einen Testzyklus durchliefen. Chaudari führte vor, dass man Lisa leicht auseinandernehmen konnte. Er entfernte die Rückwand und zog verschiedene Teile heraus. „Eine Person baut ein Produkt", sagte er lächelnd. „Das ist eine Abwandlung des Volvo-Konzepts."
„Rolls-Royce wäre besser, Aston Martin noch besser", konterte ein markiger Manager von Crocker namens Tor Folkedal.
Nachdem sie in einem unaufgeräumten Konferenzraum, der hastig in einen Speisesaal verwandelt worden war, gegessen hatten, wurden die Banker wieder zu den Computern geleitet. Sie durften mit den Geräten spielen, wobei sie von Lisaguide, dem persönlichen Baedeker des Computers, der auf dem Bildschirm erschien, angeleitet und

angewiesen wurden. Nachdem sich Tor Folkedal ein paar Minuten lang durch die Bilder und Erklärungen gearbeitet hatte, sagte er aufatmend: „In unserer Bank gibt es Manager, die würden damit den ganzen Tag lang spielen. Das ist ein Videospiel."

„Sie müssen da ein paar Spiele drauftun", stimmte Schweer zu. „Himmel noch mal! Das wird der tollste Flugsimulator der Welt." Ellen Nold, eine schlanke Frau aus Apples Schulungsabteilung, versuchte etwaige Befürchtungen zu zerstreuen, Apple würde sich seinen Kunden nicht ausreichend widmen. „Wir nehmen an, wenn Crocker Hunderte von Lisas kauft, werden Sie ein Schulungsprogramm wollen." Sie sagte ihnen zu, die Schulungen würden speziell auf die Bank abgestimmt und die Übungen würden auf den Dingen beruhen, mit denen Banker täglich zu tun haben. Wayne Rosing, der Lisa-Chefingenieur, stellte sich den Fragen. Die Banker fragten, wann Apple in der Lage wäre, mehrere Lisas miteinander zu verbinden und Informationen zwischen den Geräten auszutauschen. Sie machten sich Sorgen um die Schwierigkeiten, Lisa an IBM-Computer anzuschließen, an „die Welt der Terminals", „die Bell-Welt" und die „DEC-Welt". Einer der Techniker wollte wissen, wie schnell Daten zwischen den Computern übertragen werden konnten und ob Software, die für andere Computer geschrieben wurde, auf Lisa laufen würde. Rosing lehnte sich in seinem Stuhl zurück und beantwortete alle Fragen im lockeren Stil. Auf die Frage, warum es auf Lisa keinen Kalender gab, erklärte er: „Wir sind jetzt so weit, dass ich sagen musste: ‚Pfeif drauf! Wir hören jetzt auf, auch wenn diese Funktion nur eine Woche braucht, denn sonst kriegen wir das Ding nie aus der Tür raus.'" Am späten Nachmittag wurden die Banker nach ihren Eindrücken gefragt.

„Sie sagen irgendwie nicht so recht, wer ihn eigentlich benutzen soll", sagte Betty Risk, eine dunkelhaarige Frau, die den ganzen Tag über meistens zugehört und zugeschaut hatte. „Ist der für Führungskräfte, für Freiberufler oder für Manager?"

„Ihre Sicherheitsmaßnahmen sind wasserdicht", bemerkte Schweer. „Hier hätte auch ein Abakus stehen können." Die knallharte Bissigkeit seiner früheren Bemerkungen war jetzt abgemildert: „Leute, Ihr habt es weit gebracht. Das ist das erste Mal, dass ich höre, dass ein Unternehmen die richtigen Fragen stellt. Die meisten Unternehmen sagen: ‚Wir können alles für Sie tun, wenn Sie sich auf den Kopf stellen und die Tastatur mit den Zehen bedienen.'"

Trotz der Komplimente hielt sich die Gruppe von Crocker mit Versprechungen hinsichtlich der Bestellung größerer Stückzahlen von Lisa zurück. Apple war nur eines von mehreren Computerunternehmen, das sie besuchte, bevor sie entschied, welche Maschinen sie bestellen würde. Niemand sprach über Zahlen und niemand sprach über Dollars.

„Für eine Bank von Crockers Größe zu sprechen ist schwierig." Schweer seufzte. „Wenn man einen Standard vorschlägt, setzt man immer seinen Job aufs Spiel. Es ist leichter, mehrere verschiedene Sachen auszuwählen." Er machte eine Pause: „Natürlich könnte man sich auch einfach die Augen zuhalten und eins aussuchen oder mehrere nehmen und die Schuld auf mehrere verteilen."

„Und dann mit dem halben Hintern vor die Tür gesetzt werden", kicherte Lewin.

Kapitel 3.0

Vergaser und Mikrofone.

Als Steven Jobs fünf Monate alt war, zogen seine Eltern aus dem feuchten Saum von San Francisco in den Eisengürtel von South San Francisco. Dort arbeitete Paul Jobs weiterhin als Mädchen für alles in einer Finanzfirma. Er trieb faule Schulden ein, prüfte die Konditionen der Kredite von Autohändlern und nutzte sein Talent als Schlossknacker, um Autos zu beschlagnahmen, die über Nordkalifornien verstreut waren.

Paul Jobs sah aus wie ein verantwortungsvoller James Dean. Er war schlank, hatte kurz geschnittenes braunes Haar und eine straffe Haut. Er war ein praktisch veranlagter, intelligenter Mann mit calvinistischem Einschlag, und er war sich seines Mangels an formaler Bildung sehr bewusst. Seine Schüchternheit pflegte er hinter Kichern und deftigem Humor zu verbergen. Jobs war auf einer kleinen Farm in Germantown im Bundesstaat Wisconsin aufgewachsen, aber als sie nicht mehr genug für die zwei Familien abwarf, die sie eigentlich unterhalten sollte, zogen er und seine Eltern nach West Bend im Bundesstaat Indiana um. Er verließ die Highschool, bevor er 15 war, durchstreifte auf der Suche nach Arbeit den Mittelwesten, und Ende der 1930er-Jahre landete er bei der „Hooligan Navy", der US-Küstenwache. Als sein Schiff am Ende des Zweiten Weltkriegs in San Francisco ausgemustert wurde, wettete Jobs mit einem Schiffskameraden, dass er im Schatten der Golden Gate Bridge eine Braut finden würde. Sobald der Landgang erlaubt war, sprang Paul Jobs von Bord und gewann die Wette. Er lernte Clara, die Frau, die seine Gattin wurde, bei einem Blind Date kennen. Sie hatte ihre Kindheit und ihre Highschool-Zeit im Mission District von San Francisco verbracht.

Nachdem Jobs mehrere Jahre lang im Mittelwesten als Mechaniker bei International Harvester und als Gebrauchtwagenhändler gearbeitet hatte, kehrten er und seine Frau im Jahr 1952 nach San Francisco zurück. Dort gründeten sie eine Familie und machten die mit der Elternschaft verbundenen Ängste und Sorgen durch – und alle Gefahren, in die Kinder geraten konnten. Als ihr kleiner Sohn Steven eine Haarklammer in eine Steckdose steckte und sich die Hand verbrannte, eilten sie mit ihm ins Krankenhaus. Ein paar Monate später ließen sie ihm den Magen auspumpen, nachdem er und ein kleiner Komplize aus Flaschen mit Ameisengift ein kleines Chemielabor gebaut hatten. In dem Haus der Familie Jobs in South San Francisco war genug Platz für ein weiteres Kind, und Steven bekam eine Schwester namens Patty. Als sich Paul Jobs mit der Verantwortung konfrontiert sah, vier Münder zu füttern, schloss er in seiner typischen Art zwei Versicherungen über tausend Dollar zur Deckung der Beerdigungskosten ab.

Das Pendeln belegte unter den Lieblingsabneigungen von Paul Jobs einen vorderen Platz, und als ihn die Finanzfirma in ein Büro in Palo Alto versetzte, wurde die ganze Familie auf der Halbinsel weiter nach Süden verfrachtet. Jobs kaufte ein Haus in Mountain View, einen Steinwurf von der ersten überdachten Shoppingmall der Region entfernt, wo sich die Nachbarschaft aus einer Mischung aus Arbeitern und Angehörigen der unteren Mittelschicht zusammensetzte.

In dem neuen Haus gewöhnte sich Steven an, so früh aufzuwachen, dass ihm seine Eltern ein Schaukelpferd, einen Plattenspieler und ein paar Schallplatten von Little Richard kauften, damit er sich selbst beschäftigen konnte, ohne den ganzen Haushalt zu stören. Ein paar Kinder von der anderen Straßenseite drehten Super-Acht-Filme, und Jobs junior spielte, mit dem Regenmantel und dem Hut seines Vaters verkleidet, Detektiv. Der Fernseher der Familie war normalerweise auf „Dobie Gillis", „I Love Lucy", Groucho Marx und Johnny-Quest-Zeichentrickfilme eingestellt.

Ebenso wie in Sunnyvale und Palo Alto gab es auch in Mountain View nicht wenige Elektroingenieure. Sie nahmen Ausschussteile von der Arbeit mit nach Hause, bastelten in der Garage herum, und wenn sie etwas Interessantes oder Neuartiges gebaut hatten, führten sie es normalerweise in der Einfahrt vor. Ein Ingenieur, der bei Hewlett-Packard arbeitete und ein paar Haustüren entfernt von der Familie Jobs wohnte, brachte aus seinem Labor ein Kohlemikrofon mit nach Hause, schloss es an eine Batterie und einen Lautsprecher an, und sofort verwandelte es sich in einen elektronischen Rattenfänger. Steven Jobs, der von seinem Vater ein paar Grundlagen der Elektronik aufgeschnappt hatte, war verblüfft von etwas, das anscheinend die Regeln verletzte, die er gelernt hatte: Das Kohlemikrofon hatte keinen Verstärker, und doch kamen Töne aus dem Lautsprecher. Er berichtete dies seinem Vater, der keine befriedigende Erklärung liefern konnte, und darum ging er zurück und löcherte den Experten von Hewlett-Packard. Schon bald wurde ihm das Untersuchungsobjekt vorgeführt und er wurde häufig zum Abendessen in das Haus des Ingenieurs eingeladen, wo er noch ein paar weitere Grundlagen der Elektronik lernte.

Jobs senior fand Automobile viel interessanter als Elektronik. Als Teenager hatte er genug Geld zusammengekratzt, um sich ein Auto zu kaufen, und hatte sich in einen stetigen Doppelverdiener verwandelt – er kaufte, verkaufte und tauschte Autos. Er war stolz darauf, dass er 1957 aufgehört hatte, neue Autos zu kaufen, und sich danach nur noch auf seinen Instinkt und seine geschickten Hände verließ, um alte Modelle zu retten und zu restaurieren. Jobs konzentrierte sich intensiv auf die Reparatur eines bestimmten Modells, bis etwas anderes sein Interesse weckte. Er klebte Schnappschüsse seiner Lieblingsautos in ein Notizbuch oder in einen Bilderrahmen, und er verwies auf Feinheiten, die nur Sammler zu schätzen wussten: einen Sitz mit einem seltenen dekorativen Element oder spezielle Belüftungsdüsen.

Nach der Arbeit schlüpfte er in einen Overall, schnappte sich seinen klinisch sauberen Werkzeugkasten und verschwand unter dem Auto der Woche. Er kannte die meisten Sachbearbeiter im örtlichen Kraftfahrzeugamt mit Vornamen, und samstagmorgens trieb er sich auf den Schrottplätzen an der Bayshore-Straße in Palo Alto herum, wo er in den Fundstücken herumstöberte. Oft nahm er seinen Sohn mit und ließ ihn bei den Verhandlungen und dem Feilschen am Schalter zuschauen: „Ich dachte mir, ich könnte ihm ein bisschen mechanisches Geschick beibringen, aber er hatte wirklich keine Lust, sich die Hände schmutzig zu machen. Für mechanische Dinge hatte er nie wirklich viel übrig." Steven sagte, er habe es interessanter gefunden, sich zu fragen, wem die Autos früher gehört hatten.

• • •

Ein Nachbar in Mountain View überredete Paul Jobs dazu, auszuprobieren, ob er ein Händchen für Immobilien hatte. Er machte seinen Maklerschein, schlug sich etwa ein Jahr lang ganz gut, aber ihm gefielen die Hektik, die Anbiederei und die Unsicherheit nicht. Im zweiten Jahr verdiente er nicht viel Geld. Die Lage war so trostlos, dass er sein Haus refinanzieren musste, um die Familie durchzubringen. Damit sie auskamen, nahm Clara Jobs eine Teilzeitstelle in der Gehaltsabteilung von Varian Associates an, einer Firma, die Radaranlagen herstellte. Schließlich war Jobs von den Launen des Immobiliengeschäfts derart desillusioniert, dass er beschloss, in seinen Mechanikerberuf zurückzukehren. Als ihn endlich eine Mechanikerwerkstatt in San Carlos einstellte, musste er sich wieder von ganz unten hocharbeiten.
Dieser Rückschlag entging Steven Jobs nicht. Die Familie fuhr nicht in Urlaub, die Möbel wurden repariert und es gab keinen Farbfernseher. Die meisten Annehmlichkeiten des Hauses baute Paul Jobs selbst. In der vierten Klasse fragte Stevens Lehrer die Schüler: „Gibt es im Universum etwas, das Ihr nicht versteht?" Steven Jobs antwortete: „Ich verstehe nicht, wieso wir auf einmal so pleite sind." Die gleiche Lehrerin, Imogene „Teddy" Hill, rettete ihren neunjährigen Schützling vor der schiefen Bahn, nachdem er aus einer anderen Unterrichtsstunde wegen Fehlverhaltens hinausgeworfen worden war. Ihr Schüler erinnerte sich: „Sie begriff die Situation sehr schnell. Sie bestach mich, damit ich lernte. Sie sagte: ‚Ich möchte wirklich, dass du dieses

Arbeitsbuch bis zum Ende durcharbeitest. Ich gebe dir fünf Dollar, wenn du das machst.'" So kam es, dass Jobs die fünfte Klasse übersprang und dass seine Lehrer vorschlugen, er solle in die Junior High School gehen und eine Fremdsprache lernen. Er weigerte sich jedoch. In seinem Zeugnis für die sechste Klasse stand: „Steven ist ein hervorragender Leser. Aber er vergeudet während der Lesezeit viel Zeit. […] Es fällt ihm sehr schwer, sich zu motivieren oder einen Sinn im Lesenlernen zu sehen. […] Seine Disziplin ist manchmal ein Problem." Ebenso wie bei den Wozniaks war auch in der Familie Jobs das Schwimmen wichtig. Zum ersten Mal brachten sie Steven in die Schwimmstunde, als er fünf Jahre alt war, und dann steckten sie ihn in einen Schwimmklub namens Mountain View Dolphins. Um die Schwimmstunden bezahlen zu können, arbeitete Clara Jobs abends als Babysitterin bei Bekannten. Ein paar Jahre später, als Jobs alt genug war, Mitglied der Schwimmmannschaft des Clubs zu werden, lernte er Mark Wozniak kennen. Wozniak erinnert sich, dass Jobs von einigen anderen Schwimmern gehänselt und grob behandelt wurde. Sie schlugen gern mit nassen Handtüchern nach ihm. „Er war eine ziemliche Heulsuse. Wenn er ein Wettschwimmen verlor, ließ er sich gehen und weinte. Er passte nicht so recht zu den anderen. Er gehörte einfach nicht dazu."

• • •

Dann wechselte Steven Jobs die Schule und ging auf die Crittenden Elementary School in Mountain View. Kinder vom einkommensschwächeren Ostrand von Mountain View besuchten diese Schule. Sie war dafür berüchtigt, dass sie Raufbolde anlockte und das Rowdytum förderte. Häufig wurde die Polizei gerufen, um Prügeleien zu beenden oder Kinder zur Ordnung zu rufen, die aus Fenstern sprangen oder Lehrer bedrohten. Nach einem Jahr stellte der unglückliche und einsame Steven Jobs ein Ultimatum: Er würde sich weigern, in die Schule zu gehen, wenn das ein weiteres Jahr Crittenden bedeuten würde. Paul Jobs spürte seine Entschlossenheit. „Er sagte, er würde einfach nicht mehr hingehen. Also zogen wir um." Angelockt von den Schulbezirken Palo Alto und Cupertino zog die Familie Jobs auf der Halbinsel ein weiteres Stück nach Süden. Sie kaufte ein Haus in Los Altos mit sanft geneigtem Dach, einer großen Garage und drei Schlafzimmern, und das Ganze lag zufällig in dem eigenwillig zugeschnittenen Einzugsbereich des Schulbezirks Cupertino.

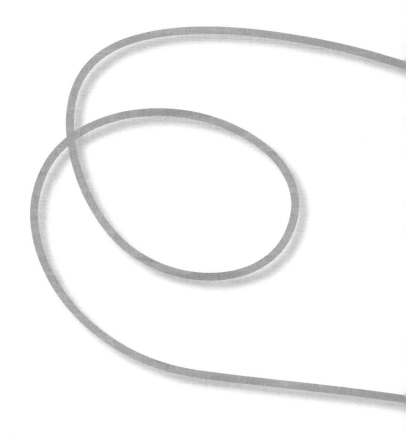

Kapitel 4.0

Der Cream-Soda-Computer.

Als John McCollum am Tag der Eröffnung im Jahr 1963 als Elektronik-Lehrer in die Homestead High School in Cupertino kam, war das Klassenzimmer F-3 fast leer. Dort gab es einen kalten Betonboden, Hohlziegelwände, ein paar graue Metallstühle und auf einem Drehfuß einen Fernseher, der die internen Bekanntmachungen der Schule übertrug. Das Klassenzimmer und der Rest der Homestead High School sahen aus wie ein Gefängnis niedriger Sicherheitsstufe, und ihre Grenzen waren auf jeden Fall klar definiert. Die Häuser, die McCollum durch das Fenster seines Klassenzimmers sah, standen in Sunnyvale, aber seine Tafel hing in Cupertino. Als die Homestead High School eröffnete, war das Klassenzimmer F-3 so nackt, dass sich nicht einmal der unternehmungslustigste Schüler hätte einen Stromschlag holen können. McCollum änderte sofort einiges.

Er befestigte über der Tafel einen langen, gelben Rechenschieber, hängte oben an einer Wand die amerikanische Flagge auf, entrollte ein grelles Poster, auf dem stand: SAFETY IS NO ACCIDENT [„Sicherheit ist kein Zufall"], und brachte einen Aufkleber an, auf dem die Aufforderung zu lesen war: FLY NAVY [„Komm zu den Marinefliegern"]. Ein paar lange hölzerne Labortische wurden am Boden festgeschraubt und nach und nach mit Ausrüstung bedeckt. Anstatt zu knausern und auf ein paar neue Geräte zu sparen, benutzte McCollum seinen Verstand. Die Regale über den Labortischen begannen sich zu füllen, während Klassenzimmer F-3 zum gut sortierten Papierkorb benachbarter Unternehmen wie Fairchild, Raytheon und Hewlett-Packard wurde. McCollum verwandelte sich in einen ordentlichen Straßenkater, der auf der Suche nach Teilen im Santa Clara Valley auf und ab streunte. Er merkte, dass es seine Schüler früher oder später schafften, ungefähr ein Drittel von allem zu zerstören, was er ins Klassenzimmer brachte. „Onezees" – so nannten die Elektronikhändler abschätzig Bestellungen unter 50 Stück – brachten also nichts. McCollum oder vielmehr seine Schüler handelten im großen Stil.

Glücklicherweise waren die Kunden der Elektronikfirmen so penibel, dass sie manchmal anscheinend mehr Teile ablehnten als letztlich mitnahmen. Sie weigerten sich, einen Transistor zu kaufen, dessen Typenbezeichnung verwischt war, oder einen Widerstand, dessen Anschlussdrähte nicht gerade waren, oder einen Kondensator, in dessen Farbe eine kleine Blase war. Seinen größten Coup landete McCollum, als ihm Raytheon 9.000 Transistoren schenkte (die damals 16 Dollar das Stück kosteten), die ein Bauteile-Prüfingenieur bei der NASA für qualitativ zu schlecht hielt, um sie auf den Mond zu schicken. Es gab noch mehr bemerkenswerte Trophäen, und einige davon stammten aus einem Lager, das Hewlett-Packard in Palo Alto betrieb. Es war Hewlett-Packards Version eines Heilsarmee-Ladens, vollgepackt mit gebrauchten und überschüssigen Testgeräten, in denen Highschool-Lehrer herumwühlen durften. McCollum ging dort regelmäßig hin und brachte manchmal teure Zweistrahl-Oszilloskope und Frequenzzähler mit. Innerhalb weniger Jahre und bis zu der Zeit, als Stephen Wozniak – und später Steven Jobs – in den Kurs Electronics 1 kamen, war das Klassenzimmer F-3 zu einem Miniatur-Magazin geworden. McCollum hatte so viele Prüfeinrichtungen angesammelt, wie es im nahe gelegenen De Anza Community College gab. Im Vergleich zu dem Bestand der Homestead High School hätten manche Elektroniklabore benachbarter Highschools genauso gut in Obervolta liegen können.

• • •

Für die besseren Schüler und für diejenigen, die zu Hause gedrillt worden waren, waren viele Projekte von McCollum alte Hüte. Die formale Theorie allerdings nicht. Elektronik 1, 2 und 3 wurden Stephen Wozniaks wichtigstes Highschool-Fach, 50 Minuten am Tag, an allen Tagen der Woche. McCollums Unterricht errichtete außerdem eine eindeutige Grenze zwischen elektrischen und elektronischen Systemen. Für die Schüler war das kein bloßer semantischer Unterschied;

es war das, was die Jungs von den Männern unterschied. Elektrische Vorrichtungen waren Dinge aus Spielzeugkästen, die aus Batterien, Schaltern und Glühlampen bestanden. Die Elektronik war eine wesentlich höher angesiedelte Berufung, eine Reise in die Welt der Technologie, in das ätherische Reich der Physik. Sie war dem eigentümlichen Verhalten des mächtigen und unsichtbaren Elektrons gewidmet. McCollum stand im Strickpullover vor der Klasse und bläute ihr die Theorie der Elektronik ein. Er gab derart regelmäßig Geschichten und Sprüche über die 20 Jahre zum Besten, die er in der Navy verbracht hatte, bevor er sich verärgert verabschiedet hatte, weil eine Vorschrift verlangte, dass Piloten, die nicht so häufig fliegen, nur in Begleitung fliegen, dass einige Schüler anfingen, den Lieblingsgeschichten Code-Nummern zu geben. McCollum fummelte an seiner Brille herum, setzte sie auf, setzte sie wieder ab und steckte sie in ein geädertes Plastiketui, das hinter den Stiften in seiner Hemdtasche steckte. Er fing mit der Theorie an und nannte dann Anwendungen. Die Schüler wurden durch das ohmsche Gesetz, die elektrische Leistungsgleichung, einfache Schaltungen, Magnetismus und Induktanz geführt. Sie merkten, dass die Lektionen haften blieben, wenn sie aufpassten, und dass ihr Lehrer Samen pflanzte, die stetig sprossen. Sie lösten einfache Gleichungen, schalteten Widerstände in Serie und parallel und sahen zu, wie sich Kondensatoren aufluden. Sie bauten Netzgeräte und Verstärker und lernten, mit Wechselstrom und Gleichstrom umzugehen.

Außerdem war McCollum auf dem Gebiet der Qualitätssicherung aktiv. Als die Schüler ihre Radios fertig gebaut hatten, verschwand er in seinem Lagerraum, baute ein paar falsche Teile ein und drängte sie, den Fehler eher mit dem Verstand als mit den Augen zu suchen. „Ihr müsst das durchdenken können", sagte er immer wieder. Eifrige Schüler brachten die Geräte mit, die sie in ihren Zimmern und Garagen gebaut hatten, damit McCollum sie überprüfte. Mit einem Schraubenzieher klopfte er auf lose Teile und wackelte an Lötstellen herum wie ein grober Zahnarzt. Einmal kritisierte er einen Drehknopf an einem Netzteil, das Bill Fernandez gebaut hatte, weil er sich umgekehrt verhielt als die meisten anderen Knöpfe. Fernandez sagte später: „Das war das erste Mal, dass ich mir Gedanken über Standards und benutzerfreundliches Design machte."

Um die Macht der Elektrizität zu offenbaren, zog McCollum eine regelrechte Show ab. Er entsetzte seine Schüler mit Geschichten darüber, dass sich Menschen, die beim Fremdstarten von Automotoren nicht aufgepasst hatten, das Gesicht mit Säure verätzt hatten. Mit großer Geste holte er Requisiten aus einer abgeschlossenen Schreibtischschublade und führte altbewährte Tricks vor. Er ließ sich auch zu banalen Dingen herab, rieb einen Luftballon an seinem Pullover und hängte ihn unten an den Fernseher. Oder er verdunkelte den Raum und legte den Schalter eines Tesla-Transformators um, der hochfrequenten Wechselstrom erzeugte. Die Klasse sah zu, wie 100.000 Volt von dem Ende der Spule sprangen und eine fluoreszierende Röhre aufleuchten ließen, die man danebenhielt. An anderen Tagen sahen die Schüler im Klassenzimmer F-3 Funken an den Elektroden einer Jakobsleiter hinaufklettern. McCollum machte seinen Anspruch klar: „Ich versuche, das Geheimnis der Elektronen zu lüften. Man kann sie nicht sehen, aber man kann ihre Wirkung beobachten."

Die Elektronik war allerdings keine rein intellektuelle Suche. Sie war auch eine praktische Angelegenheit, die schon mit sehr wenig Geschick allerlei Quietschen, Sirenengeheul, Ticken und andere Geräusche produzierte, die unterhalten, irritieren und erschrecken konnten. Die gleichen Bauteile, aus denen plumpe Voltmeter und Widerstandsmessgeräte zusammengesetzt waren, konnte man auch für viel unterhaltsamere Zwecke verwenden. Stephen Wozniak hatte von Kindesbeinen an einen Hang zu Streichen, und gewöhnlich gelang es ihm, ihnen eine persönliche Note zu geben. Im Dunklen Eier auf vorbeifahrende Autos zu werfen fand er weder unterhaltsam noch einfallsreich.

Aber ein Ei schwarz anzumalen, es mit einer Schnur so an Laternenpfählen neben der Straße zu befestigen, dass es genau einen Kühlergrill treffen würde, das war schon eher sein Stil. Die Elektronik eröffnete ein neues Feld für Bubenstreiche.

So baute Wozniak in seinem letzten Jahr auf der Homestead High School Zylinder aus einer alten Batterie aus, die Dynamitstangen täuschend ähnlich sahen. Er band einen Oszillator an die Zylinder und legte das Ganze so in den Spind eines Freundes, dass verräterische Drähte aus der Tür hinausragten. Es dauerte nicht lange, da erregte das Ticken des Oszillators Aufmerksamkeit. Kurz danach riskierte der Schuldirektor Warren Bryld sein Leben, als er mit dem Gerät auf den Footballplatz rannte. „Ich habe einfach die Drähte herausgezogen und die Polizei angerufen. Die haben mich zusammengestaucht, weil ich mich hatte zum Narren halten lassen." Der Übeltäter wurde schnell dingfest gemacht, auch wenn Wozniak auf dem Weg zum Büro des Direktors dachte, dieser würde ihm gratulieren, weil er einen Mathematik-Wettbewerb gewonnen hatte. Stattdessen fiel er den örtlichen Polizisten in die Hände und wurde zu einer Übernachtung in der Jugendstrafanstalt von San Jose gebracht. Margaret Wozniak war am nächsten Morgen durch den Anblick ihres Sohns nicht besänftigt und brüllte die Wärter an: „Warum habt Ihr ihm nicht gleich eine Nummer auf die Brust tätowiert?" Wozniaks Schwester Leslie, die Redakteurin bei der Schülerzeitung war, sagte, sie würden Platz für einen Bericht über die Bedingungen in dem Gefängnis freihalten. Als Wozniak in die Homestead High School zurückkehrte – gezüchtigt, bloßgestellt, aber ohne dass Anzeige gegen ihn erstattet worden war –, bekam er von seinen Klassenkameraden stehende Ovationen.

• • •

Manchmal baten Schüler John McCollum wegen eines launischen Oszillators um Hilfe, und normalerweise gab er ihnen praktische Ratschläge.

Aber McCollum brachte seinen Schülern etwas über Elektronik bei, nicht über Computer. Die Schüler an der Homestead High School, die sich Ende der 1960er-Jahre für Computer interessierten, waren nicht nur die kleinste Minderheit an der Schule, sondern man konnte sie an den Fingern einer Hand abzählen. Elektronik und Computer waren männliche Beschäftigungen, auch wenn die meisten Jungs das für einen eher merkwürdigen Zeitvertreib hielten. Somit überbrückten spezielle Interessen Alters- und Klassenunterschiede und brachten Einzelgänger zusammen. Sie pendelten mit ihrem privaten Zeitvertreib – der zu einer echten Besessenheit wurde – zwischen ihrem Zuhause und dem Klassenzimmer hin und her.

Auf der Homestead High School begann Wozniak, seine Förderstunden damit zu verbringen, dass er durch dicke Brillengläser schaute und Schaltpläne mit Bleistift auf gelbe Notizblöcke kritzelte. Seine Schwester sagte dazu: „Auf der Highschool tat er mir leid. Er war einsam. Er litt wegen seiner Art und weil er nicht hineinpasste. Er wurde immer gehänselt. Ich hatte immer das Gefühl, ihn beschützen zu wollen."

Aber im Gegensatz zu seiner Schwester fühlte sich Wozniak nicht von der provinziellen Einstellung in Sunnyvale eingeengt oder durch die Kleiderordnung der Homestead eingeschränkt. Er war extrem misstrauisch gegenüber Marihuana und anderen Drogen, akzeptierte bereitwillig Warnungen vor ihren Gefahren und erzählte es seinen Eltern, als er im Zimmer seiner Schwester verräterische Samenkörner fand. Seine Mutter erkannte die Neigungen ihres Sohnes: „Auf der Highschool war er ein ganz schöner Langweiler. […] Mit Mädchen hatte er nicht sehr viel am Hut." Wozniak war ein Saubermann.

Auf sich selbst gestellt, sammelte er in den letzten zwei Jahren auf der Highschool Elektronikpreise und war Präsident des Elektronikclubs und des Matheclubs. Wozniak begann, Schaltkreise für eine Maschine zu entwerfen, die Additionen und Subtraktionen durchführen konnte. Nach und nach baute er zusätzliche Funktionen ein. Es gelang ihm,

herauszufinden, wie man die komplizierteren Probleme bewältigt, die sich bei Multiplikationen, Divisionen und sogar Quadratwurzeln stellen. Allen Baum, der zwei Jahre jünger als Wozniak war, war von den Kringeln und Strichen verwirrt. „Ich fragte ihn, was er da macht, und er sagte: ‚Computer konstruieren.' Ich war tierisch beeindruckt."
Baum, ein schlanker Junge mit dunklen Haaren und sanften braunen Augen, hatte in einer Vorstadt in New Jersey gewohnt, bis er 13 war. Dann war seine Familie nach Kalifornien gezogen, weil sein Vater Elmer im Stanford Research Institute (SRI) zu arbeiten begann. Später wurde ihm klar: „In New Jersey wäre ich total blockiert gewesen. Ich hatte immer gedacht, ich würde Ingenieur werden, und ich hatte immer gedacht, es würde die Zeit kommen, wo ich etwas über Elektronik lernen würde." Er ging durch den coolen Computerraum des SRI und schaute sich die Geräte mit skeptischem Blick an, bis ihm sein Vater zeigte, wie man mit dem Terminal umgeht. „Innerhalb einer Stunde machte Allen Sachen, die ich nicht konnte."
Anders als Wozniak hatte Baum zwar nicht bei Forschungswettbewerben mitgemacht, aber er interessierte sich ebenso für die Theorie und Konstruktion von Computern. Als Wozniak McCollum dazu überredete, einen Ort zu finden, an dem er mehr über Computer erfahren konnte, wurde Baum in alle Pläne einbezogen. Über einen Freund arrangierte es McCollum, dass seine beiden Schüler jeden Mittwochnachmittag im Computerraum von GTE Sylvania verbrachten, einer Firma, die elektronische Geräte für das Militär herstellte. Ein ganzes Schuljahr lang begaben sich die beiden Teenager jede Woche zum Empfang der Unternehmenszentrale von Sylvania in Mountain View. Sie trugen sich in die Besucherliste ein, klemmten Plastikschildchen an ihre Hemden, warteten auf eine Begleitperson, gingen den Korridor entlang und durch die schwergängige Metalltür in den Computerraum, wo das Poltern und Brummen der IBM 1130 Unterhaltungen darauf beschränkte, dass man sich anbrüllte. Der weiß gefliese Boden

vibrierte unter der Masse des Computers, der einen Raum belegte, der so groß war wie ein französischer Kleiderschrank aus dem 18. Jahrhundert. Dort gab es eine bedeutsam aussehende Tastatur, mit der man Befehle eingeben konnte. Programme für die Erstellung von Dingen wie der Lohnbuchhaltung des Unternehmens wurden auf Karten gestanzt, die sich auf khakifarbenen Endlosrollen befanden und in ein Kartenlesegerät gesteckt wurden. Informationen, die der Computer brauchte, wurden auf Magnetbändern gespeichert, die an der Wand aufgereiht waren und aussahen wie große Tonbandgeräte, während ein lauter Drucker, ähnlich wie diejenigen, die von Telegrafengesellschaften benutzt wurden, Buchstaben hämmerte.

Das war der erste große Computer – der erste Mainframe –, den Wozniak je gesehen hatte. Im Laufe des Jahres bekamen Wozniak und Baum Tipps und Hinweise sowie erste Ansätze einer Ausbildung. Die Leute von Sylvania machten Wozniak mit einem Compiler vertraut; das ist die Software, die Befehle, welche in einer Programmiersprache aus normalen Buchstaben und Zahlen eingegeben werden, in eine binäre Maschinensprache umwandelt, die der Computer verarbeiten kann. Wozniak war überrascht. „Ich wusste nicht, dass der Compiler ein Programm ist. Ich hatte gedacht, ein Compiler wäre ein Gerät, und ich zeigte immer auf Kisten und fragte: ‚Ist das der Compiler?'" Die Programmierer von Sylvania lösten auch das Problem, auf das er gestoßen war, als er einen Rechner konstruierte, der große Zahlen multiplizieren konnte. Aber den beiden Teenagern war das Programmieren lieber als die Unterweisungen.

Sie schrieben Programme in FORTRAN, stanzten sie auf dünne Karten und steckten sie in den Kartenleser. Sie benutzten den Computer, um Zahlen in hohe Potenzen zu erheben, und sahen zu, wie der Drucker die Ergebnisse ausdruckte. Sie suchten nach Primzahlen und berechneten Quadratwurzeln auf Dutzende von Stellen genau. Außerdem arbeiteten sie an einem Programm mit, das einen Springer auf einem Schachbrett springen ließ, wobei er bei jedem Zug auf einem anderen Feld landete. Als sie das Programm zum ersten Mal laufen ließen, passierte nichts. Der Computer machte keinen Finger krumm, während die Klimaanlage brummte und surrte. Sie schrieben das Programm um und gaben dem Computer die Anweisung, nach jedem abgeschlossenen Zug des Springers seine Fortschritte zu melden. Die ersten zwei Dutzend meldete er recht schnell, dann wurde er langsamer, und schließlich hörte er auf.

Ein Programmierer von Sylvania erzählte den beiden von einer mathematischen Abkürzung, mit der man abschätzen konnte, wie lange das Programm brauchen würde, um eine Lösung für den Zug des Springers zu liefern. Wozniak probierte das Verfahren aus und war von der Antwort enttäuscht: „Ich rechnete aus, dass es zehn bis 25 Jahre dauern würde, eine einzige Lösung zu finden. So lange wollte ich aber nicht warten." Nachdem Wozniak ein paar Monate bei Sylvania verbracht hatte, ließ ihn McCollum vor einem Elektronikkurs der Homestead High School einen Vortrag über Computer halten: „Das war ein guter Vortrag. Er hatte nur einen Fehler: Er hätte ihn eigentlich vor Studenten im zweiten Collegejahr halten müssen."

• • •

Die Besuche in Sylvania, das Privileg, einen Computer benutzen zu dürfen, und die Brocken, die die Programmierer fallen ließen, stellten nicht nur den Höhepunkt von Wozniaks Woche dar, sondern sie zogen auch andere Aktivitäten nach sich. Zusammen mit Baum ging er zum Stanford Linear Accelerator Center, dessen Zweck weitaus strenger war, als das unglückliche Kürzel SLAC [„slack" bedeutet unter anderem „lasch", „entspannt" und „Durchhang"] vermuten lassen könnte. Das Interesse der beiden galt allerdings nicht den Elektronen, die durch eine zwei Meilen lange Betonstrecke gefeuert wurden, die wie ein Spieß unter der Interstate 280 und den Feldern um Woodside herum verlief. Vielmehr gingen sie zu den Verwaltungsgebäuden des SLAC, die auf einem Hügel lagen, der Palo Alto und den Hoover Tower der Stanford University überblickte. Dort schlichen sie um den Computerraum herum und inspizierten den IBM 360 des SLAC, einen Mainframe-Computer, der Ende der 1960er-Jahre den Eckpfeiler der IBM-Reihe bildete. Sie durften einen Kartenstanzer des SLAC benutzen, um Programme zu erstellen, die sie später auf dem kleineren IBM-Computer bei Sylvania laufen ließen.

Am verlockendsten war allerdings die Bibliothek. Samstags und sonntagsnachmittags durchstöberten die beiden die Stapel, lasen Zeitschriften und blätterten Computerhandbücher durch. Es gab auf der Halbinsel nur wenige Orte, an denen man reichere Beute machen konnte. Die SLAC-Bibliothek hatte großformatige Zeitschriften für Programmierer und Ingenieure abonniert: *Datamation*, *Computerworld*, *EDM* und *Computer Design*. In den meisten Zeitschriften gab es Postkarten, auf denen die Leser ankreuzen konnten, von welchen Unternehmen sie Informationen haben wollten. Schon bald quoll der Briefkasten der Wozniaks vor schweren Umschlägen über, die Broschüren, Produktbeschreibungen und Handbücher einiger neuerer Computer enthielten. Auf den Umschlägen standen Namen wie Digital Equipment Corporation, Data General, Scientific Data Systems, Datamate, Honeywell und Varian. Fast alle diese Unternehmen stellten Minicomputer her, also verkleinerte Versionen der zimmergroßen Mainframe-Maschinen.

• • •

Die Minicomputer – die nach den kurzen, engen Röcken benannt worden waren, die durch die Londoner Carnaby Street berühmt geworden waren – waren normalerweise nicht größer als eine Kühl-/Gefrierkombination für eine sechsköpfige Familie. Die Minicomputer-Hersteller nutzten ebenso wie die Unternehmen, die Satelliten und Raketen bauten, die große Schrumpfung in der Welt der Elektronik aus. Als die

Halbleiterunternehmen ihre Herstellungsmethoden weiterentwickelten, quetschten sie immer mehr Transistoren auf ein einzelnes Stück Silizium. Dies ermöglichte es Unternehmen wie Digital Equipment, Computer zu produzieren, die zwar nicht ganz an die Leistung eines aktuellen Mainframe herankamen, die aber mehr leisteten als so mancher Mainframe, der fünf Jahre zuvor gebaut worden war. Alle Diagramme, die in den Fachzeitschriften veröffentlicht wurden und das Preis-Leistungs-Verhältnis darstellten, zeigten, dass die Geräte weiterhin immer billiger und leistungsfähiger wurden.

Auch wenn die Minicomputer viel kleiner waren als die Mainframes, so benötigten sie trotzdem umständliches Zubehör. Programme wurden auf Papierband eingegeben; der Speicher bestand aus Dutzenden kleiner Donut-förmiger Eisenstücke, die mit Kabeln verbunden und in Blöcken von der Größe einer Zigarrenschachtel zusammengefasst waren. Die Ergebnisse von Programmen erschienen auf einem Fernschreiber. Die Handbücher und Anleitungen enthüllten etwas von der Komplexität des Versuchs, den Fluss der Millionen Bits zu kontrollieren, die sich in alle möglichen Richtungen bewegten. Das „Small Computer Handbook" der Digital Electronics Corporation (DEC), das die Analytiker von Sylvania Wozniak in die Hand drückten, wurde gewissermaßen ein Branchenklassiker, weil es so viel über den Computer enthüllte. Es enthielt ausführliche Beschreibungen der Eigentümlichkeiten des Hauptprozessors, lieferte Anweisungen für die Speicherverwaltung, stellte Möglichkeiten vor, wie man den Fernschreiber anschließen konnte, und bot Flussdiagramme an, die einem beim Schreiben und Testen von Programmen halfen.

Zu den Computer-Fachzeitschriften gesellte sich eine noch speziellere Literatur: die Bauteil-Magazine. Sie befassten sich Ende der 1960er-Jahre mit integrierten Schaltkreisen, also mit den Chips, die Halbleiterunternehmen wie Fairchild, Signetics, Synertek, Intel und Motorola herstellten. Für Wozniak und Baum wurden diese Zeitschriften fast so

wichtig wie die Computer-Zeitschriften und die Computer-Handbücher. Zwar stellte kein Halbleiterunternehmen einen einzelnen Chip her, der die Leistung eines Computers brachte, aber manche stellten Chips her, die man mit etwas Erfindungsreichtum so zusammenschalten konnte, dass sie sich wie ein Computer verhielten. Die Unternehmen selbst veröffentlichten die Einzelheiten über die Funktionen und Leistungen ihrer neuen Chips auf sogenannten Datenblättern, die mit technischen Informationen vollgestopft waren. Auch sie wurden zu begehrten Artikeln. Wenn man einen anständigen Computer konstruieren wollte – einen Computer, der sich jener fernen Welt näherte, die man als Stand der Technik bezeichnet –, musste man mit den Diagrammen und Details der Datenblätter intensiv vertraut sein.
Wozniak hatte zwar das „Small Computer Handbook" von DEC eifrig studiert, aber der erste Minicomputer, den er einer genauen Untersuchung unterzog, war der Varian 620i. Er steckte in einer braunen Kiste, und auf der Frontplatte befanden sich Reihen schwarzer und weißer Schalter. Zum ersten Mal versuchte Wozniak, mit von ihm ausgewählten Chips seine eigene Version eines Minicomputers zu konstruieren: „Ich wusste nicht, wie man einen kompletten Computer baut, aber ich verstand, was ein Computer ist." Er begann, die Schichten zu verstehen, die zwischen dem Programm, das ein Benutzer in einen Computer eintippte, und dem eigentlichen Herzen der Maschine lagen. Er konzentrierte sich auf das Herz und begriff die Idee eines Satzes präziser Befehle, die einen Code bildeten, der die Maschine steuerte.
Wozniak hatte noch nicht alle Aspekte des Computerdesigns gemeistert, aber er hatte sich der Idee verschrieben, so wenige Teile wie möglich zu verwenden. Er war erfreut, als er eine Möglichkeit entdeckte, Gatter zu kombinieren oder zu beseitigen – das sind Schaltkreise, welche die Grundlage der digitalen Logik bilden. Wenn ein Chip Schaltkreise enthielt, der mehrere Gatter ersetzen konnte, war das ein Grund zum Jubeln. Wozniak begann, sich darauf zu konzentrieren,

dass Bauteile so viele Funktionen wie möglich erfüllten. „Ich bewegte mich langsam auf ein höheres Integrationsniveau zu." Wozniaks und Baums Eltern waren von den Fortschritten ihrer Söhne verblüfft. Wie so viele andere Teenager auch waren sie von den eintönigen Anforderungen des Lebens befreit und genossen den Luxus, ausreichender Zeit zu haben, um ihrer Besessenheit nachzugehen.

Wozniak und Baum suchten sich bald ihre Lieblingsminicomputer aus, und die Bücherregale in ihren Zimmern bogen sich vor Computerbroschüren. Sie fingen an, bei Computern zwischen geschickten und plumpen Konstruktionen zu unterscheiden. Sie würdigten abstruse Funktionen, wie zum Beispiel die Art, auf die manche Geräte mit Fließkommaberechnungen umgingen. Manchmal regte ein Name oder ein ästhetischer Reiz ihre Fantasie an, zum Beispiel der Skinny Mini, der wegen seines schmalen Gehäuses so hieß. Elmer Baum dazu: „Nach etwa drei Monaten gab ich auf. Sie entwarfen Computer, und ich verstand nicht, worüber sie sprachen."

• • •

Als Wozniak von der Highschool auf das College wechselte, nahm er seine Interessen mit. Von der Alma Mater seines Vaters, der Caltec, wurde er abgelehnt, und nach einem elenden Tag am De Anza Community College in Cupertino schrieb er sich an der University of Colorado in Boulder ein. Jerry Wozniak beäugte die Versuche seines Sohnes, Kalifornien zu verlassen und sich ein paar Freunden aus der Highschool anzuschließen, misstrauisch. „Stephen war noch nicht bereit, daheim auszuziehen und gleichzeitig aufs College zu gehen." Zu den Dingen, die er in seinen Koffer packte, gehörte ein Oszillator, der speziell darauf abgestimmt war, den Fernsehempfang zu stören. Wozniak fing an, bei Vorlesungen dazwischenzufunken, die über Fernsehmonitor übertragen wurden, sodass die Professoren versuchten, den Fernsehapparat richtig einzustellen. Er spielte so lange mit dem Oszillator herum, bis die Lehrer allerlei Verrenkungen machten, weil sie überzeugt waren, wenn sie einen Arm oder ein Bein in die Luft streckten, würde die Störung verschwinden. Auch trieb er ein paar Klassenkameraden zur Weißglut, indem er eine Übertragung des Kentucky Derby gerade in dem Moment störte, als die Pferde über die Ziellinie rannten.

Wozniaks Leben in Colorado drehte sich um den Control Data Computer der Universität, einen CDC 6400. Er las die Bedienungsanleitung des Computers, lernte noch ein paar Methoden der FORTRAN-Programmierung und machte sich außerdem mit einer weiteren Programmiersprache namens ALGOL vertraut. Für die Collegeverwaltung war Wozniak eine Nervensäge, die zu viel Zeit im Computerraum verbrachte und bei Weitem zu viel Rechenzeit nutzte. Er ließ ein paar Programme laufen, die endlos viel Papier ausspuckten, auf dem stand: FUCK NIXON und GUTES SCHMIERPAPIER. „Auf jede Unterrichtsstunde gerechnet verbrachte ich zehn Stunden mit Computern." Nächtliche Bridge-Sessions und hundert Meilen weite Spritztouren, um Hamburger zu holen, waren seinen akademischen Leistungen auch nicht förderlich. Einer der Dekane piesackte ihn und drohte ihm mit Rauswurf. Wozniak schlug zurück, indem er einen Anwalt engagierte, der einen Drohbrief schrieb, aber das machte die Sache kaum besser. Nach dem ersten Jahr verließ er Colorado mit einem Koffer voll weiterentwickelter Computerentwürfe und einem Bündel Sechsen und kehrte in das Haus seiner Eltern in Sunnyvale zurück, wo er sich wieder auf dem De Anza Community College einschrieb.

• • •

Als Wozniak wieder zu Hause war, zog es ihn in den gleichen kleinen Kreis und in das Milieu der aus kosmetischen Gründen aussortierten Bauteile, Datenblätter und Wissenschaftsausstellungen zurück. Er und Allen Baum besuchten am De Anza zum Teil die gleichen Kurse, während sich Elmer Baum auch in einem Kurs einschrieb, in dem die Programmiersprache FORTRAN gelehrt wurde. Nach ein paar Wochen brach er ihn ab und seine Bewunderung für die Fähigkeiten des jüngeren Duos wuchs. Wozniak verdarb es sich mit noch mehr Lehrern, weil er während der Unterrichtsstunde für lineare Algebra mit Computerentwürfen herumspielte.

Am Ende des Jahres fanden er und Baum zufällig Ferienjobs. Auf der Suche nach der örtlichen Vertretung eines Minicomputer-Unternehmens stapften sie in die Zentrale von Tenet, eines kleinen Unternehmens, das versuchte, Computer für Kunden wie das kalifornische Kraftfahrzeugamt zu bauen. Durch Überredung beschafften sich die beiden Programmiererjobs, und während Baum bald wieder ging, um sein Studium am MIT aufzunehmen, blieb Wozniak und lernte, wie man ein Computersystem programmiert, das viele Nutzer gleichzeitig bedient. Gelegentlich machte er einen Abstecher nach Los Angeles – „Ich wollte dort meine jüngere Cousine heiraten, aber sie mochte mich überhaupt nicht" – und blieb bei Tenet, bis es der Rezession 1972 zum Opfer fiel; dann beantragte er Arbeitslosenunterstützung.

In der Zwischenzeit lernte er auf unsystematische Art noch mehr über Computerdesign. Er las die Fotokopien von Computer-Lehrbüchern, die ihm Baum vom MIT schickte, und er besuchte immer noch die Wissenschaftsausstellungen an der Schule. Bei einem Besuch erblickte er einen Beitrag, der für ihn eine Erleuchtung war. Das Gerät, das seine Aufmerksamkeit fesselte, war eine mechanische Maschine, die eine Befehlsfolge schrittweise nacheinander abarbeitete. Sie war so aufgebaut, dass sie nach jedem Schritt bestimmte Signale abfeuerte. Wozniak machte eine Kopie von dem Bericht, der zu der Maschine gehörte, und nahm ihn zum Lesen mit nach Hause. Er übertrug das Konzept auf die Elektronik und erfasste die Idee einer Schaltung, die sich vor der Ausführung eines Befehls durch viele kleine Operationen schrittweise in einer ganz bestimmten Reihenfolge durcharbeiten würde:

„Ganz plötzlich verstand ich, wie eine Schrittfolge funktioniert. Ich wusste sofort, dass ich wusste, wie man Computer konstruiert, und am Tag davor hatte ich das noch nicht gewusst. Man weiß das einfach. Sobald ein gutes Konzept klick macht, weiß man einfach, dass man es geschafft hat."

Diese selbst gelernte Lektion war eine große Hilfe, als Wozniak in die Innereien des Minicomputers Nova von Data General eintauchte. Der Nova war von einem Team von Ex-Mitarbeitern der Digital Equipment Corporation entwickelt worden, und er hatte den Ruf eines cleveren und aggressiven Designs. Ein tolles Poster, welches das Unternehmen verschickte, war in der kleinen Welt der Fans ein gesuchter Artikel. Wozniak und Baum hängten sich das Poster zu der Parade von Idolen, die ihre jeweiligen Schlafzimmerwände schmückte, und Letzterer erklärte die Anziehungskraft des Nova: „Es gab keinen anderen Computer, der aussah, als könne man ihn auf einen Schreibtisch stellen." Der Supernova von Data General war eine 16-Bit-Maschine – sie verarbeitete 16 Binärstellen gleichzeitig – und alles außer dem Speicher war auf eine einzige Platine montiert. Über 100 Halbleiterchips steckten in den Löchern der grünen Platte und waren durch chaotisch gelötete Leiterbahnen miteinander verbunden. Die Leiterbahnen waren auf eine sogenannte gedruckte Schaltung geätzt, die zu den Grundbausteinen des Computers gehörte. Die Chips auf dem „Motherboard" steuerten die wichtigsten Funktionen des Geräts. Fast alle Aspekte des Computers von Data General waren ein Beleg für den Fortschritt der Elektronik. Das Rechenwerk des Computers war zwar viel ausgeklügelter, aber es war immer noch mit dem Addierer-Subtrahierer verwandt, den Wozniak mit 13 entworfen hatte. Doch das, wofür 1963 noch eine große Platine und Hunderte von Bauteilen nötig waren, befand sich 1970 auf einem Stückchen Silizium.

Zusammen mit Baum, der die Sommerferien in Kalifornien verbrachte, fing Wozniak an, eine eigene Version des Nova zu entwerfen. Er bat bei Data General schriftlich um weitere Informationen und bekam mehrere Hundert Seiten unternehmensinterne Unterlagen. Die beiden sammelten Datenblätter zu neuen Chips, die von Fairchild Semiconductor und von Signetics hergestellt wurden, brüteten über den technischen Daten und wählten diejenigen Chips aus, die ihren Bedürfnissen entsprachen. Sie zeichneten Schaltbilder – Diagramme, die zeigten, wie die Chips miteinander verbunden sein sollten – für mehrere verschiedene Versionen des Computers. Der eine enthielt Chips von Fairchild, der andere Chips von Signetics.

Wozniak war zwar die treibende Kraft, aber Baum war mehr als nur ein Cheerleader. Er war mit allen Aspekten der Konstruktion vertraut und gab Ratschläge, wie man die größte Leistung aus den Chips herausholen konnte. Sie konzentrierten sich auf die digitale Elektronik und ignorierten die uninteressanten Aspekte. Baum erinnert sich: „Um Dinge wie das Netzteil machten wir uns keine Gedanken." Es kam das Stadium, wo die beiden ihre eigene Version des Computers bauen wollten. Sie füllten einen Ordner mit Schaltbildern und schrieben an Unternehmen mit der Bitte um Bauteile. Wozniak erinnert sich: „Alle Computer, die ich entwarf, wollte ich auch bauen. Das Problem war, die Teile zu bekommen."

Die harte Schule, mehrere verschiedene Versionen des Nova zu konstruieren, brachte Wozniak einige erhellende Erkenntnisse ein. Damit er ein paar Feinheiten besser verstand, arrangierte sein Vater Jerry Wozniak für ihn ein Treffen mit dem Designer eines Fairchild-Halbleiterchips. Der Fairchild-Ingenieur erklärte ihm, dass die Zahl der Chips, die für eine Konstruktion verwendet werden, nur einen Aspekt des endgültigen Ziels darstellt. Er sagte Wozniak, dass der Platz, den die Chips auf einer gedruckten Schaltung belegten, genauso wichtig sei wie die Anzahl der Chips. Von da an konzentrierte sich Wozniak auf das doppelte Ziel, möglichst wenige Chips auf möglichst wenig Platz anzuordnen.

Die Erfahrung mit dem Data General Nova spornte Wozniak zu einem größeren Kurswechsel an. Er beschloss, seinen eigenen Computer zu bauen. Es gelang ihm, bei einem seiner Kumpel aus der Nachbarschaft namens Bill Fernandez so viel Interesse zu wecken, dass er ihm dabei half. Sie kannten sich schon seit einigen Jahren und ihre Väter spielten miteinander Golf. Fernandez war zwar ein paar Jahre jünger als Wozniak, hatte aber breiter gefächerte Interessen. Er hatte straffe, schmale, elfenbeinfarbene Gesichtszüge, trat der Religionsgemeinschaft der Bahai bei, trainierte Aikido und schien die Art Mensch zu sein, die sich im Japan des 16. Jahrhunderts als Schüler eines Samurai-Kriegers wohlgefühlt hätte. Auch ihn zog es auf Forschungsausstellungen, und in einem Jahr hatte er ein elektrisches Schloss eingereicht, für das er Taster auf ein Stück Sperrholz genagelt hatte. Er baute Sirenen aus Oszillatoren und war, wie er selbst gern einräumte, gründlich und kompetent, aber nicht launisch oder impulsiv. Er war penibel, hatte geschickte Hände und Talent für den Einbau von Autoradios und ähnlichen Dingen.

Während seines letzten Jahres in McCollums Elektronik-Kurs hatte Fernandez als Techniker im NASA-Labor für Raumschiffsysteme gearbeitet. Dort baute, prüfte und modifizierte er Schaltungen, lernte etwas über spezielle Löttechniken, bekam etwas über die richtige Kabelführung beigebracht und hörte Vorträge über die Gefahren eingekerbter Drähte. Fernandez räumte eine Ecke in der Garage seiner Eltern frei, um an seinem Hobby zu arbeiten. Er quetschte seine Regale und seine Werkbank zwischen den Boiler und den Wäschetrockner der Familie. „Um den Platz in der Garage gab es einen ständigen Kampf. Sie sagten, ich hätte ein Viertel der Garage belegt, obwohl es nur ein Sechzehntel war." Aber die Garage der Familie Fernandez war ein geeigneter Platz für den Bau von Wozniaks Maschine.

Wozniak wusste, was er von seinem Computer wollte. „Ich wollte ein Gerät konstruieren, das etwas machte. Bei einem Fernseher dreht man an einem Knopf und er macht etwas. Bei einem Computer drückt man auf einen Knopf und es gehen ein paar Lichter an." Um eine Maschine zu bauen, die blinken würde, fingen Wozniak und Fernandez an, bei einer Reihe von Halbleiterunternehmen nach Teilen zu stöbern. Intel versorgte sie mit acht Speicherchips, die jeweils 256 Bit speichern konnten. Intersil schenkte ihnen ein paar teure Chips, die Rechenwerke enthielten. Außerdem beschafften sie sich ein paar Schalter aus einer Musterlieferung, die dem Vertreter eines Schalterherstellers gehörte, Leuchtdioden von einem Monsanto-Ingenieur und einen Metallrahmen aus einem Abfallhaufen von Hewlett-Packard. Die größte Fuhre Bauteile bekamen sie von ein paar Anwendungsingenieuren von Signetics. Wozniak und Fernandez verteilten ihre Trophäen auf dem Boden des Wohnzimmers von Letzterem und sortierten die ganzen Addierer, Multiplexer und Register. Sie verglichen die Typennummern mit den Datenblättern und steckten die Teile in reihenweise kleine, sorgfältig beschriftete Umschläge.

Als sie anfingen, teilten sie die Arbeit auf. Wozniak entwarf den Computer auf Notizblockblättern und konzentrierte sich auf das Logikdesign. Fernandez entwarf die Zeitgeberschaltungen und die Schaltungen, die den Computer mit den Lampen verbanden. Wozniak schaute zu, wie sein jüngerer Kamerad, der noch auf die Highschool ging, Techniker spielte und den Computer zusammenbaute. „Er hatte keine elektrotechnische Ausbildung, aber er wusste, wie man mit geraden Leitungen und einem Lötkolben umgeht. Er arbeitete langsam, aber sehr sorgfältig und sehr sauber." Mehrere Wochen lang verbrachten sie ihre Abende und Wochenenden damit, den Computer zu bauen. Dabei tranken sie jede Menge Cragmont Cream Soda. Fernandez radelte mit dem Leergut zum örtlichen Safeway und verwendete das Pfand, um die wenigen Teile zu kaufen, die sie noch brauchten. Der Cream-Soda-Computer war eine kleine Version der Minicomputer, die Wozniak so faszinierten – „das war das absolute Minimum an Hardware" –, und die Konstruktion wurde von den Serienbauteilen in den Umschlägen diktiert. Das Kernstück der Maschine bildeten zwei 4-Bit-Rechenwerke, die Wozniak in Reihe schaltete, damit sich ein Computer mit 8 Bit Breite ergab. Der fertige Computer wurde dann auf einen Metallrahmen montiert. Auf einer Platine befanden sich die Chips und eine kleinere enthielt die Zeitgeberschaltungen – einen Quarz-Oszillator und eine Frequenzteilerschaltung, die sie nach einem Signetics-Handbuch gebaut hatten. Fernandez befestigte acht Schalter in Löchern, die er in ein Stück Bakelit gebohrt hatte.

Als der Cream-Soda-Computer fertig war, begann Wozniak seine Herrschaft über ihn auszuüben, indem er ein paar Programme schrieb. Die Programme beruhten auf den Angaben in den Datenblättern zu den Halbleiterbauteilen, aus denen hervorging, welche Anweisungen erforderlich waren, damit die Chips Funktionen wie Addition und Subtraktion ausführten. Er listete die Bits auf, fand den Arbeitscode heraus und notierte ihn. Alle Befehle wurden in vier Schritten ausgeführt und folgten einer vertrauten Sequenz, die Wozniak vor sich hin murmelte: „Laden; das nächste Bit des Befehls in das Speicher-Adressregister laden; es durch das Rechenwerk in das Ausgaberegister des Rechenwerks schicken; den Inhalt des Rechenwerk-Ausgaberegisters am nächsten Speicherort ablegen."

Die Zeitgeberschaltung, die Fernandez entworfen hatte, sorgte dafür, dass zu jedem Befehl fünf Signale in der richtigen Reihenfolge erzeugt wurden. Die Programme multiplizierten beispielsweise die Werte, die über vier Schalter eingegeben worden waren, mit den Werten, die über die vier anderen Schalter eingegeben worden waren, und zeigte die Lösung mit den Lampen an. Wozniak dachte über die Bedeutung der Ergebnisse nach: „Ich kann nicht erklären, wieso mir das so viel bedeutet. Zwei 4-Bit-Zahlen miteinander zu multiplizieren, das hört sich nach nicht viel an. Aber wenn man etwas tun kann, das man ohne Computer nicht hätte tun können, dann ist das schon etwas wert."

Als der Computer fast fertig war, lud Fernandez seinen Freund Steven Jobs ein, einmal in der Garage vorbeizuschauen, einen Blick auf den Computer zu werfen und dessen Konstrukteur kennenzulernen. Jobs war auf seine besondere Weise von der Maschine und von Wozniak beeindruckt: „Er war der erste Mensch, den ich traf, der mehr über Elektronik wusste als ich."

Wozniak beschloss, seinen Computer der Welt zu präsentieren, und rief einen Reporter des *San Jose Mercury* an, den seine Mutter kannte. Der Reporter erschien in Begleitung eines Fotografen für eine Vorführung in Wozniaks Zimmer. Als Wozniak ein paar Feinheiten der hässlichen Apparatur erklärte, die auf dem Boden lag, begann Rauch aus dem Netzteil aufzusteigen, das Fernandez gebaut hatte. Der Computer hauchte sein Leben aus, als ein starker Stromstoß aus dem Netzteil alle integrierten Schaltungen auf der Platine durchbrennen ließ. Fernandez überprüfte das Netzteil und fand, dass die Fehlerquelle ein nicht gekennzeichneter Chip war, den er bekommen hatte, als er für einen Nachbarn Gartenarbeiten erledigte. Er war sauer: „Von uns gab es keine Bilder in der Zeitung und wir wurden keine jugendlichen Helden."

„Er verkauft Goldfische."
– MAURICE GOLDMAN

In einem roten Backsteingebäude aus dem 19. Jahrhundert zwischen Antiquitätenläden, Restaurants und Anwaltskanzleien der Barbary Coast von San Francisco versammelten sich vier Männer, um die Apple-Werbung für das nächste Jahr zu planen. Es war ein Nachmittag im Altweibersommer und das fensterlose Besprechungszimmer war stickig. Der Raum gehörte zu der mittelgroßen Werbeagentur Chiat-Day, über die ständig Gerüchte umliefen, sie stehe kurz davor, ihren größten Kunden Apple Computer zu verlieren. Ein paar Topfpflanzen ließen vor Hitze ihre langen Blätter hängen, hinter einer Rauchglasscheibe war ein Filmprojektor versteckt und neben einem Tresen keuchte ein Kühlschrank wie eine eiserne Lunge. Die vier Männer saßen auf Polsterstühlen um einen laminierten Konferenztisch herum. Apples Werbemanager Henry Whitfield fühlte sich höchst unwohl. Er war zwar noch keine Vierzig, aber er sah aus, als habe er zu viele Flughäfen gesehen, und seine Schläfen waren bereits ergraut. Die drei anderen arbeiteten bei Chiat-Day: Fred Goldberg, der gerade erst von der Ostküste hergezogen war und den Kunden Apple vor 14 Tagen übernommen hatte; Maurice Goldman, ein Kundenbetreuer mit lichtem Haar in den Dreißigern; und Clyde Folley, ein weiterer Kundenbetreuer, der von seinem sorgfältig geschnittenen Bart bis zu einem Paar Slipper adrett zurechtgemacht war. Die vier trafen sich, um das allgemeine Image von Apple zu besprechen und einen Plan auszuarbeiten, der den Käufern helfen sollte, die Unterschiede zwischen dem Apple II, dem Apple III, dem Lisa und dem Mac zu erkennen. Whitfield, der heftig an einer Zigarette zog, äußerte seine erste Sorge mit energischer Bestimmtheit. In einer Werbekampagne für den Apple II war der Preis des Computers auf 1.995 Dollar gesenkt worden. Sie war dermaßen erfolgreich gewesen, dass die Einführung einer verbesserten Version des Computers um mehrere Monate verschoben worden war. Aber Whitfield bereitete es Sorgen, dass Apple den Preis seines meistverkauften Computers so sehr betonte.

Er sagte: „Bei Apple gibt es Leute, die sagen: ‚Lasst uns möglichst viel aus dem Preis herausholen.' Dann sagt die linke Hand: ‚Macht keine Werbung über den Preis.' Und die rechte Hand sagt: ‚Macht mit dem Preis Werbung, dass es kracht.' Wir stehen wie die Idioten da, wenn die Rechte nicht weiß, was die Linke tut. Ich glaube nicht, dass der Preis ein Vorteil für Apple ist. Der Preis des Apple II ist im Vergleich zu anderen Geräten nicht besonders niedrig. Die Leute wissen gar nicht, was der Preis bedeutet."

„Das ist fast schon irreführende Werbung", stimmte Goldman zu und streckte die Beine aus. „Jeder muss ja die Kiste an sich, Laufwerke, einen Monitor und einen Drucker kaufen. Das ist glatte Irreführung. Die glauben, sie bekommen einen Apple für 1.300 Dollar. Dann gehen sie zum Händler, stellen fest, dass sie 3.000 Dollar ausgeben müssen, und kommen ohne einen Computer wieder heraus. Stinksauer."

„Das macht es den Leuten leicht, nur auf den Preis zu achten", sagte Whitfield und schüttelte verärgert den Kopf.

„Die 1.995 Dollar empfohlener Verkaufspreis", erläuterte Folley, „haben den Händlern acht Prozent Verlust eingebrockt. Die schmieren uns das jetzt aufs Brot."

„Wir haben 15 Klagen von Versandleuten wegen Preisabsprache am Hals", sagte Whitfield und schlug mit der Faust auf den Tisch. „Sie können sich ja vorstellen, wie die versuchen, einen Richter zu überzeugen. Die lamentieren über den armen kleinen Einzelhändler und die große Firma. Es wäre denkbar, dass ein Richter sagt, da läge eine Preisabsprache vor. Wir wollen ein Image haben wie Sony oder IBM. Ich sehe nicht, dass die mit dem Preis Werbung machen."

„Unsere strategische Absicht", so Goldman, „ist es, die Stellung von Apple zu stärken. Wir müssen die Lust auf die Marke vergrößern. Es gibt eine Menge Leute, die keine Ahnung von PCs haben. Die Leute wissen nicht mal, dass sie die verdammten Dinger brauchen, und da versuchen wir, ihnen etwas, von dem sie nicht glauben, dass sie es brauchen, über den besseren Preis zu verkaufen."

Whitfield begann, sich über Paul Dali zu beschweren, den Marketing-Direktor für den Apple II, der unbedingt den Preis von Computern bewerben wollte. „Wie soll man ihn vom Gegenteil überzeugen? Er hat im Juli 33.000 Computer oder Gott weiß, wie viel es waren, verkauft. Ich zermartere mir das Gehirn, aber wir haben einfach nicht genug Marktforschungsdaten, um ihn davon zu überzeugen, dass das nicht am Preis liegt."

„Das liegt am Preis-Leistungs-Verhältnis", sagte Goldman.
„Er muss sich zurücknehmen und sich als Teil einer Organisation betrachten", schlug Goldberg vor, der sich mit den Füßen an der Tischkante abstützte.
„Und wie sagt man das diplomatisch?", fragte Whitfield.
„Wach auf, Du Trottel!", sagte Goldberg, während er seine beigefarbene Krawatte glattstrich. Er formulierte seinen Vorschlag um: „Betrachte die Dinge aus einer globalen Perspektive!"
Als das Gelächter nachließ, wandte sich Goldberg dem größeren Problem zu: „Apple muss aufpassen, dass es nicht in die Billigschiene hineinrutscht. Ein Apple bedeutet mehr als nur einen Computer. Apple bedeutet, dass man sich in eine Energiequelle einklinkt."
„Gegen die breite Masse können wir den Kampf nicht aufnehmen", stimmte Goldman zu. „Wir müssen zeigen, dass Apple die Marke der Wahl ist. Wenn man ein Preisschild dranklebt, wird man zum Billigheimer."
„Wenn Sie anfangen, die Preise zu senken", warnte Goldberg, „unterhöhlen Sie Ihre Position. Da kann es passieren, dass Sie an einem gewissen Punkt rausfliegen. Wenn IBM mit höheren Preisen daherkommt. Dann fliegen Sie raus."
„Wie zum Teufel überlegt sich die breite Masse, was sie tun soll?", fragte sich Goldman. „Alle versuchen, sich selbst zu überbieten, obwohl der derzeitige Markt nur drei Prozent von dem ausmacht, was er einmal sein wird."
„Da geht es um das ganze Image des Unternehmens", sagte Whitfield. „Die Crocker Bank will einem Unternehmen keinen Computer für 1.195,- abkaufen."
Whitfield, der aussah, als würden das Schicksal und die Zukunft des Unternehmens schwer auf seinen Schultern lasten, erklärte: „Bei Apple ist das nicht wie bei General Foods. Bei General Foods braucht sich der Sanka-Typ keine Sorgen zu machen, dass er dem Jelly-O-

Typen schadet. Die sind getrennt. Bei Apple wirkt sich jeder Brandmanager auf die anderen Brandmanager aus."

„Jeder Brandmanager will Produkte verkaufen", sagte Goldberg.

„Ja", stimmte Whitfield zu, als er seine Zigarette durch einen Kaugummi ersetzte und Goldberg weiter über das Geschehen bei Apple aufklärte. „Es gibt bei Apple eine grundsätzliche Meinungsverschiedenheit. Dalis Aufgabe ist es, Produkte zu verkaufen, aber andere wollen ein Image verkaufen und die Idee, dass ein Computer mehr als nur ein Computer ist. Als wir auf 1.995,- gingen, waren wir überteuert. Wir verkauften eine überteuerte Maschine. Plötzlich war IBM da, und plötzlich sagte Osborne: ‚Für 1.795,- geben wir Ihnen mehr als Apple.' Dann warben wir mit dem Preis und sagten: ‚Hallo Herr Händler! Wir lieben Sie so sehr, dass wir Ihnen acht Prozent von Ihrer Beute wegnehmen.'"

„Wie sehen die Unternehmensziele aus?", fragte Goldberg.

„Wieder das Image aufzubauen, das Apple technologisch nicht zurückliegt", antwortete Whitfield. „Wir sind in unsere eigene Grube gefallen. Es herrscht die Wahrnehmung, dass wir alte Geräte verhökern. Wir müssen zeigen, dass Apple wieder im Rennen ist. Die Leute wissen nicht, wo wir hinwollen, und wir haben nicht genug Werbegelder, um ihnen das einzubläuen. Die haben die ganzen Gerüchte gehört: ‚Mensch, die sind vielleicht veraltet. Die sind mit ihren neuen Produkten zu spät dran.' Wir müssen wieder den Eindruck verstärken, dass Apple eine vollständige Produktlinie draußen hat."

„Wenn Sie das Interface ankündigen und ein großes Tamtam machen, laufen Sie eindeutig Gefahr, dem Zweier und dem Dreier zu schaden", sagte Goldberg.

„Wir müssen zeigen, dass Apple *das* Computerunternehmen ist", setzte Maurice Goldman hinzu. „Die tumbe Masse kennt den Unterschied zwischen 8 und 16 Bit nicht, erst recht nicht den zwischen einer Maus und einem grünen Bildschirm."

„Der Preis ist nicht das Thema", wiederholte Whitfield. „Der Kunde weiß nicht, ob der Preis ein guter Preis ist."

„Technologie ist das Thema", warf Folley versuchsweise ein.

Auf einmal schweifte Whitfield ab. „Ich habe mir die Händlerzahlen angesehen", sagte er. „IBM wird langsam super-schlau. Die haben jetzt 495 Händler. Die erhöhen die Zahl wie verrückt. Wir haben nur 490 gute Händler. IBM ist nur zu Leuten gegangen, die keine Billig-Vorgeschichte hatten. Den Computerland-Händlern würde es nicht einfallen, einen Apple zu verkaufen. Eigentlich sollten wir einen Händler kaufen, 50 LKW-Ladungen IBMs kaufen, sie ausladen, für 500 Dollar verkaufen und denen den Preis kaputtmachen. Wir brauchen zwei Anwälte, die sich an ihre Witterung heften und sie bei Preisabsprachen erwischen." Er holte wieder Luft. „IBM geht an diesem Markt kein großes Risiko ein."

Goldberg kam stur wieder auf das Thema Preis zurück. „Wir haben Hunderte von Millionen in das Image gesteckt. Wenn wir über den Preis verkaufen, verkaufen wir unser Kapital. Wir verkaufen unseren guten Namen."

„Apple verdient an den eigentlichen Kisten", betonte Whitfield. „Unsere Strategie besteht darin, bei Zubehör, Peripheriegeräten und Software kleinere Gewinnspannen in Kauf zu nehmen."

„Es gibt aber Händler, die die Kiste heruntersetzen", widersprach Folley.

„Wie Billy Ladin", sagte Goldman.

„Wer ist das?", fragte Goldberg.

„Billy Ladin ist so ein Händler in Texas", sagte Goldman. „Er hat so um die vier Läden und er verkauft Goldfische."

„Goldfische?", fragte Goldberg verblüfft.

„Ja", sagte Goldman. „Goldfische. Er sagt sich: ‚Ich gebe die Goldfische umsonst her. Der kleine Junge rennt heim und nach einer Stunde kommt er mit fünf Dollar von seiner Mama zurück, und ich verkaufe ihm ein Goldfischglas, Sand und Futter.'"

Dann kam Whitfield wieder auf die Probleme mit der Einführung der neuen Computer zurück und bemerkte: „Wir haben das Image eines Unternehmens, das nur einen Erfolg gelandet hat. Wir wollen aber das Unternehmen werden, bei dem man Personal Computer kauft. Wir verkaufen nicht nur Lisa. Wenn das mein Unternehmen wäre, würde ich sagen, dieses Interface ist die tollste Sache seit der Erfindung des Knäckebrots, und alle anderen sind veraltet. Ich würde in allen Städten des Landes Schulungen veranstalten. Eigentlich wollten wir Lisa ankündigen und liefern. Aber jetzt können wir das nicht. Wir haben uns bei Apple schon so oft die Finger verbrannt, dass ich genau weiß, dass das passiert. Das entgleitet uns. Dann wird es Gerüchte geben, der Mac sei eine Billigversion von Lisa, und dann fragen sich die Leute, wieso sie einen Zweier oder Dreier kaufen sollten, wenn sie noch ein paar Monate warten und dann einen Mac kaufen können."

„Wir wollen das Unternehmen sein, bei dem man grundsätzlich seinen PC kauft", wiederholte Folley. „Wir verkaufen nicht Lisa."

„Das haben Sie gerade gesagt", bemerkte Goldberg.

„Die Frage ist nicht, ob Apple, sondern welcher Apple", betonte Goldman noch einmal."

„Auf die Art", so Goldberg, „haben Sie kein Verlustrisiko. Da gibt es kein Verlustrisiko."

„Wir haben einen Spruch", sagte Whitfield. Er zeigte auf Goldman. „Der Spruch ist von ihm. Er war so denkwürdig, dass ich ihn schon wieder vergessen habe."

„Evolution. Revolution", sagte Goldman.

Goldman erklärte, dass Regis McKenna, der Leiter der PR-Agentur, die Apple engagiert hatte, versuchte, Storys zu entwickeln, die mit der Hauptversammlung des Unternehmens und mit der Ankündigung von Lisa zusammenfallen würden. „McKenna spricht von einer Titelseite im *Wall Street Journal*, und die reden auch von einem *Business*

Week-Titel. Das dürfte die redaktionelle Lancierung dieser Produkte verstärken."

„Die Aktionärsversammlung sollte Ihr Personal-Computer-Unternehmen wiederbeleben", sagte Goldberg. „Sie sollte jede Personal-Computer-Company wiederbeleben."

„Die sollten sagen: ‚Kaufen Sie Aktien, kaufen Sie Computer, kaufen Sie alles'", sagte Goldman.

Die vier mussten sich außerdem mit der Tatsache abfinden, dass es eine vier- bis fünfmonatige Lücke zwischen der Ankündigung von Lisa und dem Tag geben würde, an dem sie bei den Händlern erhältlich sein würde.

„Wenn Lisa im Laden steht, starten wir eine Anzeigenkampagne, in der es heißt: ‚Seht diesen wundervollen Computer mit Mausbedienung.' Und dann, wenn der Mac erhältlich ist, schalten wir Anzeigen, in denen es heißt, dass Computer mit Mausbedienung die ganze verdammte Welt erobern."

„Haben Sie Bedenken", fragte Goldberg, „dass ein anderer Mitbewerber dem Ganzen zuvorkommen könnte?"

Goldman dämpfte seine Befürchtungen. „Wir haben eine ziemlich gute Mundpropaganda. Außer wenn da die strengsten Sicherheitsbedingungen der Welt gelten."

„Am Tag der Hauptversammlung stellt sich jemand auf die Bühne und kündigt das verflixte Ding an", sagt Whitfield.

„Und was passiert, wenn die Presse McKenna wegen eines Billig-Lisa anhaut?", fragte Goldman.

„Wenn die das machen, sind wir verdammt noch mal tot", sagte Whitfield. „Dann haben wir ein echtes Problem. Das macht den Umsatz kaputt. Die Leute können danach fragen, und dann haben wir einen Spruch parat, zum Beispiel dass wir in ein paar Jahren einen Billigcomputer herausbringen."

Kapitel 5.0

Der Leiter.

Stephen Wozniak, Bill Fernandez und Steven Jobs betrachteten ihre jeweiligen Eigenarten mit den nachsichtigen Augen guter Freunde. Sie waren in sich gekehrt und lebten in ihren eigenen Welten. Wenn man sie jedoch gefragt hätte, was sie voneinander hielten, hätten sie sicherlich behauptet, die beiden anderen seien scheu und verschlossen. Sie waren Eigenbrötler. Fernandez traf Jobs zum ersten Mal, als er auf die Cupertino Junior High School kam. „Aus irgendeinem Grund mochten ihn die Achtklässler nicht, weil sie ihn seltsam fanden. Ich gehörte zu seinen neuen Freunden." Weder Jobs noch Fernandez waren so von der Elektronik besessen wie Wozniak. Sie brüteten nicht über Bedienungsanleitungen für Computer, trieben sich in Computerräumen herum oder beschäftigten sich stundenlang mit Befehlssätzen auf Blättern, aber trotzdem hielten sie Elektronik für einen fesselnden und unterhaltsamen Zeitvertreib.

Fernandez und Jobs lernten sich in der Stille ihrer Garagen näher kennen. In ihrer vereinigten Unwissenheit versuchten sie, ein Kästchen mit einer Fotozelle zu bauen, das eine Lampe ein- oder ausschalten würde, wenn eine andere Lampe anging. Sie hatten nicht genug Ahnung von Mathematik, um eine Modellrechnung aufzustellen, aber sie zeichneten Diagramme und versuchten, das Gerät mit Relais, Transistoren und Dioden zu bauen. Als Paul Jobs anfing, als Mechaniker bei Spectra Physics zu arbeiten, einem Unternehmen, das auf Laser spezialisiert war, bastelten Fernandez und Jobs mit den Laserteilen herum, die regelmäßig den Weg nach Los Altos fanden. Sie hörten Rockmusik, stellten Spiegel auf Stereolautsprecher, richteten Laser auf die Spiegel und sahen dabei zu, wie an der Wand Bilder entstanden. Jobs fand, ebenso wie Wozniak und Fernandez, das Forum, das die schulischen Wissenschaftsausstellungen darstellten, unwiderstehlich. Als er noch auf der Cupertino Junior High School war, nahm er an einer Ausstellung mit einem siliziumgesteuerten Gleichrichter teil; das ist ein Gerät, mit dem man Wechselströme steuern kann. Als er auf die Homestead High School ging, war es für ihn daher ganz natürlich, dass er sich für John McCollums Elektronikkurs anmeldete. Im Gegensatz zu Wozniak wurde er allerdings nicht zum Liebling des Lehrers, wurde nicht in den scharf bewachten Lagerraum gelassen und schmiss den Kurs nach einem Jahr wieder. McCollum hatte dazu seine eigenen Ansichten: „Er betrachtete die Dinge irgendwie anders. Ich hakte ihn sozusagen als Eigenbrötler ab. Er versuchte meistens, mit selbstständigem Denken durchzukommen." Einmal, als ihm McCollum ein Teil, das er brauchte, nicht geben konnte, rief Jobs die PR-Abteilung des Herstellers Burroughs in Detroit an. McCollum hatte etwas dagegen. „Ich sagte: ‚Du kannst da kein R-Gespräch anmelden.' Steve sagte: ‚Ich habe kein Geld für den Anruf. Aber die haben viel Geld.'"

Aber der Wirbel um die Elektronik war auf jeden Fall so groß, dass er Jobs faszinierte. Er besichtigte mehrmals den Flugsimulator der NASA, der auf dem Moffett Field in Sunnyvale gebaut worden war. Er nahm an Versammlungen des Elektronikclubs der Schule teil. Zusammen mit ein paar anderen ging er zu Versammlungen der Hewlett-Packard Explorer Group, wo Wissenschaftler des Unternehmens Vorträge hielten. Da gab es Vorträge über gewisse Funktionen der neuesten Rechner von Hewlett-Packard, die Entwicklung von Leuchtdioden und die Laser-Inframetrie. Nach einer solchen Vorlesung zwang Jobs einem Wissenschaftler ein Gespräch auf, schwatzte ihm eine Besichtigung des Holografielabors von Hewlett-Packard ab und bekam ein altes Hologramm geschenkt. Ein anderes Mal rief er Bill Hewlett, einen der Gründer von Hewlett-Packard, zu Hause an und fragte nach Teilen. Hewlett stellte ihm die Teile zur Verfügung und gab Jobs auch den Namen eines Ansprechpartners, den er wegen eines Ferienjobs kontaktieren könnte. So kam es, dass Jobs in den Sommerferien nach seinem ersten Highschool-Jahr am Fließband stand und beim Bau von Hewlett-Packard-Frequenzzählern half. Angespornt von den Geräten, die vor seinen Augen vorbeiliefen, versuchte Jobs, seinen eigenen Frequenzzähler zu entwerfen, schloss das Projekt aber nie ab.

Die Widerstände, Kondensatoren und Transistoren, die Jobs und Wozniak benutzten, stammten aus örtlichen Elektronikläden und von Versandhändlern. Jobs kannte sich mit der Qualität und dem Ruf der Verkaufsstellen mindestens so gut aus wie Wozniak. Als sie beide älter wurden und vom Fahrrad aufs Auto umsattelten, erweiterten sich ihre Einkaufsmöglichkeiten. Eine der praktischsten Möglichkeiten war Sunnyvale Electronics. Das Geschäft lag direkt neben dem El Camino Real und war mit Steinimitat verkleidet, sein Inhalt war aber echt. Dort gab es neue Bauteile, Dutzende von Magazinen und Handbüchern und auch die Walkie-Talkies für 18 Dollar, die sich Wozniak von den 35 Cent Essensgeld auf der Junior High School absparte. Sie gewöhnten sich an, Geschäfte von Radio Shack zu meiden, weil sie die dortigen Teile für minderwertig hielten. Radio Shack mit seinen grellen Neonschildern war die letzte Zuflucht, dort gingen sie nur spätabends hin, wenn alle anderen Läden geschlossen waren.

Sunnyvale Electronics, Radio Shack und andere Geschäfte wie zum Beispiel Solid State Music wurden von Haltek in den Schatten gestellt. Haltek befand sich in einem hellbraunen Gebäude in Mountain View, das einen ganzen Block gegenüber den kolossalen Hangars belegte, die die Navy in den 1930er-Jahren für Luftschiffe gebaut hatte. Von außen sah es aus wie eine Armeekantine. Innen war es ein Elektronik-Schrottplatz, der wie alle Schrottplätze eine Kreuzung zwischen Friedhof und Entbindungsstation war. Das Feilschen am Tresen und die dicken Bauteilkataloge in Ordnern mit Stahlfedern illustrierten die Gesetze von Angebot und Nachfrage in der Welt der Elektronik. Einige Artikel – normalerweise kleine, billige Teile – waren nagelneu, aber normalerweise dauerte es ein paar Monate, bis die neuesten Teile zu Haltek durchsickerten. Dafür gab es in dem Laden auch das elektronische Pendant zu Dinosaurierzähnen: Röhren. Man musste als

Kunde auf jeden Fall genau wissen, was man wollte, und nicht einmal erfahrene Jäger wussten immer, ob ein Teil in den Vereinigten Staaten oder in Fernost hergestellt worden war. Das war ein Ort, an dem Elektrotechniker, die nach der Arbeit vorbeikamen, auf Jugendliche trafen, die auf metallenen Trittleitern stehend in einer Auswahl von Schnappschaltern, Druckschaltern, Wechsel-Druckschaltern, beleuchteten Hebelschaltern, Druck-Zugschaltern und Schiebeschaltern nach dem perfekten Schalter wühlten.

Die schmalen Gänge wurden von hölzernen Regalbrettern verdunkelt, die auf Metallgestellen lagen, welche vom Betonboden bis zu einer Decke mit schmutzigen Röhren und verstaubten Neonlampen reichten. Hunderttausende Teile lagen in alten Kartonschachteln. Aus manchen Schachteln ragten verdrehte Kabel heraus. Widerstände waren in Rollen verpackt und es gab ganze Regale, die ausschließlich Kondensatoren gewidmet waren. Die teureren Bauteile lagen in Glaskästen oder auf nobleren Regalen. Manche trugen exotische Namen, wie zum Beispiel „Leeds and Northrup Speedomax" und „Honeywell Digitest". Sogar von den Generatoren, die mechanische in elektrische Energie umwandeln, gab es so viele Sorten, wie es Rosensorten gibt: Signalgeneratoren, Kippgeneratoren, Wobbelgeneratoren, lineare Kippgeneratoren und variable Kippgeneratoren. Ein Stammkunde, der sich regelmäßig in Restpostenmärkten wie Haltek aufhielt, formulierte das einmal so: „Das war, als würde man durch einen riesigen Werkzeugkasten laufen. Man bekam eine Vorstellung davon, was möglich war." Außerdem hörten die Elektrotechniker an diesem Ort etwas über die Qualität von Maschinen, für die man Möbelpacker brauchte, und über andere, die leichter waren als ein Blatt.

An manchen Wochenenden arbeitete Jobs am Tresen von Halted Specialties in Sunnyvale. Dort lernte er den Wert und die Preise für Teile kennen, von den neuesten Halbleiterchips bis zu Messgeräten. Er brachte Wozniak zum Staunen, als die beiden einen Samstagvormittag damit verbrachten, sich durch die Angebote des Flohmarkts von San Jose zu wühlen. Es war eine riesige Mischung aus Garagenverkauf und Kirmes, die anscheinend alle Aasgeier südlich von San Francisco anlockte. Jobs kaufte ein paar Transistoren, die er hinterher – mit Gewinn – seinem Chef bei Halted verkaufte. Wozniak erinnert sich: „Ich hielt das für eine haarige Sache, aber er wusste, was er tat."

• • •

Im Leben von Jobs gab es aber noch viel mehr als nur Elektronik. Er war neugierig, abenteuerlustig und offen für alles, was das Leben zu bieten hatte. Er verbrachte genauso viel Zeit mit künstlerischen und literarischen Versuchen wie mit Frequenzzählern und Laserstrahlen. Ihn interessierten Literatur und klassische Filme, er befasste sich mit Shakespeare, erkor seinen Englischlehrer zum Idol und war von Filmen wie *Der rote Ballon* angetan. Als das Schwimmtraining zu viel Zeit kostete, hörte er auf und stieg auf Wasserball um, aber das gab er auf, als ihn der Trainer aufforderte, Gegnern das Knie in den Unterleib zu rammen. „Ich war kein Sportler. Ich war hauptsächlich Einzelgänger." Einige Zeitgenossen von der Highschool, zum Beispiel Stephen Wozniaks kleiner Bruder Mark, fanden Jobs „echt seltsam". Eine Weile spielte er in der Blaskapelle der Schule Trompete. Zusammen mit ein paar Freunden gründete er eine Gruppe namens Buck Fry Club, ein Name mit obszönem Unterton. Sie malten eine Klobrille golden an und mauerten sie auf einen Blumenkübelfest und sie hievten einen VW-Käfer auf das Dach der Schul-Cafeteria.
Am Ende des Abschlussjahrs organisierten Jobs, Wozniak und Baum einen Streich für die Abschlussklasse: Ein riesiges, in den Schulfarben Grün und Weiß gebatiktes Tuch, das an der Seite eines Gebäudes herabhing und eine riesige Hand zeigte, die eine altbekannte Geste vollführte. Die Hand hatte Baums Mutter gemalt, nachdem sie ihr erzählt hatten, es sei ein brasilianisches Glückszeichen. Am unteren

Rand hatten die drei ihre kombinierten Initialen hingeschrieben! SWABJOB PRODUCTIONS. Kurz nachdem Jobs in das Büro des Direktors gerufen worden war, um eine Erklärung abzugeben, kam Paul Jobs dazu, um als Anwalt der Verteidigung aufzutreten.

• • •

Steven Jobs wagte sich sowohl körperlich als auch geistig noch weiter vor. Sein erstes Auto – ein rotes Fiat-Coupé, das Paul Jobs klein, schrottig und unzuverlässig fand – erleichterte es ihm, aus Los Altos herauszukommen. Jobs merkte, dass er dank dieses Autos Freunde besuchen konnte. Anders als viele Schüler auf der High School – wo ein Jahr Altersunterschied ein Jahrzehnt zu sein scheint – ging Jobs freundschaftlich mit Leuten um, die mehrere Jahre älter waren als er. Ein paar davon studierten in Berkeley, während ein oder zwei andere in Stanford waren. Jobs gewöhnte es sich an, mit seinem eigenwilligen Auto durch San Francisco Bay nach Berkeley zu fahren, und es gefiel ihm, sich in der Cafeteria der Stanford University herumzutreiben. Diese Ausflüge in eine größere Welt verbreiterten seine Interessen. Er begann, mit Schlafentzug zu experimentieren, und blieb ein paar Mal mehrere Nächte hintereinander auf. Er fing an, Marihuana und Haschisch zu rauchen, gewöhnte sich das Pfeiferauchen an, und ließ die Drogen im Auto liegen, wo sie sein Vater zufällig fand.

„Was ist das, was ich da in Deinem Auto gefunden habe?", fragte Paul Jobs seinen Sohn. „Das ist Marihuana, Vater."

• • •

Im letzten Highschool-Jahr lernte Jobs seine erste richtige Freundin kennen. Das Objekt seiner Begierde, Nancy Rogers, war eine Klasse unter ihm, weil sie zwei Jahre in der zweiten Klasse verbracht hatte. Sie hatte lange, rehbraune Haare, grüne Augen, hohe Wangenknochen, einen Hang zum Künstlerischen und eine verführerische Zerbrechlichkeit. Rogers wohnte in einem Haus, das zwei Blocks von Homestead entfernt war. Ihre Mutter und ihr Vater, der Ingenieur in der Electronics Systems Division von GTE Sylvania war, fochten bittere Kämpfe aus. „Ich machte eine anstrengende Phase durch, weil meine Familie zerbrach. Steve war irgendwie verrückt. Deshalb fühlte ich mich zu ihm hingezogen." Ihr Vater meinte: „Nancy brauchte jemanden, an den sie sich anlehnen konnte, und Steve war nett zu ihr." Das Paar lernte sich kennen, als Rogers an einem Animationsfilm arbeitete, was die Schule nicht besonders gern sah. Um der Überwachung zu entgehen, wurde an dem Film vor allem nach Mitternacht in dem verschlossenen Schulgebäude gearbeitet. Ein paar Schüler, auch Jobs, kamen mit Lampen und Stereoanlagen vorbei. Wozniak, der diese Aktivitäten aus einiger Entfernung beobachtete, hegte wilde (und unbegründete) Spekulationen, sein jüngerer Freund sei in die Produktion von pornografischen Epen verwickelt.

Jobs und Rogers wurden ein Highschool-Pärchen. Im letzten Highschool-Jahr von Jobs schwänzten sie oft die Schule und verbrachten die Nachmittage mit Weintrinken und Reden. Dieses Dasein war so idyllisch, wie es im vorstädtischen Santa Clara eben möglich war. Jobs warf seine erstes LSD mit Nancy in einem Weizenfeld ein. „Das war toll. Ich hatte viel Bach gehört. Auf einmal spielte das Weizenfeld Bach. Das war die bis dahin schönste Erfahrung meines Lebens. Ich kam mir vor wie der Dirigent, und Bach erklang aus dem Weizenfeld."

Als Jobs die Highschool abschloss, war er dünn und schmächtig. Die Kombination aus langen, dunklen Haaren und spärlichem Bartwuchs bewog seine Mutter dazu, nicht mehr als ein Abschlussfoto zu kaufen. Als er die Homestead hinter sich hatte, beschloss Jobs, den Sommer über mit Nancy zusammenzuwohnen. Das Paar mietete ein Zimmer in einer kleinen Blockhütte in den Hügeln oberhalb von Cupertino und Los Altos. Nancy erinnert sich: „Das war keine großartige Sache.

Wir haben das einfach so gemacht. Steve war sturköpfig, deshalb konnten wir das machen, und meine Eltern gingen auseinander, und deshalb konnte ich das machen. Wir waren richtig verliebt." Jobs teilte seinen Eltern den Umzug mit. „Eines Tages sagte ich einfach: ‚Ich ziehe mit Nancy zusammen.' Mein Vater sagte: ‚Was?' ‚Ja. Wir haben eine Blockhütte gemietet. Wir wollen zusammenleben.' Er sagte: ‚Nein, das tust Du nicht.' Und ich sagte: ‚Doch, das tue ich.' Und er sagte: ‚Nein, das tust Du nicht.' Und ich sagte: ‚Na dann, tschüss!'" Jobs und Rogers verbrachten einen romantischen Teenager-Sommer miteinander. Sie gingen spazieren und linsten durch die Tore des Maryknoll Seminary, machten lange Wanderungen auf dem Baldi Hill, wo Rogers eine schwarze Frau auf einen Holzpfosten malte. Jobs machte dichterische Gehversuche, zupfte auf der Gitarre herum und fühlte sich ebenso wie Wozniak zu der Musik von Bob Dylan hingezogen. Sie fanden ein Geschäft in Santa Cruz, das auf Dylan-Devotionalien spezialisiert war und Nachdrucke von Songbooks, Zeitschriftenporträts und Bootlegs von Aufnahmesessions und Europakonzerten verkaufte. Sie nahmen einige Dylan-Songbooks mit ins SLAC, wo sie sie auf einer Xerox-Maschine kopierten. Es kam auch gelegentlich zu Katastrophen, bei denen sich die Familienbande als praktisch erwiesen. Als der Fiat von Jobs auf dem Skyline Drive einen Kurzschluss hatte und Feuer fing, schleppte ihn sein Vater nach Hause. Um den Schaden zu bezahlen und über die Runden zu kommen, nahmen Jobs, Wozniak und Rogers Nebenjobs im West Gate Shopping Center in San Jose an, wo sie sich schwere Kostüme überwarfen und für drei Dollar die Stunde in einem Kindermärchenland als Figuren aus *Alice im Wunderland* auftraten. Wozniak ging in dieser Tätigkeit voll auf, aber Jobs sah das eher zynisch: „Die Kostüme wogen eine Tonne. Nach etwa vier Stunden hatte man Lust, ein paar Kinder vom Platz zu fegen." Nancy spielte Alice. Wozniak und Jobs verkleideten sich abwechselnd als der weiße Hase und der verrückte Hutmacher.

Kapitel 6.0

Das kleine
blaue Kästchen.

In einem drohenden, viktorianischen Englisch stellte das Unternehmen American Telephone and Telegraph seine Politik absolut klar: „Es dürfen keine Anlagen, Apparate, Schaltungen oder Geräte, die nicht von der Telefongesellschaft bereitgestellt wurden, mit den Einrichtungen verbunden oder daran angeschlossen werden, die von der Telefongesellschaft bereitgestellt wurden." Dr. No, Cheshire Cat, The Snark, Cap'n Crunch, Alefnull, The Red King und Peter Perpendicular Pimple waren anderer Meinung. Sie waren Phone-Phreaks, die ihr Leben mit der Perfektionierung von Blue-Box-Geräten verbrachten – elektronischen Spielzeugen von der Größe einer Zigarettenschachtel –, mit denen sie kostenlose Ferngespräche führten und das größte Unternehmen der Welt reizten, überlisteten und zur Weißglut trieben.

Damals und besonders in späteren Jahren waren die Ausreden dafür, dass man mit Blue Boxes und der mächtigen Telefongesellschaft herumspielte, so vielfältig und fantasievoll wie die Spitznamen. Die Blue Box bot die Möglichkeit, die größte Ansammlung von Computern, die sich die Menschheit ausgedacht hatte, zu erkunden. Sie lieferte einen weltweiten Einführungskurs in die Vermählung von Hardware und Software. Es war eine intellektuelle Übung. Es war eine Herausforderung. Es verschaffte einem Befriedigung. Es weckte Aufmerksamkeit. Es sprach ein gewisses Faible für Macht an. Es war ein Privileg, sich mit legendären Phone-Phreaks zu unterhalten. Manche erklärten auch gern, ohne eine Miene zu verziehen, das habe praktische Vorteile. Sie sagten, Blue Boxes enthielten geräuschärmere, direktere Schaltungen als diejenigen, welche die Telefongesellschaft bereitstellen konnte. Und obwohl sie wussten, dass es verboten war, räumten nur sehr wenige ein, dass sie Diebstahl bei AT&T, bei GTE oder einer anderen der Hunderten kleiner selbstständiger Telefongesellschaften begingen. „Wir fanden es absolut unglaublich", erklärte Steve Jobs, „dass man so ein kleines Kästchen bauen und damit durch die Weltgeschichte telefonieren konnte."

Jobs und Wozniak wurden unverhofft zu Blue-Box-Bauern, als Margaret Wozniak einen Artikel im *Esquire* erblickte, von dem sie meinte, er könnte ihrem Ältesten gefallen. Damit hatte sie recht. Der Artikel hatte etwa ein Fünftel der Länge eines gewöhnlichen Buches, hieß „Die Geheimnisse der kleinen Blue Box" und trug den Untertitel „Eine dermaßen unglaubliche Story, dass einem danach vielleicht sogar die Telefongesellschaft leid tut". Dieser Artikel, der im Oktober 1971 erschien, regte zwar garantiert bei jedermann die Fantasie an, jedoch vor allen Dingen bei Teenagern, die aus Oszillatoren Bombenattrappen gebaut und mit Laserstrahlen an Schlafzimmerfenstern herumgespielt hatten.

Er berichtete von einer Untergrundgesellschaft, die aus sogenannten Phreaks bestand, die über ganz Amerika verstreut in emotionaler Einsamkeit lebten und deren beste Gefährten Stimmen am anderen Ende der Telefonleitung waren. Zu ihren bemerkenswerten Gestalten zählten Joe Engressia, ein Blinder Anfang 20, der die Telefonvermittlungsstellen mit dem hellen Klang seiner Pfeife irreführen konnte, und Captain Crunch, der diesen Namen annahm, nachdem er entdeckt hatte, dass man den Klang von Plastikpfeifen aus Cap'n-Crunch-Cerealien-Packungen benutzen konnte, um gebührenfrei zu telefonieren. Der 2.600-Hertz-Ton, den die Pfeife produzierte, stimmte zufällig mit dem Signal überein, das die Telefongesellschaft für die Vermittlung von Ferngesprächen verwendete.

Wozniak verschlang den Artikel, denn er war von dem authentischen Klang der technischen Details und von den zahlreichen Bezugnahmen auf Frequenzen und Zyklen fasziniert. Noch bevor er ausgelesen hatte, rief er Jobs an, der noch im zweiten Jahr auf der Homestead High School war. Daraufhin las dieser ebenfalls große Teile des Artikels. An Telefone und an das Telefonnetz hatten die beiden noch nie ernsthafte Gedanken verschwendet, aber die Blue Boxes waren Elektronik und sie versprachen eine überaus nützliche Funktion zu erfüllen.

Inspiriert vom *Esquire*-Artikel, ging das Paar auf eine Schnitzeljagd und eine viermonatige Suche, um eine zuverlässige Blue Box zu bauen. Sie eilten nach Palo Alto hinauf und durchstöberten die Stapel in der Bibliothek des Stanford Linear Accelerator Center nach Büchern, die weitere Hinweise liefern könnten. Die Details, die in der Story enthüllt worden waren, hatten die Telefongesellschaft aufgeschreckt und sie hatte Bibliotheken gebeten, technische Telefonhandbücher aus ihren Regalen zu entfernen. Viele Handbücher, wie zum Beispiel „The Bell System Telephone Journal" und „The Bell Laboratories Record", in denen stolze Wissenschaftler winzigste Details ihrer Arbeit offenbart hatten, waren verschwunden. Die meisten Regale im SLAC waren zwar gesäubert worden, aber ein paar zentrale Werke waren den Reinigungsbeauftragten entgangen, sodass Wozniak und Jobs das Buch „CCITT Master Data" fanden, das die Säuberungsaktion überlebt hatte. Sie durchkämmten das Register nach Hinweisen auf Multifrequenztöne und Beschreibungen für den Bau der Schaltungen, die solche Töne erzeugten. Sie überprüften die Details und stellten fest, dass sie den Beschreibungen in dem *Esquire*-Artikel entsprachen.

Eine zuverlässige Blue Box zu bauen war allerdings eine andere Geschichte. Für den Anfang beschlossen die beiden, einen Oszillator zu bauen, der Töne erzeugte, die sie dann auf Kassette aufnehmen wollten. Sie entwarfen einen Oszillator nach Schaltplänen, die in *Popular Electronics* beschrieben wurden, stellten aber bald fest, dass es unglaublich schwierig war, stabile Töne zustande zu bringen. Oszillatoren sind launisch und anfällig für Temperaturschwankungen, und die Anlagen der Telefongesellschaft tolerierten keine schlampige Arbeit. Sie verbrachten Stunden damit, den Oszillator von Hand auf die richtige Tonhöhe abzustimmen, und Jobs maß die Ergebnisse mit seinem Frequenzzähler. Schließlich nahmen sie die Töne auf, die sie zum Telefonieren brauchten, aber sie brachten den Kassettenrekorder immer noch nicht dazu, die Telefongesellschaft in die Irre zu führen.

Da es ihnen nicht gelang, die Launen der Wellenformen und der analogen Oszillatorschaltungen in den Griff zu bekommen, wandte Wozniak seine Aufmerksamkeit einer digitalen Schaltung zu. Der Bau einer digitalen Blue Box war zwar weitaus kniffliger als der Bau eines Oszillators, aber sie lieferte exaktere Töne. Wozniak wurde durch den informellen Wettbewerb angespornt, der unter den Phone Phreaks um den Bau kompakter Blue Boxes entstanden war. Er musste Schaltungen entwickeln, die den Druck auf einen Taster in klare, immer gleiche Töne umwandelten. Für gewisse Berechnungen schrieb er ein Programm, das er auf einem Computer in Berkeley laufen ließ.

Nach ein paar Wochen hatte er seine erste digitale Blue Box fertig. Aufgrund eines cleveren Tricks besaß die Box, die einen kleinen, von einer 9-Volt-Batterie gespeisten Lautsprecher enthielt, keinen speziellen Einschaltknopf. Ein beliebiger Taster schaltete den Strom ein. Jobs und Wozniak versuchten als Erstes, Wozniaks Großmutter in Los Angeles anzurufen, aber sie wählten die falsche Nummer, sodass sich ein irritierter Bewohner von Los Angeles vermutlich fragte, weshalb jemand ins Telefon schrie: „Es klappt echt. Das klappt ja echt. Wir haben Dich umsonst angerufen."

Bald waren Wozniak und Jobs genauso besessen davon, Captain Crunch aufzutreiben und so den ungekrönten König der Phreaks ausfindig zu machen, wie von dem Versuch, eine zuverlässige Blue Box zu bauen. Sie riefen den Autor des *Esquire*-Artikels an, der sich höflich weigerte, Crunchs echten Namen zu offenbaren. Dann erfuhr Jobs, dass Crunch einem UKW-Sender in Los Gatos ein Interview gegeben hatte. Also trottete das Duo zum Sender und bekam wieder zu hören, dass der Name nicht offenbart werden durfte. Da aber die Welt des Phreaking klein und intim war, erzählte ein anderer Phreak aus Berkeley Wozniak, dass er bei KKUP – einem UKW-Sender in Cupertino – mit Captain Crunch zusammengearbeitet hatte und dass sein echter Name John Draper lautete. Jobs rief bei KKUP an, fragte nach Draper und bekam von der Telefonistin zu hören, er könne eine Nachricht hinterlassen. Ein paar Minuten später klingelte das Telefon: Captain Crunch war dran. Sie machten für ein paar Abende später einen Termin in Wozniaks Wohnheimzimmer in Berkeley aus, dort war er seit 1971 immatrikuliert.

Es lief sozusagen auf eine päpstliche Audienz hinaus und wurde auch entsprechend behandelt. Als Jobs aus Los Altos ankam, saß Wozniak auf der Bettkante und konnte seine Begeisterung kaum verhehlen, und mehrere andere warteten, dass es an der Tür klopfen würde. Als sie es klopfen hörten, machte Wozniak die Tür auf, und eine abgerissene Gestalt stand auf dem Flur. Sie trug Jeans und Turnschuhe, hatte eine wirre Frisur, war unrasiert, schielte, und ihr fehlten mehrere Zähne. Wozniak erinnert sich: „Er sah absolut fürchterlich aus, und ich fragte ihn: ‚Bist du Captain Crunch?'" Draper antwortete: „Der bin ich." Trotz seiner schrulligen Angewohnheiten und seines geschmacklosen Äußeren lieferte Draper eine abendfüllende Unterrichtsstunde. Er führte an dem Wohnheimtelefon Tricks vor, führte ein paar Auslandsgespräche, rief Witze-Hotlines an und zeichnete Wettervorhersagen aus ausländischen Städten auf.

Außerdem zeigte er seinen Zuhörern, wie man eine Vermittlungskaskade durch die Tandemschaltungen verschiedener Städte in ganz Amerika auslöste, die schließlich mit einem Anruf bei einem Telefon am anderen Ende des Flurs endete. Als er die telefonische Kettenreaktion in Gang gesetzt hatte, legte Draper den Hörer auf, während Jobs und Wozniak auf das Telefon lauschten, das am anderen Ende des Wohnheimflurs klingelte. Sie hörten, wie die Tandemschaltungen entlang der Leitung nacheinander klackerten, während sich die Anrufkaskade ihrem Ende näherte: ka-tschig-a-tschig-a-tschig; ka-tschig-a-tschig-a-tschig.

Die Lektionen wurden fortgesetzt, nachdem sie in eine Pizzeria in Berkeley namens Kips umgezogen waren. Draper war von Wozniaks

Blue Box beeindruckt: „Sie verstimmte sich nicht und musste nie gestimmt werden, aber sie klang ein bisschen blechern." Draper gab Jobs und Wozniak die Telefonnummern von anderen Phone-Phreaks und dazu noch spezielle Telefonnummern: Ländercodes, Codes für Unterseekabel, Satellitencodes und Zugangscodes. Er bombardierte sie mit Einzelheiten über Gebührenumschaltungen, Konferenzschaltungen, Vermittlungsanzeigen, Überwachungssignale und Signalstellen für den Telefonverkehr. Draper warnte Wozniak und Jobs, sie sollten die Blue Box nie bei sich haben und sie sollten Blue-Box-Gespräche nur von Telefonzellen aus führen. Wozniak fand: „Das war die erstaunlichste Begegnung, die wir je hatten."

Am gleichen Abend hatte der rote Fiat von Jobs auf der Rückfahrt von Los Altos (wo Wozniak sein Auto stehen ließ) eine Panne. Zum ersten Mal benutzten sie ihre Blue Box von einer Telefonzelle in der Nähe einer Freeway-Auffahrt aus, und sie versuchten, Draper zu erreichen, der in die gleiche Richtung fuhr. Sie riefen eine Vermittlung an, um eine 800er-Nummer zu bekommen, und sie hatten Bammel, als die Vermittlung zurückrief, um zu überprüfen, ob sie noch in der Leitung waren. Als ein Polizeiauto vorfuhr, versteckte Jobs die Blue Box und wählte eine legale Telefonnummer. Die Polizisten riefen sie aus der Kabine heraus und durchsuchten die Büsche und Sträucher in der Umgebung. Kurz bevor sie angewiesen wurden, sich mit gespreizten Beinen an eine Mauer zu lehnen, damit sie abgetastet werden konnten, steckte Jobs die Blue Box Wozniak zu, und schon bald wurde sie entdeckt.

„Was ist das", fragte einer der Polizisten.
„Ein Musiksynthesizer", erwiderte Wozniak.
„Wofür ist dieser orange Knopf?"
„Oh, der ist zum Kalibrieren", warf Jobs ein.
„Das ist ein computergesteuerter Synthesizer", erläuterte Wozniak.

„Und wo ist bitte der Computer?"
„Intern verdrahtet", sagte Jobs.

Als die Polizisten schließlich überzeugt waren, dass die beiden Langhaarigen keine Drogen bei sich hatten, fuhren sie Jobs und Wozniak über den Freeway nach Hause. Der eine Polizist dreht sich auf seinem Sitz um, gab die Blue Box zurück, und sagte: „So ein Pech. Ein gewisser Moog war schneller als Ihr."
„Ja, ja", sagte Jobs, „der hat uns seine Schaltpläne geschickt."
Zur Krönung des Abends holte Wozniak seinen Ford Pinto bei dem Haus von Jobs ab, fuhr auf dem Nimitz Freeway zurück Richtung Berkeley, döste ein, rauschte in die Leitplanken und fuhr das Auto zu Schrott.
Wozniak und Jobs dachten sich passende Namen für ihre neuen Aktivitäten aus. Ersterer entschied sich für den unverfänglich klingenden Namen „Berkeley Blue", während Letzterer beschloss, sich Oaf Tobark zu nennen. Bis zum Ende seines ersten Trimesters in Berkeley war Wozniak vollauf mit den Blue Boxes beschäftigt. Er fing an, Artikel aus Zeitschriften und Zeitungen zu sammeln, klebte die besten Ausschnitte an die Wand und fand diese Druckerzeugnisse höchst erhellend. Er abonnierte ein Mitteilungsblatt, das die TAP herausgab – die Technological American Party –, und er kannte andere Untergrundzeitungen, wie zum Beispiel TEL – *Telephone Electronics Line* –, und Zellen wie „Phone Phreaks International" und „Phone Phreaks of America". Aber die meiste Zeit bewegten sich er und Jobs am Rande eines Kreises, der die Sorte Menschen anlockte, die am MIT Informatik studierten, die sich im Labor für Künstliche Intelligenz in Stanford herumtrieben und Computerdateien kannten, in denen die neuesten Phreaking-Tricks standen.
Wozniak und Jobs interessierten sich viel mehr für praktische Angelegenheiten und die Erweiterung ihrer Gerätesammlung als dafür,

sich in einer Universität herumzutreiben. Anhand der Anweisungen, die in *Steal This Book* von Abbie Hoffman und in der linksgerichteten Zeitschrift *Ramparts* abgedruckt waren, beschaffte sich Wozniak eine Black Box, mit der eingehende Anrufe kostenlos wurden, und eine Red Box, die das Geräusch der Münzen nachahmte, die in einen Münzfernsprecher fielen.

Das lukrativste und unterhaltsamste Exemplar des Arsenals war jedoch die Blue Box. Schon bald zeigte Wozniak seinen Freunden ihre Vorzüge. In zwei Telefonzellen in der Nähe der Homestead High School führte er Allen Baum vor, was sie konnte. Wozniak rief die eine Zelle von der anderen aus an, sodass Baum in den einen Hörer Hallo sagen und dann hinüberhuschen und aus dem anderen Hörer seine Begrüßung als Echo hören konnte. Wozniak rief mehrmals seine Schwester an, die in einem Kibbuz in Israel arbeitete. Auf Drängen von Jobs verwandelte das Duo den Zeitvertreib in ein kleines Geschäft und begann, die Geräte zu verkaufen. Wozniak über seinen Partner: „Er wollte Geld."

Das Duo benutzte seine eigenen Marketing-Methoden, um Kunden aufzuspüren und den Absatz anzukurbeln. Sie schlichen durch die Flure von Männerwohnheimen in Berkeley (überzeugt, dass nur wenige Frauen an ihrem kleinen Apparat interessiert wären), klopften an Türen und schätzten die Reaktion auf ihren einstudierten Spruch ab: „Ist George da?", fragte einer von ihnen vorsichtig. „George?", kam die überraschte Antwort. „Ja, George. Du weißt schon, der Typ mit der Blue Box. Der Typ, der die Telefontricks macht. Der Typ, der eine Blue Box hat, mit der man kostenlose Ferngespräche führen kann." Jobs und Wozniak beobachteten den Gesichtsausdruck ihres potenziellen Kunden. Wenn sie mit irritierten, scheuen Blicken begrüßt wurden, entschuldigten sie sich dafür, dass sie an die falsche Tür geklopft hatten, und schlurften über den Gang davon. Wenn ihre List eine neugierige Reaktion hervorrief, wurde der potenzielle Kunde zu einer Blue-Box-Vorführung eingeladen.

Nach ein paar Wochen liefen die Verkaufsgespräche im Wohnheim nach einem festen Muster ab. Wozniak schloss einen Kassettenrekorder mit Alligatorklemmen an das Telefon an und er und Jobs erklärten das Grundprinzip der Blue Box. Dann führten sie vor, was sie konnte. Wozniak genoss es ganz besonders, im Zentrum der Aufmerksamkeit zu stehen. „Das war eine richtig große Show." Sie riefen die Heimatnummern von Freunden und Verwandten einiger ihrer Zuhörer in den Vereinigten Staaten an. Dann begannen sie, ins Ausland zu telefonieren, und schließlich versuchten sie, eine weltweite Verbindungskette aufzubauen – sie fingen in Berkeley an und sprangen über Vermittlungen in mehreren Ländern –, um schließlich bei einem anderen Telefon in Berkeley in der Nähe zu landen. In einem Fall benutzte Jobs die Box, um Zimmer für eine große Party im Ritz Hotel in London zu buchen, und da er sein Kichern nicht unterdrücken konnte, übergab er den Hörer an Wozniak. Dieser erzählt, ein andermal habe er sich als Außenminister Henry Kissinger ausgegeben, den Vatikan angerufen und eine Verbindung mit dem Pontifex verlangt. Ein Vatikanbeamter erklärte, der Papst schlafe noch, aber er würde jemanden schicken, um ihn zu wecken. Ein weiterer Mitarbeiter kam ans Telefon und fiel auf den Trick herein.

Diese Vorführungen weckten die Neugier, und Jobs und Wozniak nahmen Kassetten mit Tönen auf, die ihre Freunde brauchen würden, um ihre Lieblings-Ferngesprächnummern anzurufen. Außerdem brachten die abendlichen Shows Aufträge. Das Duo traf eine lockere Vereinbarung über die Herstellung der Blue Boxes. Jobs organisierte die Beschaffung von Teilen im Wert von rund 40 Dollar und Wozniak brauchte etwa vier Stunden, um eine Box zu bauen, die dann für etwa 150 Dollar verkauft wurde. Um die Zeit für den Bau der Boxen zu verkürzen, beschlossen die beiden, die Boxen nicht mehr von Hand zu verdrahten, sondern eine gedruckte Platine anfertigen zu lassen. Anstatt mit der Verkabelung einer Box vier Stunden zu verbringen, konnte Wozniak jetzt eine Box innerhalb einer Stunde bauen. Außerdem fügte er eine weitere Funktion hinzu, die einen Knopf in eine automatische Wählvorrichtung verwandelte. Ein kleiner Lautsprecher und eine Batterie wurden an die Platine angeschlossen, ein Tastenfeld auf den Deckel geklebt, und wenn alles fertig war, wurde eine Karte mit einer Nachricht auf den Boden geklebt, die mit lila Filzstift geschrieben war. Sie lautete: „He's got the whole world in his hand" und war mit einer informellen Garantie verbunden: Wozniak versprach, fehlerhafte Boxen kostenlos zu reparieren, wenn sie zurückgegeben wurden und diese Karte immer noch enthielten.

• • •

Nach etwa einem Jahr zog sich Jobs aufgrund einer Kombination aus Langeweile und Angst vor den möglichen Konsequenzen aus dem Geschäft zurück. Schließlich gab es ja nur eine begrenzte Anzahl von Verwandten, Bekannten, Wetterberichten, Zeitansagen und Witze-Hotlines, die man anrufen konnte. Außerdem gab es gute Gründe, sich zu fürchten: Die Telefongesellschaften griffen hart gegen Phreaks durch und setzten Sicherheitsmitarbeiter ein, die auf Phone-Phreak-Zusammenkünften fotografierten, Häuser beobachteten, in Telefonvermittlungen Fangschaltungen installierten, Informanten belohnten, Doppelagenten bezahlten und gelegentlich Razzien durchführten. Dieser Zeitvertreib war also mit drohenden Gefahren und beunruhigenden Gerüchten verbunden. Manche Phone-Phreaks setzten sogar Taranteln in die Briefkästen von Sicherheitsbeamten und Gerüchten zufolge interessierte sich das organisierte Verbrechen in verstärktem Maße für dieses lukrative Geschäft.
Außerdem war Jobs misstrauisch gegen Captain Crunch. Drapers schriller Tonfall, seine Angewohnheit, Telefongespräche mit Notrufen zu unterbrechen, seine Hysterie, wenn Zigaretten angezündet wurden, und seine Einladungen zu sportlichem Training machten Jobs wachsam:

„Er war abgedreht und sonderbar." Jobs schien die in dem *Esquire*-Artikel dargestellte Legende über die Fakten hinauszugehen. Nicht einmal der 65 Watt starke UKW-Piratensender San Jose Free Radio, den Draper an den meisten Wochenenden aus einem Kleinbus heraus betrieb, den er in den Hügeln nahe dem Lick-Observatorium geparkt hatte, kompensierte seine Schrullen. Jobs' Urteil war gefällt. Jobs wusste das damals zwar nicht, aber General Telephone hatte an Drapers Telefon eine Schaltung angebracht, die ausgehende Anrufe aufnahm. Unter den Namen und Telefonnummern, die dann an das FBI übergeben wurden, waren auch die der Familie Jobs. Im Jahr 1972 wurde Draper wegen Telefonbetrug verurteilt, kam jedoch mit einer Geldstrafe von 1.000 Dollar und fünf Jahren auf Bewährung davon. Dieses Hobby erwies sich noch in anderer Hinsicht als gefährlich: Eines Abends, als sich Jobs darauf vorbereitete, auf einem Parkplatz vor einer Pizzeria in Sunnyvale eine Box zu verkaufen, starrte er plötzlich auf einen Kunden mit einer Pistole. „Es gibt 1.800 Dinge, die ich hätte tun können, aber bei jedem einzelnen bestand eine gewisse Wahrscheinlichkeit, dass er mir in den Bauch schießen würde." Jobs händigte die Blue Box aus.

Eine Weile betrieb Wozniak das Geschäft allein. Er entdeckte andere Tricks, zum Beispiel wie man kostenlos von den Telefonen aus telefoniert, die Hotels und Autovermittlungen an Flughäfen betreiben. Bei einer Gelegenheit zapfte er auch das Telefon der Hausmeisterin in Berkeley an und belauschte Gespräche mit dem FBI-Büro von San Francisco. Etwa ein Jahr, bevor ihr Interesse ganz nachließ und die Telefongesellschaft anfing, ihre Vermittlungsstellen zu modernisieren, tauschten Jobs und Wozniak die Rollen. Ersterer hielt Abstand, während Wozniak im Haus seiner Eltern Bestellungen aufnahm und das Geschäft nebenbei weiterführte. Trotzdem teilte er die ungefähr 6.000 Dollar, die er durch den Verkauf von rund 200 Blue Boxes erlöste, mit Jobs: „Das war mein Geschäft, und Steve bekam die Hälfte."

Ein paar Freunde von Wozniak verkauften die Boxen in Berkeley, während ein Schüler, der sich Johnny Bagel nannte, Verkäufe in Beverley Hills arrangierte. Ein paar von Wozniaks Blue Boxes landeten in den Händen des internationalen Schwindlers Bernie Cornfeld und des Rocksängers Ike Turner. Manchmal drangsalierten die Verkäufer Wozniak, den der eintönige Zusammenbau so langsam langweilte. Er begann, Bauteile unter falschem Namen bei Elektronikvertrieben zu bestellen, und manchmal flog er nach Los Angeles, um Blue Boxes auszuliefern, wobei er seinen kleinen Koffer als Gepäck eincheckte, damit er am Flughafen nicht geröntgt wurde. In einem Fall endeten seine Täuschungsbemühungen in peinlicher Verwirrung. Er buchte unter dem Namen Pete Rose ein Flugticket nach Los Angeles und vergaß dabei, dass diesen Namen auch einer der bekanntesten Baseballspieler der Major League trug. Wozniak kam zum Flughafen, sagte dem Ticketverkäufer, er wolle ein Ticket für Pete Rose abholen, und stellte dann fest, dass er nicht genug Bargeld für das Ticket hatte, aber er wollte auch nicht mit einem Scheck bezahlen, auf dem sein echter Name stand.

Wozniak hatte sich als Meister der Endgeräte-Hardware in Form der Blue Box, erwiesen. Er hatte sie selbst konstruiert und sie konnte mit den besten Boxen mithalten, die auf dem Markt waren. Einen weiteren Beweis seines Könnens lieferte er, als er eine Blue Box im Gehäuse eines Hewlett-Packard-Rechners versteckte. Die Software hingegen hatte er nicht in vergleichbarer Weise im Griff. Er brachte nicht die Zeit auf, die nötig gewesen wäre, um das Telefonsystem so gründlich zu beherrschen wie einige andere Phreaks; er wurde zwar nicht gefasst, aber viele seiner Kunden hatten weniger Glück. In der informellen Hierarchie der Phreaks fiel Wozniak eher in den Bereich der Hacker als der Phreaks.

Er probierte nicht einmal, Anrufe über AUTOVON zu tätigen, ein Telefonsystem, das für die militärische Kommunikation verwendet wurde und das eine Spielwiese der hartgesottenen Phreaks war. Ein AUTOVON-Stammgast namens Burrell Smith fand, dass Wozniak „das Netzwerk nicht durchschaute, denn das erfordert Hingabe und Vollzeit-Leidenschaft". Und es gab noch ein Handicap: sein Collegestudium. Obwohl sich Wozniak einen traumhaften Stundenplan zusammengestellt hatte, bei dem an vier Nachmittagen der Woche zwei Kurse nacheinander im selben Raum stattfanden, fand er Telefone unterhaltsamer. Bis zum Sommer 1972 hatte er es sich wieder einmal mit einem College-Dekan verdorben und bekam Briefe, in denen er wegen seiner schlechten akademischen Leistungen gerügt wurde.

„Wir haben noch nicht die Bohne davon gesehen."
– MATT CARTER

An einem Ende eines langen Konferenztischs standen Apfelsaftflaschen, Chips-Packungen und Teller mit Puten-, Hühnchen-, und Salami-Sandwiches. Am anderen Ende trommelte Steve Jobs – zurechtgemacht mit Hemd, Krawatte und Cordhose – mit den Füßen auf dem Teppich und mit den Fingern auf dem Tisch herum. Er wartete darauf, die wöchentliche Mittagsbesprechung mit den Managern verschiedener Unterabteilungen der Mac-Abteilung zu eröffnen. Bob Belleville, Konstruktionsleiter, Matt Carter, Herstellungsleiter, Mike Murray, Marketingmanager, Debi Coleman, Finanzcontrollerin, Pat Sharp, Jobs' persönliche Assistentin, und Vicki Milledge aus der Personalabteilung schlenderten herein.

„Auf geht's! Wir haben einen Haufen Mist zu erledigen", sagte Jobs zu den sechs Managern, die um den Tisch herumschlenderten und plauderten. Er fing an, den bebrillten Ingenieur Bob Belleville über einen Streit zwischen zwei seiner Mitarbeiter auszufragen.

„Was willst du am Ende mit George machen?", fragte Jobs.
„Am Ende", erwiderte Belleville in sanftem Ton, „werde ich tot sein."
„Wir können George nur halten", sagte Jobs und ignorierte den Scherz, „wenn wir ihm die gesamte analoge Elektronik geben. Wenn er sich nicht für die gesamte analoge Elektronik verantwortlich fühlt, geht er woanders hin. Bei irgendeinem Startup bekommt er ein großartiges Jobangebot für die Leitung der Konstruktionsabteilung."
Belleville prophezeite, dass eine solche Beförderung Hap Horn aufbringen würde, einen anderen Ingenieur, der an einem widerspenstigen Laufwerk arbeitete.
„Wenn Hap Dich erpresst und sagt, er kündigt", sagte Jobs, „übergehst Du ihn. Sobald Hap vom kritischen Pfad abweicht, solltest Du das tun."
„Wir müssen diese Diskussion unter vier Augen beenden", sagte Belleville trocken.
Dann wandte Jobs seine Aufmerksamkeit der langen Tagesordnung zu und meckerte über die Produktion von Bedienungsanleitungen. Die Aktivität in der Publikationsabteilung diente als grobes Fortschrittsbarometer, denn sie zeigte an, wie es an zwei Fronten aussah. Die eine bestand in der eifrigen Basteltätigkeit an den Labortischen, während die andere in Form eines unerbittlichen Einführungsdatums lauerte.
„Wie ich das sehe, entgleitet der Publikationsabteilung die Sache immer mehr", sagte Jobs in Richtung des Marketingmanagers Michael Murray. „Die leisten tolle Arbeit, aber sie kriegen nichts fertig. Krieg das in den Griff." Murray nickte.
Jobs arbeitete sich weiter um den Tisch herum vor und sprach Matt Carter an, der für die Herstellung des Computers und die Überwachung der Fortschritte in der Apple-Fabrik in der Nähe von Dallas zuständig war. „Darf ich etwas vorschlagen?", fragte Jobs. Er wartete die Antwort nicht ab, und sein bitterer Ton verschwand. „Deine Gruppe tauscht sich nicht mit dem Marketing und der Konstruktion aus.

Die sind nicht im Labor. Die müssen den Geist des Mac erfassen. Stell sie allen Leuten vor. Du musst sie zum Austausch antreiben."

„Ich nehme eine Reisegruppe mit nach Dallas", sagte Carter grinsend. „Dann können sie sich mal so richtig miteinander austauschen."

Jobs wechselte abrupt das Thema und kam auf das Wachstum der Abteilung zu sprechen. Die Einstellung neuer Mitarbeiter war ein Dauerthema für die Mac Division und verschlang viel von der Zeit der leitenden Manager. Jobs warf einen Blick auf ein Blatt Papier und sagte: „Im letzten Monat hatten wir 46 Leute."

„Heute haben wir 60", korrigierte Vicky Milledge, die Frau von der Personalabteilung.

„Toll! Wow! Wir lassen's echt krachen", sagte Jobs.

„Da ist eine ganze Karawane durchgezogen", bemerkte Michael Murray und erwähnte eine Bewerberin von Xerox. „Die ist dabei, bei Xerox zu kündigen, und das dauert viel länger als die Bewerbung bei Apple."

„Wann will Rizzo Dir Bescheid geben?", fragte Jobs im Hinblick auf einen Bewerber für die gleiche Stelle.

„Der verschleppt die Sache", sagte Murray.

„Ich würde Rizzo nehmen", sagte Jobs. „Der wird schneller in die Gänge kommen. Werd dir darüber im Klaren, wen du willst."

Murray ließ den Namen einer Frau fallen, die bei einer Venturecapital-Firma arbeitete, aber angedeutet hatte, sie würde einen Gehaltsverlust von 40.000 Dollar in Kauf nehmen, wenn sie bei Apple arbeiten könnte.

„Ist sie eine Schönheit und Single?", fragte Jobs nach.

„Sie ist kein Single", kicherte Murray.

„Bearbeiten wir etwa Bewerbungen für die Model-Schule Barbizon?", fragte Debi Colman.

Jobs ging zum nächsten Namen über.

„Der macht Planung", sagte Murray.

„Er ist Venturecapitalist", entgegnete Jobs. „Klingt für mich nach einem beschissenen Job."
„Was ist mit Steve Capps?", fragte Jobs.
„Der arbeitet an Lisa", bemerkte Belleville, als habe er nicht vor, einen Raubzug auf eine andere Abteilung des Unternehmens zu starten.
„Ich habe so etwas läuten hören, als würde er gerne hier arbeiten", erwiderte Jobs.
Matt Carter fragte, was seine Kollegen von einem anderen möglichen Mitarbeiter des Herstellungsteams hielten, was Debi Coleman zu der Aussage veranlasste: „Reden kann er auf alle Fälle gut. Er hat die richtigen Fragen gestellt."
„Seine Batterien sind zu schwach. Ich hab dem Kerl nicht getraut", sagte Jobs und schlug sofort eine Alternative vor. „Die werden Duke viel mehr mögen. Der ist aufgeweckt. Der ist eher konservativ, fährt einen 280 Z und ist Brillenträger."
Vicki Milledge warf ein, dass sie keine Sekretärin haben dürfte – oder jemand, den man bei Apple als „Bereichsmitarbeiterin" bezeichnete.
„Warum nicht?", fragte Jobs.
„Wegen des Budgets", sagte Milledge.
„Pfeif drauf", gab Jobs zurück.

• • •

Pat Sharp, eine Frau mit lockigem Haar und Brille, sprach den Umzug der kompletten Abteilung in ein größeres Gebäude an. Die Mac-Gruppe war in eine Hälfte eines einstöckigen Klinkerbaus gezwängt und einige Mitglieder arbeiteten in einem Anbau. Es war geplant, dass sie in ein anderes Gebäude auf der anderen Seite des Bandley Drive in Cupertino umziehen sollte; Apple hatte diese Straße in einen unternehmenseigenen Weg verwandelt. Apples Präsenz an dieser Straße war derart dominant, dass man die Gebäude in der Reihenfolge ihres Erwerbs durch Apple kannte und nicht nach den Hausnummern. „Ich habe mich gefragt, wie die Aufteilung aussehen soll", wagte sich Sharp vor.

„Ich bin bereit, eine Million Mäuse für die Renovierung von Bandley Three aufzubringen", verkündete Jobs. „Wir richten das richtig schön her und das war's. Das ist unsere letzte Ruhestätte. Steckt Eure Energie da hinein. Es wird für 100 Leute aufgeteilt. Ich habe kein Interesse daran, eine Abteilung mit mehr als 100 Leuten zu leiten, und Ihr habt kein Interesse daran, mit mehr als 100 Leuten zu arbeiten. Es wird keine Container geben, keine Nebengebäude, kein gar nichts. Wenn Bob einen neuen Software-Mann haben will, muss dafür ein anderer gehen."

„Dürfen wir einen Kraftraum oder einen Fitnessraum einplanen?", fragte Murray.

„Nein", sagte Jobs. „Es wird ein paar Duschen geben, und das war's. Überlegt Euch, was Ihr haben wollt", drängte Jobs. „Wenn die Software- oder die Publikationsleute Einzelbüros haben wollen, ist jetzt der Zeitpunkt, sich das zu überlegen."

Er kam auf ein akuteres Problem zu sprechen, nämlich auf eine Pilotserie von 200 Mac-Platinen zu Testzwecken. Matt Carter berichtete über den Stand der Dinge. „Die Bausätze sind fast komplett. Wir werden sie nächste Woche bestücken."

„Warum bestellen wir nicht 25 zusätzliche Platinen?", fragte Jobs.

Debi Coleman stimmte zu. „Steht hinter den 200 irgendeine Logik? Letztes Mal haben wir 50 gebaut, und dann wollten wir 75 haben."

Die Erinnerung daran veranlasste Jobs, laut Befürchtungen zu äußern, dass einige der vorhandenen Platinen einem Konkurrenten oder einer Offshore-Firma in die Hände fallen könnte, die darauf spezialisiert war, Billigcomputer abzukupfern. „Ich will die ersten 50 durchziehen und dann will ich sie kaputtmachen und in eine große Müllpresse werfen. Wann fangen wir an zu bauen?"

Er vernehm das Datum für den Montagebeginn der Pilotplatinen, da fiel ihm plötzlich etwas anderes ein.
„Was ist mit den Saufgelagen?", fragte er wegen einer Party, die kürzlich stattgefunden hatte. „Wollt Ihr das öfter haben?" Nach einer kurzen Pause: „Wann ist unser nächstes Fest?"
„Weihnachten", sagte Murray.
„Das ist im Januar, weil alle soviel zu tun haben", sagte Jobs. „Wie wär's mit Anfang November? Wie wär's mit einer Rock'n'Roll-Party? Letztes Mal hatten wir Squaredance. Rock'n'Roll. Squaredance. So sieht das aus. Wir machen eine Halloween-Rock'n'Roll-Tanz-Veranstaltung."

• • •

Carter erzählte seinen Kollegen, dass er kurz vor einer Reise in den Fernen Osten stand, um mögliche Zulieferer zu inspizieren, und dass er schon angefangen hatte, Aufträge zu vergeben. Jobs atmete nach dieser Nachricht heftig aus.
„Das ist, wie wenn ein Zug losfährt, der eine Viertelmeile braucht, um anzuhalten, und wir haben noch nicht einmal die Gleise verlegt." Er machte eine Pause und wandte sich dann an Carter und Belleville. „Wir müssen das Logic Board richtig testen. Wir müssen es auf Herz und Nieren prüfen." Er schlug auf den Tisch. „Details, Details, Details. Im digitalen Board steckt viel mehr Geld als im analogen Board. Wenn wir so richtig viel Mist bauen sollten, dann lieber im digitalen Board."
„Mit dem analogen Board haben wir echt Ärger", konterte Carter. „Jetzt sagen die uns, dass es in 45 Tagen fertig ist, aber wir haben noch nicht die Bohne davon gesehen. Wir haben ihnen in den Hintern getreten, und die haben gesagt, sie wollen 90 Tage. Die müssen sich den Hintern noch mehr aufreißen, als sie glauben." Dann kam Carter wieder darauf zurück, dass Teile bestellt werden mussten, und Jobs nannte

zwei Zulieferer: „Mir ist Samsung lieber als Aztec. Können wir mit denen verhandeln?"

„Das Risiko können wir nicht eingehen", sagte Carter. „Wir müssen beiden große Anreize geben."

Dann beriet die Gruppe über einen möglichen Preis für den Computer. Seit einigen Monaten bestand das allgemeine Ziel darin, den Computer für 1.995 Dollar zu verkaufen. Jobs wollte von der Controllerin die Zusicherung, dass er die Gewinnziele von Apple auch dann noch erreichen würde, wenn er 1.495 Dollar kosten würde. Coleman, die darüber nachgedacht hatte, welche Auswirkungen eine Preisänderung auf den Umsatz haben könnte, begann, auf einer Tafel Diagramme und Kurven zu zeichnen. Jobs schaute ihr kurz zu, hörte sich Colemans Erklärung ihres Diagramms an und sagte dann: „Wir könnten uns Zahlen aus dem Hintern ziehen und damit machen, was wir wollen. Kurven sind absoluter Müll. Wenn man an sie glaubt, fällt man darauf rein."

„Selbst wenn wir das farbig in ein Protokollbuch drucken würden, hätte das gar nichts zu sagen", echote Murray.

Jobs hatte eine boshafte Idee, wie man die Auswirkung eines Preisunterschieds von 500 Dollar testen könnte. „Wir sollten ein bisschen Testmarketing betreiben. Wir sollten den Preis in L.A. senken und ihn in Seattle anheben und hoffen, dass die Händler nicht miteinander reden." Er erklärte, zu welchen Schlüssen eine Arbeitsgruppe gekommen war, die Apple eingerichtet hatte, um Richtlinien für die Preisgestaltung anhand von Gewinnzielen aufzustellen: „Da waren 18 Millionen Marketing- und Finanzleute, die nicht wussten, was zum Geier sie da eigentlich machten. Wir werden immer Urteile fällen, und vieles davon kann man nicht wissen. Deshalb landeten wir am Ende bloß bei einer Faustregel für die Ertragsrate, die wir haben wollen." Er wandte sich an Coleman, und seine Stimme hob sich um eine halbe Oktave: „Treib uns bitte nicht mit Diagrammen in den Wahnsinn.

Das Letzte, was wir wollen, sind Leute, die versuchen, einander mit VisiCalc auszustechen."
Murray beschwerte sich, dass Apple nicht annähernd ausreichend Geld dafür bereitstellte, den Mac zu lancieren, egal was er kosten würde. „Wenn wir Kodak oder Polaroid wären, hätten wir einen riesigen Geldtopf für die Lancierung von Produkten." Jobs spielte des Teufels Advokat und tat so, als wäre er für die Abteilung verantwortlich, die den Apple II und den Apple III verkaufte. „Lasst mich mal in eine andere Rolle schlüpfen und PCS-Manager spielen. Ich kann nur dann mehr Apple II verkaufen, wenn ich auf Teufel komm raus Werbung dafür mache. Ich hab ja kein heißes Produkt. Ich bekomme keine kostenlose Berichterstattung. Ich bekomme nicht die Titelseite von *Byte*."

„Ich handle mit Futures", sagte Murray.

„Ich bezahle die Stromrechnung", sagte Jobs.

Dann unterhielten sie sich über eine Vertriebsveranstaltung in Acapulco für die Apple-Händler und über eine Quartalsversammlung von 400 Apple-Managern, auf der Jobs über die Fortschritte mit dem Mac berichten sollte. Sie sprachen darüber, welche Mitglieder der Mac-Abteilung an dem zweitägigen Meeting teilnehmen sollten. Dann lachte Vicki Milledge nervös. Sie hatte ihren Chef im Blick und meldete, dass alle Manager außer Jobs die Leistungsbeurteilungen für ihre Mitarbeiter abgegeben hatten.

„Ich hasse Beurteilungen und ich liebe Gehaltserhöhungen", erklärte Jobs.

„Auf jedes Leben muss etwas Regen fallen", sagte Matt Carter tröstend.

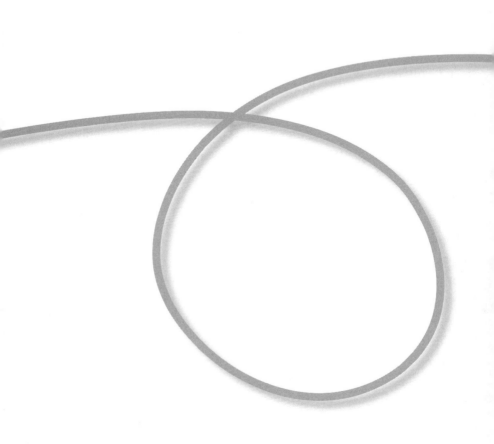

Kapitel 7.0

Honig
und Nüsse.

Als Steven Jobs anfing, Universitätsbroschüren zu durchkämmen, bewies er sowohl Originalität als auch Dickköpfigkeit. Er ging an diese Aufgabe mit der gleichen Sturheit heran, die er früher schon eingesetzt hatte, um seine Eltern zum Umzug nach Los Altos zu überreden. Jobs hatte genug Zeit damit verbracht, sich in den Colleges herumzutreiben, die seine älteren Freunde besuchten, um zu dem Schluss zu gelangen, dass sie ungeeignet waren. Berkeley mit seinen riesigen Hörsälen hielt er für eine Absolventenfabrik und Stanford fand er zu seriös. Aber schließlich, als er einen Freund besucht hatte, der auf das Reed College ging, eine kleine, liberale und teure Universität in Portland, Oregon, beschloss Jobs, dass er das Leben im pazifischen Nordwesten ausprobieren wollte.

Er kehrte von einer Besichtigungstour zurück und teilte zuhause die Neuigkeit mit. Paul Jobs, der über die Aussicht auf enorme Studiengebühren entsetzt war, erinnert sich an den Kern der Diskussion so: „Wir versuchten, ihn davon abzubringen." Clara Jobs hatte eine deutlichere Erinnerung daran: „Steve sagte, das wäre das einzige College, auf das er gehen wollte, und wenn er nicht dorthin könnte, dann würde er nirgendwo hingehen." Und so knickten die älteren Jobs unter der emotionalen Erpressung ein, packten ihren Sohn auf die Rückbank ihres Autos, fuhren ihn nach Reed und verabschiedeten sich ein paar Tage vor Beginn des Schuljahres 1972 auf einem menschenleeren Campus von ihm. Die Abschiedsszene brannte sich in Steven Jobs' Gedächtnis ein: „Das war nicht wirklich herzlich. Ich sagte halt irgendwie ‚Also dann, danke und tschüss'. Ich wollte nicht einmal, dass die Gebäude sahen, dass meine Eltern da waren. Ich wollte damals nicht einmal Eltern haben. Ich wollte einfach sein wie ein Waisenkind aus Kentucky, das sich jahrelang im Land herumgetrieben hatte, indem es auf Güterzüge aufgesprungen war. Ich wollte einfach herausfinden, wie das Leben eigentlich war."

Die natürlichen Gegebenheiten in Portland lieferten genug Ablenkungen, die ein gewisses Gefühl für die Möglichkeiten des Lebens vermittelten. Das Wetter war trister als am Südende der Halbinsel von San Francisco, aber dafür entschädigten andere Trostpflaster. Es gab den entrückten Glanz des Mount Hood für Rucksackwanderungen, die donnernde Energie der Columbia River Gorge zum Hintrampen und einsame Strände an der Küste von Oregon, wo sich am Rand der Klippen Redwood-Bäume drängten. Studenten, die ihr neues Umfeld in Augenschein nahmen, zeigte das Reed College ein trügerisches Gesicht. Die in viktorianischer Gotik gehaltenen Gebäude – komplett mit Schieferdach, Efeu, kupfernen Dachrinnen und Blumenkästen – hatten Erkerfenster, die auf weitläufige Gärten blickten. Es sah aus wie eine verregnete Heimstatt für die Caféhaus-Gesellschaft von Portland, eine fahrbare Bühne für Poeten, Filmemacher, Künstler und Freigeister.

Ein paar ehemalige Reed-Studenten hatten die Rainbow Farm gegründet, die zu einer regionalen Säule der Hippie-Bewegung wurde. Rinnsale der psychedelischen Stimmung vom Ende der 60er flossen noch über den Campus. Reed war eine regelmäßige Anlaufstelle für eine Karawane von Gastrednern wie den Autor Ken Casey, den Dichter Allen Ginsberg und den absoluten Guru des „Turn on, tune in, drop out" – Timothy Leary. Aber hinter dem anmutigen Äußeren und den verträumten Reminiszenzen an das Leben im Paris der 20er-Jahre verbarg sich ein anspruchsvolles Curriculum mit langen Pflichtlektüre-Listen. Die rund 300 Studenten, die sich pro Jahrgang einschrieben, merkten, dass die große Professorenschar ihre Fortschritte genau beobachtete und dass das College ihre Schrullen nur duldete, wenn sie den hohen akademischen Ansprüchen genügten. Anfang der 70er-Jahre kehrte rund ein Drittel jedes Jahrgangs nicht mehr für das dritte oder vierte Studienjahr zurück, nachdem sie festgestellt hatten, dass „liberal" in Reed mit einem großen L geschrieben wurde.

Jobs fand eine bunte Mischung von Studenten vor, und zum ersten Mal in seinem Leben stieß er auf Menschen aus anderen Teilen des Landes. Da Reed Stipendien an eine erkleckliche Menge von Minderheiten vergab, bekam Jobs den ersten Vorgeschmack auf eine kosmopolitische Atmosphäre. Eine Kommilitonin namens Elizabeth Holmes bemerkte dazu: „Anfang der 70er war Reed ein Campus für Einzelgänger und Freaks." Aber Jobs gelang es sogar, sich von diesem farbenfrohen Hintergrund abzuheben, und in dem Heft mit Erstsemester-Porträts, das an die Neuankömmlinge verteilt wurde, fehlte sein Bild. Zu den Erstsemestern zählte auch Daniel Kottke. Kottke war ein knochiger, bärtiger Teenager mit sanfter Stimme und weichem braunen Haar. Er war in einer wohlhabenden New Yorker Vorstadt aufgewachsen, hatte ein National Merit Scholarship erhalten und war nach Reed gekommen, nachdem Harvard ihn abgelehnt hatte. Er war still, ein wenig lethargisch, verachtete materielle Besitztümer und spielte gern Klavier. Nach einigen Monaten betrachtete er Jobs als engsten männlichen Gefährten. „Anscheinend hatte er sonst nicht viele Freunde."

Ein anderer von Jobs' Freunden war einer der auffälligsten Studenten auf dem Campus. Robert Friedland, der mehrere Jahre älter war als Jobs, stolzierte in indianischen Gewändern über den Campus und kandidierte als Studentensprecher. Sein Wahlkampfthema war ganz schlicht. Er bewarb sich um den Posten, um das Stigma einer zweijährigen Gefängnisstrafe loszuwerden, zu der er wegen des damals größten LSD-Falls östlich des Mississippi verurteilt worden war. Friedland, der ein gewandtes, loses Mundwerk hatte, hatte sich gegen die Entschlossenheit der Nixon-Administration aufgelehnt, LSD von amerikanischem Boden zu tilgen, und er hatte den Fehler begangen, dem Richter bei der Verhandlung zu raten, er solle das Urteil nicht fällen, ohne die Droge probiert zu haben. Der Richter entschied, dass er für die Bestimmung des Strafmaßes keine Bewusstseinserweiterung benötigte, und verpasste Friedland eine zweijährige Gefängnisstrafe für die Herstellung und den Vertrieb von 30.000 LSD-Pillen. Irgendwann wurde Friedland auf Bewährung entlassen und schrieb sich in Reed ein.

Jobs, der gerade versuchte, sich durch den Verkauf seiner elektrischen IBM-Schreibmaschine etwas Geld zu beschaffen, lernte Friedland unter ziemlich peinlichen Umständen kennen: Er kam mit seiner Schreibmaschine in Friedlands Zimmer und merkte dann, dass der Hauptbewohner gerade mit seiner Freundin schlief. Friedland ließ sich davon nicht irritieren und forderte Jobs auf, sich hinzusetzen und zu warten. Jobs setzte sich hin und schaute zu. „Der war kein bisschen befangen. Ich dachte, das ist ja abgefahren. Meine Mutter und mein Vater würden das nie tun."

Friedland wurde schnell zu einer wichtigen Figur für Jobs, zu einem Mentor und zum Ersatz für einen älteren Bruder. „Robert war die erste Person, die ich kennenlernte, die wirklich fest davon überzeugt war, dass das Phänomen der Erleuchtung existiert. Ich war davon sehr beeindruckt und es machte mich sehr neugierig." Friedland erinnert sich seinerseits, dass Jobs einer der jüngsten Studenten in Reed war. „Er ging immer barfuß. Er gehörte zu den Freaks auf dem Campus. Was mich an ihm frappierte, war seine Intensität. Alles, wofür er sich interessierte, trieb er normalerweise bis zu einem irrationalen Extrem. Er war kein Blender. Zu seinen Spezialitäten gehörte es, die Person anzustarren, mit der er sprach. Er schaute ihr unverwandt in die Augen, stellte eine Frage und wollte eine Antwort haben, ohne dass die andere Person ihre Augen abwendete."

Sein Sinn für Romantik veranlasste Jobs, bei einem Tanzkurs mitzumachen, weil er wie so viele andere College-Studenten hoffte, dort würde er wahre Liebe finden. Stattdessen merkte er langsam, dass seine Auffassungen von Bildung trotz der Anziehungskraft des Balletts nicht mit einem Curriculum übereinstimmten, das im ersten Semester große Dosen der „Ilias" und „Der Peloponnesische Krieg" vorsah. Bis Ende 1972 hatte Jobs eine Menge anderer Beschäftigungen entdeckt. Es gab die emotionalen Seiten des College-Lebens – zum Beispiel den Fall, in dem er einen Kumpel, der einen Selbstmordversuch begangen hatte, eiligst ins Krankenhaus brachte, die verblüffenden, unvorhersehbaren Geschmäcker von Frauen und den Druck von Seiten seiner Eltern, die bei dem Gedanken schauderten, dass sie ein Lotterleben finanzierten. Die akademische Arbeit litt darunter, und am Ende des ersten Semesters stieg er nicht körperlich, aber doch geistig aus. Während der folgenden sechs Monate blieb er im Wohnheim und schlurfte durch die Zimmer, die andere Unzufriedene hinterlassen hatten.

In Reed hatte sich das Interesse an politischem Aktivismus, das für die Endsechziger typisch gewesen war, zu einem spirituellen Aktivismus gemäßigt, der entfernt an die Bewegungen erinnerte, die in den 1920er-Jahren um Aldous Huxley erblüht waren. Einige Studenten interessierten sich für reine Philosophie und für die verstörenden Fragen, die unbeantwortbar sind – über den Sinn des Lebens und die Wahrheit der Existenz: Was sind wir? Warum sind wir hier? Was tun wir? Was sind die wahren Werte des menschlichen Lebens? Der Appell an ein höheres Bewusstsein, das „an sich arbeiten" traf einen Nerv. Es wurde über Karma und Trips geredet und die geistigen Exkurse inspirierten zu Experimenten mit Diäten und Drogen. Jack Dudman, der Studiendekan von Reed, unterhielt sich stundenlang mit Jobs. „Er hatte einen sehr forschenden, enorm anziehenden Verstand. Mit faden Aussagen kam man ihm nicht davon. Er weigerte sich, widerspruchslos akzeptierte Wahrheiten zu übernehmen, und er wollte alles selbst nachprüfen."

Jobs und Kottke empfahlen einander gegenseitig Bücher. Nach und nach lasen sie die Standardwerke der damaligen Zeit: „Autobiographie eines Yogi", „Kosmisches Bewusstsein", „Spirituellen Materialismus durchschneiden" und „Aktive Meditation". Den größten Einfluss übte allerdings „Zen-Geist, Anfänger-Geist" aus. Jobs gewöhnte es sich an, in der College-Bibliothek buddhistische Literatur zu lesen, und er fühlte sich zum Zen-Buddhismus hingezogen. „Er stellte die Erfahrung über das intellektuelle Verstehen. Ich sah viele Menschen, die über Dinge nachdachten, aber das schien sie nicht sehr weit zu bringen. Ich fing an, mich sehr für Menschen zu interessieren, die etwas Wesentlicheres als ein verstandesmäßiges, abstraktes Verstehen entdeckt hatten." Außerdem begann er zu glauben, dass die Intuition einen höheren Zustand des Verstands darstellte, und er meditierte mit Räucherstäbchen auf einem Dhurrie-Teppich in einer Nische über Kottkes Schlafzimmer.

• • •

Die beiden trampten auch zum Hare-Krishna-Tempel in Portland, wo es sonntagsabends kostenloses Gemüsecurry gab. Einmal beschlossen Kottke und Jobs, über Nacht in dem Krishna-Haus zu bleiben. Sie wurden am frühen Morgen geweckt und in ein Vorstadtviertel von Portland geschickt, wo sie in privaten Gärten Blumen pflücken sollten, mit denen der Schrein des Herrn Krishna verziert wurde.
Am Ende seines ersten Jahres zog Jobs aus dem Wohnheim aus und mietete für 25 Dollar im Monat eine umgebaute Remise in einer wohlsituierten Vorstadt von Portland, die einen Kontrast zu Reed darstellte. Er hielt gewisse Aspekte seines Lebens geheim, und nicht einmal seine engsten College-Freunde ahnten, dass Wozniak, der gelegentlich zu Besuch kam, ein paar Reed-Studenten Blue Boxes verkauft hatte, die erwischt wurden, als sie das Gerät in Telefonzellen benutzten.
Als ihm das Bargeld ausging, lieh sich Jobs Geld von einem Fonds, den das College für solche Eventualitäten bereithielt, und fand einen Job. Er wartete elektronische Geräte, die die psychologische Fakultät für Verhaltensexperimente mit Tieren benutzte. Ein Dozent namens Ron Fial, der das Labor betreute und mit Elektronik herumbastelte,

war von Jobs und dem Wissen, das er aus Kalifornien mitbrachte, beeindruckt. „Er war sehr gut. Oft wollte er etwas nicht nur reparieren. Oft brachte er am Ende etwas mit, das vollkommen neu konstruiert war."

Obwohl Jobs Aquarien reparierte und beim Bau besserer Mausefallen half, plagte ihn immer noch die Geldnot. Sein gemietetes Zimmer war nicht beheizt, und wenn er dasaß und das I-Ging warf, trug er immer eine dicke Daunenjacke. Mehrere Wochen lang aß er dreimal täglich Porridge, das er aus Roman Meal und Milch zubereitete, die er in der College-Cafeteria hatte mitgehen lassen. Jobs hatte sich ausgerechnet, dass eine Schachtel Cerealien ihn eine Woche lang ernährte. „Nach drei Monaten Roman Meal platzte mir einfach die Birne."

Damit ihr Freund nicht vom Fleisch fiel, lieferten Kottke und seine Freundin ihm die einzigen gehaltvollen Mahlzeiten. Das Trio bezeichnete das Cafeteria-Essen als „Meat by Monsanto" und sie wurden Vegetarier. Sie exerzierten die unendlichen Varianten von Naturreis, Bananenbrot und Haferbrot durch, die in vegetarischen und makrobiotischen Kochbüchern empfohlen wurden. Aufgrund einer Kombination aus Umständen und Neugier verbanden Jobs und seine Freunde ihre intellektuellen Abschweifungen und ihr Interesse an Mystizismus mit körperlichen Experimenten. Sie wollten neue Bereiche des Geistes anregen und den Körper verjüngen und sie experimentierten mit verschiedenen Drogen und Diäten. Die Drogen wurden eher aus metaphysischen Gründen als zur Unterhaltung eingesetzt und sie verbanden die Ernährung mit anderen Aspekten des Lebens.

Jobs interessierte sich für die Schriften von Arnold Ehret, eines Preußen aus dem 19. Jahrhundert, dessen Name mit Büchern wie „Die schleimfreie Heilkost" und „Allgemeiner Lehrbrief für Faster und Gesundesser" verbunden war. Jobs war von Ehrets Behauptung fasziniert, die Ernährung sei der Eckpfeiler der körperlichen, geistigen und spirituellen Verjüngung, und die Ansammlung von Schleim und anderen Abfallstoffen des Körpers sei mit Sicherheit schädlich. Ehret behauptete mit der vollen Zuversicht eines Archimedes: L = K – B, was in Laiensprache heißt: Lebenskraft = Kraft – Belastung. Er lehrte, dass Geisteskrankheit durch „Gasdruck auf das Gehirn" verursacht werde, der durch Fasten geheilt werden könne, und dass Fleisch, Alkohol, Fett, Brot, Kartoffeln, Reis und Milch um jeden Preis gemieden werden müssten. Er verordnete sogar spezielle „Schleimreiniger", wie Kombinationen aus Feigen, Nüssen und Frühlingszwiebeln oder geriebenen Meerrettich und Honig.

Jobs befasste sich mit der Ernährung der höheren Primaten und untersuchte sogar ihren Knochenaufbau. Er hing seinen Überzeugungen noch Jahre später an. „Ich glaube, dass der Mensch ein Frutarier ist. Ich bin auf meine typisch irre Art darauf gekommen." Eine Zeit lang hielt Jobs seinen Freunden Vorträge über die Gefahren von Bagels, er behauptete, sie seien mit Schleim gefüllt, und er fing an, mittags Karottensalat zu essen. Friedland erinnert sich: „Die ganze Welt drehte sich um die Beseitigung von Schleim." Jobs machte ebenso wie Ehret, der sich damit brüstete, dass er einmal zwei Jahre lang nur von Obst gelebt habe, Fastenexperimente. Vorsichtig arbeitete er sich von Fastenkuren, die ein paar Tage dauerten, zu Fastenzeiten von mehreren Wochen vor. Er beobachtete, dass seine Haut eine andere Farbe bekam, wenn er fastete, er lernte, wie man das Fasten mit viel Ballaststoffen und Wasser bricht, er gelangte zu der Überzeugung, der Mensch sei Frutarier, und er war von den Ergebnissen dieser Experimente begeistert: „Nach ein paar Tagen fühlt man sich großartig. Nach einer Woche fühlt man sich fantastisch. Man bezieht tonnenweise Vitalität daraus, dass man nicht das ganze Essen zu verdauen braucht. Ich war total fit. Ich hatte das Gefühl, ich könnte jederzeit aufstehen und nach San Francisco laufen." Seine Freundin Elizabeth Holmes bemerkte das Ausmaß von Jobs' Hingabe: „Wenn er sich wegen irgendetwas auf einen Kreuzzug begab, wurde er manchmal anmaßend."

Andere führten ihre eigenen Kreuzzüge, und Robert Friedland hing einem an, der Ernährung, Drogen und Philosophie kombinierte. Wenn er und Jobs meditierten, lief die übliche Sitarmusik, sie waren von Räucherstäbchenduft umgeben und wurden von einem Foto eines runzligen, in eine karierte Decke gehüllte Mannes mit Segelohren und grauen Haarbüscheln betrachtet. Die untersetzte Gestalt war Neem Karolie Baba, ein indischer Guru, der in *Sei jetzt hier* gefeiert wurde, Richard Alperts populärem Bericht über die Veränderungen, die er durchmachte, als er von einem amerikanischen akademischen Leben in die stille Kontemplation in einem entlegenen Teil Indiens reiste. Friedland fand die Verlockung unwiderstehlich und verbrachte den Sommer 1973 in Indien, wo er Neem Karolie Baba zuhörte. Als er zurückkehrte, brachte er einen Rucksack voller Geschichten für seine Freunde mit. Er ergötzte sie mit Erzählungen von Meditationssitzungen in Feuerkreisen und Bädern in eiskalten Flüssen, und er beschrieb eine „elektrisch aufgeladene Atmosphäre der Liebe".

• • •

Anfang 1974 entschied Jobs, dass ihm ein Elektronikunternehmen die Mittel verschaffen könnte, mit denen er die elektrisch aufgeladene Atmosphäre der Liebe erreichen wollte. Er verlies die Randgebiete des Reed College, kehrte in das Haus seiner Eltern in Los Altos zurück und begann, sich nach einem Job umzusehen. Er suchte nichts Großartiges oder Dauerhaftes, sondern nur etwas, das es ihm ermöglichen würde, genug Geld für eine Reise nach Indien auf die Seite zu legen. Als er eines Morgens die Kleinanzeigen im *San Jose Mercury* durchblätterte, erblickte er ein Stellenangebot für einen Videospieldesigner bei Atari. Er wusste zwar nichts über das junge Unternehmen, aber er hatte schon viele Vierteldollar für Pong ausgegeben, die eintönige Tischtennis-Simulation, die Atari in Billardstuben, Kneipen, Flipperstuben und Bowlingbahnen anbot.

Eine aufmerksame Empfangsdame beobachtete Jobs' Ankunft in der Lobby von Atari in Sunnyvale. Dazu Al Alcorn, der Chefingenieur: „Die Empfangsdame sagte: ‚Da ist ein Kind in der Lobby. Entweder ein Spinner, oder er hat echt was drauf.' Er sah ziemlich ungepflegt aus. Er redete ununterbrochen und behauptete, er würde am HP 35 arbeiten. Er sagte, er könnte den HP 45 in eine Stoppuhr verwandeln. Er tat so, als würde er für HP arbeiten. Ich war beeindruckt, sagte ‚prima' und machte mir nicht die Mühe, das zu überprüfen." Der leutselige, rundliche Alcorn bot Jobs eine Stelle als Techniker für fünf Dollar die Stunde an. Jobs, für den Aktienbezugsrechte und die sonstigen Leistungen, die Unternehmen im Silicon Valley boten, Mysterien waren, nahm das Angebot an. Einige seiner Freunde waren überrascht, dass er es schaffte, angestellt zu werden. Bill Fernandez dachte jedenfalls, Jobs fehle die nötige Qualifikation: „Er muss sich wohl gut verkauft haben. Ich dachte echt nicht, dass Jobs so gefragt wäre."

• • •

Jobs wurde einer der ersten 50 Mitarbeiter von Atari und bekam seinen ersten längeren Vorgeschmack auf das Leben in einer Firma, in der es einer Reihe neuartiger Ideen gelang, gegen eine beliebige Anzahl von Managereinwänden zu bestehen. Der Gründer und die dominierende Gestalt des Unternehmens war Nolan Bushnell, der Sohn eines Zementlieferanten aus Utah, der seinen ersten geschäftlichen Coup an der University of Utah gelandet hatte, wo er Löschblätter mit Werbeanzeigen verkauft hatte. Im Jahr 1972 stellte Bushnell im Alter von 29 Jahren sein erstes Videospiel vor. Ingenieure fanden Computer Space reizvoll, aber für das allgemeine Publikum war es zu kompliziert. Nach dem Flop mit dem Spiel beschloss Bushnell, selbst ein Unternehmen zu gründen, das Videospiele herstellte und Flipper aufstellte. Er nannte das Unternehmen, das er in einer gemieteten Werkstatt aufzog, Syzygy, und zwar nur deshalb, weil dies das letzte Wort im

Wörterbuch war, das mit S anfing. Nach einigen Wochen stellte Bushnell fest, dass bereits ein anderes Unternehmen den Namen Syzygy benutzt hatte, und darum änderte er den Namen in Atari (es kommt aus dem japanischen Spiel Go und entspricht in der Bedeutung ungefähr „Schach"), aber in den ersten Anzeigen hieß es: VON ATARI INC., MIT SYZYGY-TECHNIK.

Bushnell betrachtete das Geschäft als „eine Art Krieg" und setzte Diplomatie und Charme, List und Gewalt ein, um seine Mitarbeiter zu bezirzen und die Konkurrenz übers Ohr zu hauen. Mit seinen 1,93 Meter trug er schicke Anzüge, geblümte Hemden und getüpfelte Krawatten, und er wurde Ataris Medizinmann. „Mit Nolan waren wir immer auf der Überholspur", erinnert sich einer der Gründer. „Er wollte immer alles sofort." Um den Chefingenieur Alcorn dazu zu überreden, dass er Pong entwarf, tat Bushnell, als habe General Electric es bestellt. „Dabei hatte ich nie irgendwelche Verhandlungen mit General Electric geführt", erinnert sich Bushnell. „Aber ich wollte Als Fähigkeiten testen." Niemand, und schon gar nicht Bushnell, setzte große Hoffnungen in Pong. „Ich sah das nicht als Artikel, den man groß vermarkten könnte."

Das erste Spiel wurde mit einem außen angeschraubten Münzautomaten in Andy Capp's Cavern aufgestellt, einer beliebten Spielhalle in Sunnyvale. Es war fast sofort klar, dass das elektronische Spiel mehr einbrachte als die Flipper-Automaten. Schon ein paar Tage, nachdem das Spiel aufgestellt worden war, blockierten die vielen eingeworfenen Vierteldollar den Münzeinwurf, und nach ein paar Wochen standen die Leute, die Pong spielen wollten, vor der Bar Schlange.

Während Pong gut ankam, behandelten die Leute, auf die es ankam, das Unternehmen mit Misstrauen. Einige Banker hielten es für einen Ableger der Mafia. Zulieferer hüteten sich davor, einer Firma Kredit zu gewähren, die so aussah, als könnte sie sich tagtäglich in Luft auflösen. Um den Beschwerden zu begegnen, gründete Bushnell einen

Ableger namens Key Games, den er mit Designern, Managern und Plänen von Atari ausstattete. Laut Bushnell sollte das neue Unternehmen eine parallele Spielserie produzieren und das Geld aufsaugen, das an potenzielle Konkurrenten hätte fließen können. Eine Reihe ausgeklügelter Pressemitteilungen dokumentierte die Gründung von Key Games, und später sagte Bushnell lachend und fast schon verächtlich: „Es gibt ja so viele Möglichkeiten, die Presse zu seinem strategischen Vorteil auszunutzen." Als Key Games zu florieren begann und Gerüchte aufkamen, es wolle seine Bande zu Atari kappen, gab Bushnell eine nichtssagende Mitteilung heraus, in der es hieß: „Wir freuen uns, dass es den Mitarbeitern von Kee und Atari gelungen ist, die Probleme zu lösen, die zu der ursprünglichen Trennung geführt haben."

Bushnells Kontrolle der Presse war raffinierter als seine Kontrolle über das Unternehmen. Viele seiner frühen Mitarbeiter wollten sich mühselige Routinearbeiten wie Rundschreiben und Belegschaftsversammlungen sparen. Bushnell fühlte sich zum Unkonventionellen hingezogen und gestaltete Brainstorming-Sitzungen mit Marihuana, und er machte keinen Hehl aus seiner Überzeugung, dass Drogen und Alkohol dazu beitrugen, Ideen zu entwickeln. Die Einstellungspolitik war unberechenbar. Ein Bewerber war verblüfft, als Bushnell in den Raum kam, nur eine Frage stellte – „Sind Sie ein Spion von Bally?" –, dann wieder verschwand und zufrieden war, dass er keinen Verräter einstellte. Da ihn die täglichen Pflichten langweilten, engagierte Bushnell seinen Schwager, einen Psychiater, um das Unternehmen zu managen. Die Finanzkontrollen war so lax, dass eine Dreimonatsproduktion des Spiels Trak Ten sozusagen verschenkt wurde, bevor ein Buchhalter feststellte, dass es 100 Dollar unter den Herstellungskosten verkauft wurde. Bushnell räumte ein: „Wir machten Verträge, in denen die Leute Schlupflöcher fanden." Er hatte auch etwas dagegen, die Kontrolle an einen starken Verwaltungsrat abzugeben, und sorgte dafür, dass er immer mehr als die Hälfte der umlaufenden Aktien besaß.

Trotz allem gelang es Atari, in den ersten drei Jahren Videospiele im Wert von 13 Millionen Dollar zu verkaufen, und es nutzte die Popularität von Pong, um verschiedene Varianten davon zu verkaufen. Dazu gehörten eine Version namens Dr. Pong – eine holzverkleidete Variante für Ärzte, Zahnärzte und Krankenhäuser – und Puppy Pong, das in eine Resopal-Hundehütte eingebaut war. Im Rausch des anfänglichen Erfolgs baute Atari eine große Fabrik, musste dann aber feststellen, dass nicht genug Aufträge vorlagen, um sie auszulasten. Noch mehr Geld verschwand, als Bushnell versuchte, eine Herstellungstochter in Japan zu gründen. Saisonale Schwankungen, die landesweite Rezession, die Knappheit von Wagniskapital und die allgemeine Auffassung, das Unterhaltungsgeschäft sei unseriös, machten dem Unternehmen das Leben nicht gerade leichter.

Mehrmals, vor allem von Frühjahr bis Herbst 1974, als Ataris Zukunft vom Erfolg eines Autosimulators namens Gran Trak abhing, stand das Unternehmen nur sieben Tage vor dem Bankrott. In einer solchen grausamen Woche brach Bushnell während des Mittagessens in Tränen aus, weil er dachte, alles sei verloren. Zulieferer weigerten sich, Teile zu liefern, und Gläubiger kampierten im Vorzimmer. Den Mitarbeitern von Atari entging die turbulente Lage nicht. Der ehemalige Mitarbeiter Ron Wayne dazu: „Bei Atari zu arbeiten war, als würde man mit einem Gummilenkrad Auto fahren." Steve Jobs bildete sich selbst seine Meinung über ein Unternehmen, das wohl kaum als Vorbild für BWL-Lehrbücher geeignet war: „Da herrschte immer Chaos. Es war kein gut geführtes Unternehmen."

• • •

Aber trotz der ganzen Sperenzchen waren die meisten Atari-Mitarbeiter konservativ und Jobs wurde als Sonderling betrachtet. Er steckte seine Nase in die Arbeit anderer Ingenieure und machte aus seiner Verachtung keinen Hehl. Bushnell erinnert sich, dass Jobs

„vielen anderen regelmäßig sagte, sie wären Deppen"; und Jobs selbst sagte: „Einige der Ingenieure waren nicht besonders gut, und ich war besser als die meisten. Ich konnte nur deshalb glänzen, weil alle anderen so schlecht waren. Eigentlich war ich gar kein Ingenieur." Aber das Äußere von Jobs, sein Joghurt zum Mittagessen, seine streng schleimlose Diät und seine Überzeugung, man könne sich das Duschen sparen, wenn man nur Obst isst, galten als nonkonformistisch. Laut Jobs' eigener Aussage bemerkte er die Feindseligkeit, die er erzeugte, gar nicht. Um Frieden im Labor zu wahren, arrangierte es Alcorn schließlich, dass Jobs nachmittags und abends arbeitete. „Die Ingenieure mochten ihn nicht. Er roch komisch."

Trotz seiner fehlenden formalen elektronischen Ausbildung schloss Jobs schnell die Lücke zwischen Techniker und Ingenieur. Zu seinen ersten Aufgaben gehörte es, Verfeinerungen an einem Spiel namens Touch Me zu erreichen, das dicke Gummitasten hatte. Jobs arbeitete diszipliniert innerhalb vorgegebener Grenzen und stimmte die Leistung der Chips auf das ab, was auf dem Bildschirm gewünscht war. Er verstand die Feinheiten der Chips, plante ein neues Design und nahm an dem Spiel erhebliche Verbesserungen vor. Wozniak bewunderte die Arbeit von Jobs: „Er machte die kreativen Sachen. Er begriff, wie er das gleiche Ding viel einfacher und besser bauen konnte. Das war Ingenieursarbeit."

• • •

Als Jobs beschloss, seinen Collegefreund Dan Kottke nach Indien zu begleiten und sich die topografische und intellektuelle Landschaft anzusehen, die den Hintergrund von Robert Friedlands farbigen Erzählungen bildete, bat er Alcorn um einen Zuschuss zum Flugticket. Alcorn erteilte der Anfrage eine unverblümte Absage: „Bullshit, ich gebe Dir kein Geld, um den Guru zu besuchen." Die beiden einigten sich jedoch auf einen Kompromiss. Ein paar Spiele, die Atari nach

Westdeutschland geliefert hatte, verursachten Störungen in Fernsehgeräten, und die deutschen Ingenieure waren nicht in der Lage, das Problem zu lösen. Alcorn gab Jobs einen Crashkurs in Erdung und war einverstanden, ihm den Flug nach Europa zu bezahlen. Er trug ihm auf: „Grüß den Guru von mir."

Jobs' Ankunft in Europa konsternierte die Deutschen ein wenig und sie telegrafierten an Alcorn, was er ihnen da denn geschickt habe. Jobs hingegen (der unglücklich war, weil er das deutsche Wort „Vegetarier" nicht kannte) gelang es, die störenden Atari-Geräte geschickt zu reparieren.

In den Erzählungen über Jobs' und Kottkes Indienfahrt wimmelt es nur so vor Schnappschüssen junger Unschuldiger im Ausland, schwachgläubiger Westbürger im grellen Licht von Ashrams, Swamis und Sadhus. Kottke meinte: „Die Reise war eine Art asketische Pilgerfahrt, bloß dass wir nicht wussten, wohin wir gingen." Vor Kottkes Ankunft verbrachte Jobs ein paar Wochen allein, und in späteren Jahren wurden diese Wochen in surrealistischen Bildern ausgemalt. Er besuchte das Kumbhmela, eine große religiöse Feier, die alle zwölf Jahre in Hardwar im nördlichen Zentralindien stattfindet. Jobs dazu: „Sieben Millionen Menschen in einem Städtchen so groß wie Los Gatos." Er sah Priester aus dem Fluss steigen, sah den Flammen von Leichenverbrennungen zu und er sah die Leichen, die den Ganges hinunter trieben. In einem Ashram traf er einen Pariser Modedesigner und einen Guru, der von seiner glatten Haut beeindruckt war, ihn einen Hügel hinaufzerrte und ihm den Kopf rasierte. Er verbrachte eine unruhige Nacht in einem verlassenen Tempel neben einem Feuer, das um einen Dreizack herumzüngelte. Sein einziger Gefährte war ein Shivait mit verfilztem Haar und aschebedecktem Körper, der bis zum Morgengrauen an einem Schillum zog.

Kottke und Jobs trugen leichte, weiße Hosen und Jacken aus Baumwolle, und New Delhi war ihre Ausgangsbasis. Nächtliche Spaziergänge führten sie durch Slums mit Baracken aus Transportkisten und Wellblech, an Müll fressenden Kühen und an Menschen vorbei, die auf Feldbetten auf den Gehsteigen schliefen. Von Delhi aus unternahmen sie Ausflüge in Bussen mit abgenutzten Stoßdämpfern und schmalen Metallsitzen, und sie wanderten mehrere Tage, um einige Yogis zu besuchen. Sie durchquerten ausgetrocknete Flussbetten, hatten Wasserflaschen dabei und rieben sich die Füße an Sandalen wund. Angelockt von den Verheißungen Tibets reisten sie in die Vorgebirge des Himalaja, aber sie landeten nur in dem alten Badeort Menali, wo sie sich beide an schmutzigen Laken die Krätze holten.

Zwar waren Neem Karolie Baba und seine karierte Decke von einem spektakulären Begräbnisfeuer verzehrt worden, aber trotzdem pilgerten Jobs und Kottke pflichtbewusst nach Kainchi. Sie gingen zwischen den bunten Ikonen und Plastik-Krishnas herum und beobachteten, dass der Ashram von Musikern zweckentfremdet worden war, die dafür bezahlt wurden, dass sie fromme Gesänge aufführten. Ungeachtet der Veränderungen blieben die beiden etwa einen Monat in Kainchi und mieteten von einer Familie, die eine Kartoffelfarm betrieb, eine aus einem Zimmer bestehende Hütte aus Beton. Sie war bequem genug, dort konnten sie in Ruhe und Frieden lesen, und sie hatte noch einen Vorteil: Sie stand neben einem Feld mit Marihuanapflanzen, die sie trockneten und rauchten. Sie hatten auch einen einfachen Zimmerservice, denn die Frau des Kartoffelbauern verkaufte ihnen Wasserbüffelmilch, die sie warm machte und mit Zucker verrührte. Einmal beschwerte sich Jobs darüber, dass sie die Milch verdünnte. Gebärden überwanden die Sprachbarriere, und am Ende schwärzte die Frau Jobs als Verbrecher an. Kottke erinnert sich, dass Jobs auch auf dem Markt von Kainchi, wo von Eselskarren herab Gemüse verkauft wurde, hart verhandelte. „Er schaute sich überall die Preise an, fand den wahren Preis heraus und feilschte. Er wollte sich nicht abzocken lassen."

Der heiße, unangenehme Sommer führte dazu, dass Jobs viele Illusionen verlor, die er sich über Indien gemacht hatte. Er erlebte das Land viel ärmer, als er es sich vorgestellt hatte, und ihn frappierte die Diskrepanz zwischen dem Zustand des Landes und seinem heiligen Gebaren. Er erkannte im Nebel der Yogis, der gelben Impfpässe, der Darshans und Pranas, der Sadhus und der Puja-Tische eine entscheidende Lektion: „Wir würden keinen Ort finden, an dem wir einen Monat bleiben könnten und dann erleuchtet würden. Da fing ich so ungefähr das erste Mal an zu glauben, dass Thomas Edison vielleicht viel mehr zur Verbesserung der Welt beigetragen hat als Karl Marx und Neem Karolie Baba zusammen."

Als Jobs nach Kalifornien zurückkehrte, war er aufgrund des Durchfalls dünner geworden, er hatte kurz geschnittene Haare und trug indische Kleidung, die ein Jahrtausend von Pong und Oszilloskopen entfernt war. Nancy Rogers erinnert sich: „Er war dermaßen schräg, als er zurückkam. Er versuchte, gelassener und spiritueller zu leben. Er schaute mich mit weit offenen Augen an, er starrte mich an, ohne zu zwinkern. Er lud mich ein, zu ihm zum Essen zu kommen, und dann spielte er Guru. Er kam her, schaute sich die vielen kleinen Geschenke an, die von ihm waren, und fragte: ‚Wo hast Du das her?' Es war, als würde er alle Brücken hinter sich abbrechen."

• • •

Die Rückkehr von Jobs aus Indien im Herbst 1974 markierte außerdem den Beginn eines 18-monatigen Zeitraums, in dem er hin und her pendelte. Er flitzte zwischen Atari und den Randbereichen der Verbraucherelektronik einerseits und einer 120 Hektar großen Farm in Oregon andererseits hin und her, die Robert Friedland für einen wohlhabenden Verwandten verwaltete. Aber zuerst fuhr er in Richtung Norden in ein altes Hotel in Eugene im Bundesstaat Oregon, das ein Schüler des kalifornischen Psychiaters Arthur Janov in das Oregon

Feeling Center umgewandelt hatte. Jobs, der Janovs Bestseller „Der Urschrei" gelesen hatte, bezahlte 1.000 Dollar und nahm an einem zwölfwöchigen Therapiekurs teil, der Lösungen für tief sitzende Probleme liefern sollte. Janov und seine Schüler schienen im Oregon Feeling Center eine Art emotionalen Frühjahrsputz anzubieten. „In dieser Therapie geht es nur um Gefühle. […] Uns geht es um die Gefühle, die sagen: ‚Papa, sei nett. Mama, ich brauche Dich.'" Jobs' Neugier war geweckt. „Das schien eine sehr interessante Sache zu sein. Man konnte Erkenntnisse über sein Leben gewinnen und einen neuen Gefühlsbereich erleben. Das war nichts zum Nachdenken. Das war etwas, das man wirklich tat: die Augen schließen, den Atem anhalten, hineinspringen und am anderen Ende mit mehr Erkenntnissen wieder herauskommen."

Für Jobs schienen Janovs Schriften den Schlüssel zu einer enorm persönlichen Suche bereitzuhalten. Als er 20 wurde, nahm die Frage nach seiner Adoption und nach dem Aufenthaltsort seiner biologischen Eltern größeren Raum ein. Nancy Rogers erinnert sich: „Manchmal weinte er und wollte seine Mutter sehen." Robert Friedland interpretiert das anders: „Steve hatte den tiefen Wunsch, seine physischen Eltern kennen zu lernen, damit er sich selbst besser kennen lernen konnte." Fragen nach seinen natürlichen Eltern lieferte Stoff für stundenlange private Spekulationen. Seine Freunde neckten ihn freundlich und sagten, er sei vielleicht Armenier oder Syrer. Jobs begann eine ausgiebige Suche nach seinen biologischen Eltern und erfuhr ein bisschen über sie. „Sie lehrten beide an einer Universität. Mein Vater war Gastprofessor für Mathematik." Jobs mutmaßte, dass seine Adoption zumindest eine Wirkung gehabt hatte: „Sie gab mir das Gefühl einer etwas größeren Unabhängigkeit." Nach etwa drei Monaten in Eugene ließ Jobs' Schwärmerei für Janovs Arbeit und seine Methoden deutlich nach. „Er lieferte eine vorgefertigte, schematische Antwort, die sich als viel zu vereinfachend herausstellte. Es wurde klar, dass mir das keine großartigen Einsichten bringen würde."

Von den fürsorglichen Diensten des Oregon Feeling Center enttäuscht, kehrte Jobs nach Kalifornien zurück, mietete ein Zimmer in einem Haus in Los Gatos, gewöhnte sich an, bei Sonnenaufgang eine Stunde zu meditieren, und fing wieder an, bei Atari zu arbeiten. Dort eckte er weiterhin an. Bushnell registrierte die Spannungen, die Jobs in dem Ingenieurlabor auslöste, und schließlich setzte er ihn auf eine informelle Beraterposition. „Das war die Rettung vor der ansonsten nötigen Entlassung. Ich sagte: ‚He Leute, wenn Ihr ihn nicht wollt, dann will ich ihn.'" Bushnell wusste Jobs' Sinn für Dringlichkeit zu schätzen. „Wenn er etwas machen wollte, dann gab er den Zeitplan in Tagen und Wochen an, nicht in Monaten und Jahren." Jobs arbeitete wieder außerhalb der Kernzeiten und befasste sich mit einer Vielzahl verschiedener Projekte. Zwischenzeitlich hatte Wozniak Videospiele entdeckt und war häufig bei Atari zu Gast, wo er stundenlang mit den Videospielen spielte, die auf dem Montageband standen. Er verbrachte sogar mehrere Wochen mit dem Entwurf und dem Bau einer eigenen Pong-Version und er skizzierte zum ersten Mal einen Entwurf, der Bilder auf einem Fernsehbildschirm darstellte.

Wozniak half Jobs auch, als Bushnell beschlossen hatte, er wolle ein Spiel, bei dem die Spieler mit einem hüpfenden Ball eine Backsteinmauer abreißen. Bushnell bot Jobs einen Bonusplan an, bei dem die Bezahlung an die Anzahl der Chips gebunden war, die für die Konstruktion nötig waren. Wenn weniger Chips eingesetzt wurden, waren die Spiele nicht nur billiger in der Herstellung, sondern gewöhnlich auch zuverlässiger. Jobs bat Wozniak um Hilfe und dieser dachte: „Steve war nicht ganz in der Lage, etwas derart Komplexes zu konstruieren." Die beiden arbeiteten vier Nächte hintereinander an dem Spiel, wobei Wozniak konstruierte und Jobs den Prototyp baute.

Bushnell war von dem fertigen Spiel beeindruckt und bot Wozniak an, bei Atari anzufangen, wann immer er es wollte. Al Alcorn, der erst Jahre später feststellte, dass Wozniak an dem Spiel beteiligt gewesen war, dachte: „Die Konstruktion war brillant, aber nicht produzierbar, weil die Techniker nicht herausfanden, wie es ging." Das Spiel wurde vollständig überarbeitet, bevor es dann unter den Namen Breakout herausgebracht wurde.

Inzwischen hatte Jobs, der unbedingt nach Oregon flüchten wollte, festgestellt, dass es zwei Wochen dauern würde, bis er und Wozniak die versprochenen 700 Dollar bekommen würden. Jobs hakte nach und bekam das Geld noch am gleichen Tag. Dann verschwand er auf Friedlands Farm und ließ den sittenstrengen Wozniak grübelnd zurück. „Ich hatte keine Ahnung, was die da machten." Der Druck, Breakout fertigzustellen, hatte noch eine andere Folge: Sowohl Wozniak als auch Jobs bekamen das Pfeiffer-Drüsenfieber.

Jobs spürte die ersten Symptome, als er auf der Farm ankam. Mit einem dicken Klecks Mystizismus sowie in Anspielung auf den Begriff der universellen Einheit und das Konzept eines höchsten Wesens hatte Friedland sein Anwesen „All One Farm" genannt. Außerdem gab er seinem neugeborenen Sohn einen Hindu-Namen und nahm selbst auch einen an. Kottke erzählt: „Er nannte sich selbst Sita Ram Das, aber wir nannten ihn Robert." Die Lage der Farm wurde in „The Spiritual Community Guide" veröffentlicht und sie lockte eine Vielfalt von Bummlern, psychedelischen Bettlern, Mitgliedern nahe gelegener Hare-Krishna-Tempel und einmal auch Patienten aus einer Nervenheilanstalt an. Für die Karawane des runden Dutzends regelmäßiger Besucher, zu denen auch Jobs gehörte, wurde die Farm zum Schauplatz täglicher Dramen und Krisen. Sie verwandelten Hühnerställe in simple Unterkünfte und leiteten Quellwasser in eine holzbefeuerte Sauna. Als Jobs Strom in eine Scheune legte, damit man sie nutzen konnte, um Holzöfen zu verkaufen, war Friedland überrascht, wie mühelos er mit Stromleitungen und Schaltplänen umging.

Die Verlockungen des Ostens hatten die Besucher der All One Farm fest im Griff. Sie hielten Meditationskurse ab und führten langwierige

Debatten über das Verbot von Marihuana und anderen Drogen sowie über die Möglichkeit, ein möglichst reines Leben zu führen. Insektizide und Herbizide wurden aus den Weideflächen und Gemüsebeeten verbannt, in denen sie Bienenstöcke aufstellten, Winterweizen säten und die Tugenden des biologischen Anbaus priesen. Mit Kettensägen wurde ein Apfelgarten zurechtgestutzt und ausgeputzt, der voll mit vernachlässigten Gravensteinern war. „Steve", so Friedland, „wurde einer von den Apfelleuten." Das Obst wurde zu Apfelwein verarbeitet und über Nacht auf der steinernen Veranda stehen gelassen, wo er sich in Apfelschnaps verwandelte.

Jobs war derart auf seine Ernährungsexperimente fokussiert, dass er manchmal etwas mitaß, das er hinterher absichtlich wieder erbrach. Jahre später betrachtete er die Farm als „echte Lektion in gemeinschaftlichem Leben. Ich habe einmal nachts unter einem Tisch in der Küche geschlafen, und mitten in der Nacht kamen alle nacheinander herein und klauten sich gegenseitig das Essen aus dem Kühlschrank." Jobs hatte das Gefühl, dass er zum kleinen Rädchen in einem ländlichen Haufen wurde, und hinsichtlich seines Freundes war er ein kleines bisschen desillusioniert. „Robert bewegt sich auf einem schmalen Grat zwischen charismatischem Führer und Hochstapler." Außerdem war Jobs empört über die allgemeine Richtung, die das Leben auf der All One Farm nahm. „Es wurde sehr materialistisch. Alle bekamen das Gefühl, sie würden sehr hart für Roberts Farm arbeiten, und sie gingen einer nach dem anderen. Ich hatte die Nase gestrichen voll und ging auch."

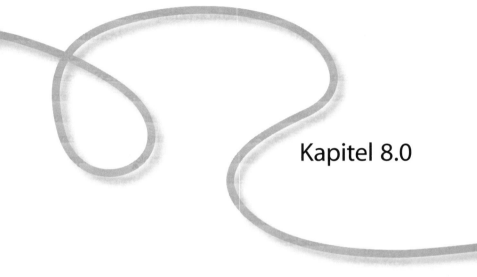

Kapitel 8.0

Rauschkisten.

Das Ende der Sackgasse in Menlo Park sah aus wie ein trauriger Gebrauchtwagenhandel. Verbeulte VW-Käfer, von der Sonne ausgebleichte Kleintransporter und schrottreife Ford Pintos standen schräg auf den Bordsteinen der Schotterstraße. Die Autos waren entweder dicht an einer efeubewachsenen Mauer geparkt, neben einer Einfahrt, in der mehrere Motoren auf Holzpflöcken standen, oder vor einem ungestrichenen Lattenzaun. Die meisten Fahrer und Mitfahrer hatten einen unauffälligen Handzettel gesehen oder davon gehört, der an Schwarzen Brettern im Stanford University Computer Center, am Berkeley Computer Science Department und im Whole Earth Truck Store in Menlo Park hing. Der Zettel, der die Überschrift AMATEUR COMPUTER USERS GROUP AND HOMEBREW COMPUTER CLUB trug, rang zwischen der Suche nach Mitbewohnern und vermissten Katzen um Aufmerksamkeit. Die Fragen, die darunter abgedruckt waren, lieferten ein paar Hinweise: „Baust Du Deinen eigenen Computer? Ein Terminal? Eine Bildschirmschreibmaschine? Ein I/O-Gerät? Oder eine andere digitale Zauberkiste? Oder kaufst du Rechenzeit bei einem Time-Sharing-Dienst?"

Stephen Wozniak, Allen Baum und 30 andere Hardware-Ingenieure, Computerprogrammierer, Techniker und Teile-Zulieferer waren von der Mitteilung immerhin so fasziniert, dass sie von Palo Alto, Los Altos, Cupertino, Sunnyvale und San Jose aus auf den Interstate Highways 280 und 101 oder von Oakland und Berkeley aus über die Bay Bridge und durch San Francisco zu dem schindelgedeckten Ranchhaus fuhren, das Gordon French gehörte.

Im mausgrauen Zwielicht des 5. März 1975 huschten French und sein Freund Fred Moore in der Garage herum. French war ein Computerprogrammierer Ende 30 mit gefleckem Bart und starker Brille, der seine Tage damit verbrachte, sich ein Dokumentationssystem für die Sozialversicherungsabteilung in Sunnyvale auszudenken. Moore hatte ein mönchisch-strenges Aussehen, dünne braune Haarsträhnen waren zu einem Pferdeschwanz gebunden, er hatte eine spitze Nase und Plastikvorderzähne. Die beiden karrten ein paar Stühle vom Haus her und stellten sie im Halbkreis auf, deckten die Ölflecken auf dem Betonboden mit Zeitungen ab, stellten einen Kassettenrekorder auf, ein paar Teller mit Gebäck und Limonadenkrüge auf einem Picknicktisch neben einer Tür, die in eine Waschküche führte.

French und Moore waren Enttäuschte. Beide hatten zu der People's Computer Company gehört, die Mitte der 1970er-Jahre einer der bedeutendsten Vorposten von Hobby-Computerexperten auf der Halbinsel von San Francisco gewesen war. Das Unternehmen war von Robert Albrecht gegründet worden, einem frühen Apostel der Macht des Kleincomputers. Er wollte den Menschen, vor allem Kindern, helfen, etwas über Computer zu lernen und in Basic programmieren zu können. Albrecht hatte Bücher wie „My Computer Likes Me" und „What to Do After You Hit Return" geschrieben. Der Hauptgrund, weshalb er die People's Computer Company (PCC) gegründet hatte, war, dass er eine Boulevardzeitung herausbringen wollte. Die Zeitung war voll von Männchen und Zeichnungen, machte Witze über Computer und versuchte, den Schleier des Geheimnisses zu lüften, der dieses Thema umgab.

Anfang der 1970er-Jahre traf sich eine kleine Gruppe von Redakteuren einmal die Woche im PCC-Büro zu einem Abendessen, zu dem jeder etwas mitbrachte und bei dem sie über Technologie und Computer plauderten. Als Albrecht gegen Ende des Jahres 1974 beschloss, auf die Essen zu verzichten und sich auf seine Zeitung zu konzentrieren, standen Moore und French ohne die Gesellschaft ihrer Brüder im Geiste da. Zu allem Überfluss fand Moore, er sei zu Unrecht aus dem Redakteursjob bei PCC gedrängt worden. Er beschwerte sich: „Bob Albrecht wollte der Chefdragoner aller alternativen Computeruser sein." Und er schlug seinem Freund vor, sie sollten ein Treffen für alle einberufen, die sich für Kleincomputer interessierten.

Für Moore war der Homebrew Club eine weitere Alternative, die er auf die Liste der Alternativen setzen konnte, für die er sich während der meisten Zeit seines Erwachsenenlebens eingesetzt hatte. Er hatte Ende der 1950er-Jahre in Berkeley studiert und war an der Abschaffung der Zwangsmitgliedschaft im Reserve Officer Training Corps beteiligt gewesen. Mitte der 1960er-Jahre war er für das Committee for Nonviolent Action auf Vortragsreise gegangen, hatte Colleges besucht und war in einem mit Plakaten und Broschüren beladenen Auto kreuz und quer durch Amerika gefahren. Er hatte eine zweijährige Gefängnisstrafe abgesessen, weil er das Wehrdienstgesetz verletzt hatte, und er war Alleinerziehender zu einer Zeit, als dieses Wort noch eine Kuriosität war. Nach Vietnam vergrub er sich in alternativen Wirtschaftstheorien. Er hielt Arbeit für ein Geschenk und predigte gegen die konventionelle Wirtschaft, den Wert des Geldes, den Landbesitz und dagegen, dass man mit der Natur herumspielte. Er versuchte einen Informationssender aufzubauen, dessen Zentrum der Whole Earth Truck Store in Menlo Park war und der die Städte der Halbinsel erreichte. Sein Schlagwort war „Setze Vertrauen in die Menschen, nicht in das Geld", und er beharrte auf Slogans wie „Wohlstand ist die Synergie vielfältig miteinander verflochtener Beziehungen".

Er führte Karteien über Menschen mit ungewöhnlichen Interessen. Neben üblichen Hobbys wie Autos reparieren, Camping, Theater, Schwimmen, Fotografie und Angeln listete Moore auch Perlenketten, Biofeedback, Begräbnisse, Dome, Müll, Hardware, Verschwörungen, Installation, Massage, Webstühle, Geschlechtskrankheiten und Jurten auf. Sein Indexsystem enthielt auch Telefonnummern von Menschen, die sich für Elektronik und Computer interessierten, und Moore hatte sich im Stanford Medical Center mit der IBM 360 vertraut gemacht, denn dort standen Studenten und Außenstehenden ein paar Terminals zur Verfügung. Für Moore waren die Hersteller von Großcomputern – vor allem IBM – genauso verdächtig wie die New Yorker Banken,

die staatlichen Behörden, die Monetaristen und die Ölfördergesellschaften. Die Idee für den Homebrew Club war also der Ausdruck breiterer Interessen: „Es gab keinen Grund dafür, dass Computer so teuer waren wie die Maschinen von IBM. Ich versuchte bloß, den Informationsaustausch über Mikrocomputer zu fördern."
Moores brav-schwammige Ansichten wurden von anderen geteilt, die in Gordon Frenchs Garage kamen. Einer von ihnen war Lee Felsenstein, der in Philadelphia aufgewachsen und in den 1960er-Jahren aus Berkeley ausgestiegen war, um als Reporter für Randgruppenblätter wie *Berkeley Barb* und *Berkeley Tribe* zu arbeiten. Mit einer glockenhellen Stimme und einem schnellen Verstand bewaffnet hatte Felsenstein als Ingenieur bei Ampex gearbeitet, war von Al Alcorn bei Atari abgelehnt worden und wohnte in Resource One, einer Kommune, die ein imposantes Gebäude im Lagerhausviertel von San Francisco besetzt hatten. Dort betrieb er umgeben von Bananenbrot und verstopften Abflüssen eine SDS 940, einen der meistbewunderten Mainframe-Computer der 60er-Jahre. Felsenstein und andere hofften, dass der veraltete Computer, den er vom Stanford Research Institute geerbt hatte, den Grundstein dessen bilden würde, was er als Community Memory Project bezeichnete. Er hatte in Zeitschriften wie *Coevolution Quarterly* Artikel geschrieben, in denen er erläuterte, dass Computer „gesellige Werkzeuge" seien, welche „Sekundärinformationen" liefern und Menschen mit gemeinsamen Interessen miteinander verbinden könnten. Felsenstein und seine Kumpanen hofften, wenn sie Terminals an einen Großcomputer hängen würden, könnten sie ein elektronisches Schwarzes Brett gründen. Felsenstein hatte eine Vision, die an die Zellteilung erinnerte: „Das könnte ein Graswurzel-Netzwerk werden. Es könnte überall und nirgends sein."
Die Wirklichkeit war weit weniger großartig und die elektronischen Grenzen von Resource One reichten nur bis zu Fernschreibern bei Leopold's Records und im Whole Earth Access Store in Berkeley.

In dem Plattenladen tauschten Musiker und andere Leute Informationen über Konzerte und Geschäfte aus. Von Zeit zu Zeit übermittelten die Fernschreiber denkwürdige Fragen wie: „Wo gibt es in der Bay Area gute Bagels?" Woraufhin die Antwort kam: „Ein Ex-Bagel-Macher bringt Euch bei, wie man Bagels macht." Einmal enthielt die Liste der verkäuflichen Artikel sogar ein paar Nubier-Ziegen. Abgesehen vom vergnüglichen Aspekt wurden die demokratischen Impulse von den Beschränkungen der Technologie gebremst. Es war leichter, zu telefonieren, ein Schwarzes Brett abzusuchen oder eine Kleinanzeige in einer Zeitung zu schalten, als einen langsamen, klappernden Fernschreiber zu benutzen. Das Community Memory Project war eine jener gut gemeinten Ideen, die gescheitert sind, weil sie ihrer Zeit voraus waren. Für Felsenstein und für Fred Moore waren Computer also die Verfeinerung einiger Aspekte der Underground-Politik der 1960er-Jahre.

• • •

Etwa um die Zeit der ersten Versammlung des Homebrew Club redete Felsenstein davon, einige Fortschritte in der Elektronik dafür zu nutzen, jenen Menschen das Leben zu erleichtern, die beispielsweise Nubier-Ziegen suchten. Er wollte ein kleines Gerät namens „Tom Swift Terminal" bauen, das die umständlichen Fernschreiber ersetzen sollte. Und genau dieses Thema – dass die Welt durch die enormen Fortschritte der Elektronik erschlossen wurde – bildete das Hauptgesprächsthema in Gordon Frenchs Garage.
Das Ausmaß der Veränderung wurde sichtbar, als ein Mitglied einen neuen Computer namens Altair 8800 vorführte. Der Altair wurde auf dem Titel der Januarausgabe 1975 von *Popular Electronics* („Das Elektronikmagazin mit der weltweit größten Auflage") als „Projekt ‚Durchbruch'" und als „Der erste Minicomputer-Bausatz der Welt, der sich mit kommerziellen Modellen messen kann" gelobt und der Bausatz

kostete 375 Dollar. Er war etwa so groß wie eine Orangenkiste und hatte ein paar Schalter und Lampen auf einer metallenen Frontplatte. Der Computer wurde von MITS hergestellt, einem kleinen Unternehmen mit Sitz in Albuquerque, dessen Initialen für „Micro Instrumentation and Telemetry Systems" standen und etwas über seinen ursprünglichen Zweck verrieten. Es war 1969 gegründet worden, um Leitsysteme für Modellraketen herzustellen und zu verkaufen.

Das herausragende Merkmal des Altair war weder das Metallgehäuse noch die Reihen von Schaltern und Lichtern auf der Frontplatte noch der Enthusiasmus von *Popular Electronics* noch die Tatsache, dass er aus Albuquerque kam. Es war vielmehr eine elektronische Komponente, die sich im Inneren befand: Ein Halbleiterchip, der auf ein ein Zoll langes Stück Plastik montiert war und in winzigen Buchstaben die Aufschrift „INTEL 8080" trug. Dieser Chip, der nicht größer war als die hier abgedruckten Ziffern „8080", enthielt die zentrale Recheneinheit eines Computers und war das bemerkenswerteste Beispiel für das, was die Halbleiterunternehmen inzwischen als Mikroprozessor bezeichneten.

Der konzeptuelle Rahmen für diesen Mikroprozessor entsprach den Ideen, die hinter allen digitalen elektronischen Computern standen, die nach dem Zweiten Weltkrieg gebaut wurden. Der Electronic Numerical Integrator And Computer (ENIAC), der 1130 von IBM, der 620i von Varian, der PDP-8 von Digital Equipment und der Nova von Data General – alle beruhten auf den gleichen Prinzipien wie der Intel 8080. Der einzige Unterschied war die Größe. Der 30 Tonnen schwere ENIAC mit seinen 18.000 Elektronenröhren war nicht so leistungsfähig wie der Intel 8080, den man trotz seiner 5.000 Transistoren verschlucken konnte. Die zentralen Recheneinheiten (Central Processing Unit, CPU) von Computern wie dem Data General Nova hatten aus Dutzenden von Chips bestanden, die jeweils begrenzte Aufgaben erfüllten. Chips wie der 8080 reichten an die Leistung einiger früher Minicomputer heran, aber sie befreiten die Ingenieure von der mühseligen Arbeit, für sichere Verbindungen entlang der Hunderte von Leiterbahnen zu sorgen, die zwischen den Chips verliefen.

Der 8080 war der dritte Mikroprozessor, den Intel produzierte. Dieses Halbleiterunternehmen war 1969 in Santa Clara gegründet worden und sein Name war die Kurzform von „Integrated Electronics". Intels erster Mikroprozessor, der 4004, gehörte zu einem Chipsatz, der für die Steuerung eines Tischrechners gedacht war. Das Unternehmen hatte für den 4004 zwar mit der Aussage geworben, er läute „eine neue Ära der integrierten Elektronik" ein, aber es war gar nicht so einfach, den bedeutungsschweren Inhalt der Aussage konkret zu erfassen. Unter dem Mikroskop sahen die Muster auf dem 4004 aus wie ein komplizierter Stadtplan. Und doch war dieser Mikroprozessor, von dem Dutzende auf einen einzigen Siliziumwafer geätzt wurden, ein bedeutenderer Fortschritt in der Technik der Massenproduktion als Henry Fords Fließband.

Die unendliche Vielseitigkeit des Mikroprozessors, der für die Erfüllung beliebiger Aufgaben programmiert werden konnte, ging mit ähnlich wundersamen Fortschritten auf einem anderen Gebiet der Halbleitertechnologie einher – Speicherchips. Computerprogramme, die aus Millionen von Einsen und Nullen bestanden und die bis Ende der 1960er-Jahre auf umständlichen Magnetspeichern gesichert werden mussten, konnten jetzt auf Chips gespeichert werden. Dadurch wurde es billiger und leichter, Programme zu schreiben. Man konnte Mikroprozessoren an zwei Arten von Speicherchips anschließen. Sie konnten Programme lesen, die auf Chips namens ROM gespeichert waren, und sie konnten Programme lesen und verändern, die auf komplizierteren Chips namens RAM gespeichert waren. Da der Mikroprozessor für Dutzende von Aufgaben programmiert werden konnte, senkte er die Kosten von allem, wofür mechanische Teile erforderlich waren, und erhöhte gleichzeitig dessen Wert.

Die Mitglieder des Homebrew Club interessierten sich verständlicherweise mehr für die praktischen Anwendungen von Mikroprozessoren als für die Geschichte der Massenproduktion. Die meisten von ihnen kannten den kleinen Computerbausatz Mark 8, der auf Intels zweitem Mikroprozessor, dem 8008, aufgebaut war. Dieser Mikroprozessor hatte einen Lehrer aus Südkalifornien zur Veröffentlichung des *Micro-8 Newsletter* veranlasst, dessen Hauptaufgabe darin bestand, Elektronikbastler über Programme auf dem Laufenden zu halten, die für den 8008 geschrieben wurden. Doch im Frühjahr 1975 war der 8080 in den Mittelpunkt des Interesses gerückt. Er war 20-mal so leistungsfähig wie der 4004 und konnte 8 Bit (anstatt 4 Bit) gleichzeitig verarbeiten. Anders als der 8008, der rund 20 zusätzliche Chips brauchte, damit man ihn nutzen konnte, kam der 8080 mit sechs peripheren Chips aus. Außerdem konnte er mit 65 Kilobyte Speicher verbunden werden, während es beim 4004 nur vier Kilobyte gewesen waren.
Ein Homebrew-Mitglied verriet, dass es extra den weiten Weg von Kalifornien nach New Mexico gefahren war, um seinen Altair abzuholen. Aber der Computer, der in Frenchs Garage neugierig beäugt wurde, tat nicht viel: Er stand mit blinkenden Lichtern auf dem Tisch. Der Altair war selbst für hartgesottene Bastler eine Respekt einflößende Herausforderung. Man musste an den eigentlichen Computer Dinge wie einen Fernschreiber, einen Fernsehbildschirm, zusätzliche Speicherchips und Programme anschließen, bevor er irgendetwas auch nur im Entferntesten Unterhaltsames tat. Diese Zusätze trieben den Preis in Richtung 3.000 Dollar hoch. Außerdem brauchte der Besitzer Geduld und Geschick, um sich durch seitenweise obskure Anweisungen zu wühlen, Komponenten aus Plastiktüten zu sortieren, die Chips zu prüfen, den Lötkolben zu schwingen und sich mit Problemen wie einem klobigen Netzteil herumzuschlagen, das sich gern einmal überhitzte.
Auf der ersten Homebrew-Versammlung spekulierten die Mitglieder ein wenig darüber, wofür man Mikrocomputer verwenden könnte.

Sie schienen zu begreifen – wenn auch mehr instinktiv als wissenschaftlich –, welche Konsequenzen es haben würde, wenn Einzelpersonen Rechenleistung bekommen würden. Einige äußerten die Vermutung, dass Mikrocomputer für die Bearbeitung von Texten und von Unternehmen genutzt würden. Andere dachten, man könne sie benutzen, um Heizungen, Automotoren, Alarmanlagen und Rasensprenger zu steuern, Spiele zu spielen, Musik zu machen, kleine Roboter zu steuern und natürlich nachbarschaftliche Speichernetzwerke zu bilden. Ihre trüben Kristallkugeln enthüllten also mehr geistreiche Visionen als die der Halbleiterhersteller. Die meisten Marketingprofis dieser Firmen dachten nämlich, Mikrocomputer würden benutzt werden, um Maschinen wie Motoren, Aufzüge und Haushaltsgeräte zu steuern.

Um den ersten Homebrew-Newsletter zusammenzustellen, musste Fred Moore auf den unerbittlichen Feind zurückgreifen: Er tippte die zwei Seiten mitten in der Nacht im Whole Earth Truck Store nämlich auf einer IBM-Schreibmaschine. Sie enthielten eine Zusammenfassung der ersten Versammlung, die nach Moores Überzeugung einen „spontanen Geist des Teilens" offenbart hatte. Außerdem führte Moore die Adressen und Interessen der ersten Clubmitglieder auf. Der Newsletter verriet, dass Stephen Wozniak Folgendes mochte: „Videospiele, kostenpflichtige Spielfilme im Hotel, wissenschaftliche Taschenrechner konstruieren, Fernsehterminals konstruieren".

Ob es nun an Moores Newsletter lag, am Erscheinen des Altair oder an den riesigen Fortschritten des Halbleiterdesigns – der Homebrew Club wuchs wie ein Kettenbrief oder ein Schneeballsystem. Innerhalb von acht Monaten war die Mitgliederzahl auf rund 300 gestiegen und für eine Weile waren die Homebrew-Mitglieder gewissermaßen fahrendes Volk, das seine zweiwöchentlichen Versammlungen in Klassenzimmern oder im Artificial Intelligence Laboratory von Stanford abhielt.

Der Club wuchs und zog alle möglichen Leute aus allen Städten auf der Halbinsel an. Die meisten waren Bastler wie Wozniak und der Telefon-Phreak John Draper. Manche, wie zum Beispiel Adam Osborne, ein großer, dunkelhaariger Mann mit britischem Akzent, hatten geschäftliche Gründe, mitzumachen: Osborne zog ein Buch über Mikrocomputer, das er geschrieben hatte, aus einem Karton und verkaufte es den Clubmitgliedern. Andere kamen von den Elektronikunternehmen, vom Stanford Research Institute, vom Stanford Artificial Intelligence Laboratory und von der Free University of Palo Alto – einer Institution, die Kurse in Astrologie, Zen und Gewaltlosigkeit anbot. Trotzdem betrachteten die meisten Mitarbeiter der nahe gelegenen Universitäten und Colleges sowie die meisten Ingenieure in den Halbleiter- und Elektronikfirmen Mikrocomputer als Spielzeuge. Der Homebrew Club übte eher Anziehungskraft auf diejenigen aus, die einen schmalen Geldbeutel und einen Hang zum Praktischen und nicht zum Theoretischen hatten, was Mitglieder wie Allen Baum enttäuschte. „Ich langweile mich da ziemlich schnell."

Als klar wurde, dass die Anzahl der Teilnehmer stetig anschwellen würde, wurden die Versammlungen des Homebrew Club in einem großen Hörsaal mit steilen Sitzreihen im Stanford Linear Accelerator Center abgehalten. Zwar schlugen einige Mitglieder vor, der Club solle „Eight-Bit Byte Rangers", „Midget Brains" oder „Steam Beer Computer Group" heißen, doch der Name „Homebrew" hielt sich. Der Ton der Versammlungen war stark durch den ersten Abend in Gordon Frenchs Garage geprägt. Es gab kein Quorum, keine formellen Mitgliedsbeiträge und kein Ringen um die Wahl von Vorstandsmitgliedern. Der Homebrew Club entwickelte seine eigenen Rituale und wurde ähnlich wie ein Basar zur Drehscheibe für Vorführungen, Tauschgeschäfte und Gerüchte. Die Versammlungen wurden in „Random Access"-Zeiten und „Mapping"-Zeiten aufgeteilt, in denen Menschen mit gemeinsamen Interessen zusammenkommen konnten.

Die 14-tägigen Versammlungen lieferten Anreize, Fristen, Kritik und Dorfbrunnenklatsch. Für Wozniak „waren die Homebrew-Versammlungen die wichtigste Sache in meinem Leben".

• • •

Neue Bauteile zu Schnäppchenpreisen tauchten auch im Homebrew Club auf. Die Stanford University, die ängstlich um die Wahrung ihres Rufs bemüht war, verbot jeglichen Handel auf dem Campus, aber das führte dazu, dass sich Mitglieder wie Marty Spergel andere Orte suchten. Spergel wurde zur bekanntesten Verkaufsdrehscheibe und fuhr immer mit einem Auto herum, dessen Kofferraum mit Elektronikteilen vollgestopft war. Er hatte einen breiten Brooklyn-Akzent, trug Dreiteiler, hatte ein heiseres Lachen und stechende Augen und wohnte auf einem Wohnmobilparkplatz in Sunnyvale. Sein Geld verdiente er damit, dass er Mikrocomputer-Bausätze auf Basis des Intel 8008 zusammenbaute. Er bewegte sich in einer Grauzone, in der ein im Dauereinsatz befindliches Telefon Kontakte zu Vertrieben, Vertretern und Offshore-Herstellern vermittelte, und er war stolz auf das, was er als „globale Logistik" bezeichnete. Er erzählte den Clubmitgliedern, er sei in der Lage, innerhalb von fünf Werktagen jeden Halbleiter, jeden Stecker, jedes Kabel und jedes beliebige obskure elektronische Gerät zu beschaffen, das sie bräuchten.
Manche Teile, die er aus Fernost importierte, kamen neugierigen Zollinspektoren unter die Augen. Ein Karton, der laut Lieferschein „Joysticks" [zu deutsch: „Lustknüppel"] enthielt, wurde so lange einbehalten, bis Spergel beweisen konnte, dass es sich um Spielsteuergeräte und nicht um Sexspielzeug handelte. Spergel und andere machten so lange Geschäfte auf den Parkplätzen von Stanford, bis die Sicherheitsbeamten davon Wind bekamen. Schließlich zogen sie sich in die Anonymität und die Sicherheit eines leeren Parkplatzes neben einer nahe gelegenen Shell-Tankstelle zurück.

Zwischen den Versammlungen hielt der Newsletter des Clubs, der innerhalb eines Jahres eine Auflage von 600 erreicht hatte, die Mitglieder über die Angelegenheiten auf dem Laufenden. Er enthielt einen zusammenfassenden Bericht über die letzte Versammlung, begrüßte freudig das Erscheinen interessanter Geräte, brachte einen Terminkalender von Elektronikmessen, kündigte das Erscheinen nützlicher Artikel an und lieferte außerdem einen stetigen Strom praktischer Ratschläge. Es wurde beispielsweise erklärt, wie man aus Plastiktasten, die man danach mit Krylonfarbe („Email braucht zum Trocknen länger") besprühte und mit Buchstaben aus einem Schreibwarengeschäft beklebte, eine Schreibmaschinentastatur bauen konnte. Er veröffentlichte ständig Bitten um mehr Software, und die Angaben zum Bestand der örtlichen Elektronikgeschäfte erfolgten in einem Telegrammstil, den nur Enthusiasten entziffern konnten: „Steckersatz, IC-Satz, Transistorsatz, Diodensatz, Board Rate Generator, Trimmpotis, 2,4576-Quarz, Tantalkondensatoren." Der Newsletter enthielt auch Beiträge, die ein breiteres Publikum ansprachen, und er wies fast von Anfang an Anzeichen dafür auf, dass Moores lebenslanger Traum von dem Graswurzel-Netzwerk endlich wahr geworden war. Und gerade als das geschah, war Moore aufgrund von Eheproblemen gezwungen, den Club zu verlassen. Als in Boston, in San Diego und sogar in British Columbia ähnliche Clubs gegründet wurden, wurde in dem 14-tägigen Bulletin bald darüber berichtet. Der Homebrew-Newsletter enthielt sogar vereinzelte Anfragen aus Übersee. Salvatore di Franco schrieb aus dem italienischen Biccari: „Hauptsächlich weil es in Italien keine Zeitschriften, keine Bücher und keine Angaben dazu gibt, wo ich die Informationen und das Know-how herbekomme, das ich brauche, trete ich in Ihren Verein ein." Und F. J. Pretorious schickte einen Brief aus Sasolburg in Südafrika, in dem er den Stand der Dinge vor Ort erklärte: „Es ist ziemlich entmutigend, dass es keine Schaltungen für die Prozessoren 8008 und 8080 gibt."

Aber vor allen Dingen stellte der Homebrew Club ein Publikum dar für eine Gruppe einsamer Herzen wie Wozniak, deren Hauptinteressen die meisten Menschen nicht verstehen konnten. Und obwohl man sich an den Club in späteren Jahren liebevoll als wissenschaftliche Wanderausstellung erinnerte, in der sich verwandte Seelen zusammenfanden, um ihre Geheimnisse miteinander zu teilen, ihre Maschinen zur Schau zu stellen und Schaltpläne zu verteilen – wie eine erwachsene Version der Wissenschaftsausstellungen in der Schule –, so war er doch auch ein skeptisches, kritisches Forum, in dem schlampige Entwürfe als „Rauschkisten" abgetan wurden. Trotz Fred Moores Absichten arbeiteten die glänzendsten Mitglieder des Homebrew Club am liebsten für sich und Lee Felsenstein erinnert sich an den vorherrschenden Ton: „Wir achteten alle darauf, ob jemand anderes in unser Spezialgebiet oder unseren speziellen Trick einbrach. Es war schwer, Leute zusammenzubringen, die an der gleichen Sache arbeiteten. Wir hatten eben alle große Pläne und uns hörte niemand zu, außer andere Leute mit ihren eigenen großen Plänen."

„Johnny Carson wäre nicht schlecht."
– STEVE JOBS

Sich im Tal der Superlative einen frischen Slogan für einen neuen Computer auszudenken, war eine heikle Angelegenheit. Monatelang hatten sich die Marketing-Manager von Mac den Kopf zerbrochen und versucht, einen griffigen Satz oder Spruch zu formulieren, der die Tugenden ihres Computers bündeln würde. Je nach Lust, Laune und Intelligenz des Sprechers war der Mac zu verschiedenen Zeitpunkten als der nächste Apple II, das Interface für die 80er-Jahre, der Computer ohne Macken, der VW ohne Macken oder der Mercedes ohne Macken bezeichnet worden. Apple hatte alle möglichen Variationen über das Thema Personal Computer ausgeschöpft. Es hatte den bestimmten Artikel davorgesetzt, um den Apple II als *den* Personal Computer zu bezeichnen, und kurz danach (ohne eine Miene zu verziehen) verkündet, eigentlich habe Apple den Personal Computer erfunden.

Die Konkurrenz hatte ebenso aufschneiderisch gekontert. In der Werbung der Digital Equipment Corporation hieß es: „Wir verändern die Art, wie die Welt denkt", Radio Shack bezeichnete sich selbst als „Der größte Name für kleine Computer" und der Gründer der Osborne Computer Corporation verglich sich vor dem Bankrott seines Unternehmens mit Henry Ford. Als sich der Wettlauf um Werbesprüche zuspitzte, hatte Apple mehrere Adjektive aneinandergereiht und sein meistverkauftes Modell als „the most personal computer" bezeichnet. Dieser Slogan hatte Anlass zu dem boshaften Scherz gegeben, der Mac würde dann einfach „the most most personal computer" werden.

Unter anderem zur Vermeidung öder Slogans kam Marcia Klein, die bei der PR-Agentur Regis McKenna für Apple zuständig war, eines Morgens in das Mac-Gebäude, um sich mit Mike Murray zu unterhalten. Sie wollte ein paar Ideen für einen Slogan ausprobieren, aber auch Vorbereitungen für Begegnungen mit der Presse treffen. Mit ihrem olivfarbenen Kostüm und dem feuerroten Lippenstift brachte Klein eine Spur Schaufenstermode in den Mac-Konferenzraum, in dem Murray in Freizeithose, einem blauen Sporthemd und Bootsschuhen auf sie wartete.

Als sie es sich bequem gemacht hatten, sagte Murray: „Für die Zukunft wollen wir Folgendes: Die Menschen sollen denken, wenn sie irgendwo neu eingestellt werden, würden sie an ihrem Arbeitsplatz Stifte, einen Papierkorb und einen Mac vorfinden. Aber aus dem Stand schaffen wir das nicht. Ich möchte behaupten, dass eine riesige Nachfrage nach einem Elektrogerät im Büro besteht. Was den Begriff Elektrogerät angeht, bin ich knallhart."

Klein hörte zu und fragte dann, wie der Mac zu den anderen Computern von Apple passen würde. „Wenn uns jemand nach dem Apple II oder dem Apple III fragt, was sagen wir dann?"

„Wir wissen nicht, was wir über den Apple III sagen sollen", gestand Murray. „Da wurde einfach nichts ausgearbeitet. Wir haben uns gedrückt. Was die Zukunft der Produkte angeht, müssen wir kristallklar sein. Da dürfen wir nicht den Hasenfuß spielen. Die Leute hoffen, dass der Apple III vielleicht ganz einfach verschwindet."

Klein fasste ihr Ziel zusammen: „Wir versuchen, den Eindruck zu vermitteln, dass das Unternehmen einen allgemeinen Marketingplan hat, dass es eine umfassende Unternehmenspositionierung gibt und dass das, was wir bei der Einführung von Lisa sagen, zu dem passt, was wir sagen werden, wenn wir den Mac einführen."

Murray seufzte. „Viele Leute ignorieren uns, weil das ein chaotisches Problem ist. Andere Leute begreifen nicht, wie ernst das Problem ist."

Klein begann, Murray zu erklären, wie man mit Journalisten umgeht: „Der Presse ist es lieber, wenn man mit ihr spricht. Sie will keine Verkaufsmasche mit allen Schikanen. Hochglanzfolien sind überhaupt nicht nötig. Man braucht gar nicht aalglatt zu sein."

„Es ist schwer, zu sagen, der Mac sei warm und knuddelig", sagte Murray.

„Die müssen ihn umarmen und dann sagen, er ist warm und knuddelig."

„Wir würden gern einen Spruch für die gesamte Gesellschaft bringen", sagte Klein.

„So etwas wie ‚Schreibtischgerät'", sagte Murray erwartungsvoll.

„Wir müssen eine neue Sprache entwickeln", sagte Klein. „‚Gerät' gehört zur alten Sprache. Es ist etwas, das man bei K-Mart kauft. Es ist langweilig und funktional. Da geht die Persönlichkeit verloren."

„Ich will ihn auch nicht als Werkzeug für den Schreibtisch bezeichnen", sagte Murray.

Klein nestelte an einem Stift herum. „So etwas in der Art brauchen Sie für die Werbung, aber wenn man mit der Presse zu tun hat, hat man den Vorteil, dass man ganze Absätze formulieren kann. Man braucht das nicht in zwei Worten zu sagen. Die Presse wird immer ausgefuchster, aber das allgemeine Publikum nicht unbedingt. Wenn man mit der Presse spricht, geht es nur darum, sie zu erziehen, sodass sie ihrerseits die Leser erziehen kann. Und für jede Publikation ändert man das, was man sagt, ein bisschen. Jede Publikation sieht ein bisschen anders aus und fragt nach anderen Sachen. *Business Week* wird etwas anderes wollen als *Time*."

Die Tür ging auf und ein zerzauster, mürrischer Steve Jobs kam herein, ließ sich auf einen Stuhl fallen und legte die Füße auf den Tisch. Er trug Jeans, Rautensocken, ein Navy-T-Shirt und Slipper. Gerade hatte er erfahren, dass ein Professor vom MIT in einer Sendung auf einem Kabel-Nachrichtensender die Funktionen von Lisa und Mac erklärt hatte. Jobs war verärgert und wandte sich an Klein. „Ich wette, das war Marvin Minsky. Er ist der einzige, der es gewesen sein kann. Beschaffen Sie ein Band davon, und wenn es Minsky war, dann hänge ich ihn an den Fußnägeln auf."

Murray und Klein diskutierten weiter über verschiedene Möglichkeiten, mit der Presse umzugehen, bis Jobs sie unterbrach: „Wir sollten entscheiden, was wir wollen, und dann anfangen, etwas Bestimmtes zu entwickeln, denn ich habe das Gefühl, dass wir bekommen werden, was wir wollen." Er fuhr fort: „Was wir brauchen, ist eine Titelstory in *Time* oder *Newsweek*. Ich sehe das Cover als Chance für das gesamte Mac-Team. Bei *Newsweek* haben wir mehr Chancen als bei *Time*", prophezeite er. „Wir haben mit dem Präsidenten von *Newsweek* und einem Haufen Redakteuren in einem Raum ganz oben in dem Gebäude zu Mittag gegessen, dann sind wir geblieben und haben nach dem Essen noch ein paar Stunden miteinander geredet. Das ging einfach immer weiter. Technologie. Re-Industrialisierung. All solche Sachen." Er nickte bestätigend. „Die fahren da echt drauf ab. ‚Neue Computer von Hightech-Kids' und solche Sachen."

„Jetzt sehe ich die Story vor mir", sagte Murray. „Da wird es ein Dutzend Fotos geben, mit Kurzbiografien darunter."

„Dann könnten wir ein einstündiges TV-Special mit Cavett machen, der Burrell und Andy interviewt", sagte Jobs.

„Wir brauchen etwas Populäreres", widersprach Klein.

„Johnny Carson oder etwas in der Art", schlug Murray vor.

„Johnny Carson wäre nicht schlecht", pflichtete Jobs bei.

„Was ist denn mit dem Briten, der die Nixon-Interviews gemacht hat?", fragte Murray.

„Wenn es einmal angefangen hat, gibt es einen Schneeballeffekt", sagte Jobs. „Ich sehe es schon vor mir, dass die Zeitschrift *People* herkommt und Andy Hertzfeld auf die Titelseite setzt. Wir können diesen ganzen Leuten ein bisschen Ruhm verschaffen. Das wird genial. Wir werden Artikel bekommen, in denen es heißt: ‚Das ist der Mann, der ihn entworfen hat', ‚Das ist die Fabrik, in der er gebaut wurde'. Die Leute werden einfach ständig alles darüber hören. Wir müssen viel kostenlose redaktionelle Werbung bekommen."

Jobs erblickte einen Anzeigen-Dummy, der auf dem Tisch lag: „Oooh, das gefällt mir", sagte er mit sanfterer Stimme. „Oooh ja, das wäre heiß." Er las den Slogan: „APPLE COMPUTER TUT'S SCHON WIEDER. Das gefällt mir. Das ist echt heiß."

„Das wäre ein netter Titel für *Newsweek*", warf Murray ein.

„Der wäre hübsch für *Byte*", konterte Jobs, und seine Laune besserte sich. „Das sieht so anders aus als IBM."

„Für *Byte* ist das zu stilvoll", widersprach Klein.

„Für *Newsweek* wäre es toll", stimmte Jobs zu. „Die würden davon Millionen verkaufen."

Das Gespräch kam auf die Probleme zurück, die mit dem Image für den Computer verbunden waren. Jobs seufzte: „Wisst Ihr, was dem am nächsten kommt, ist Charlie Chaplin. IBM hat seinem Computer eine Persönlichkeit gegeben." Er machte eine Pause. „Ich habe eine Idee

für eine Werbung. Wir nehmen eine Art spastischen Charlie Chaplin, aber einen künstlichen, also nicht wirklich lustig, und wir könnten das machen, weil IBM Charlie Chaplin nicht schützen lassen kann. Dann kommt Mac-Man herein, zerquetscht Chaplin oder überrennt ihn einfach, oder er stellt sich vor ihn hin und schießt aus seinem Mantel heraus Pfeile auf ihn ab." Er machte eine Pause, um die Spannung zu erhöhen. „Und dann heißt es: ‚Charlie Chaplin trifft Mr. Mac.'"
Murray und Klein lächelten und sagten nichts. Jobs fuhr fort: „Wir brauchen Werbung, die einen anspringt. Wir brauchen eine große visuelle Bandbreite. Wir haben die Chance, eine Werbung zu machen, die nicht über das Produkt spricht. Nach dem Motto, wir sind so gut, wir brauchen keine Fotos von Computern zu zeigen."
„In der Werbung", sagte Murray, als Jobs fertig war, „sagen wir, das versteht sich von selbst, aber dann sagen wir es doch."
„Wir haben keine Chance, wenn wir mit Funktionen und Vorteilen, mit RAM und Diagrammen und Vergleichen Werbung machen", sagte Jobs. „Wir haben nur die Chance, ein Gefühl zu kommunizieren."
„Das muss werden wie beim Sony Walkman oder beim Cuisinart. Das muss ein Kultprodukt werden", sagte Murray.
Jobs runzelte die Stirn. „Ja, wir sagen, ‚Das ist Kult', und dann sagen wir: ‚He Leute, trinkt dieses Kool-Aid.'" Er ging in Richtung Tür und sagte: „Wir wollen ein Image schaffen, das die Leute nie vergessen. Das müssen wir aufbauen, und wir müssen es frühzeitig aufbauen."
Murray hatte plötzlich eine Idee, schaute Jobs an und sagte hoffnungsvoll: „Der Personal Computer, der Dir eine Persönlichkeit verleiht."
Jobs überging den Vorschlag, blieb stehen und betrachtete ein paar Fotografien, die an der Wand hingen und auf denen Kinder und Schüler an Mac-Computern zu sehen waren. „Vielleicht sollten wir diese Fotos an die Presse geben, damit sie sie abdruckt." Er wandte sich an Klein: „Glauben Sie nicht, dass sie so etwas bringen würden?"
„Der *San Jose Mercury* vielleicht schon", erwiderte Klein.

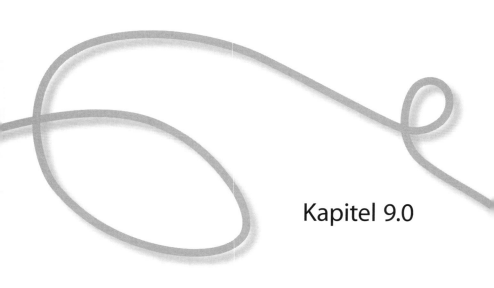

Kapitel 9.0

Stanley Zeber Zenskanitsky.

Alex Kamradt war ein unverbesserlicher Optimist. Er war groß, breit, aber nicht stämmig, hatte ein rundes Gesicht und dichtes, schwarzes, lockiges Haar. Häufig sah er mitgenommen oder ernstlich verwirrt aus, und er war der fettleibige Gründer von Call Computer, eines Kleinunternehmens, das er von einem kunterbunten Büro in Mountain View aus leitete. Das Epizentrum des Unternehmens war ein Holzschreibtisch mit Rolldeckel, auf dem sich Papiere, Zeitschriften, Computerausdrucke, Visitenkarten, Bleistifte und Kugelschreiber stapelten. Umgeben war der Schreibtisch von Fernschreibern, schmutzigen Kalkwänden, einem Esstisch, ein paar harten Stühlen mit gerader Lehne und von Bücherregalen, die mit schweren Loseblattordnern gefüllt waren.

Kamradt war früher Arzt bei Lockheed gewesen und hatte begonnen, sich für Computer zu interessieren, als er versuchte, Programme für wissenschaftliche Berechnungen zu schreiben. Er verkaufte ein Haus, kaufte sich von einem Teil des Erlöses einen Minicomputer und hatte eigentlich vor, damit Immobiliengeschäfte in der Gegend zu beobachten. Aber stattdessen vermietete er Rechenzeit auf dem Computer an Kleinunternehmen auf der Halbinsel von San Francisco. Zusammen mit ein paar Schülern begann er, Programme zu schreiben, mit denen Kleinunternehmen ihre Verbindlichkeiten, ihre Forderungen und ihre Bestände verwalten konnten. Seine Kunden verbanden sich genauso per Fernschreiber mit dem Computer, wie die Tauschhändler aus Berkeley sich mit dem Community Memory Project von Resource One verbanden.

Kamradt merkte allerdings, dass die Ankunft des Mikroprozessors das Ausmaß von Call Computer verändern konnte. Er wollte seinen Kunden ein praktischeres Terminal vermieten oder verkaufen, eines mit einer Schreibmaschinentastatur, die man an einen Fernseher anschließen konnte. Er fing an, die Versammlungen des Homebrew Club zu besuchen, und zwar mit der konkreten Absicht, jemanden zu finden,

der dieses Terminal entwerfen würde. „Ich fragte Leute, wer der beste Ingenieur sei, und sie sagten, das wäre Wozniak."
Mitte 1975 riefen Kamradt und Wozniak eine Tochtergesellschaft von Call Computer ins Leben, die sie Computer Conversor nannten. Kamradt stellte rund 12.000 Dollar Startkapital bereit und bekam dafür 70 Prozent des Unternehmens, während Wozniak 30 Prozent und ein kostenloses Benutzerkonto auf dem Minicomputer erhielt. Die Vereinbarung war zwar informell, aber Wozniak versprach, den Entwurf für ein Terminal zu liefern, das sich, wie der Name des Unternehmens schon sagte, mit einem anderen Computer unterhalten könnte. Für Kamradt war das Terminal Teil eines größeren Plans. „Ich wollte ein Computerterminal haben, das ich verkaufen und vermieten konnte. Ich wusste, der erste Schritt war, ein Terminal zu bauen, dann immer mehr Speicher hinzuzufügen und schließlich daraus einen Computer zu machen. Wozniak und ich hatten abgemacht, dass wir zuerst ein Terminal und dann einen Computer bauen wollten."
Wozniak hatte ein praktisches Motiv, das Terminal zu konstruieren. Er hatte ein ähnliches Gerät, das der Phone-Phreak John Draper im Keller seines Hauses in Los Altos installiert hatte, immer neidisch beäugt. Es verlieh dem Phone-Phreaking eine zusätzliche Dimension. Wenn Draper das Terminal an ein Telefon anschloss, konnte er sich ins ARPANET einklinken, ein von der Bundesregierung finanziertes Computernetzwerk, das Universitäten und Forschungseinrichtungen miteinander verband. Mit ein paar Telefonnummern und dem richtigen Zugangscode bewaffnet, konnten Außenstehende wie Draper Verbindung zu Computern in den gesamten Vereinigten Staaten aufnehmen, und manche von diesen stellten Zugänge zu Computern an europäischen Universitäten zur Verfügung. Studenten und Computerfreaks schnüffelten in ARPANET-Dateien herum, hinterließen einander Nachrichten auf einem inoffiziellen Schwarzen Brett, und manchmal dachten sie sich Möglichkeiten aus, Dateien auf fernen Computern zu löschen.

Wozniak benutzte die Maschine, die er zum Pong-Spielen gebaut hatte, als Basis für das Computer-Conversor-Terminal. Sowohl er als auch Kamradt fanden, dass Mikroprozessoren zu teuer waren, und daher sollte das Terminal von Anfang an nicht viel mehr sein als eine Bildschirmschreibmaschine. Als das Terminal fertig war, konnte man damit Text auf einem Fernsehbildschirm schreiben und es ging ein bisschen schneller als mit einem normalen Fernschreiber. Außerdem hatte es zwei Gummimuffen, die man über einen Telefonhörer ziehen konnte, sodass man Informationen zwischen dem Terminal und Kamradts Minicomputer übertragen konnte.

Wozniak gelang es, seinem Prototyp die Launen auszutreiben, und er fand ihn zuverlässig genug, um ihn im ARPANET zu verwenden. „Herauszufinden, wie man von einem Computer zum anderen springen konnte, war ziemlich leicht." Wozniak war mit dem Prototyp des Terminals zwar zufrieden, aber Kamradt hatte damit ein Problem. „Wozniak konnte ihn benutzen, deshalb betrachtete er ihn als fertig. Wenn etwas schiefging, konnte er das beheben. Aber sonst konnte das niemand. Die Genialität ist nichts wert, wenn man sie nicht aus ihm herausbekommt. Ich konnte es nicht. Er war schwer zugänglich und wollte kein Unternehmen aufbauen."

Wozniak fühlte sich hauptsächlich für seinen Vollzeitjob verantwortlich. Nach einem Jahr Phone-Phreaking in Berkeley hatte er die Universität verlassen und sechs Monate lang am Fließband bei Electroglass gearbeitet, einem Unternehmen, das Ausrüstung an Halbleiterhersteller lieferte. Er hatte es nie in Erwägung gezogen, bei Lockheed – dem Arbeitgeber seines Vaters – zu arbeiten, denn das Unternehmen hatte den noblen Glanz, den es sich Ende der 1950er-Jahre erworben hatte, schon wieder verloren. Zum Teil war Lockheed ein Opfer der Mode und Ende der 1960er-Jahre wurde vieles von seiner Tätigkeit eher in düsterem Licht gesehen als in dem patriotischen Glanz, der um alle Unternehmen gewesen war, die dazu beigetragen hatten, Amerika vor

Dutzenden von Sputniks zu beschützen. Lockheed war eng mit den Verwicklungen in Südostasien verbunden, es litt unter dem Abbau des Raumfahrtprogramms, war in Schmiergeldskandale verwickelt, war Gegenstand von Ermittlungen von Kongress-Ausschüssen wegen überzogener Regierungsaufträge, und es hatte staatliche Rettungsgelder erhalten.

Das Leben bei Lockheed hatte inzwischen altmodische Züge angenommen. In dem Wortschatz des Unternehmens wimmelte es vor Ausdrücken aus den Zeiten des industriellen Aufschwungs, und es war viel von „gesellschaftlichem Auftrag", „Massenversammlungen" und „dornigen außerwirtschaftlichen Problemen" die Rede. Noch wichtiger war die Tatsache, dass die Generation, die mit dem Aufstieg von Lockheeds Satellitenschüsseln groß geworden war, jetzt an der technischen Kompetenz der Leute zweifelte, die auf den Fischgrätenplätzen parkten. Sie hielten die Lockheed-Wissenschaftler eher für Beamte als für Elektroingenieure. Al Alcorn von Atari formulierte seinen Eindruck so. „Lockheed-Ingenieure waren bekannt dafür, dass sie nicht in die Breite gingen. Sie konnten ein Querruder für eine Rakete konstruieren, aber sie konnten keine Glühbirne wechseln." Stephen Wozniak übernahm diese Stereotypen und wollte wie so viele andere bei einem der Dutzende kleinerer Elektronikunternehmen arbeiten, die aufgeblüht waren, während Lockheed gealtert war. „Ich hatte keine Lust, viel zu trinken. Man hatte vom Lockheed-Ingenieur normalerweise das Bild, dass er trank oder seine Frau schlug."

• • •

Eines der Unternehmen, das gewachsen war, während Lockheed mit Verachtung gestraft wurde, war Hewlett-Packard, und seine Ingenieure hatten sich einen eigenen Ruf erworben. Sie waren jünger als die Leute von Lockheed, viele hatten einen Doktorgrad und sie hatten den Vorteil, dass sie für ein Unternehmen arbeiteten, dessen

Wurzeln in der Gegend lagen und nicht in einer fernen Stadt. Hewlett-Packard war kurz vor dem Zweiten Weltkrieg von ein paar Stanford-Studenten in einer Garage in Palo Alto gegründet worden, und obwohl die Gründer reich geworden waren (und einer von ihnen stellvertretender Verteidigungsminister wurde), nannten ihre Untergebenen sie immer noch Bill und Dave. Ende der 1960er- und Anfang der 1970er-Jahre war Hewlett-Packard eine stabile unternehmerische Säule der Halbinsel gewesen und hatte sich einen fabelhaften Ruf in der Herstellung zuverlässiger Laborgeräte, Computer und Taschenrechner erarbeitet. Es war gewiss so respektabel wie Lockheed ein Jahrzehnt zuvor, doch aufgrund seiner Jugend, seiner Aktienbezugsrechte und seiner Größe hatte Hewlett-Packard ein innovativeres Image.

Allen Baum gehörte zu den glänzenden jungen Universitätsabsolventen, die sich von den Hewlett-Packard-Scouts einwickeln ließen, und er schlug sofort vor, dass das Unternehmen mit einem älteren Freund von ihm reden sollte, der Computer konstruierte – Stephen Wozniak. Als Hewlett-Packard 1973 Wozniak eine Stelle als Ingenieur in der Advanced Products Division anbot, ergriff er die Chance beim Schopf. Diese Abteilung stellte Taschenrechner her, was für Hewlett-Packard – mit seiner traditionellen Affinität zu hochwertigen elektronischen Geräten in geringer Stückzahl – ein kühnes Unterfangen war. Der Erfolg, den das Erscheinen des HP 35 – des ersten Taschenrechners, der es mit einem Rechenschieber aufnehmen konnte – im Jahr 1972 mit sich brachte, trieb der gesamten Abteilung die Schamröte ins Gesicht. Eine Zeit lang war es cool, dort zu arbeiten, und während die Konkurrenz die Preise ihrer Rechner senkte, konzentrierte sich Hewlett-Packard darauf, dem HP 35 zusätzliche Funktionen und Modellnummern wie HP 45 und HP 60 zu geben. Sechs Monate nach seinem Eintritt in das Unternehmen bekam Wozniak seine Schulterklappen und wurde zum vollwertigen Ingenieur. Und es gelang ihm,

HP dazu zu überreden, dass es seinen Nachbarschaftskumpel Bill Fernandez als Labortechniker einstellte.

Wozniak merkte, dass die Welt der Taschenrechner und die Probleme, vor die sie einen stellten, weit von seinen Ruhmestaten mit Minicomputern entfernt waren. Er wurde einem Projekt zugeteilt, das Verbesserungen am HP 35 vornehmen sollte, und er erlitt das Schicksal vieler Ingenieure, die in Großunternehmen arbeiten und denen nach 18 Monaten anstrengender Arbeit das Projekt gestrichen wird. Myron Tuttle, ein Ingenieur, der mit Wozniak an dem Projekt mit dem Codenamen „Road Runner" gearbeitet hatte, erinnert sich: „Ich glaube, niemand in dem Labor wurde für außergewöhnlich gehalten. Wozniak war einer der wenigen Leute ohne Abschluss. Er ragte nicht heraus. Er war nichts Ungewöhnliches. Er war einfach ein kompetenter Ingenieur." Wozniak war von Gerüchten über ein tragbares Terminal für Behinderte fasziniert, das in den Forschungslabors des Unternehmens entworfen wurde. Er bewarb sich um eine Versetzung, wurde aber abgelehnt. „Die fanden, dass meine Ausbildung nicht reichte." Abgesehen von den wiederholten Bemerkungen über seine schmale formale Ausbildung genoss Wozniak die Art, wie Hewlett-Packard es zuließ, dass er seinen Geist schweifen ließ. Es gefiel ihm, dass jeden Morgen ein Wägelchen mit Donuts und Kaffee vorbeikam, ihm gefiel das regelmäßige Gehalt, die Aufmerksamkeit, die man den Ingenieuren schenkte (dazu gehörte die Möglichkeit, beim Präsidenten Einspruch zu erheben, wenn einem gekündigt wurde), die Tatsache, dass das Unternehmen lieber generelle Lohnkürzungen durchsetzte als auf Entlassungen zurückzugreifen, und dass die Magazine für Ingenieure, die an eigenen Projekten arbeiteten, frei zugänglich waren. Mit Teilen aus dem Magazin baute Wozniak für Allen Baum einen HP 45, baute Elmer Baums HP 35 zu einem HP 45 um (und klebte ein Firmenetikett darauf, das japanische Garantieinformationen enthielt), arbeitete eine Möglichkeit aus, mit dem weniger leistungsfähigen HP 35

Quadratwurzeln zu berechnen, und er forderte Fernandez zu einem Wettbewerb heraus, wer wohl „die schnellste Quadratwurzel des Westens" war.

Als Wozniak bei Hewlett-Packard arbeitete, machte er in der Mittagspause Ausflüge mit Sportflugzeugen, die seinen Arbeitskollegen gehörten. Er führte ein exzentrisches Privatleben und wohnte in einem Apartment in Cupertino, das aussah wie eine Junggesellenversion des Zoos in der Bronx. Zahme Mäuse liefen auf dem Rechner und auf den Computerhandbüchern herum und es gab Kisten mit Videoplayern, die eine Gruppe von HP-Ingenieuren in großer Stückzahl gekauft hatte. Das einzige nennenswerte Möbelstück war ein Sofa, das man in einen Billardtisch umbauen konnte, während es im Schlafzimmer nur eine Matratze gab. Im Spülbecken stapelte sich normalerweise schmutziges Geschirr. Abgesehen von einer tollen Stereoanlage war das Zentrum von Wozniaks Existenz immer noch das Telefon. Mithilfe einer gebrauchten Telefonnummer richtete er den angeblich ersten Witz-Hotline der Bay Area ein. Er nahm jeden Tag eine neue Ansage auf seinen Anrufbeantworter auf, und die suchte er meistens aus einem Buch mit 2.000 Polenwitzen aus, etwa nach dem Motto: „Wann starb der Polack beim Milchtrinken? Als sich die Kuh hinsetzte." Wenn Wozniak von der Arbeit heimkam, gab er sich manchmal am Telefon als Stanley Zeber Zenskanitsky aus und las Witze vor. Nachdem er verärgerte Briefe vom Polish American Congress bekommen hatte, wechselte er das Land und machte die Italiener zur Zielscheibe seines Humors, aber trotzdem behielt er den Akzent bei und meldete sich weiterhin als Stanley.

Als der Anrufbeantworter von Pacific Telephone unter der Belastung den Geist aufgab, baute Wozniak einen eigenen und forderte die Anrufer auf, bei der Telefongesellschaft anzurufen und sich über den langsamen Service zu beschweren. Die Telefongesellschaft, die das hohe Gesprächsaufkommen registrierte und von einem Geschäft in der Nähe genervt wurde, weil dieses das Pech hatte, eine ähnliche Telefonnummer wie Wozniak zu besitzen, gab ihm schließlich eine Leitung „aus dem Sortiment für Radiosender", die für hohe Belastungen gedacht war. Unter anderem rief ihn eine mollige Schülerin der San Jose High School namens Alice Robertson an, die lange Haare, große Augen und ein derbes Lachen hatte. Nachdem Wozniak ein paar Minuten mit ihr geplaudert hatte, rief er plötzlich: „Ich kann schneller auflegen als Du", und knallte den Hörer auf die Gabel. Dieser sonderbare Wortwechsel war der Beginn einer wilden Serie von Anrufen, die schließlich in einem Rendevouz gipfelten.

Als sich Wozniak zu seinem ersten größeren Liebesabenteuer anschickte, musste er auch noch mit den lästigen Verpflichtungen gegenüber Alex Kamradt und Computer Conversor zurechtkommen. Kamradt hatte mehrere andere Ingenieure engagiert, die monatelang versuchten, Wozniaks Konstruktion zu enträtseln. Als Helfer, der einen Prototyp und ein paar Schaltpläne in ein Produkt verwandeln sollte, guckte sich Kamradt eine Person aus, die Wozniak bei mehreren Fahrten zu Computer Conversor begleitet hatte – Steven Jobs.

Laut Kamradt versprach Jobs, die Leitung der Produktion des Terminals im Austausch gegen ein Gehalt und Aktien zu übernehmen. Kamradt erinnert sich: „Er roch, dass ich Geld hatte. Er war sozusagen skrupellos und wollte möglichst viel herausholen, aber mir gefiel seine Bestimmtheit." Wozniak, der die aus einem Zimmer bestehende Unternehmenszentrale von Call Computer nur selten besuchte, war sich über das Ausmaß von Jobs' Interesse nicht im Klaren. „Steve hörte Alex zu. Er war sehr aufmerksam. Er hörte sich an, was ein Terminal laut Alex seinem Geschäft bringen könnte."

Mehrere Monate lang arbeitete Jobs mit Robert Way zusammen, dem Chef einer kleinen Ingenieurfirma, die Konstruktionsdienstleistungen für Elektronikunternehmen anbot. Jobs beaufsichtigte die Belegung der Platine und die Gestaltung eines Vacu-Form-Gehäuses. Zusammen mit Way erstellte er eine Materialliste und ein Nummerierungssystem für die Teile, und er erwarb von Atari die Lizenz auf eine Videoschaltung, die das Terminal mit einem Fernsehgerät verbinden sollte. Way fand, dass Jobs ein strenger Vorgesetzter war. „Nie war ihm etwas gut genug, er war der große Ablehner." Way beobachtete auch die Aufteilung der Zuständigkeiten. „Alle Schecks, die ich bekam, waren von Kamradt unterschrieben. Die Verantwortung dafür, dass die Konstruktion fertig wurde, lag bei Jobs." Nach ein paar Monaten warf Way, den Kamradts ewiger Optimismus irritierte, das Handtuch und stieg aus dem Projekt aus. „Das war die bizarrste Gruppe von Menschen, der ich je begegnet bin."

• • •

Während sich Kamradt besorgt fragte, ob er das Terminal jemals zum Laufen bringen würde, arbeitete Wozniak, angeregt durch die Versammlungen von Homebrew, an seinem eigenen Computer. Er unterzog ein paar der neuen Mikroprozessoren einer peniblen Prüfung und fand schnell heraus, dass sie das Prinzip des Computers nicht verändert hatten. „Ich war überrascht, dass sie wie die Minicomputer waren, die ich gewohnt war." Die Mikroprozessoren hatten zwar die Natur des Unterfangens nicht verändert, aber die Unentwegten blickten immer noch zu den frühen Mainframes aus der Zeit auf, als Computerdesign noch von großen Teams angepackt wurde, und lobten sie als die gute alte Zeit, als Männer noch echte Männer waren. Aber sogar schon in den 1940er- und den 1950er-Jahren hatte die Herausforderung der Ingenieure in einem möglichst kleinen Design bestanden – auch wenn sie damals nur versuchten, die Größe eines Computers auf einen Raum zu beschränken.
Für Mikrocomputer-Konstrukteure wie Wozniak bestand die Herausforderung immer noch darin, aus möglichst wenigen Teilen möglichst viel Leistung herauszuholen. Ein kompaktes Gerät hielt nicht nur die

Kosten niedrig, sondern es war auch die Quelle erheblichen Stolzes. Die Größe der neuen Bauteile und die Tatsache, dass man einen Computer in ein Gehäuse von der Größe eines Brotkastens quetschen anstatt mit Möbelpackern in ein Bürogebäude verfrachten konnte, ermöglichte es außerdem, dass eine einzelne Person die Kontrolle über eine komplette Maschine ausübte. „Durch die Konstruktion von Mikrocomputern", bemerkte ein regelmäßiger Homebrew-Gast, „konnte man sich auf eine Art und Weise ausdrücken, die in der gesamten bisherigen Geschichte der elektronischen Computer nicht möglich gewesen war."

Die Mikroprozessoren brachten allerdings eine Verschiebung des Schwerpunkts mit sich. Wozniak und Baum merkten, dass sich durch die Reduktion der zentralen Recheneinheit eines Computers auf einen Chip einige grundsätzliche Probleme der Computerkonstruktion in Luft aufgelöst hatten. Nun waren sie stattdessen gezwungen, sich auf die besten Möglichkeiten zu konzentrieren, den auf einem Chip befindlichen Computer mit einer Platine mit Speicherchips zu verbinden, mit einem Fernsehbildschirm oder einem Drucker und mit einer Tastatur. Die Datenblätter zu den Mikroprozessoren schrieben die Regeln vor, die den Mikrocomputer-Designer einschränkten, und einige Puristen fühlten sich dadurch behindert. Allen Baum beschwerte sich: „Man sitzt auf dem fest, was man hat, und man muss es zum Funktionieren bringen. Wenn etwas nicht richtig funktioniert, kann man es nicht umgestalten. Das macht viel weniger Spaß."

• • •

Auch wenn die Größenprobleme gelöst waren, so waren die Kosten für abgebrannte Ingenieure trotzdem noch ein Thema. Im Jahr 1975 wurden Mikroprozessoren wie der Intel 8080 für 179 Dollar verkauft und Wozniak konnte sie sich nicht leisten. Baum erfuhr, dass die Hewlett-Packard-Abteilung in Colorado mit dem Motorola 6800 experimentierte, einem Mikroprozessor, der etwa ein Jahr nach dem Intel 8080 eingeführt worden war und den Angestellte des Unternehmens neben ein paar zusätzlichen Chips mit einem kräftigen Rabatt bekamen. Wozniak gab seine Bestellung auf, während sein Arbeitskollege Myron Tuttle losflitzte, um eine technische Beschreibung zu kaufen, in der die Komplexitäten des Chips erklärt wurden. Die Wahl des Mikroprozessors war die wichtigste Entscheidung, die ein Computerbastler treffen musste. Sie wurde zur Ursache von Frustration und Enttäuschung, zur Quelle von Freude und Befriedigung, und sie bestimmte auch den Charakter des gesamten Geräts. Wozniaks Mikroprozessor seiner Wahl war im Sommer 1975 nicht gerade in Mode.

Im Homebrew Club bildete in jenem Sommer der Intel 8080 den Mittelpunkt des Universums. Der Altair war auf dem 8080 aufgebaut und seine frühe Popularität rief eine Heimindustrie ins Leben, die entweder Geräte baute, auf denen für den Altair geschriebene Programme liefen, oder Hardware, die man an den Computer anschließen konnte. Die individuellen Eigenarten der Mikroprozessoren hatten zur Folge, dass ein Programm oder ein Gerät, das für den einen konstruiert worden war, mit dem anderen nicht funktionierte. Beim Altair nannte man den Anschluss für solche Peripheriegeräte S-100, weil er 100 Signalwege benutzte. Die Anhänger des 8080 entwickelten eine religiöse Bindung an den 8080-Prozessor und an den S-100-Bus, obwohl sie gern einräumten, dass Letzterer schlecht konstruiert war. Die Leute, die Programme für 8080-Computer schrieben oder Peripheriegeräte dafür bauten, dachten, Konkurrenz-Mikroprozessoren wären später zum Untergang verurteilt. Laut ihrer Argumentation würden die schiere Masse an Programmen und die Auswahl an Peripheriegeräten dafür sorgen, dass der 8080 für mehr Nutzer nützlicher und für mehr Unternehmen rentabler wäre. Sie führten gern ins Feld, der 8080 habe eine kritische Masse, die ausreichen würde, um alles andere in Vergessenheit geraten zu lassen. Lee Felsenstein hatte eine Menge Genossen,

die seine Überzeugung teilten: „Der 6800 war eine andere Welt. Er verdiente keinerlei Aufmerksamkeit."
Wozniak trotzte diesem Trend und entschied sich für den 6800. Sein Interesse an dem Motorola-Chip war zwar fast vollständig vom Preis gespeist, aber er fand auch, dass er seinen Lieblingsminicomputern ähnlicher war als der 8080. Die Signale, die aus dem 6800 herauskamen, waren zum Beispiel synchron (und hatten somit eine konzeptuelle Ähnlichkeit mit der Architektur des Data General Nova), während die Signale des 8080 weniger berechenbar waren. Wozniak begann seine Zeit bei Hewlett-Packard damit zu verbringen, in die Eigenschaften des 6800 einzutauchen: Wie viel Speicher er bewältigen konnte, welche Spannung er brauchte, wie schnell er Befehle ausführte und wie seine Signalmuster aussahen. Er druckte den Plan für einen Computer aus, der auf dem 6800 aufgebaut war. Dieser Entwurf war eine Verbesserung des Prototyps, den er für Computer Conversor gebaut hatte. „Den habe ich nur zum Spaß entworfen. Ich konnte jetzt einen ganzen Haufen Sachen machen, die ich schon fünf Jahre vorher hatte machen wollen, aber damals hatte ich kein Geld dafür."
Auch die ökonomischen Gesetze der Halbleiterindustrie spielte Wozniak in die Karten. Chips wurden selten lange zu ihrem Einführungspreis verkauft. Die Konkurrenzbauteile von dem runden Dutzend großer Halbleiterhersteller sorgten gewöhnlich dafür, dass die Preise schnell und dramatisch fielen. Im Herbst 1975 bewahrheitete sich das Branchengesetz und ruinierte die Preise von 8-Bit-Mikroprozessoren. Wozniak stieß zum ersten Mal auf diese Veränderung, als er und Baum über eine Elektronikmesse in San Francisco schlenderten und einen neuen Mikroprozessor erspähten – den MOS Technology 6502 –, der von einem Unternehmen aus dem kalifornischen Costa Mesa hergestellt wurde. Die Leute von MOS Technology peilten mit dem 6502 Märkte mit hohen Stückzahlen wie Fotokopierer, Drucker, Verkehrsampeln und Flipperautomaten an, weniger den kleinen Markt der

Computerbastler. Der 6502 war mit dem Motorola 6800 fast identisch und die Verkäufer von MOS Technology wiesen extra darauf hin, das Unternehmen versuche, eine kleinere und einfachere Version des älteren Chips zu bauen. Die Ähnlichkeiten waren derart eklatant, dass sie schließlich zum Gegenstand eines Rechtsstreits zwischen den beiden Unternehmen wurden, aber für Wozniak und die anderen Bastler waren juristische Auseinandersetzungen nur ein fernes Rauschen. Der entscheidende Punkt war der Preis. Der Motorola 6800 kostete 175 Dollar. Der MOS Technology kostete 25 Dollar. Aus einer großen Glasschüssel voller Mikroprozessoren fischte Wozniak einen 6502 heraus und änderte sofort seine Pläne. Er gab den 6800 auf und beschloss, eine Version der Computersprache BASIC zu schreiben, die auf dem 6502 laufen würde.

Mit seiner Entscheidung, zuerst die Sprache zu schreiben und dann die Maschine zu bauen, erkannte er stillschweigend die Bedeutung der Software an. Er hatte vor, den Computer für die Art von Spielen zu verwenden, die ihm bei größeren Geräten begegnet waren und die aus Massen getippter Befehle und Erwiderungen bestanden, die auf einem Fernschreiber oder auf einem Fernsehbildschirm erschienen. Bei einem beliebten Spiel mit dem hübschen Namen „Hunt the Wumpus" gingen die Spieler durch ein Labyrinth mit lauter Monstern. Bei allen Clubversammlungen hatte sich gezeigt, dass BASIC die beliebteste Sprache für den Altair und den 8080-Mikroprozessor war. „Im Club redeten wir nur über BASIC. Ich hatte die Chance, das erste BASIC für den 6502 zu haben. Ich wollte die Maschine möglichst bald vorführen."

Wozniak orientierte sich bei allen technischen Entscheidungen an seinen eigenen Interessen und der Spruch „Ausreichend ist hinreichend" wurde zum Motto. Die Fristen, der Druck und die Eile wurden durch die 14-tägigen Homebrew-Versammlungen und auch durch die Aussicht auf die Heirat mit Alice Robertson bestimmt. Nach mehrwöchigem Hin und Her hatte sich Wozniak schließlich zur Verlobung entschlossen, nachdem er immer wieder drei Münzen in die Luft geworfen und gewartet hatte, bis sie alle drei auf Kopf landeten. Als er mit der Arbeit an der Software anfing, bekam er außerdem Asthma und schnaufte so laut, dass ihn die Nachbarn durch die dünnen Rigipswände hindurch hörten. Wozniak hatte Angst, seine Lungen könnten sich im Schlaf mit Flüssigkeit füllen, und gewöhnte sich deshalb an, bis zum frühen Morgen Programmcode zu schreiben.

Wozniak merkte, dass es mühseliger war, Software zu schreiben als Hardware zu entwerfen. Form und Stil seiner ersten größeren Software wurden von Zwängen diktiert. Er befasste sich mehrere Wochen lang mit den grammatischen Regeln von BASIC und stellte fest, dass sie den Regeln von FORTRAN ähnelten, das er ja kannte. Als er vor der Wahl zwischen zwei Versionen von BASIC stand, entschied sich Wozniak für die einfachere. Er schrieb die Programme mit Bleistift auf Papier nieder und ein Kollege bei Hewlett-Packard schrieb ein Programm, welches auf einem Minicomputer von Hewlett-Packard das Verhalten des 6502 simulierte. Einige von Wozniaks Programmen wurden auf dem Computer von Hewlett-Packard getestet. Wozniak räumte ein: „Zum Glück hatte ich im Matheunterricht viel Zeit nicht mit Mathe, sondern mit dem Versuch verbracht, Compiler in Maschinensprache zu schreiben, als ich noch gar keine Maschine hatte. Wenn ich damals in irgendeine Richtung gegangen war, konnte ich nie wissen, ob sie gut oder schlecht war."

• • •

Als er den Code fertig hatte, machte er sich an die Konstruktion eines Computers und griff dabei auf die Schaltpläne zurück, die er für den 6800-Mikroprozessor von Motorola gezeichnet hatte. Er verglich die Eigenschaften des 6800 mit denen des MOS Technology 6502 und seines etwas billigeren Bruders 6501. Wozniak stellte fest, dass abgesehen von der verschiedenen Taktung einiger elektronischer Signale sein bisheriger Entwurf nicht verändert werden musste: „Ich brauchte in meiner Konstruktion keine einzige Leitung und keinen Anschluss zu ändern."

Er verwendete einige der Methoden, die er beim Entwurf des Computer-Conversor-Terminals benutzt hatte, um wesentliche Fortschritte gegenüber früheren Entwürfen wie dem Cream-Soda-Computer zu erzielen. Der wichtigste Unterschied war natürlich der Einbau des Mikroprozessors. Aber es gab noch andere Fortschritte, die die Benutzung des Computers erleichterten. Anstatt Schalter zu verwenden, um dem Computer Befehle zu erteilen, schloss Wozniak eine Tastatur an. Außerdem setzte er ein paar Chips ein, die man als PROMS bezeichnet (Programmable Read-Only Memories). Darauf waren Befehle gespeichert, die man früher nach jedem Einschalten in den Computer hatte eingeben müssen.

Er legte exakt fest, wie die Chips seines Computers auf der Platine angeordnet sein sollten und befasste sich stundenlang mit der Anordnung der Chips, bevor er die Anschlusssockel für die Halbleiter auf der Platine anbrachte. Was die Verbindungen zwischen den Pins der Halbleiter anging, war Wozniak penibler als die meisten anderen Ingenieure. Ihm missfiel der übliche Kabelsalat, unter dem Platinen häufig verschwanden, und bevorzugte „Point to Point"-Verbindungen. Dafür musste er die Kabel, die er später verlötete, sorgfältig zurechtschneiden. Bei der Fehlersuche zahlte sich dieser mühselige Ansatz aus, denn so war es viel leichter, problematische Pins und fehlerhafte Anschlüsse zu finden.

Wozniaks Privatinteressen beanspruchten immer mehr Zeit. Er nahm seinen Prototyp mit auf die Arbeit und verbrachte viel Zeit am Labortisch damit, weitere Verbesserungen vorzunehmen. Vor allem als Hewlett-Packard verkündete, dass die Taschenrechnerabteilung nach Oregon verlegt werden sollte, „verbrachten wir die halbe Zeit mit unseren Lieblingsprojekten", so Tuttle. Tuttle hatte sich auch einen 6502 gekauft und schlug sich ebenfalls die Nächte um die Ohren, denn er nahm seinen Prototyp mit nach Hause und probierte es mit einer anderen Methode. Als sie ihre Prototypen gebaut hatten, traten Tuttle, Wozniak und ein weiterer Kollege an ihren Laborleiter heran und schlugen vor, Hewlett-Packard solle darüber nachdenken, Mikrocomputer herzustellen. Tuttle erinnert sich: „Das war so eine informelle Besprechung. Keine große Sache. Wir fragten bloß, ob er fünf Minuten Zeit hätte, und zeigten ihm das Board von Woz. Uns wurde gesagt: ‚HP will nicht auf diesen Markt.'"

Als Wozniak seinen namenlosen Computer mit in den Homebrew Club nahm, wurde er ebenfalls kühl aufgenommen. Das war auch nicht überraschend, denn eine Umfrage bei einer Clubversammlung im Oktober 1975 hatte ergeben, dass von den 38 Computern der Mitglieder 25 entweder Altairs waren oder einen 8080 enthielten, während nur einer einen 6502 enthielt. Wozniak schloss seinen Computer an einen Schwarz-Weiß-Fernseher an, schloss dann ein Speicherboard mit vier Kilobyte an, das ihm Myron Tuttle geliehen hatte, und tippte geduldig ein BASIC-Programm ein. Es herrschte zwar ein gewisses Maß an Überraschung darüber, dass auf einer Maschine mit so wenigen Chips BASIC lief, aber die meisten Clubmitglieder machten sich nicht einmal die Mühe, sich den Computer näher anzusehen. Den wenigen, die sich dafür interessierten, gab Wozniak Schaltpläne, und später rückte er seine neue Maschine in die richtige Perspektive: „Das war nicht so schwierig wie so mancher andere Computer, den ich entworfen hatte."

„Die Zeit bis zur Fertigstellung ist eine Konstante."
– **ANDY HERTZFELD**

Die warme Schwüle des Sonntagnachmittags drückte gegen die Glasscheiben auf der Rückseite des Mac-Labors. Die Klimaanlage, die an

Werktagen durch die gesprenkelten Deckenplatten vibrierte, war abgeschaltet. An zwei Stellen wurde die dichte Dunkelheit zerschnitten. Ein sanftes Licht quoll aus der Programmierkabine von Andy Hertzfeld und ein Würfel kalten Neonlichts erleuchtete den Ingenieurstisch, an dem Burrell Smith die Haut von seinen Knöcheln abnagte. Hertzfeld kam aus seiner Kabine und ging hinüber zu dem Tisch, wo Smith sich von seinem Laborstuhl erhob. Beide waren kleiner als die mit Oberlichtern versehenen Trennwände, welche die einzelnen Büros voneinander trennten. Sie blickten auf eine gedruckte Schaltung, die mit Messfühlern und Kabeln wie mit Girlanden geschmückt war und die aussah wie ein Magen, der mit Nähten, Wundhaken und Klammern offen gehalten wurde. Die Messfühler waren an einen Logikanalysator angeschlossen und die Zeilen auf seinem grünen Bildschirm zeigten die Signale an, die aus dem Mikroprozessor herauskamen. Smith war am Tag davor erst um halb zwölf abends heimgegangen, und dann hatte er bis drei Uhr morgens wachgelegen und darüber nachgedacht, weshalb die Speicherchips des Mac nicht richtig wieder aufgefüllt wurden. Weder er noch Hertzfeld hatten jemals an einem Projekt so lange gearbeitet. Beiden war anzusehen, wie anstrengend es war, einen Computer zu entwerfen, und beide arbeiteten härter als je zuvor. Smith war 26 und Hertzfeld 29, aber beide sahen älter aus. Hertzfelds Augenlider sahen hinter den Brillengläsern aus wie angeschwollene Blutegel, seine Wangen waren unrasiert und blass. Die fahlen Ringe um Smiths Augen waren Anzeichen der Übernächtigung. Beide hatten schlaffe Fastfood-Rettungsringe um die Hüften. Hertzfeld hatte festgestellt, dass die Entwicklung eines Computers das Zeitgefühl verzerrt: „Ich dachte immer, sechs Monate wären eine lange Zeit; sind sie aber nicht. Die kommen einem vor wie ein Augenblick." Smiths kastanienbraunes Haar war auf der einen Seite hinters Ohr geschoben und auf der anderen Seite hing es in einer dünnen Locke darüber. Er nuschelte hektisch: „Das ist total irre." Hertzfeld fragte in lustlosem Ton: „Und woher weißt Du, dass Du es behoben hast, wenn Du nicht weißt, wie es auftritt?" Smith erwiderte: „Das ist so frustrierend, weil ich nicht bewiesen habe, dass ich das Problem nicht lösen kann, aber auch nicht bewiesen habe, dass ich es lösen kann." Hertzfeld seufzte. „Irgendwann werden wir noch abergläubisch. Wir werden erleben, dass es funktioniert, aber wir werden nicht sicher sein, dass es funktioniert."

Smith versuchte schon seit Tagen, das Rätsel zu lösen. Zum ersten Mal hatte er gemerkt, dass der Computer nicht richtig funktionierte, als die anderen Ingenieure die ihrer Meinung nach erfolgte Fertigstellung des ersten Mac-Prototyps feierten. Smith hatte auf den Champagner verzichtet, der bei Apple (und speziell in der Mac-Gruppe) die Angewohnheit hatte, selbst nach dem kleinsten Meilenstein aufzutauchen, saß alleine da und schaute den Computer an. Er hatte mit einer Heißluftpistole, die aussah wie ein Fön, und mit einem Kältespray bestimmte Chips auf Temperaturen gebracht, bei denen häufiger Fehlfunktionen auftraten. Smith war zu dem Schluss bekommen, dass das Problem bei dem größten Chip auf der Platine lag, dem 68000-Mikroprozessor von Motorola.

Der 68000er und die anderen Chips auf der Platine waren Früchte der anhaltenden Fortschritte der Halbleitertechnologie. Der 68000er war ein 16-Bit-Mikroprozessor und daher hatte der Mac etwa zehnmal so viel Rechenleistung wie der Apple II, obwohl er nur halb so viele Chips enthielt. Smith verglich den Komplexitätsunterschied gern damit, dass man sich erst ein normales Baseballspiel anschaut und dann versucht, dem Geschehen in einem Spiel zu folgen, in dem acht Batter gleichzeitig zu 54 Outfieldern schlagen. Er schwitzte und ließ immer wieder Frames am Logikanalysator aufblitzen, um das nächste elektronische Signal vom Taktgeber zu untersuchen. Er sagte: „Wenn man sich lange genug durch den Designraum arbeitet, lernt man seine Eigenarten kennen."

Mancher Apple-Mitarbeiter fand, in dem Mac-Projekt würde sich eher eine Ansammlung persönlicher Eigenarten als irgendein großartiger Entwurf niederschlagen. Einen Plan von napoleonischen Ausmaßen gab es nicht. Vielmehr bildeten Fehlstarts, Irrwege, Fehler, Experimente, Aufruhr und Konkurrenz den Stoff, aus dem die Maschine war. Wie bei anderen Produkten, die auf technischen Fortschritten, den plötzlichen Kursänderungen eines schnell wachsenden Unternehmens und den persönlichen Neigungen verschiedener Manager beruhen, hatte sich Apple beim Mac schon seit mehreren Jahren vorgetastet. Fast zwei Jahre lang war das Projekt in einem Zustand, in dem es durch den Weggang eines Programmierers oder durch das Auftauchen eines fehlerhaften Prototyps hätte scheitern können. Hertzfeld, der die Aufs und Abs sowie die Verzögerungen der Präsentation beobachtet hatte, zog daraus seine eigenen Schlussfolgerungen über die Messung von Fortschritten: „Die Zeit bis zur Fertigstellung ist eine Konstante."

• • •

Der Anfangspunkt entpuppte sich als einziger sicherer Bezugspunkt. Mitte 1979 wurde Jef Raskin – der Manager von Apples Publikationsabteilung – gebeten, die Leitung einer kleinen Gruppe für den Bau eines Computers zu übernehmen, der 500 Dollar kostet, mit einem Fernsehgerät funktioniert, ein eingebautes Modem enthält und auf dem sowohl Pascal als auch BASIC als Programmiersprachen laufen sollten. Raskin gab dem Projekt als Codenamen eine falsche Schreibweise seines Lieblingsapfels – Macintosh – und träumte sich seine eigene Computeridee zusammen: „Ich dachte mir, es wäre wichtiger, den Leuten die Wahl zwischen verschiedenen Gehäusefarben zu lassen als die Wahl zwischen der Anzahl von Speicherbits. Ich wollte, dass er zum unentbehrlichen Teil eines Haushalts wurde. Ich wollte etwas, nach dem die Leute süchtig werden." Raskin schlug vor, dass Apple einen batteriebetriebenen tragbaren Heimcomputer produzieren sollte, der weniger als 1.000 Dollar kostete. Er baute ein Pappmodell und beschloss, dass der Computer einen eingebauten Bildschirm haben sollte, keine Erweiterungsschächte und dass nur eine dünne Anleitung beigefügt sein sollte. Etwa ein Jahr nach Beginn der Arbeit an dem Projekt notierte er: „Der Apple II ist ein System. Der Macintosh ist ein Gerät."

Der stämmige, bärtige Raskin hatte eine Schwäche für Modellflugzeuge und Musik. Er machte Ende 1979 einen Laden auf und wechselte zwischen mehreren Gebäuden hin und her, darunter auch die ursprüngliche Büroflucht von Apple in der Nähe des Good Earth Restaurant. Hertzfeld erinnert sich, dass Raskin Anfang 1981 mit der Apple-Politik in Konflikt geriet. „Das Lisa-Team erklärte Steve, dass er sich verpissen sollte. Steve sagte: ‚Ich finde schon noch ein Team, das einen billigen Computer baut und das sie vom Angesicht der Erde fegen wird.' Dann sah Steve, dass Raskin die kritische Masse besaß: Er hatte einen Hardware-Ingenieur und einen Software-Ingenieur. Da Steve der größere Junge war, sagte er zu Raskin: ‚Dieses Spielzeug gefällt mir!' – und nahm es sich."

Raskin fiel also Jobs schnell zum Opfer, der dem Projekt seinen eigenen Stempel aufdrücken wollte. Jobs holte Veteranen aus der Frühzeit von Apple in Raskins Team. Er versuchte, den Codenamen des Projekts von „Mac" in „Bicycle" zu ändern, nachdem er in *Scientific American* einen Artikel gelesen hatte, in dem der Personal Computer als „Fahrrad des 21. Jahrhunderts" bezeichnet wurde. Er gab jedoch nach, als seine Gruppe protestierte. Als Jobs die Kontrolle über den Mac übernommen hatte, stellte er seine Absichten klar: Er wettete mit John Couch, dem Leiter der Lisa-Abteilung, um 5.000 Dollar, dass der Mac zuerst ausgeliefert würde.

Smith und Hertzfeld beäugten Jobs zunächst mit Misstrauen. Letzterer war im New Yorker Hinterland aufgewachsen, wo er auf dem College Literatur studiert sowie sich für einen UNIVAC-Computer

und Phone-Phreaking interessiert hatte. Das erste elektronische Gerät, das er gebaut hatte, war eine Blue Box, die er auf dem Küchentisch seiner Mutter zusammengesetzt hatte. „Ich nahm an, dass man die auf der Straße nicht bekam, und ich wollte die Befriedigung haben, dass ich sie selbst gebaut hatte." Als Phone-Phreak legte er sich den Namen Marty zu, und als er zum ersten Mal nach Kalifornien kam, wohnte er bei John Draper. Er besuchte einige Homebrew-Versammlungen und nachdem er dauerhaft nach Kalifornien gezogen war, baute er ein Bürokontrollystem für Ärzte und Zahnärzte auf und kaufte sich einen Commodore Pet, weil er sich keinen Apple leisten konnte. Als ihm die Arbeit ausgegangen war, half er einem Freund, eine Mauer zu bauen, und er fuhr in einem geliehenen Truck von Firma zu Firma, bis ihm eine Stelle als Techniker in der Kundendienstabteilung von Apple angeboten wurde. Tagsüber reparierte er Apple-II-Computer und nachts studierte er die Schaltpläne. „Ich wollte selber herausfinden, wie das Board funktioniert. Ich hatte fast unbewusste Träume, dass ich irgendwas mit logischen Elementen zu tun haben würde. Es zog mich immer zur untersten Ebene des Systems hin. Ich arbeite nicht gern mit Dingen, von denen ich nicht weiß, wie sie funktionieren."
Ein Programmierer, der Smiths Talent erkannte, fischte ihn aus der Kundendienstabteilung heraus und empfahl ihn Raskin. Bis zum Frühjahr 1980 hatte Smith einen Prototyp konstruiert, der auf einem 8-Bit-Mikroprozessor basierte. Etwa ein halbes Jahr lang blieb der Computer ohne Software. Ein Programmierer, der engagiert worden war, um einen Teil der Software zu schreiben, besaß einen unerschütterlichen Glauben an die Computersprachen, die bei der Arbeit an künstlicher Intelligenz verwendet wurden, und hatte kaum Sympathien für die Anforderungen an Mikrocomputer. Dann begann Smith mit der Arbeit am Motorola 68000 und um Weihnachten 1980 herum hatte er einen zweiten Mac entwickelt. Hertzfeld, der an Software für den Apple II arbeitete, beobachtete diese Veränderung mit

zunehmendem Neid. Eines Abends blieb er länger und schrieb ein kleines Programm, das ein Bild von Dagobert Duck und dazu die Begrüßung HI BURRELL erzeugte.

• • •

Hertzfeld war in Philadelphia aufgewachsen und hatte zu programmieren angefangen, als er 15 war. „Ich war erstaunt, dass man diese Schreibmaschine dazu bringen konnte, solche schönen Sachen zu machen." Auf der Brown University in Rhode Island studierte er Naturwissenschaften und Mathematik und zog dann nach Berkeley, weil er in Kalifornien leben wollte und die Aussichten auf ein weiterführendes Studium dem Arbeitsleben vorzog. Er kaufte einen Apple II, als dieser sechs Monate auf dem Markt war. Mit einigen seiner Kommilitonen hatte er keine Geduld: „Diese Leute programmierten nicht gern. Sie redeten bloß gern übers Programmieren." Er schrieb ein I-Ging-Spiel und nahm es in einen örtlichen Computerclub mit, er konstruierte ein Peripheriegerät für den Apple II und war verblüfft, als er merkte, wie viel manche Computerunternehmen dafür bezahlten. „Ich dachte nicht, dass man solche Sachen für Geld macht. Jetzt hat mich das Geld korrumpiert und ich denke daran, wie viel ich verdienen kann."

Smith und Hertzfeld hatten nach und nach gelernt, mit Jobs zu leben, und er mit ihnen. Es war ein feines Netz von Beziehungen, das nur zusammenhielt, weil sie alle aufeinander angewiesen waren. Hertzfeld und Smith mussten mit dem unberechenbaren Charakter von Jobs zurechtkommen. Hertzfeld erläutert: „Er kam vorbei und sagte: ‚Das ist ein Haufen Scheiße.' Oder er sagte: ‚Das ist das Tollste, was ich je gesehen habe.' Erschreckend daran war nur, dass er das über die gleiche Sache sagte." Die beiden waren mit der Ungewissheit konfrontiert, ob Jobs sie mochte oder ob er sie nur wegen der Arbeit mochte, die sie leisteten. Und Hertzfeld gestand drei Jahre nach Beginn der Arbeit an dem Projekt: „Ich arbeite des Macs wegen gern für Steve, aber ob ich ihn mag, weiß ich nicht."

• • •

Aber Jobs hatte eine gewisse Dynamik in das Mac-Projekt eingebracht und sein Einfluss im Unternehmen hatte ihm eine zunehmend herausragende Stellung verschafft. Ein Programmierer, der am Frühstadium des Mac gearbeitet hatte, hatte Jobs den Spitznamen „das Wirklichkeitsverzerrungsfeld" gegeben, und dieser Science-Fiction-Name war ihm geblieben. Jobs ließ viele in seiner Gruppe in dem Glauben, sie würden einen weiteren Apple II bauen, und sein Glaube war beinahe stark genug, sie davon zu überzeugen, sie würden in einer Garage arbeiten, obwohl alle greifbaren Indizien dagegen sprachen.
Wie alle Angestellten hatten auch Smith und Hertzfeld über ihren Chef gemeckert. Sie beschwerten sich, dass Jobs ihnen verbot, den Mac ihren Freunden zu zeigen, während er stolz Besucher durch das Labor führte, unter anderem seine frühere Flamme, die Folksängerin Joan Baez. Ihre Irritation wuchs, als Jobs Monate brauchte, um einzugestehen, dass der Bildschirm des Mac und die 64 Kilobyte Speicher zu klein waren, und er erst dann eine Umgestaltung anordnete. Dann murrten sie, als ihnen Jobs die Erlaubnis verweigerte, eine Maus-Schnittstelle für den Apple II zu verkaufen. Als Jobs dafür sorgte, dass der Programmierer, der die Textverarbeitung für den Mac schrieb, eine Tantieme von einem Dollar pro verkauftem Exemplar bekam, machte sich Wut breit. Hertzfeld und Smith brauchten nicht lange, um sich auszurechnen, dass die Textverarbeitung angesichts von Apples Ambitionen für den Computer ihrem Verfasser größere Steuerprobleme bescheren würde, als sie sich je vorstellen konnten. Smith befürchtete, dass Jobs nicht wagemutig genug über künftige Computer nachdachte, und als er hörte, dass die Mac-Gruppe in ein Gebäude umziehen sollte, das von der Personal Computer Systems Division besetzt

war, murrte er: „Das sagt uns, danke Leute, aber jetzt seid Ihr bloß noch wie alle anderen. Ihr seid ganz normale Typen. Der Mac wird ein weiteres Versetzungsprojekt und wir nur ein weiteres großes Unternehmen." Hertzfeld hatte schon mehrmals mit Kündigung gedroht, aber Jobs hatte ihn jedes Mal zum Bleiben überredet.

Aber Jobs hatte auch viele väterliche Züge. Er hatte Hertzfeld, Smith und anderen Mitgliedern der Mac-Gruppe Medaillen verliehen und er hatte dazu beigetragen, dass Besuche in Sushi-Bars zum Ritual wurden. Wenn ein Programmierer krank wurde, rief er regelmäßig im Krankenhaus an. Er schaute am Wochenende im Mac-Labor vorbei und es machte ihm offensichtlich Freude, Umschläge mit Aktienbezugsrechten persönlich zu übergeben. Er hatte daran gedacht, die Schauspielerin Brooke Shields zur Weihnachtsparty einzuladen, und er amüsierte sich darüber, wie ihr Erscheinen Hertzfeld und Smith erröten lassen würde. Jobs war gerissen genug, zu wissen, dass er Hertzfeld und Smith quälen konnte. „Andy", so Jobs, „kämpft mit sich selbst. Er will einiges Geld verdienen und er will berühmt sein." Der Ruhm und die Bekanntheit, zu denen Jobs, Wozniak und die Programmierer gekommen waren, die in Tracy Kidders Bestseller „Die Seele einer neuen Maschine" porträtiert wurden, wirkten als starkes Anregungsmittel. Auf Smiths Visitenkarte stand HARDWARE-ZAUBERER und auf der von Hertzfeld SOFTWARE-KÜNSTLER, und beide spickten ihre Reden mit dem Ingenieurspendant zu den aufschneiderischen Ausdrücken von Kampfpiloten – zum Beispiel „Hack" und „Bug". Hertzfeld sprach wie Wozniak von seinem „Publikum" und sagte: „Die Energie aller Menschen, die den Mac benutzen werden, wirkt auf das Programmieren zurück." Um seinem Ehrenduo und 45 weiteren Mitgliedern der Mac-Gruppe eine Begegnung mit der Nachwelt zu sichern, ließ Jobs ihre Unterschriften in die Stanzform für das Gehäuse prägen. Ein Ergebnis dieses emotionalen Aufruhrs, der aufreibenden Arbeit und des Flirts mit dem Ruhm bestand darin, dass Hertzfeld und Smith

Freunde geworden waren. Sie genossen etwas, das Smith mit seiner Neigung, alles auf Anfangsbuchstaben zu reduzieren, als BFR bezeichnete: Best Friend Relationship. Manchmal träumten sie laut davon, Apple zu verlassen und ein eigenes Unternehmen zu gründen. Aber jedes Mal, wenn Jobs etwas verlangte, arbeiteten sie Tag und Nacht, bis es fertig war. Smith hatte sich sechs Monate lang nur damit befasst, eine Menge Schaltkreise auf einen speziell designten Chip zu quetschen. Als diese Bemühungen scheiterten, musste er den Mac ganz von vorn neu designen. Eines Freitagabends drohte Jobs, er würde einige Chips, die den Sound des Computers steuerten, herausnehmen, wenn sie nicht bis zum kommenden Montag funktionierten. Hertzfeld und Smith waren vor Schreck ganz starr. Sie arbeiteten das Wochenende durch und am Montagmorgen funktionierte der Sound. Das war die Art von Management-Taktik (gepaart mit der Schwierigkeit, Belohnungen zu finden, die über Reichtümer und Ruhm hinausgingen), die zum Burnout der Ingenieure führen musste.

Hertzfeld und Smith hatten ihr restliches Leben bis zum Abschluss des Macintosh hintangestellt. Sie hatten keine Freundinnen und ihre Sonntage verbrachten sie über Platinen gebeugt oder hinter einem Computerterminal. Und an diesem bestimmten Sonntag hatte Smith, wie schon bei Dutzenden früheren Gelegenheiten, beschlossen, so lange nicht mehr zu schlafen, bis er das Problem gelöst hatte. „Freunde zu haben", so sagte er, „steht orthogonal zum Computerdesign. Wenn sie anrufen, lege ich auf."

Kapitel 10.0

Zur Hälfte richtig.

Während Wozniak den Entwurf seines Computers fertigstellte, wuselte Jobs im Hintergrund herum, ging bei Call Computer ständig ein und aus und arbeitete weiterhin bei Atari, wo er gebeten wurde, ein Gerät zu entwickeln, das aus Angaben zum Geburtsdatum und zum Geburtsort Horoskope erstellen sollte. Es zeigte sich, dass die Darstellung der Entwicklung eines Individuums in Beziehung zu den Planeten zu viel Rechenaufwand erforderte, und darum verlief das Projekt im Sande. Jobs wusste nicht so recht, was er wollte, aber mit einem der naheliegenden Wege war er unglücklich. „Ich sah mich nicht auf dem Weg zum Ingenieur." Zwar träumte er insgeheim davon, sich einen BMW 320i zu kaufen, aber ihm war nicht ganz wohl bei der Aussicht, in eine Umlaufbahn gezogen zu werden, die aus Autos und Häusern bestand. Stattdessen setzte sich seine natürliche Wissbegierde durch und er nahm zwei Semester lang an einem Physikkurs teil, der in Stanford für begabte Studienanfänger angeboten wurde. Jobs machte auf Mel Schwartz, den Professor, der den Kurs hielt, Eindruck. „Es kommen nur sehr wenige Menschen her, die sagen, sie wollen etwas lernen. Ich war von Steves Enthusiasmus beeindruckt. Er war wirklich interessiert und neugierig."

Im Gegensatz zu Wozniak fand Jobs die spitzfindigen technischen Diskussionen im Homebrew Club unattraktiv. Er besuchte zwar ein paar Versammlungen, aber das Geplauder über Taktzyklen, direkten Speicherzugriff und synchrone Clocks langweilte ihn. Wozniaks Kämpfe mit seinem Computer beobachtete er jedoch genau. Wenn die beiden miteinander telefonierten, sprachen sie fast immer über Fortschritte oder Probleme mit der Maschine. Wenn sie sich irgendwo trafen oder wenn Jobs Wozniak daheim besuchte, war der Computer immer das Hauptthema ihrer Unterhaltungen. Jobs analysierte den Grund, wieso er und Wozniak als sprichwörtliches ungleiches Duos, das sich hinsichtlich des Alters, des Temperaments und der Neigungen unterschied, Freunde bleiben konnten, und bemerkte

dazu: „Ich war für mein Alter ein bisschen reifer und er für seins ein bisschen unreifer."
Im Januar und Februar 1976 begann Jobs, Wozniak mit der Möglichkeit zu nerven, ein paar Platinen zu bauen und zu verkaufen, sodass andere Leute eigene Versionen des Computers bauen könnten. Wozniak hatte noch nie an etwas anderes gedacht als daran, Schaltpläne der Maschine an Homebrew-Mitglieder weiterzugeben, die sich dafür interessierten. „Es war Steves Idee, sie hochzuhalten und ein paar davon zu verkaufen." Jobs stellte sich dabei eine kurzzeitige, formlose Unternehmung vor, die eher eine Partnerschaft zwischen Freunden als ein richtiges Unternehmen wäre. Es war keine Rede davon, dass Wozniak Hewlett-Packard verlassen oder Jobs sein lockeres Abkommen mit Atari kündigen würde. Jobs' Vorstellungen von dem möglichen Markt beschränkten sich auf ein paar Bekannte, Mitglieder des Homebrew Club und ein oder zwei Geschäfte. Die beiden machten sich keine Gedanken über Genehmigungen, Lizenzen, Versicherungen und sonstige rechtliche Anforderungen, weil ihre Vorstellung von einem Unternehmen nur bis zu der städtischen Verordnung reichte, die verlangte, dass Unternehmensneugründungen eine kleine formelle Anzeige in einer Lokalzeitung schalteten.
Die beiden spielten mit Namen für ihr Unternehmen herum. Eines Nachmittags, als sie auf dem Highway 85 zwischen Palo Alto und Los Altos fuhren und Jobs die Kehrseiten seiner Ernährung und seines Landlebens in Oregon heraufbeschwor, schlug er vor, sie sollten das Unternehmen „Apple Computer" nennen. So sehr sich Wozniak auch bemühte, er konnte nichts Besseres als diesen Vorschlag finden. „Wir versuchten weiterhin, uns einen besseren Namen auszudenken, aber alle Namen, auf die wir kamen, waren kein bisschen besser." Sie spielten mit dem Klang von Namen wie Executek und Matrix Electronics, aber die Einfachheit von Apple schien immer verlockender. Ein paar Tage lang fragten sich die beiden, ob ihre Wahl sie in einen juristischen

Konflikt mit Apple Records, der Plattenfirma der Beatles, verstricken würde, und Jobs befürchtete, dass „Apple Computer" überhaupt zu skurril für irgendetwas sein könnte, das auch nur so tat, als wäre es ein Unternehmen. Irgendwann stellte Jobs, der unbedingt die Anzeige in den *San Jose Mercury* setzen wollte, ein Ultimatum. „Ich sagte: ‚Wenn wir nicht bis morgen Nachmittag um fünf Uhr etwas Besseres gefunden haben, nehmen wir Apple.'"

Jobs ging davon aus, dass die Herstellung jeder Platine etwa 25 Dollar kosten würde, und wenn alles gut ging, könnten sie vielleicht 100 Stück für 50 Dollar das Stück verkaufen. Sie vereinbarten, dass jeder die Hälfte der ungefähr 1.300 Dollar beitragen sollte, die die Platine nach Jobs' Schätzung kosten würde. Sie hatten beide nicht viel Geld. Wozniak verdiente bei Hewlett-Packard zwar 24.000 Dollar im Jahr, aber das meiste davon gab er für seine Stereoanlage, für Schallplatten und für den Computer aus, der irgendwie Teile zu fressen schien. Sein Girokonto bei einer Bank in Cupertino schwankte zwischen roten und schwarzen Zahlen hin und her, und sein Vermieter, der die Nase voll davon hatte, geplatzte Schecks zu bekommen, bestand darauf, dass er die Miete bar bezahlte. Jobs indes hütete die 5.000 Dollar, die er von seiner Arbeit bei Atari angespart hatte, sorgfältig.

Um sich den größten Teil seines Anteils zu verschaffen, beschloss Wozniak, seinen Taschenrechner HP 65 für 500 Dollar zu verkaufen. Er wusste, dass Hewlett-Packard bald eine verbesserte Version namens HP 67 herausbringen würde, die Mitarbeiter für 370 Dollar bekommen würden. „Ich rechnete mir aus, dass ich damit Gewinn machte und einen besseren Rechner bekam." Der Käufer bezahlte Wozniak jedoch nur die Hälfte des vereinbarten Preises. Jobs hatte ein ähnliches Problem, als er beschloss, einen Teil der 1.500 Dollar zu verwenden, die er aus dem Verkauf eines rotweißen VW-Busses erlöste. Dieses Exemplar ausländischer Maschinenbaukunst hatte nie den elterlichen Segen bekommen. Paul Jobs hatte seinen Sohn bei der ursprünglichen

Einkaufsmission begleitet, hatte einen Blick auf den VW-Bus geworfen und war zu dem Schluss bekommen: „Das war ein klappriges, unzuverlässiges Ding, das nicht mehr weit kommen würde." Er erklärte seinem Sohn, dass es bei VW-Bussen häufig zu Problemen mit den Radlagern und dem Getriebe kam, aber der hörte nicht auf seinen Rat. Der junge Jobs wollte etwaige Probleme selbst beheben und kaufte sich ein Jetzt-helfe-ich-mir-selbst-Buch. Als der Bus dann doch zu viel Ärger machte, hörte er auf den Ratschlag seines Vaters und verkaufte ihn, nachdem ihn eine Autowerkstatt geprüft hatte. Paul Jobs lachte in sich hinein, als „der Typ nach zwei Wochen wiederkam, weil der Motor im Eimer war". Steve Jobs bot sofort an, sich die Reparaturkosten zu teilen, sodass seine 1.500 Dollar Erspartes dahinschwanden.

Jobs, der mit seiner Meinung nie hinter dem Berg hielt, sah zu, wie Wozniak Änderungen an dem Computer vornahm. Wozniak beschloss, nicht auf die Speicherplatine von jemand anders zurückzugreifen, sondern eine eigene zu bauen. Für die Bastler war die Konstruktion einer zuverlässigen Speicherplatine ein ständiger Drahtseilakt und der Speicher entschied häufig darüber, ob ein Gerät zuverlässig oder unberechenbar war. Der Umgang mit den Speicherchips war genauso kompliziert wie der mit dem Mikroprozessor, und das Zusammenspiel der beiden – der wichtigsten Bestandteile der Maschine – brachte endlose Probleme mit sich. Ein fehlerhafter Speicherchip konnte das Ende des Computers bedeuten und die Tücken, die in den Reihen der Speicherchips lauerten, waren notorisch schwer herauszufinden. Wozniak wählte seine Speicherchips zu einer Zeit, als die führenden Halbleiterhersteller darum kämpften, dafür einen Industriestandard einzuführen. Zwischen den Chips bestanden signifikante technische Unterschiede, Leistungsunterschiede und Preisunterschiede, und darum war die Wahl des richtigen Chips vergleichbar mit der Wette auf ein Pokerspiel. Wozniak entschied sich für einen Chip, den er im Homebrew Club gesehen hatte und der von American Microsystems Inc. aus Santa Clara hergestellt wurde. Jobs war über diese Wahl entsetzt. Er dachte, Wozniak hätte etwas Besseres finden können, und machte sich auf die Suche nach einem brandneuen Chip von Intel, der es noch nicht bis in die Elektronikbedarfsläden geschafft hatte.

Beide Chips waren dynamisches RAM und dem statischen RAM, auf das sich die meisten Bastler verließen, weit überlegen. Dynamisches RAM verbrauchte weniger Strom als statisches RAM, und langfristig war es auch billiger. Allerdings war es auch weitaus komplizierter und die meisten Computerbastler hielten sich an den Spruch: „Statischer Speicher funktioniert, dynamischer nicht." Der entscheidende Unterschied zwischen den beiden Bauteilen bestand darin, dass Informationen, die auf dynamischen Chips gespeichert waren, wieder verschwanden, wenn sie nicht alle zwei Tausendstelsekunden durch Stromstöße aufgefrischt wurden, während statische RAMs keine regelmäßige Schocktherapie benötigten. Der Intel-Chip war außerdem zu der Logik kompatibel, die von Mikroprozessoren verwendet wurde, er hatte weniger Pins als der AMI-Chip und wurde schließlich zum Industriestandard – sodass sich die instinktive Entscheidung von Jobs als ein ziemlicher Triumph entpuppte. Wozniak erinnert sich an lange Diskussionen über den richtigen Speicherchip: „Steve drängte darauf, das richtige Teil zu nehmen. Wir hatten Glück, dass wir auf der richtigen Spur waren. Das war einer der glücklichsten technischen Schritte bei der ganzen Entwicklung. Alle anderen Hobbycomputer verwendeten statische 1-kB-RAM-Chips Typ 2102."

• • •

Während Jobs aus der einen Richtung Druck machte, merkte Wozniak, dass Alex Kamradt aus der anderen Richtung zog. Im Frühjahr 1976 versuchten Kamradt und sein kleines Team immer noch, das Terminal, das Wozniak im Sommer 1975 konstruiert hatte, in ein zuverlässiges Produkt für Computer Conversor zu verwandeln. Kamradt rief Wozniak auf der Arbeit und zu Hause an, und er drängte ihm bei den Homebrew-Versammlungen ein Gespräch auf. Er merkte jedoch, dass sich Wozniak mehr dafür interessierte, seinen neuen Computer mit mehr Funktionen auszustatten, als für die Fertigstellung eines alten Entwurfs. Außerdem musste Kamradt gegen die volle Überzeugungskraft von Jobs ankämpfen, der Wozniak anflehte, seinen Glauben eher in Apple zu setzen als in die ungewissen Aussichten von Call Computer. Um seiner Argumentation mehr Durchschlagskraft zu verleihen, machte Jobs Wozniak mit Ron Wayne bekannt, einem Außendienstingenieur, der bei Atari dafür zuständig war, dass die potenziellen Videospielvertreiber auf dem neuesten Stand waren. Wayne hatte sich unverbindlich bereit erklärt, Jobs bei der Beschaffung eines Motivs für Apple zu helfen und Pläne zu zeichnen, die der Platine beigelegt werden sollten. Jobs fürchtete, Wozniaks Computer wäre zum Untergang verdammt, wenn er ihn in Kamradts Hände legen würde. Er behauptete beharrlich, die Aussichten der Maschine wären viel glänzender, wenn sie von einer Allianz zwischen Wozniak, Jobs und Wayne produziert würde.

Wayne war ein stattlicher Mann Anfang 40 mit jungenhaften Locken, die langsam ergrauten. Ende der 1960er-Jahre hatte er in Nevada ein Unternehmen gegründet, das Spielautomaten konstruierte und baute, aber es war während der Wirtschaftsrezession Anfang der 1970er-Jahre bankrottgegangen. Der abgebrannte Wayne hatte sich 600 Dollar für die Fahrt nach Kalifornien geliehen und irgendwann verdiente er genug, um seine Schulden zu bezahlen. Zu der Zeit, als Jobs um Rat wegen Apple an ihn herantrat, war Wayne überzeugt, er habe „genug Fehlschläge erlitten, um sich für sehr schlau zu halten". Außerdem glaubte er fest daran, dass Ingenieure der Welt einen dauerhaften Stempel aufprägen könnten, und er sprach gern von „vielfältiger, ganzheitlicher Technik". Wayne war Junggeselle, wohnte allein in Mountain View und las Bücher über Wirtschaftskatastrophen und die Abwertung von Währungen. Er war zu der Überzeugung gelangt, das Weltwirtschaftssystem stehe am Rande des Zusammenbruchs, und er hatte begonnen, sich dadurch vor dem bevorstehenden Weltuntergang zu schützen, dass er seltene Briefmarken, alte Münzen und Gold sammelte. Außerdem baute er aus sorgfältig zugeschnittenen Kartonstücken eine 2,50 m lange Nachbildung einer Schiffsuhr nach Jules Verne. Obwohl ihm Halbleiter und integrierte Schaltkreise ein komplettes Rätsel waren, ließ er sich von Jobs einspannen, um Argumente zu finden, die verhinderten, dass Wozniak unter den Einfluss von Kamradt geriet. Wayne tröstete Wozniak und erklärte ihm, dass man sich an einen fähigen Ingenieur ewig erinnern würde, wenn er sich mit dem richtigen Vermarktungsfachmann zusammentat. Er verwies darauf, dass Eiffel seinen Namen auf einem Turm und Colt seinen Namen auf einer Schusswaffe hinterlassen hatte.

Wozniak ließ sich aber nicht so leicht überreden. Das Trio diskutierte bis in den späten Abend über die Gesellschaftsform. Wayne schlug vor, sie sollten ihre Investmentbeteiligungen gegen den Anteil an der Erfindung aufrechnen. Jobs war diese Idee sympathisch, aber Wozniak fiel es schwer, sich mit dem Eigentumsbegriff des 20. Jahrhunderts anzufreunden. Er wollte seine Designtricks in vollständiger Freiheit nutzen können und befürchtete, Hewlett-Packard könnte ihm ein Projekt geben, für das er auf Kniffe zurückgreifen müsste, die er im Apple verwendet hatte. Waynes Meinung dazu: „Das war fast, als würde sich Wozniak herablassen, Apple die Benutzung dieser Prinzipien zu erlauben, aber als wollte er sich das Recht vorbehalten, sie an andere Leute zu verkaufen."

Schließlich behielt Jobs die Oberhand und Wayne setzte einen Gesellschaftsvertrag mit zehn Paragraphen auf, der freigiebig mit „Darums", „Hiermits" und „Deshalbs" gespickt war. In der Vereinbarung stand, dass keiner der drei ohne Zustimmung eines anderen mehr als 100 Dollar ausgeben durfte. Er legte außerdem fest, dass Wozniak „sowohl die allgemeine als auch die hauptsächliche Verantwortung für die Leitung der Elektrotechnik übernimmt; Jobs sollte die allgemeine Verantwortung für die Elektrotechnik und das Marketing übernehmen, und Wayne würde die Hauptverantwortung für die Mechanik und die Dokumentation übernehmen." Nachdem Wozniak überredet war, dem Unterfangen zuzustimmen, hatte er keine Skrupel, Wayne zehn Prozent des Unternehmens zu geben und sich den Rest mit Jobs zu teilen. Er war überzeugt, dass diese Aufteilung gerecht war, wenn Jobs die ganze kommerzielle Knochenarbeit machen würde. Was in dem Vertrag zwar nicht stand – aber allen klar war –, war die Tatsache, dass Wayne eine Entscheidung herbeiführen konnte, wenn sich Wozniak und Jobs auf etwas nicht einigen konnten. Am Abend des 1. April 1976 unterzeichneten die drei mit Wozniaks Freund Randy Wigginton als Zeugen in Waynes Wohnung in Mountain View den Vertrag zur Gründung der Apple Computer Company. Jobs unterschrieb das Dokument mit einer ausladenden, ein wenig kindlichen Schrift in lauter Kleinbuchstaben. Wozniak kritzelte eine Unterschrift in Druckschrift, die wie Schreibschrift aussah, und Waynes Stift hinterließ seinen Namen unleserlich.

• • •

Während sie noch die Formalitäten regelten, war Jobs bereits vorgeprescht. Er hatte die 1.300 Dollar, die er und Wozniak zusammengelegt hatten, dafür verwendet, die Gestaltung der Platine in Auftrag zu geben. Er ging zu Howard Cantin, der die Druckvorlagen für Ataris Spiele-Boards gemacht hatte (und der das Layout für das Original-Pong-Board gemacht hatte), und bat ihn, das Board für den Apple-Computer vorzubereiten. Cantin machte mit – „Ich machte das als Gefallen für Steve." Sobald Wozniak die erste Platine mit Chips bestückt und verdrahtet hatte, veranstalteten er und Jobs im April 1976 eine offizielle Vorstellung des Apple-Computers beim Homebrew Club.

Ihre Kommentare verrieten die Arbeitsteilung. Wozniak beschrieb die technischen Daten der Maschine: die Größe des Speichers, das verfügbare BASIC und die Taktgeschwindigkeit des Speichers. Jobs fragte die Mitglieder, wie viel sie für einen Computer bezahlen würden, bei dem sich im Gegensatz zum Altair alle wesentlichen Funktionen auf einer einzigen Platine befanden. Die Reaktion war insgesamt verhalten. Die meisten anderen Ingenieure im Homebrew Club machten sich nicht einmal die Mühe, den Apple zu inspizieren. Ein paar von ihnen, unter anderem Lee Felsenstein, sahen sich den Schwarz-weiß-Computer mit seinen acht Kilobyte Speicher an und kamen zu dem Schluss, dass „Wozniak möglicherweise auf einen Reinfall zusteuerte. Ich dachte mir, wenn er scheitern würde, dann würde er im großen Stil scheitern, und dem wollte ich nicht im Weg stehen."

Jobs, der die Versammlungen des Homebrew Club seit Frühjahr 1976 mit religiösem Eifer besuchte, war damit beschäftigt, unter den Ingenieuren Leute mit kommerzieller Ader ausfindig zu machen. Das war nicht schwer, denn die Mitglieder durften bei den Versammlungen Werbung für ihre Interessen machen. Paul Terrell gehörte zu den bekannteren Verkäufern und war in der schrägen Welt der Vertriebler und Bausatzanbieter zu einer einflussreichen Figur geworden. Er hatte Peripheriegeräte für Minicomputer verkauft, bis er eine Vorführung des Altair gesehen hatte – dann hatte er schnell dafür gesorgt, dass er zum MITS-Vertreter für Nordkalifornien wurde. Terrell hatte die Altair-Geräte auf Homebrew-Versammlungen angepriesen und war mit den Empfindlichkeiten der Homebrew-Mitglieder in Konflikt geraten, als er versucht hatte, für eine BASIC-Version auf Endlospapier 500 Dollar zu verlangen.

Wie andere auch hatte Terrell den Enthusiasmus der Bastler unterschätzt, und als sich der Altair herumsprach, warteten schon Ingenieure vor seiner Tür, bevor er das Büro aufmachte. Seine Stammkunden beschwerten sich indes, dass sie am Telefon nicht mehr durchkamen, weil seine Vermittlung überlastet war. Also gab Terrell nach. „Ich beschloss, dass wir an den El Camino umziehen, einen Laden aufmachen, ein Firmenschild aufhängen und all die Leute ansprechen würden, die um vier Uhr nachmittags im Stau stehen." Im Dezember 1975 verlegte er MITS-Bestände im Wert von 12.700 Dollar von seiner Verkaufsagentur in einen Computerladen in Mountain View, dem er den Namen „Byte Shop" gab.

Aber Terrells Ambitionen gingen weit über seine Heimatgemeinde hinaus. Er untersuchte die enorme Vertriebskette von Radio Shack und plante, sie nachzuahmen. Er hoffte, eines Tages könnte er seine Geschäfte mit Computern bestücken, die er selbst hergestellt hatte. In privaten Gesprächen redete er wie ein stolzer Gänsezüchter über eine landesweite Byte-Shop-Kette. Er sprach davon, „in der Pipeline Druck zu machen" und „Produkte herauszuhauen", aber irgendwo musste er ja damit anfangen, und El Camino war zwar nicht unbedingt attraktiver, aber immerhin länger als die meisten anderen Einkaufsstraßen. Und so beherbergte El Camino, wo fast alle Ideen auf der Suche nach einem Markt zumindest eine vorübergehende Heimstatt fanden, nun eine weitere. Im Frühsommer 1976 waren drei Byte Shops zwischen den Whirlpool-Ausstellungen, den Hifi-Geschäften, den Autohändlern und den Fastfood-Filialen am El Camino verstreut. Für die Bastler und für jedermann, der einen Mikrocomputer zu verkaufen hoffte, war der Stempel des Byte Shop zu einem erstrebenswerten Siegel geworden. Terrell war eines der wenigen Homebrew-Mitglieder mit den nötigen Mitteln, mehr als einen Computer zu kaufen. Deshalb ging Jobs, der hoffte, schon etwas abzusetzen, bevor er einen verbindlichen Auftrag über 100 Platinen gab, in den Byte Shop. Bei den Homebrew-Versammlungen war Terrell Jobs aus dem Weg gegangen. „Man sieht den Leuten immer an, ob sie einen Nerven kosten. Vor ihm habe ich mich immer gehütet." Aber als Jobs in seinen Laden trat, nahm sich Terrell trotzdem Zeit für ihn. Jobs zeigte Terrell einen Prototyp des Apple und erläuterte ihm seine Pläne. Terrell sagte Jobs, er habe kein Interesse daran, einfache Platinen zu verkaufen, und er sagte, seine Kunden hätten kein Interesse daran, Geschäfte nach Halbleitern und anderen Teilen zu durchsuchen. Terrell sagte, er sei nur am Kauf vollständig zusammengebauter und vollständig geprüfter Computer interessiert. Jobs fragte ihn, wie viel er für einen komplett zusammengebauten Computer bezahlen würde, und ihm wurde ein Betrag zwischen 489 und 589 Dollar genannt. Der Kaiser der Byte Shops sagte Jobs, er würde 50 komplett montierte Apple Computer bestellen und sie bei Lieferung bar bezahlen.

Jobs traute weder seinen Ohren noch seinen Augen – „Ich sah bloß noch Dollarzeichen" – und rief eilig Wozniak bei Hewlett-Packard an. Wozniak war gleichermaßen vor den Kopf gestoßen und erzählte es seinen Laborkollegen, die ungläubig auf diese Nachricht reagierten. Später ordnete Wozniak Terrells Bestellung folgendermaßen ein: „Es war die größte einzelne Episode in der gesamten Firmengeschichte. Nichts in den späteren Jahren war so groß und kam so unerwartet." Terrells Bestellung änderte Größe und Ausmaß des Unternehmens vollständig. Die Größe des Geschäfts war auf das Zehnfache angewachsen, und anstatt Kosten von rund 2.500 Dollar für 100 Platinen ins Auge zu fassen, blickten Jobs und Wozniak jetzt auf eine Rechnung von rund 25.000 Dollar zur Deckung der Kosten für 100 komplett montierte Geräte. 50 davon sollten an Terrell und den Byte Shop gehen, während Jobs und Wozniak versuchen würden, die anderen 50 an Freunde und an Mitglieder des Homebrew Club zu verkaufen. Wozniak erinnert sich: „So was hatten wir eigentlich nicht vorgehabt", und Terrells Bestellung löste eine intensive Suche nach Teilen und nach Geld aus.

Bei einigen Anlaufstellen war nichts zu holen. Jobs ging in eine Bank in Los Altos, kam zum Geschäftsführer, bat um ein Darlehen und bekam die erwartete Abfuhr. „Ich konnte mir denken, dass ich bei

anderen Banken die gleiche Antwort bekommen würde." Er ging zu Halted und fragte Hal Elzig, ob er im Austausch gegen ein paar Teile eine Beteiligung an Apple akzeptieren würde. Elzig lehnte das Angebot ab, und er erinnert sich: „Ich glaubte nicht an diese Burschen. Die liefen barfuß herum." Jobs trat an Al Alcorn heran und fragte ihn, ob er Atari Teile abkaufen könnte. Alcorn war einverstanden, verlangte aber Vorkasse in bar. Jobs wandte sich an Mel Schwartz, den Physikprofessor aus Stanford. Dieser hatte in Palo Alto eine kleine Elektronikfirma gegründet und hatte einen festen Kreditrahmen bei einem Elektronikvertrieb. Schwartz war bereit, ein paar Teile für Jobs zu kaufen. Dann fragte Jobs bei drei Herstellern von Elektronikbauteilen nach Kreditvereinbarungen, die es ihm ermöglichen würden, seine Computer zu bauen und sie an den Byte Shop zu liefern, bevor er die Teile bezahlt hatte. Der Empfang, der ihm bereitet wurde, reichte von amüsierten Reaktionen bis hin zu offener Skepsis. In einem Geschäft bewegte Jobs den Controller des Unternehmens dazu, eine Prüfung durchzuführen: Paul Terrell war überrascht, als er während eines Seminars auf einer Elektronik-Konferenz angepiepst und ans Telefon gerufen wurde, wo er dem Controller versicherte, dass die beiden Gestalten, die ihm an Schreibtisch gegenübersaßen, kein Seemannsgarn spannen. Den größten Durchbruch erzielte Apple, als sich Jobs mit Bob Newton, einem Abteilungsleiter von Kierulff Electronics in Palo Alto, traf und dieser sowohl ihn als auch den Prototyp prüfte. „Er war bloß ein aggressiver junger Mann, der sich nicht besonders professionell präsentierte." Nichtsdestotrotz erklärte sich Newton bereit, Jobs Teile im Wert von 20.000 Dollar zu verkaufen, und erklärte ihm, wenn er die Rechnung innerhalb von 30 Tagen bezahlen würde, bräuchte er keine Zinsen zu bezahlen. Jobs hatte keine Ahnung von Buchhaltung und er erinnert sich: „Wir wussten nicht, was ‚30 Tage netto' war."
Als die Versorgung mit Teilen gesichert war, wandten Jobs und Wozniak ihre Aufmerksamkeit dem Zusammenbau und der Prüfung der

Computer zu. Es widerstrebte ihnen, in einer der Anlagen mit Stahlbetongaragen, die über Sunnyvale und Santa Clara verstreut waren, eine Fläche anzumieten. Wozniaks Wohnung, die in den ersten Monaten seiner Ehe aus allen Nähten platzte, war zu klein, um die Belastung einer Mini-Produktionslinie zu verkraften. Wozniaks damalige Frau Alice erinnert sich: „Der Apple nahm seine ganze Zeit in Anspruch. Ich sah ihn sehr selten. Er ging zu HP und aß auf dem Heimweg bei McDonald's. Normalerweise kam er nicht vor Mitternacht heim. Es machte mich verrückt, wenn ich von der Arbeit heimkam und Sachen auf dem Tisch standen, die ich nicht anrühren durfte." Da also Alice etwas gegen ihre Gegenwart hatte, griffen die Apple-Gründer auf den praktischsten Ort zurück, nämlich das Haus der Familie Jobs in Los Altos. Jobs, der wieder bei seinen Eltern wohnte, nahm das einzige ungenutzte Zimmer in dem Haus – das über drei Schlafzimmer verfügte – in Beschlag. Bis zu ihrer Hochzeit hatte es seiner kleinen Schwester Patty gehört. Das Zimmer war nur mit einem einfachen Bett und einer kleinen Schubladenkommode möbliert und daher perfekt für die Lagerung der Plastiktüten voller Teile geeignet, die von den Elektronikvertrieben kamen. Die Teile wurden in diesem Zimmer und in dem Zimmer von Jobs zu Apple-Computern zusammengebaut und die tropfenden Lötkolben hinterließen Brandlöcher auf dem schmalen Schreibtisch.

Wenn die Teile ankamen, wurden sie keiner ausgiebigen Prüfung unterzogen. Jobs erinnert sich: „Die haben wir nicht übermäßig kontrolliert. Wir haben bloß probiert, ob sie funktionierten." Die gedruckten Platinen waren gegenüber der Handverkabelung der einzelnen Computer eine große Vereinfachung. Sie verkürzten die Bauzeit pro Gerät von 60 Stunden auf rund sechs Stunden. Diese Leiterplatten brachten außerdem eine neue Routinearbeit mit sich, die in der Elektronikbranche abschätzig als „Bestücken" bezeichnet wird. Das heißt, die Halbleiter und alle anderen Teile mussten in speziell nummerierte

Löcher in dem Board gesteckt werden. Jobs delegierte diese Aufgabe an seine Schwester, die gerade ihr erstes Kind erwartete. Er bot ihr einen Dollar für jedes bestückte Board, und sie fand heraus, dass sie mit ein wenig Übung vier Boards pro Stunde schaffte. Dabei saß sie auf dem Wohnzimmersofa, die Platinen und die Teile waren vor ihr auf einem Resopal-Kaffeetisch ausgebreitet und der große Farbfernseher der Familie Jobs lieferte die Hintergrundunterhaltung. Die Ablenkung durch Seifenopern und Sendungen wie „The Gong Show" führten zusammen mit Anrufen von ihren Freundinnen dazu, dass Chips falsch herum eingesetzt und einige empfindliche vergoldete Pins verbogen wurden.

Während die Platinen montiert wurden, kauten Jobs und Wozniak weitere Ideen für den Verkaufspreis durch. Wozniak war bereit, seinen Homebrew-Kumpels die Computer zu einem Preis knapp über den Kosten für die Teile zu verkaufen, also für rund 300 Dollar. Jobs hatte andere Vorstellungen und nahm ein paar Überschlagsrechnungen vor. Er beschloss, dass Apple die Boards für das Doppelte der Materialkosten verkaufen und den Händlern einen Aufschlag von 33 Prozent einräumen sollte. Mit dieser Rechnung kam er in die Nähe von Paul Terrells Angebot, und außerdem ergab sich dadurch ein Verkaufspreis, der sich gut anhörte: 666,66 Dollar.

Als Jobs mit zwölf Platinen, die in schmale graue Kartons verpackt waren, im Byte Shop in Mountain View ankam, war Terrell entsetzt. „Da war nichts. Steve lag nur zur Hälfte richtig." Die komplett montierten Computer erwiesen sich als komplett montierte Platinen. Das war ein ziemlich großer Unterschied. Es waren weitreichende Änderungen erforderlich, bevor die Boards dazu bewegt werden konnten, irgendetwas zu tun. Terrell konnte das Board nicht einmal testen, ohne zwei Transformatoren zu kaufen, die den Computer und den Speicher speisten. Da der Apple weder eine Tastatur noch einen Bildschirm hatte, konnte man keine Daten hinein- und keine herausschleusen.

Und wenn man eine Tastatur an die Maschine angeschlossen hatte, konnte man sie nur dadurch programmieren, dass man mühselig den BASIC-Code eingab, denn Wozniak und Jobs hatten die Sprache nicht auf einer Kassette oder einem ROM-Chip mitgeliefert. Obwohl Wozniak in einer Stunde vier Kilobyte Code eingeben konnte, war das selbst für den eifrigsten Bastler wohl kaum ein praktikables Arrangement. Und schließlich war der Computer nackt: Er hatte kein Gehäuse. Trotz all dieser Unzulänglichkeiten und trotz seiner Vorbehalte nahm Terrell die Lieferung der Geräte an und bezahlte Jobs wie versprochen in bar.

Jobs versuchte, alles ins Gleichgewicht zu bringen, und er benutzte seinen Instinkt und seinen gesunden Menschenverstand, um den täglichen Ansturm der Überraschungen zu bewältigen. Da ihm bewusst war, wie wichtig das Image ist, beschaffte er sich eine wohlklingende Firmenadresse, indem er ein Postfach in Palo Alto mietete. Er engagierte einen Telefondienst, um den Eindruck zu vermitteln, dass Apple ein etabliertes Unternehmen und keine Nacht-und-Nebel-Operation war. Außerdem begann er, sich Helfer zu beschaffen, und er suchte bei vertrauten Gesichtern nach Unterstützung.

Der solide, zuverlässige Bill Fernandez war von Hewlett-Packard nicht eingeladen worden, mit dem Rest der Taschenrechnerabteilung in den neuen Firmensitz in Oregon umzuziehen, und er war auf Arbeitssuche. Fernandez, der immer noch zu Hause in Sunnyvale wohnte, dachte, Apple könnte ihm eines Tages die Chance bieten, Ingenieur zu werden. Jobs führte mit ihm eine Art Bewerbungsgespräch, stellte ihm ein paar kursorische Fragen über digitale Logik und unterbreitete sein erstes Stellenangebot. Fernandez verlangte einen formellen schriftlichen Vertrag und wurde Apples erster Vollzeit-Angestellter. „Ich war der einzige Durchschnittsindianer. Alle anderen waren Häuptlinge ... Ich war sozusagen das Mädchen für alles."

Um das Geld im Auge zu behalten, bat Jobs seine College-Freundin Elizabeth Holmes, die in San Francisco als Edelsteinschleiferin arbeitete, das Scheckbuch von Apple zu kontrollieren und ein Kassenbuch zu führen. Holmes, die einmal pro Woche zu Jobs nach Hause kam und die üblichen vier Dollar pro Stunde bekam, stellte fest: „Steve arbeitete sehr, sehr hart. Er war sehr zielstrebig und nicht besonders sentimental." Indes hielt Jobs auch Dan Kottke über die Fortschritte auf dem Laufenden, lud ihn für den Sommer nach Los Altos ein und versprach ihm etwas Arbeit. Als Kottke ankam, verwandelte Clara Jobs die Familiencouch in ein Bett.

• • •

Als die Arbeit an der zweiten Fuhre von 50 Computern begann, fügte sich Paul Jobs den Tatsachen und schlug vor, dass Apple seine Geschäfte in der Garage fortführen sollte. „Es war leichter, die Garage auszuräumen, als zu versuchen, die Sache im Haus auszufechten. Meine Autos konnten auch draußen stehen. Deren Zeug nicht." Jobs zog sich vorübergehend von der Autorestaurierung zurück (im Sommer 1976 ging es um Nash Metropolitans) und machte sich an den Umbau der Garage. Er räumte eine lange braune Werkbank frei, die er Jahre zuvor aus einem Büro in San Francisco gerettet hatte. Sie enthielt Einzelteile in sorgfältig beschrifteten kleinen Schubladen: Maschinenschrauben, Unterlegscheiben, Zahnscheiben, Splinte und gummibeschichtete Klemmen. Größere Dinge wurden in den kleinen Dachboden über der Garage gebracht, wo auch Dinge wie abgewrackte Laser lagen. Jobs kleidete die Garage mit Gipsplatten aus, hängte ein paar zusätzliche Lampen auf, installierte ein zusätzliches Telefon und hängte eine gerahmte Urkunde wieder auf, die an seine erste Äquatorüberquerung im Oktober 1944 erinnerte. Nur eines weigerte er sich zu beseitigen: Einen blitzblanken, feuerroten Karren voller Schraubenschlüssel, Zangen und Schraubenzieher.
Nach und nach füllte sich die Garage. An einer Wand hing eine große Schemazeichnung des Computers. Paul Jobs baute eine „Schwitzkiste"

in Form eines langen Sperrholzsargs, in dem die Computer getestet werden sollten. Sie fasste zwölf Platinen, welche die ganze Nacht hindurch unter den unbarmherzigen Strahlen einiger Wärmelampen liefen. Der jüngere Jobs kaufte bei der Firma, die Hewlett-Packard belieferte, eine Metallwerkbank mit Neonbeleuchtung, einen Abroller für das drei Zoll breite Gewebeband, das für die Kartons benutzt wurde, und eine sehr gute Frankiermaschine. Bill Fernandez überprüfte die Anschaffungen. „Steve war in Gelddingen immer sehr, sehr penibel. Er wollte immer für möglichst wenig Geld den größten Gegenwert haben. Steve wollte immer hochwertige Dinge machen und hochwertige Ausrüstung haben. Er wollte es immer richtig machen."
Clara Jobs, die in die Garage gerauscht kam, um die Waschmaschine, den Wäschetrockner und das Waschbecken zu benutzen, erholte sich gerade von einer Gallenoperation. Als ihr Sohn den Küchentisch belegte und ihn in ein Minibüro verwandelte, arbeitete sie um ihn herum. Wenn der Telefondienst anrief und Mitteilungen hatte, machte sie sich Notizen oder gab sie weiter. Wenn es an der Tür klingelte, fungierte sie als Empfangsdame, und sie servierte den Teileverkäufern und den potenziellen Kunden Kaffee. Sie ertrug die Vernarrtheit ihres Sohnes in Karotten und räumte Wozniaks McDonald's-Hamburger-Verpackungen und seine Getränkekartons weg, wenn sie wieder einmal die ganze Nacht hindurch Computerbugs gejagt hatten. Wenn Wozniaks Frau, die erst seit sechs Monaten mit ihm verheiratet war, in Tränen aufgelöst anrief, dann spendete ihr Clara Jobs Trost. Und wenn in der Garage der Zorn aufflammte, rückte Paul Jobs ausnahmslos die Dinge wieder zurecht. „Was ist denn los?", fragte er. „Habt Ihr Hummeln im Hintern?" Irgendwann fingen Paul und Clara Jobs an, ihren Freunden scherzhaft zu erzählen, sie würden das Haus im Austausch gegen die Benutzung von Küche, Badezimmer und Schlafzimmer abbezahlen.
Steve Jobs bat Ron Wayne, Schemazeichnungen des Computers anzufertigen, die man für ein kleines Handbuch verwenden könnte, und

auch ein Logo für das Unternehmen zu produzieren. Wayne wuchtete in seiner Wohnung ein Leuchtpult auf den Wohnzimmertisch und fertigte eine seltsame Tuschezeichnung an, die in den Tönen einer monochromen Gravur in einem College-Kalender aus dem 19. Jahrhundert gehalten war: ein Porträt von Isaac Newton, mit der Schreibfeder in der Hand, an den Stamm eines Baums gelehnt, der nur einen Apfel trug und der in ätherisches Leuchten getaucht war. Um den Rand des Bildes verlief eine Schriftrolle, auf der eine Zeile des Gedichts „The Prelude" von Wordsworth stand: NEWTON – VERSTAND, DER FREMDE GEDANKENMEERE DURCHSEGELT, STETS ALLEIN. Außerdem begann Wayne, an einem vierseitigen Handbuch zu arbeiten, wofür er eine elektrische IBM-Schreibmaschine verwendete, mit der man Blocksatz schreiben konnte, wenn man gut aufpasste. Dabei kam es zu einem Streitgespräch über die Verwendung von Hintergrundfarben, wobei Jobs darauf bestand, dass Teile der Schemazeichnung grau unterlegt werden sollten. Als das Grau gewisse Details verdeckte, sagte Wayne: „Wir sind beide schuld. Du, weil du das vorgeschlagen hast. Ich, weil ich auf dich gehört habe." Genauso sehr interessierte sich Jobs für das Erscheinungsbild, als Kottke und er die erste Werbeanzeige für Apple skizzierten. Die beiden saßen am Küchentisch, Jobs spuckte Ideen aus und Kottke korrigierte die Grammatik. Kottke erinnert sich, dass Jobs „peinlich genau auf das Schriftbild achtete", als die Anzeige gesetzt wurde. Kottke versuchte indes, sich auf die Elektronik zu stürzen, las Handbücher über den 6502-Mikroprozessor und versuchte aufzuholen, was er in seiner Jugend verpasst hatte. Einmal versuchten er und Jobs, einen der Computer in eine behelfsmäßige Uhr zu verwandeln. Als Jobs nicht mehr in der Lage war, seinen Freund in Vollzeit zu beschäftigen, fand er zusätzliche Arbeit für ihn bei Call Computer, wo Kamradt immer noch über die verborgenen Launen von Wozniaks Computer Conversor fluchte.

• • •

Aufgrund des Drängens von Paul Terrell aus dem Byte Shop war Jobs gezwungen, Wozniak unter Druck zu setzen, damit er ein Interface baute, das von einem Kassettenrekorder aus BASIC in den Computer laden könnte. Wozniak, der vollauf mit dem Computer beschäftigt war, organisierte es, dass ein anderer Ingenieur von Hewlett-Packard das Interface entwarf und dafür einen Anteil am Umsatz bekam. Der Entwurf war unbefriedigend. Das Interface konnte die Daten nicht korrekt von dem Band lesen, und die beiden mussten den Ingenieur für 1.000 Dollar freikaufen. Wozniak machte einen Rückzieher. „Wir hatten nicht vor, mit unserem Entwurf weiterzumachen und ihm dann für jedes verkaufte Teil Geld zu geben." Wozniak, der keine Erfahrung mit der Konstruktion von Schnittstellen hatte und der noch nie mit auf Kassette gespeicherten Daten zu tun gehabt hatte, schusterte die einfachste denkbare Konstruktion zusammen: „Es funktionierte." Das Interface wurde auf eine zwei Zoll hohe gedruckte Schaltung montiert und an die Hauptplatine angeschlossen.

Als Kaufanreiz wurde dem 75 Dollar teuren Interface eine Kassette mit BASIC beigelegt, und in der Apple-Werbung hieß es: „Unsere Philosophie ist es, die Software für unsere Geräte kostenlos oder zu minimalen Kosten zu liefern." Die einseitige Anzeige enthielt den Slogan „BYTE INTO AN APPLE" und pries „ein kleines Kassettenboard, das funktioniert", an, obwohl man sicher sein konnte, dass es nur klappte, wenn man die Kassette auf einem teuren Tapedeck laufen ließ. Der zaghafte Ton der Anzeige schlug sich unter anderem in folgender Zeile nieder: „Der Apple-Computer ist in fast allen größeren Computergeschäften vorrätig."

In den Byte Shops war er auf jeden Fall vorrätig. Dort war er fast immer vorrätig. Trotz der Gehäuse aus Koa-Holz, die ein Tischler aus der Nähe lieferte, merkten Paul Terrell und seine Truppe von abtrünnigen Ingenieuren und Programmierern, dass sich die Apple-Computer nicht so schnell verkauften wie der Altair oder der IMSAI 8080, ein Computer, auf dem für den Altair geschriebene Software lief und der von IMS Associates verkauft wurde, einem weiteren kleinen Unternehmen auf der Halbinsel von San Francisco. Terrell, der mitten in einem hektischen Elfmonatszeitraum steckte, in dem er die Eröffnung von 74 Byte Shops in ganz Nordamerika lenkte, konnte es sich nicht leisten, schlecht laufende Computer im Wert von 10.000 Dollar in Geschäften auf Lager zu haben, die im Monat nur 20.000 Dollar umsetzten. Er verbrachte in seiner Unternehmenszentrale viel Zeit damit, skeptische Außenstehende – die wegen seiner zweifelhaften Bilanz meckerten und auf den Resopalschalter trommelten – zu fragen, ob sie sich noch daran erinnern könnten, wie die ersten hundert McDonald's ausgesehen hatten. Was die Apples angeht, so erinnert er sich: „Wir hatten Schwierigkeiten, sie loszuwerden."

Ein paar Wochen lang klapperten Jobs und Kottke den El Camino ab, lieferten Computer aus und trafen in den Geschäften Teenager. Einige von ihnen, die noch nicht Auto fahren durften, hatten festgestellt, dass sie am Nachmittag alle Byte Shops besuchen konnten, wenn sie die Buslinien 21 und 22 des Santa Clara Transit District rechtzeitig erwischten. Die Jugendlichen gehörten sozusagen zum Inventar, sie spielten mit den Computern, die auf dem Tisch aufgebaut waren, fütterten sie mit Programmen auf Endlospapier, und im Austausch gegen kostenlose Zeitschriften erledigten sie kleine Routine-Programmierarbeiten.

Bei diesen wöchentlichen Runden tippte Jobs in den Apple ein Demonstrationsprogramm ein, das die Mitteilung „Dies ist ein Apple-Computer" über den Bildschirm laufen ließ. Manche Byte-Shop-Geschäftsführer fanden den Umgang mit Jobs problematisch. Einer von ihnen namens Bob Moody sagte: „Er war gelinde gesagt schwierig. Steve war keiner, mit dem man handeln konnte. Er war sehr zappelig und sehr sprunghaft." Terrell hatte ein bisschen mehr Geduld und beruhigte Jobs hinsichtlich des Namens Apple Computer. „Er kam in den Byte Shop gerauscht und war auf 180. ‚Das ist das beschissene Logo. Die Leute finden das Kuhkacke. Wir müssen den Namen ändern. Das nimmt niemand ernst.'" Terrell, der ähnliche Spötteleien ertragen musste, nachdem er seinem Laden einen Namen gegeben hatte, bei dem die meisten Leute eine Sandwich-Bar erwarteten, gab eine schlichte Weisheit an ihn weiter: „Sobald die Leute begreifen, was der Name bedeutet, werden sie Euch nie vergessen. Wenn er schwirig ist, erinnern sich die Leute daran." Auch der Preis von 666,66 Dollar für den Apple brachte Ärger ein. Er löste eine Flut wütender Anrufe von einer Gruppe von Sikhs aus, die überzeugt waren, der Preis habe eine unheilvolle Bedeutung. Als der Horrorfilm „Das Omen", der ebenfalls erschreckende Bezüge auf 6er-Reihen enthielt, in die örtlichen Kinos kam, wuchs die Zahl der Anrufe. Nachdem Jobs zum wiederholten Male erklärt hatte, dass der Preis keine mystischen Anspielungen enthielt, war er ganz einfach erschöpft und sagte einem erzürnten Anrufer schließlich: „Ich habe die beiden spirituellsten Zahlen genommen, die mir eingefallen sind, nämlich 777,77 und 111,11, und habe die eine von der anderen abgezogen."

• • •

Ron Wayne machte sich um weltlichere Dinge Sorgen. Die Größe des Auftrags von den Byte Shops, die den Ruf hatten, dass sie es nicht immer schafften, ihre Rechnungen rechtzeitig zu bezahlen, und die Aussicht, dass er für ein Zehntel der etwaigen Verluste von Apple haften müsste, waren zu viel für ihn. Wayne verließ die Gesellschaft im Sommer 1976 und tippte einen formellen Brief, von dem er hoffte, dass er ihn aus jeglicher Verantwortung entließ. „Ich hatte schon erkannt, was mir auf den Magen schlug, und ich merkte, wie die Monate verflossen. Wenn Apple Pleite gemacht hätte, dann hätte ich mir noch mehr blaue Flecken geholt, als ich eh schon hatte. Steve Jobs war

ein absoluter Wirbelwind, und ich hatte nicht mehr die Energie, die man braucht, um vor einem Wirbelwind zu segeln."
Obwohl sie Wayne verloren hatten, hatten sich Jobs und Wozniak bis zu dem Zeitpunkt, an dem sie beschlossen, eine zweite Fuhre von 100 Computern zu bauen, einen gewissen Kredit erarbeitet. Zwar weigerten sich die örtlichen Bankiers immer noch, irgendwelches Vertrauen in Apple zu setzen, aber es gab andere, die dies taten. Wozniak hatte eine Kreditlinie bei seinem Kumpel Allen Baum, der ihm schon früher aus der Bredouille geholfen hatte. Jobs und Wozniak erklärten ihre Notlage und baten um ein Darlehen von 5.000 Dollar, und sie versprachen, sie würden es zurückzahlen, sobald die Computer verkauft wären. Baum und sein Vater Elmer blätterten das Geld hin und setzten eine Kreditvereinbarung über ein Jahr auf mit der Klausel, dass sie quartalsweise verlängert werden konnte. Allen Baum betrachtete sein Geld als sicher. „Ich hatte keine Zweifel, dass es zurückgezahlt würde. Steve Jobs war so eloquent, dass er jedermann zu allem überreden konnte." Elmer Baum war sich da nicht ganz so sicher. „Ich habe es gemacht, weil er Allens Freund war. Mir ging es finanziell ziemlich schlecht, aber Steve pries mir die Sache an. Hätte ich ihn nicht gekannt, hätte ich gedacht, er wäre echt gut."
Die meisten Menschen, die mit Apple zu tun hatten, waren vorsichtig, und im Gegensatz zu dem üblichen Bild von Kleinunternehmen hüteten sie sich alle vor Verlusten. Jeder hatte seine eigene Methode, die eventuell auftretenden Risiken aufzufangen. Wozniak bekam seinen regelmäßigen Gehaltsscheck von Hewlett-Packard. Ron Wayne entscheid, dass er es sich nicht leisten könnte, irgendwelche Risiken einzugehen, während die Baums ihre Wette dadurch absicherten, dass sie für ihr Darlehen saftige Zinsen verlangten. Bill Fernandez stellte sicher, dass er einen Vertrag bekam. Steve Jobs riskierte etwas anderes – dass er Jahre seines Lebens dem Unternehmen widmete und von Apple aufgezehrt wurde.

Ein leicht boshaftes Schreiben von Dan Kottke, der wieder zum Studieren in den Osten gegangen war, fängt das Spannungsverhältnis zwischen Mystizismus und dem Geschäft des Computerbaus recht gut ein. Einmal schickte Kottke Jobs eine mystische Fotografie und legte ihr eine Notiz bei, in der es unter anderem hieß: „Nachdem Du vor den Lotosfüßen des Soseins ein ausgiebiges Prana durchgeführt hast, blicke voller Liebe auf das Bild, mit kosmischen Gedanken von kosmischer Bedeutung und Tiefe, bis das Telefon klingelt. Geh an das Telefon, feilsche wie wild und weigere Dich, unter 2,3 Millionen zu verkaufen."

Aber bei Apple gab es auch Aspekte, die Jobs genoss. „Ich bekam die Chance, ein paar Dinge so zu machen, wie sie meiner Meinung nach gemacht werden sollten. Ich fand, ich hätte nichts zu verlieren, wenn ich Atari verließ, denn ich könnte ja jederzeit zurückkehren." Für Jobs waren Großunternehmen groß und hässlich und wie Lockheed. Sie schmierten Senatoren. Sie organisierten Bestechungen. Sie rechneten opulente Mahlzeiten als Spesen ab. Jobs erinnert sich: „Ich wollte kein Geschäftsmann sein, weil ich nicht sein wollte wie alle Geschäftsleute, die ich kannte. Ich dachte, das Leben in einem Kloster müsste anders sein als das Dasein eines Geschäftsmanns." Dieser innere Aufruhr war der Mittelpunkt langer Diskussionen mit den Menschen in seiner Umgebung. Bill Fernandez begleitete ihn auf mitternächtlichen Spaziergängen durch Los Altos und Cupertino und fungierte als wohlmeinender Kritiker. Ron Wayne stellte fest: „Steve war auf der Suche. Er fragte sich ernstlich, ob er Apple vorantreiben sollte." Wayne beruhigte ihn aber wohl kaum, denn er sagte ihm, er gehe das gleiche Risiko ein wie Frankenstein; und er sagte voraus, dass ihn der Schlund des Unternehmens, das er schuf, verschlingen würde.

Es gab aber noch eine ältere, weisere Quelle von Ratschlägen. Kobin Chino war ein Zen-Mönch, den Jobs nach seiner Rückkehr aus Indien kennengelernt hatte. Chino war im San Francisco Zen Center Schüler von Suzuki Roshi gewesen, des Autors von „Zengeist, Anfängergeist", eines reflexiven Handbuchs für Zen-Anhänger. Chino wohnte in einem kleinen Zen-Zentrum in Los Altos, und Nancy Rogers, die Jobs und Kottke nach Indien nachgereist war, wohnte in einem Zelt in der Nähe der Ranch und nahm Meditationskurse. Jobs besuchte sie häufig und sprach sowohl mit ihr als auch mit Chino darüber, Apple aufzugeben und in ein Zen-Kloster in Japan zu gehen. Chino und Rogers hörten ihm zu. Ersteren amüsierte das Dilemma und er riet Jobs in gebrochenem Englisch, das Unternehmen weiterzuverfolgen. Er prophezeite ihm, er würde keinen Unterschied zwischen dem Geschäftsleben und dem Leben in einem Kloster feststellen. Jobs betrieb weitere Seelenforschung. „Ich hatte so ein Gefühl, dass Apple verzehrend sein würde. Es war wirklich ein schwerer Entschluss, nicht nach Japan zu gehen. Ein Teil von mir war ein bisschen besorgt, denn ich hatte Angst, wenn ich gehen würde, käme ich nicht mehr zurück." Nancy Rogers fand: „Steve hatte Angst vor Apple. Er dachte, er würde sich in ein Monster verwandeln."

• • •

Im Spätsommer 1976 fanden die Manager und Ingenieure anderer Computerunternehmen, Halbleiterunternehmen und Videospielunternehmen nicht, dass Apple eine monströse Bedrohung darstellte. Nolan Bushnell sagte über Atari: „Wir wateten bis zum Arsch in Alligatoren", und somit wäre der Markt für Hobbycomputer nur eine Zerstreuung am Rande für ein Unternehmen gewesen, dessen Hauptgeschäft sich um Unterhaltung und Videospiele drehte. In Halbleiter-Häusern wie National Semiconductor und der Intel Corporation bildeten ein paar Enthusiasten kleine Projektgruppen, brüteten über Zeitschriften wie *Byte* und *Interface Age*, schnitten Anzeigen von ein paar Kleinunternehmen aus, die Werbung für einen Einplatinen-Computer machten, und besuchten die naheliegenden und passenden

Anlaufstellen. Sie klopfen bei Unternehmen wie MITS an die Tür. Ihnen wurde der Alto-Computer vorgeführt, der in dem Palo Alto Research Center von Xerox entwickelt wurde. Sie sprachen mit den Redakteuren der People's Computer Company. Sie lasen Branchenerhebungen, die von Forschungsunternehmen zusammengestellt worden waren – die in den meisten Fällen aus nicht viel mehr als einem Mann, einem Computer und einer trüben Kristallkugel bestanden. Sie redeten mit ein paar Investmentanalysten von New Yorker Banken und waren insgesamt gründlich und pflichtbewusst. Dann zogen sie sich in ihre Häuser und Büros zurück, um Argumente und Marketingpläne aufzustellen, mit denen sie ihre Vorgesetzten von der glänzenden Zukunft der Mikrocomputer überzeugen konnten. Sie erzählten ihnen von der großen Anzahl von Bastlern, von der kümmerlichen Konkurrenz und davon, dass Halbleiter mindestens die Hälfte der Kosten eines Mikrocomputers ausmachten.

Die meisten Chefs ließen sich davon nicht beeindrucken. Sie dachten, der Markt für fertige Mikrocomputer wäre auf Bastler beschränkt, und die meisten trugen immer noch die Narben von früheren Versuchen, Konsumartikel zu verkaufen. Ein paar Jahre zuvor hatten andere junge Männer ähnliche Argumente vorgebracht und sie dazu überredet, Digitaluhren und Taschenrechner zu bauen. Die Ergebnisse waren schmerzhaft gewesen. Die Chefs hatten festgestellt, dass man Sachkenntnis auf einem bestimmten Gebiet nicht auf ein anderes übertragen konnte und dass technische Überlegenheit nicht ausreichte, um die Verbraucher auf ihre Seite zu ziehen. Der schnelle Preisverfall und die Konkurrenz aus dem Osten hatten dazu geführt, dass manche Halbleiterunternehmen die Lager voller unverkäuflicher Taschenrechner und Uhren hatten.

Die Halbleiterfirmen hatten außerdem mit ihren eigenen Anforderungen zu tun. Ein Intel-Vizepräsident namens William Davidow erinnert sich: „Wir hatten schon genug damit zu tun, dass unsere eigene

Maschine nicht auseinanderfiel, ohne dass wir uns noch Sorgen um jemand anders machten." Indes entschieden die Minicomputerunternehmen, es sei sinnvoller, ihre Maschinen zu verkleinern, als zu versuchen, Mikrocomputer zu bauen. Sowohl die Digital Equipment Corporation, die den DEC LS1-11 einführte, als auch Data General mit seinem microNova begannen mit dem Verkauf von Geräten mit Schaltern an der Frontplatte, die aussahen wie Geschwister der größeren Maschinen.

Somit blieben die Mikrocomputerunternehmen in der Anonymität. Von Apple hatten die meisten anderen noch nie etwas gehört, denn es war zu klein, zu unbedeutend und zu exotisch, um ernst genommen zu werden. Wer einen Hang zum Prophetischen hatte, kam zu dem Schluss, das Unternehmen sei wegen Wozniaks nonkonformistischer Entscheidung für den 6502-Mikroprozessor – während die meisten anderen Unternehmen ihre Computer auf dem 8080 aufbauten – zum Untergang verurteilt. Die Vertriebe und Einzelhändler wie Paul Terrell hatten beschlossen, dass die Zukunft im 8080, im S-100-Bus und in Branchenstandards lag, und sie hatten vor, die Bestände an 6502-Geräten auslaufen zu lassen. Die großen Anzeigen in Zeitschriften wie *Byte* waren Unternehmen wie Southwest Technical Products, Processor Technology und IMSAI vorbehalten. Der Apple-Computer war eine unkonventionelle lokale Kuriosität.

• • •

Kurz vor dem Tag der Arbeit 1976* flogen Wozniak und Jobs an die Ostküste zu einer Computermesse, die in einem heruntergekommenen Hotel in Atlantic City stattfand. Sie packten Apple-Computer und ein Bündel Werbeflugblätter in einen Koffer. Außer den Apple-Computern nahm Wozniak noch eine andere Maschine mit, die in einem

---

* Anm. d. Ü.: Erster Montag im September.

Gehäuse steckte, das unter Bastlern als Zigarrenkiste bekannt war. Jobs und Wozniak nahmen ebenso wie die Ingenieure und Vertreter anderer kalifornischer Computerunternehmen den TWA-Flug 67 von San Francisco nach Philadelphia. Der größte Teil des Fluges wurde mit technischen Gesprächen, Fachsimpeleien, Klatsch und verstohlenen Blicken auf neue Computer verbracht. Die Vertreter von Processor Technology hatten eine neue Maschine namens Sol Terminal Computer dabei, die nach Les Solomon benannt worden war, dem Herausgeber von *Popular Electronics*. Verkleidet in einem Blechgehäuse mit eingebautem Keyboard, ließ er die anderen Computer veraltet und amateurhaft aussehen. Seine Verfechter waren zuversichtlich, dass der Computer die Konkurrenz in der Luft zerreißen würde. Sie sprachen abschätzig von „Blankies" – Computer, die bloß einen Schalter an einer Frontplatte hatten – und von „Blinkies" wie dem Altair, die an der Frontplatte nur Lämpchen hatten. Ihrer Meinung nach bildete der Sol eine völlig neue Kategorie. Lee Felsenstein, der Berater bei Processor Technology war, beugte sich über Wozniaks Kopfstütze, warf einen Blick auf den Prototyp des neuen Computers, der auf dem heruntergeklappten Tisch stand, und bildete seine eigene Meinung: „Er war von Grund auf unbeeindruckend. Die beiden Kerle hatten bloß eine Zigarrenkiste. Was hatten denn die schon für eine Ahnung?"

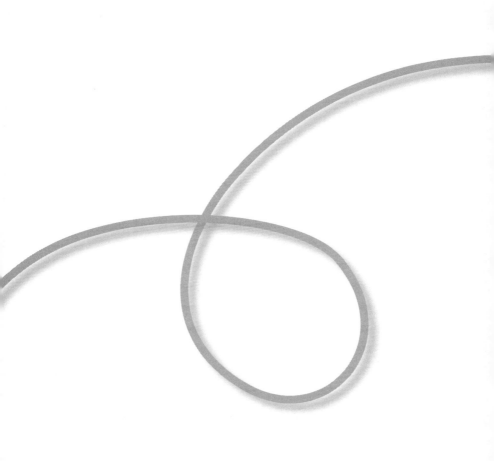

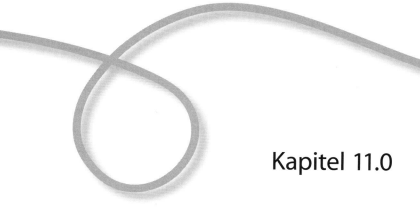

Kapitel 11.0

Eine Menge Mist.

Die Zigarrenkiste, die Wozniak und Jobs in den Hundstagen 1976 mit nach Atlantic City nahmen, enthielt einen ziemlich deformierten Apple-Computer. Die Platine, die auf den hölzernen Boden geschraubt war, war mit neuen Kabeln geschmückt worden, die sich zwischen den Chips hindurchschlängelten. Trotz ihres kuriosen Aussehens bewachten Wozniak und Jobs die Maschine sorgfältig. Während sie tagsüber versuchten, von einem Papptisch auf der Messe aus ein paar Apple-Computer zu verkaufen, war er in ihrem heruntergekommenen Hotelzimmer eingeschlossen. Abends, wenn die Massen von der Messe verschwunden waren, schlüpften Wozniak, Jobs und Dan Kottke (der von New York aus angereist war, um seinen Freunden zu helfen) in ein Zimmer, das von einem großen Fernsehbildschirm beherrscht wurde. Wozniak verlegte ein Kabel quer über den Teppich, gab ein paar Befehle in den Computer ein und ließ ihn verblüffende Farben auf den Fernsehbildschirm zaubern.

Wozniak hatte an Verbesserungen des Apple gearbeitet, seit er ihn im Homebrew Club vorgestellt hatte. In dem Zwiegespräch nach der ersten Ankündigung hatten ein paar Mitglieder gefragt, an welche zusätzlichen Funktionen er denke. Wozniak hatte erwähnt, er arbeite an einem Schaltkreis mit wenigen Chips, der das Schwarz-Weiß-Gerät in einen Farbcomputer verwandeln würde. Es war eine gewagte Behauptung. Damals dachten die Konstrukteure, eine Farbschaltung würde mindestens 40 Chips benötigen. Wozniaks Entschlossenheit, dem Apple Farbe zu verleihen, entsprang der Vorführung eines Minicomputers, der Farbgrafik darstellen konnte, im Homebrew Club. Ein Gerät namens Dazzler, das von Cromemco hergestellt wurde, einem kleinen Unternehmen, dessen Gründer die Homebrew-Versammlungen besuchten, stellte ebenfalls Farben dar, die bei Wozniak einen Eindruck hinterlassen hatten. „Es war so beeindruckend, Farben herumwirbeln zu sehen. Da wusste ich, dass ich Farben haben wollte." Daher war seine Ankündigung, er habe vor, Farbschaltkreise zu entwerfen, sozusagen eine masochistische Herausforderung, und die Fertigstellung lief auf einen Männlichkeitstest hinaus. Wozniaks Hauptgrund, Farbschaltungen hinzuzufügen, war praktischer Natur. Er wollte einen Computer haben, auf dem man Breakout spielen konnte, das Spiel, das er und Jobs für Atari entworfen hatten.

Wozniak kehrte an seinen Labortisch bei Hewlett-Packard zurück und begann, zwei vollkommen verschiedene Probleme anzupacken. Das eine drehte sich um eine Schaltung, die Farben darstellen würde. Das andere war die Verminderung der Anzahl von Chips auf dem Board durch Vereinfachung des Speichers. Der Apple-Computer hatte zwei Speicher. Der eine – ein 8-Kilobyte-Chip-Board – versorgte den Mikroprozessor. Der andere – der aus Verschieberegistern bestand (einer älteren, langsameren Speicherform) – versorgte den Schwarz-Weiß-Bildschirm. In dem Bemühen, die Zahl der Chips zu senken, wollte Wozniak einen Weg finden, dass der gleiche Speicher sowohl den Computer als auch die Anzeige versorgte. Er befasste sich damit, wie ein Bild auf dem Fernsehbildschirm angezeigt wird, und fand heraus, dass das Rasterverfahren zwei Drittel der Zeit damit verbringt, den Bildschirm von links nach rechts mit Elektronen zu beschießen, und ein Drittel der Zeit damit, von rechts nach links zurückzufahren. Mit diesem Wissen bewaffnet, beschloss Wozniak, den Mikroprozessor und den Bildschirm zu zwingen, sich denselben Speicher zu teilen. Während der Rasterstrahl über den Bildschirm lief und Bits aus dem Speicher auslas, war der Mikroprozessor blockiert. Und während das Raster zurückhuschte, schlug der Mikroprozessor zu. Über eine solche Methode war schon einmal im Homebrew Club diskutiert worden, und im August 1975 hatte ein Autor in dem Newsletter des Vereins gefragt, ob man das Display-Timingproblem für die Mitglieder lösen könnte, wenn „man eine Schaltung veröffentlichen würde, die einen Mikrocomputerspeicher ausliest, während der Computer ihn nicht benutzt". Damit diese Zuteilung funktionierte, musste Wozniak die Geschwindigkeit des Mikroprozessors drosseln. „Von dem Computer wurde ja nur verlangt, dass man darauf spielen konnte, also würde das niemand je merken. Das war schon lustig: Bloß durch Nachdenken über ein paar Probleme, die nichts miteinander zu tun hatten, ergab sich ein einfacheres Design." Wozniak hatte die Farbe sozusagen gratis eingebaut und einen Computer konstruiert, der zwar nur halb so viele Chips besaß wie das erste Gerät, aber leistungsfähiger war.

Außerdem wollte Wozniak die Kapazität des Apple erweitern. Die Leistung der Minicomputer hatte zum größten Teil auf Steckplätzen im Motherboard beruht, die kleinere Platinen beherbergten. Die Steckplätze waren ein entscheidender Teil der Konstruktion, denn sie bedeuteten, dass die Computer ein breites Spektrum von Aufgaben erledigen konnten. Die kleineren Platinen, die man in die Steckplätze schob, konnten zusätzliche Speicherchips enthalten, eine Verbindung zu einem Drucker oder zu einem Telefon. Einige der erfolgreichsten Minicomputer-Hersteller hatten kleinere Firmen dazu ermuntert, Peripheriegeräte herzustellen, die mit ihrem Computer funktionierten. Also brachten die Steckplätze allen Beteiligten Vorteile: dem Computerhersteller, der sich mit den vielen Eigenschaften des Geräts brüsten konnte, und der Subindustrie, die daraus entstand; den Herstellern von Peripheriegeräten, die neue Produkte herstellten; und den Kunden, die eine Maschine bekamen, die mehr als nur eine Aufgabe erledigen konnte. Einer der Gründe, weshalb der Altair bei den Bastlern einen so großen Eindruck hinterließ, war die Tatsache, dass er einen Minicomputer mit Steckplätzen imitierte. Wozniak gefiel die Vorstellung von Slots – „Ich war an Computer mit 20 Steckplätzen gewöhnt, die immer mit Karten bestückt waren" – und er beschloss, dass sein Farbcomputer acht Steckplätze haben sollte. Jobs war anderer Meinung, und diese Meinungsverschiedenheit entpuppte sich als eine ihrer langwierigsten Streitigkeiten. Wozniak erinnert sich:

„Steve sah nur einen Computer, der ein paar Sachen konnte – einfache Programme schreiben und spielen. Er dachte sich, man könnte vielleicht einen Drucker oder auch ein Modem anschließen, aber mehr als zwei Steckplätze würde man nie brauchen. Ich weigerte mich, es bei zwei Steckplätzen zu belassen."

• • •

Während Jobs und Wozniak über die Zahl der Steckplätze stritten, traten sie regelmäßig beim Homebrew Club auf, dessen Versammlungen sich wie ein Leitmotiv durch die Entwicklung des Farbcomputers zogen. Bei diesen Bastlerversammlungen gewann Wozniak ein paar Anhänger aus dem Teenager-Lager: Randy Wigginton, der im Sommer 1976 gerade 16 war, und den 15-jährigen Chris Espinosa. Wigginton hatte ein paar kleine Programme für Call Computer geschrieben und dabei Wozniak und dessen primitives Terminal kennengelernt, wobei ihn Letzteres mehr beeindruckte als Ersterer. Wiggintons Vater war Ingenieur bei Lockheed und die Familie wohnte in Sunnyvale. Wigginton hatte zwar ein sonniges Äußeres, wie aus der Eiscremewerbung entsprungen, aber auch Haare auf den Zähnen, und er hatte sein Scherflein an Kindheitsproblemen abbekommen. „Auf der Junior High School war ich drogensüchtig." Er hatte beobachtet, wie ein Drogendealer, den er kannte, verhaftet wurde, weil er einen säumigen Kunden ermordet haben sollte, der in die Kanalisation geworfen worden war. Mit 13 fand Wigginton einen weniger gefährlichen Zeitvertreib, nachdem er in einem Sommerkurs der Homestead High School auf den Computer gestoßen war. Dort war ein Fernschreiberterminal mit einem Computer bei Hewlett-Packard verbunden gewesen. „Als ich auf den Computer stieß, war es vorbei." Seine Eltern steckten ihn in eine private Highschool in San Jose, wo ihn die Computer in Beschlag nahmen. In seinem ersten Jahr organisierte er eine Computer-AG und im zweiten Jahr brachte er Schülern, die zwei Klassen über ihm waren, BASIC bei. Er hatte den Spitznamen Computer Randy und als er versuchte, den Fängen einer Ticketverkäuferin zu entgehen, weil er keine Partnerin für den Abschlussball hatte, riet man ihm, er solle doch einen Computer einladen. Wigginton fand Wozniak, der ähnliche Spötteleien zu erdulden hatte, gleich sympathisch. Wozniak lieferte Bauteile und Ratschläge, und er half Wigginton, dessen klobiger Lötkolben nicht richtig funktionierte, seine erste Hardware zu bauen, nämlich einen Apple.

Auf Chris Espinosa wirkte der Computer-Sommerkurs in Homestead genauso ansteckend wie auf Wigginton. „Sobald wir mit dem Grundwissen bewaffnet waren, konnten wir mehr als der Lehrer." Espinosa war in Los Angeles aufgewachsen, wo er in acht Jahren neun verschiedene Schulen besucht hatte. Als sein Vater jedoch anfing, an der University of Santa Clara Jurastudenten zu unterrichten, geriet er in die Tretmühle von Cupertino. „In Cupertino herrschte eine vollkommen andere Atmosphäre. In Los Angeles wurden die meisten meiner Freunde Diebe, Musiker oder Drogenabhängige. In Cupertino hatte ich neue Freunde, die intelligent waren, zur Wissenschaft neigten, zur Mittelklasse gehörten und ziemlich fortschrittlich waren." Während der Junior High School trat Espinosa als Sprecher der Schülerschaft bei Stadtratssitzungen auf, die einberufen wurden, um Pläne zur Umwandlung eines Obstgartens in eine Shopping-Mall zu diskutieren. Dank seines Interesses an öffentlichen Verkehrsmitteln war er auch dem Santa Clara Transit District ein Dorn im Auge, denn er argumentierte bei öffentlichen Versammlungen zugunsten einer Ausweitung der örtlichen Busdienste und pries die Vorzüge von Stadtbahnen an. Er gewöhnte sich an, stundenlang Bus zu fahren – „Für mich war das Busnetz ein großes, verzwicktes System" –, und nutzte den Bus, um Byte Shops zu besuchen, wo er lernte, wie man einen Apple programmiert. Aber ebenso wie Wigginton, der ihn mit Wozniak bekanntmachte, war Espinosa zu jung, als dass er hätte zu den Homebrew-

Versammlungen fahren können. Da weder die Tentakeln des Busnetzes noch die Neigungen ihrer Eltern bis zu den finsteren Rändern von Palo Alto an Mittwochabenden reichten, wurden Wigginton und Espinosa von Wozniak zu den Homebrew-Versammlungen chauffiert. Die beiden Jugendlichen wurden Wozniaks Messdiener. Espinosa überredete Wozniak dazu, der Homestead High School einen Computer zu schenken, und bewies seinen aufgeweckten, übermütigen Sinn für Humor, indem er ihn in ein Gehäuse mit der Aufschrift „IBM" einbaute. Für die Homebrew-Fahrten quetschten sie sich in Wozniaks Auto, wobei sie den Rücksitz frei räumten, der mit Zeitschriften, Zeitungen und Hamburger-Verpackungen bedeckt war. Dabei witzelten sie, der Schimmelpilz, der auf dem Polster wachse, sei in Botanikerkreisen als „Woz Effect" bekannt. Der etwas schmaler gebaute Espinosa schleppte Bücher und Hefte in die Versammlungen, während Wigginton die undankbare Aufgabe hatte, Wozniaks 48-cm-Farbfernseher zu tragen. Wozniak trug den neuen Computer, für den Wiggintons Bruder ein hölzernes Gehäuse entworfen und gebaut hatte. Nach den Versammlungen setzten sich die drei noch in ein örtliches Denny's, wo sie weiter fachsimpelten. Bei einer Homebrew-Versammlung fragte Jobs Espinosa aus, der sein Können durch die Vorführung der Farbe bewies, und bot ihm im Austausch gegen eine Reihe 4-Kilobyte-Speicherchips, die zu den gesuchtesten Teilen für den Apple gehörten, einen Job an. Espinosa nahm an, erinnert sich aber: „Jobs hat sein Versprechen nie gehalten."
Bei allen Homebrew-Versammlungen war der Apple auf einem Klapptisch neben anderen Hobbycomputern in der Nähe des Eingangs zum SLAC-Hörsaal aufgebaut. In dem steil abfallenden Saal waren fast alle größeren Entwicklungen im Mikrocomputerbereich zu sehen, während der Newsletter des Vereins pflichtbewusst über das Erscheinen neuer Produkte, über Messetermine, die Eröffnung des ersten Computerladens in Santa Monica und die Gründung von Herstellern von

Computerbausätzen wie Kentucky Fried Computers berichtete. Die Newsletter-Redakteure brachten den Bastlern auch ein paar grausame Lebensweisheiten nahe. Als die Videoanzeige von Processor Technology nicht wie versprochen erschien, bemerkte der Newsletter: „Da zeigt sich, dass Geduld zu den notwendigen Eigenschaften eines Computerbastlers gehört." Es gab häufige Forderungen nach mehr Software und die Ankündigung einer Zeitung, deren Herausgeber Computersprachen und Programme veröffentlichen wollten und die ihr den skurrilen Namen *Dr. Dobbs' Journal of Computer Calisthenics and Orthodontia* gaben.

• • •

Während sich Wozniak damit beschäftigte, ein paar Programme für den Apple zu entwickeln, löste das Thema Software in dem Club eine heftige Debatte aus. Die meisten Computerbastler betrachteten Software zwar nicht unbedingt als Geburtsrecht, fanden aber doch, dass sie jedermann, der die Tollkühnheit und den Schneid an den Tag legte, selbst einen Computer zu bauen, kostenlos zur Verfügung stehen sollte. Die Programmierer, die die Software schrieben, waren anderer Meinung. In einem offenen Brief an die Bastler, der in dem Homebrew-Newsletter veröffentlicht wurde, beschwerte sich einer der Entwickler des Original-BASIC für den Altair namens Bill Gates, dass zwar die meisten Kunden von MITS ein Exemplar von BASIC besaßen, dass aber nur ein Zehntel das Programm tatsächlich gekauft habe. „Ohne gute Software", schrieb Gates, „und einen Besitzer, der weiß, wie man programmiert, ist ein Hobbycomputer Verschwendung. […] Der Mehrheit der Bastler muss klar sein: Die meisten von Euch stehlen Ihre Software." Gates' temperamentvolle Verteidigung der Rechte der Programmierer fiel auf taube Ohren, allerdings antwortete ein Clubmitglied darauf: „Alle Ihre potenziellen künftigen Kunden als Diebe zu bezeichnen, könnte eine ‚uncoole' Werbestrategie sein."

Das Marketing war auch so eine Sache, mit der Wozniak nichts zu tun haben wollte. Die meisten Funktionen, die er nach und nach in den Apple einbaute, entsprachen seinen persönlichen Wünschen. Er ergänzte Schaltkreise für Spieleingabegeräte und Sound, sodass Breakout in vollem Glanz präsentieren werden konnte. Auf dem Bildschirm erschienen nur Großbuchstaben, weil die meisten Tastaturen, die von den Homebrew-Mitgliedern verwendet wurden, nur Großbuchstaben verarbeiten konnten. Wozniak schrieb sogar eine Routine zur Umwandlung von Kleinbuchstaben in Großbuchstaben. „Wir dachten nicht sehr weit voraus. Wir wollten zwar eine Tastatur anschließen, die Kleinbuchstaben konnte, aber aus zeitlichen Gründen kamen wir nicht dazu." Auch war der Computer so gestaltet, dass er nur 40 Zeichen pro Zeile anzeigte, weil Fernsehbildschirme nicht mehr Zeichen schafften.

Wozniak war nicht einmal sicher, ob er wollte, dass Jobs seinen Farbcomputer verkaufte. Als Apple gegründet wurde, hatte Wozniak mit Jobs und Ron Wayne eine mündliche Vereinbarung getroffen, dass alle Rechte an Verbesserungen des Apple ihm gehörten. Eine Zeit lang spielte er mit dem Gedanken, seine verbesserte Version an Processor Technology, den Hersteller des Sol Terminal, zu verkaufen. „Ich war nicht sicher, ob das ein Apple-Produkt war." Die gesamte Familie Wozniak betrachtete Jobs skeptisch. Leslie Wozniak hatte von ihm als „schlampig aussehender Barfußtyp mit ungepflegten Haaren" gehört, während seine Eltern hinsichtlich des Geschäftspartners ihres ältesten Sohnes ernstere Zweifel hegten. Jerry Wozniak forderte seinen Sohn auf, über andere Verbündete nachzudenken, und er bot ihm an, ihm Kontakte mit Bekannten von ihm zu vermitteln. „Wir haben uns über Steve Jobs Fragen gestellt", erinnert sich Jerry Wozniak. „Wir fanden, er war der Typ Mensch, der meint, er müsste immer ganz oben anfangen, und der sich nicht die Mühe macht, sich hochzuarbeiten."

• • •

Die familiären Zusammenstöße kulminierten, als im Herbst 1976 zwei Vertreter von Commodore Business Machines in die Garage der Familie Jobs kamen und anboten, Apple mit Sack und Pack und Prototyp zu kaufen. Die potenziellen Aufkäufer waren vertraute Gesichter. Sowohl Chuck Peddle als auch Andre Sousan hatten schon früher mit Apple zu tun gehabt, und Ersterer hatte das Team geleitet, das den MOS Technology 6502 designte (Wozniak hatte seinen ersten 6502 auf der Messe in San Francisco der Frau von Peddle abgekauft). Als Wozniak gerade Änderungen am Apple vornahm, hatte Peddle in der Garage der Jobs vorbeigeschaut und den KIM-1 vorgeführt, einen Einplatinen-Mikrocomputer, den MOS Technology entwickelt hatte, um Ingenieure zu schulen, die den 6502 in Aufzügen und Haushaltsgeräten einsetzen wollten. Zwischenzeitlich war MOS Technology von Commodore Business Machines übernommen worden, wo Andre Sousan Vice President of Engineering war. Sowohl Sousan als auch Peddle waren überzeugt, ein modifizierter Apple würde es ihrem neuen Arbeitgeber ermöglichen, sich auf das Feld der Mikrocomputer zu stürzen. Jobs hatte auch eine Preisvorstellung: Er wollte für Apple 100.000 Dollar haben, ein paar Commodore-Aktien und ein Jahresgehalt von 36.000 Dollar für sich und für Wozniak.

Tatsächlich hätte der Verkauf mehr Geld gebracht, als sich beide je vorgestellt hatten, und außerdem die Befreiung von einem Jahr mit 14 Stunden Arbeit pro Tag. Aber je mehr Erkundigungen Jobs über Commodore einholte, umso misstrauischer wurde er. Er erkundigte sich über Jack Tramiel, dem Commodore-Gründer, der Anfang der 1970er-Jahre von der Taschenrechner-Branche verflucht worden war, weil er einen erbitterten Preiskrieg anzettelte und eine Ladenkette namens Mr. Calculator betrieb. Jobs erfuhr, dass Tramiel bei Verhandlungen häufig seinen Lieblingsspruch anbrachte: „Eines ist mir noch näher als mein Hemd: meine Haut." Jobs war unbeeindruckt. „Je genauer ich mir Commodore anschaute, umso schäbiger wurde es. Ich fand keinen einzigen Menschen, der mit denen einen Deal gemacht hatte und damit glücklich war. Alle hatten das Gefühl, sie seien betrogen worden." Tramiel und der Commodore-Vorsitzende Irving Gould kamen ihrerseits zu dem Schluss, dass sie Apple nicht übernehmen wollten. Sousan erinnert sich: „Sie fanden es lächerlich, zwei Typen aufzukaufen, die in einer Garage arbeiteten."

Aber die Annäherungsversuche von Commodore waren das Thema langer Diskussionen zwischen Jobs und Wozniak, und es gab große Meinungsverschiedenheiten darüber, wie etwaige Erlöse aufgeteilt werden sollten. Jerry Wozniak mischte sich in den Streit ein und machte klar, wie er darüber dachte. Mark Wozniak erinnert sich an die Bestimmtheit der Überzeugungen seines Vaters. „Dad brachte Jobs mehrmals zum Weinen. Er sagte, er würde das kleine Arschloch zum Weinen bringen und das wär's dann. Er sagte zu ihm: ‚Du hast nicht mal ein Stück Scheiße verdient. Du hast überhaupt nichts produziert. Du hast überhaupt nichts gemacht.' Damit wäre es fast vorbei gewesen." Jobs fühlte sich elend, er war überzeugt, dass Jerry Wozniak seine Beiträge klar unterschätzte, und er sagte zu dem jüngeren Wozniak: „Woz, wenn wir nicht Fifty-Fifty machen, kannst Du den ganzen Kram haben." Am Ende setzten sich Jobs' Instinkte durch, und Commodore und Apple gingen getrennte Wege.

• • •

Während sich die Apple-Gründer gegen Freier wehrten, beschäftigten sie sich aber auch mit weiteren Modifikationen des Computers. Jobs meinte, ein leises Gerät ohne Gebläse würde sich besser verkaufen als die eher lärmenden Computer, in denen ein Gebläse ein Netzteil kühlte, das so heiß war wie ein Toaster. Wozniak hatte sich für Netzteile nie besonders interessiert. Als er und Fernandez den Cream-Soda-Computer entwickelt hatten, war das Netzteil die Fehlerquelle gewesen.

Als er und Baum den Data General Nova nachgebaut hatten, hatten sie sich um die Konstruktion eines Netzteils überhaupt nicht gekümmert. Beim Apple waren die Netzteile Nebensache. Netzteile waren etwas, das man in letzter Sekunde noch anschließen konnte, etwas, das man jederzeit bei Haltek im Regal fand. Der einzige Moment, in dem man sich um ein Netzteil Sorgen machen musste, war dann, wenn es einen Stromstoß durch den Computer zu schicken drohte und alle fein abgestimmten digitalen Elektronikbauteile durchbrennen ließ.

Netzteile gehörten einem älteren, trägeren Zweig der Elektronik an, dessen Grundregeln sich seit der Frühzeit des Radios kaum verändert hatten. Netzteile, Regler und Transformatoren waren analoge Geräte, und es bestand ein emotionaler und intellektueller Graben zwischen der analogen und der digitalen Elektronik. Junge Leute wie Wozniak interessierten sich viel mehr für die digitale Elektronik, die sich viel schneller veränderte. Die Welt ihrer Konzepte war von Begriffen wie hoch und tief, eins und null bestimmt und ihr Leben drehte sich um den Umgang mit Lösungen, die ihnen von den Halbleiterherstellern präsentiert wurden.

Allzweck-Elektrotechniker kannten sich normalerweise besser mit analoger Elektronik aus, die auf einem breiten Spektrum wissenschaftlicher Disziplinen basiert und ein gründlicheres Fundament in Mathematik und Physik erfordert. Analog-Designer machten sich viel mehr Gedanken über Vollständigkeit, denn ihnen war bewusst, dass die Ergänzung einer Schraube oder die Platzierung eines Kabels die Leistung ihres Entwurfs beeinflussen konnte. Sie ärgerten sich über Spannungsverluste und waren insgesamt eine umsichtigere und geduldigere Spezies. Im Gegensatz zu einem Digital-Designer, der ausrief: „Es klappt", erklärte ein Analog-Designer zurückhaltender: „Es klappt im Rahmen der Spezifikationen."

Also fuhr Jobs zu Atari und fragte Al Alcorn, ob er ihm jemanden empfehlen könne, der ihn dabei unterstützen könnte, ein Netzteil zu entwerfen, das ohne Gebläse auskommt. Als er in die Garage zurückkehrte, platzte er vor Optimismus und erzählte Wozniak und Wigginton, er habe den großartigsten Analogdesigner in der Geschichte des Universums getroffen, einen Ingenieur, der ein Netzteil konstruieren könne, das ganz New York erleuchten würde, aber trotzdem nur eine 6-Volt-Batterie benötige. Der Gegenstand seiner Begeisterung, Frederick Rodney Holt, war allerdings weniger zuversichtlich, was Apple anging. Er traf Jobs, begutachtete alles, was vom Scheitel bis zur Sohle sichtbar war, und fragte sich, ob sich Apple seine Beratergebühr leisten könnte. „Ich sagte ihm, ich wäre teuer. Er sagte, das sei kein Problem. Er verführte mich einfach zur Arbeit."

Holt fing an, die Abende und Wochenenden bei Apple zu verbringen, und Jobs und Wozniak entdeckten wieder einmal, dass der Schein trügen kann. Holt sah aus wie der Chefdesigner einer Science-Fiction-Maschine, die Rührstäbchensalven abfeuerte. Sein Gesicht war von Falten durchzogen, er hatte jadegrüne Augen, strohige Haare und eine knochige Gestalt, die normalerweise in ein Rollkragenshirt, eine Freizeithose und Wanderschuhe gehüllt war. Seine dünnen Finger hielten fast immer eine Camel-Zigarette und waren von dem Nikotin vergilbt, das ihm auch einen rauen Husten verlieh. Aber er war kein vertrockneter Ingenieur mittleren Alters. Holt war zwar so alt, dass er sowohl Wozniaks als auch Jobs' Vater hätte sein können, aber er war schon zum ersten Mal Vater geworden, als er 18 war, ein Jahr, nachdem er ausgezogen war, um die erste von mehreren Frauen zu heiraten.

Von seinem Großvater, einem revolutionären Sozialisten, der unter Eugene Debs als Gouverneur für den Bundesstaat Maine kandidiert hatte, hatte er als Jugendlicher die gesammelten Werke von Lenin geerbt. Zwar teilte Lenin später das jugendliche Bücherregal mit den Werken von Darwin, aber Holt beschloss, dass der Sieg des Proletariats dem Überleben des Fittesten unendlich vorzuziehen sei. Er fand das Mathematikstudium an der Ohio State University öde – „Das war, wie wenn man gegen sich selbst Schach spielt" –, gab eine freigeistige Zeitung heraus und erforschte die persönlichen Eifersüchteleien radikaler linker Splittergruppen. Er wurde nationaler Kassenwart für die Studentensektion der National Coalition Against the War in Vietnam und wurde von einem kleinen New Yorker Verlag aufgefordert, ein Buch über die Logik des Marxismus zu schreiben. Aber der Ruf der Politik lockte ihn an, und im Jahr 1965, als John Lindsay als Bürgermeister von New York City kandidierte, leitete Holt den Wahlkampf des Rivalen, eines schwarzen Taxifahrers, der für die Revolutionären Sozialisten kandidierte. Dem Duo gelang es, beim FBI weit mehr Aufmerksamkeit zu erregen als bei den New Yorker Wählern.

Neben seinen politischen Ausflügen entwickelte Holt ein Interesse für Elektronik und Motorräder. Er entwickelte, baute und installierte mehrere Hifi-Anlagen mit niedrigem Klirrfaktor „aus einer Menge Mist", und fast zehn Jahre lang arbeitete er bei einer Elektronikfirma im Mittelwesten, wo er bei der Konstruktion eines preisgünstigen Oszilloskops half. An den Abenden und Wochenenden stieg Holt vom Motorroller auf Harley-Davidson und Triumph um und vom Flat Track zum illegalen Straßenrennen. Als die Jahre vergingen und sich die Rennfahrer immer die neuesten Motorräder kauften, löste sich Holts Vorsprung, der darauf beruhte, dass er dank seines mechanischen Geschicks die Maschinen umbauen konnte, in Luft auf. Als er Anfang der 1970er-Jahre von Ohio an die Westküste zog, lud er trotzdem drei Motorräder auf einen Anhänger und transportierte sie quer durchs Land. Im Frühjahr 1976 gab er die Rennen auf, weil er wegen einer Muskelnervenschädigung in seinen Daumen den Lenker nicht mehr richtig festhalten konnte. Seine Sprache war immer noch von den Ausdrücken der Motorradszene durchsetzt, aber sein erzwungener Rückzug und ein bitterer Streit mit einem langjährigen Freund bei Atari ließen ihn näher an Apple heranrücken. „Wenn ich

immer noch Rennen gefahren wäre, als Jobs vorbeikam, hätte ich ihn wahrscheinlich in die Wüste geschickt."
Holt fand, dass Jobs und der widerspenstige Apple-Computer faszinierende Aufgaben darstellten: „Es war eine Herausforderung, etwas im kommerziellen Maßstab zu machen, das noch nie gemacht wurde. Das war die Art von Problemstellung, die eine gewisse innere Anziehungskraft auf mich ausübt." Aber Holt hatte nicht vor, sich von seiner wöchentlichen Billardpartie durch eine Tätigkeit als Teilzeitberater abhalten zu lassen, egal wie interessant sie auch sein mochte. Und Jobs und Wozniak stellten bald fest, dass es unmöglich war, mit Holt über irgendein Thema zu sprechen, ohne feststellen zu müssen, dass er mit etwas mehr als nur rudimentärem Wissen darüber bewaffnet war. Eine hingeworfene Bemerkung über die Glasur eines keramischen Gegenstands konnte einen Vortrag über chemische Oberflächenbehandlung auslösen. Ein bewundernder Kommentar zu einem Schnappschuss gab Anlass zu einem Vortrag über Fotogravüretechniken. Wenn man über den Preis von Speicherchips murrte, hatte dies eine Vorlesung über die Übel des kapitalistischen Systems zur Folge, während eine beiläufige Erwähnung von Poker meist ein munteres Spielchen nach sich zog. Die jungen Leute von Apple merkten bald, dass Holt die Art Mensch war, die am liebsten mit einem Elektron auf Du wäre, und dass er sich mit hoher Wahrscheinlichkeit in ein Restaurant setzen und auf der Rückseite einer Serviette beweisen könnte, dass er gar nicht existierte.

„So eine Revolution ist schweineteuer."
– MAURICE GOLDMAN

Jenseits der Fenster hing ein langer, rostbrauner Stahlträger nachlässig von einem Kran herab. Vom Boden aus gaben ein paar Arbeiter dem

Kranführer heftige Winksignale. Ihre weißen Bauhelme ließen Sonnenreflexe herumhüpfen. Getönte Scheiben schirmten die Arbeiten an Apples neuer Unternehmenszentrale vor den zwei Dutzend Menschen ab, die in einem kargen Büro im Erdgeschoss um einen U-förmigen Tisch herumsaßen. Der baumelnde Träger und die weißen Helme waren wie eine Szene, die man einem Stummfilm über Baustellensicherheit entnommen hatte.

Ein paar der Besprechungsteilnehmer kritzelten vor sich hin und starrten aus den Fenstern. Etwa die Hälfte davon waren Marketing-Manager aus verschiedenen Abteilungen von Apple, während die anderen von der Werbeagentur Chiat-Day kamen. John Couch, Leiter der Abteilung, die den Lisa herstellte, saß unruhig auf der Stuhlkante. Fred Hoar, Apples Vizepräsident für Kommunikation, strich über sein sorgfältig gekämmtes kastanienbraunes Haar, und Henry Whitfield stand neben einem Overheadprojektor. Andere konzentrierten sich auf Fred Goldberg, der etwas über die Kampagne erzählte, die er und seine Kollegen von der Werbeagentur für Apple vorbereitet hatten. Goldberg beschrieb einige der Vorbereitungen für Anzeigen, die gleichzeitig mit der Hauptversammlung des Unternehmens erscheinen sollten, auf der Lisa und der Apple IIe offiziell vorgestellt werden sollten. Dann begann er, ein Werbekonzept für alle Computer von Apple zu skizzieren.

„Wir haben die Aufgabe, die Verwirrung aufzulösen und aus der Marke eine Marke zu machen", sagte Goldberg. „Wir müssen bei neuen Nutzern das Selbstvertrauen aufbauen, welche Computer sie wann benutzen sollten. Die meisten Leute kaufen nicht einfach einen Computer. Sie kaufen das Unternehmen, seine Größe und das Vertrauen, das es einflößt." Er äußerte eine gewissee Zuversicht in die Wirkung der Anzeigen. „Wenn man eine Werbekampagne um eine Produkteinführung betreibt, ist die Wahrscheinlichkeit, dass sie nach hinten losgeht, viel geringer als bei PR. Wenn man Werbung macht, weiß man,

was man hat. Die Tatsache, dass man Geld des Unternehmens ausgibt, demonstriert das Vertrauen des Unternehmens in das Produkt. Dass man sein eigenes Geld ausgibt, ist ein Statement."
Goldberg stellte Lee Clow vor, den Creative Director der Agentur. Der große, leicht gebeugte und bärtige Clow nahm einen tiefen Zug aus seiner Zigarette und warf ein paar Anzeigen in Plakatgröße auf einen Tisch. Er deutete auf die Plakate und sagte: „Wir finden, der Tenor dieser Sache sollte die Wiedergeburt sein." Er las ein Stück daraus vor: „Evolution. Revolution." Er machte eine Pause. „Es ist sehr heikel zu sagen, dass alles, was alle anderen machen, überholt ist, aber genau das versuchen wir zu sagen. Es ist sehr wichtig, dass die Einführung von Lisa zeigt, dass alle anderen Nieten sind." Clow las die Anzeige zu Ende, und ein paar von den Apple-Leuten äußerten Bedenken: „Wir wollen nicht, dass die Anzeigen den redaktionellen Beiträgen in die Quere kommen", sagte Fred Hoar. Er wies darauf hin, dass ein paar Tage nach der Einführung des Lisa und des Apple IIe Meldungen in den Nachrichtenmedien erscheinen würden. „Das wird abgehen wie eine Rakete. Ich will, dass die PR reinhaut."
Alan Oppenheimer, ein Marketingmanager von Apple mit breitem Lächeln und Nickelbrille, legte den Finger in eine offene Wunde. Zwar hatten sowohl der Mac als auch Lisa eine Maus und visuelle Symbole, aber Programme, die für den einen Computer geschrieben waren, liefen auf dem anderen nicht. Daher hätten die Marketingleute alle Hände voll mit dem Versuch zu tun, zu verbergen, dass Lisa und Mac genauso gut von zwei verschiedenen Unternehmen hätten entworfen sein können. „Vielleicht ist der Masterplan nicht so ganz passend", sagte Oppenheimer. „Mac und Lisa sind nicht kompatibel. Die Technik-Presse durchschaut das. Die könnten uns auseinandernehmen."
„Den harmonischen Masterplan können wir vielleicht nicht durchsetzen", sagte Hoar, „aber wir möchten den Gedanken zerstreuen, Apple sei opportunistisch, planlos und unkoordiniert."

John Couch rutschte auf der Stuhlkante herum und warf spitz ein: „Was wir eigentlich sagen wollen: ‚Wir haben hier ein persönliches Bürosystem. In den 70ern hat es eine Hardware-Revolution gegeben und in den 80ern wird es eine Software-Revolution geben.' Das ist die Message."

Ein paar Plätze weiter nickte Linda Goffen, die für Couch arbeitete, heftig und setzte hinzu: „Wir müssen diese Terminologie mit Beschlag belegen und sie zu unserer eigenen machen."

Als die Diskussion abgeflaut war, erläuterte Clow den Vorschlag der Werbeagentur, die Werbung für Lisa und Mac miteinander zu verknüpfen. Er zitierte den Leitspruch: „Wir führen Computer ein, vor denen man keine Angst zu haben braucht, auch wenn man eine Maus in die Hand nehmen muss."

„Ich glaube, das ist fast schon technischer Selbstmord", sagte Paul Dali, der wuschelhaarige Marketingleiter für den Apple II und den Apple III. „Abgesehen von der Mausschnittstelle haben sie keine Ähnlichkeiten. Wir sollten nicht versuchen, eine Familie zu schaffen."

„Die einzigen Leute, die wegen der Kompatibilität auf uns einprügeln werden, sind die Fortune 500", sagte Couch beschwichtigend. „Die werden sagen: ‚Warum kann ich meine Textverarbeitung vom Lisa nicht mit nach Hause nehmen und sie in den Mac stecken?' Die werden uns für einen Haufen Deppen halten."

„Das ist echt ein Problem." Henry Whitfield seufzte. „Die Dinger sind nicht kompatibel. Früher oder später merken die Leute, dass die nicht miteinander sprechen. Die meisten Fortune-1000-Unternehmen meinen, wir sollten mehr Kompatibilität haben. Wir sagen dann, wir hätten versucht, den Preis niedrig zu halten, um wieder mehr in den Verbrauchermarkt hineinzukommen."

John Couch kam auf das zentrale Thema der Besprechung zurück: Wie Apple Menschen in Großunternehmen dazu bringen könnte, Lisas und Macs zu kaufen. Er begann, sich über die EDV-Manager zu beschweren, die es gewohnt waren, in Großunternehmen die Rechenleistung zu kontrollieren. „Denen geht es eher darum, Barrieren zu errichten, um zu verhindern, dass der Rest der Welt an Computer herankommt. Denen hat es nicht gefallen, dass im ganzen Haus Apple IIs laufen, und jetzt meldet sich IBM bei ihnen. In Sachen Vertrieb und Kundendienst können wir mit IBM nicht konkurrieren, deshalb müssen wir mit der Technik punkten. Wir müssen sagen: ‚Das ist eine neue Technologie. Da draußen läuft eine Revolution. Wenn die Technologie nicht Ihre Bedürfnisse erfüllt, kaufen Sie trotzdem Apple, die sind nämlich allen voraus.'"

„Wir müssen die Flagge richtig aufpflanzen", sagte Paul Dali nachdrücklich.

„Es ist einfach nicht genug Geld da", sagte Fred Goldberg und breitete resigniert die Hände aus.

„Wir versuchen schon mit aller Gewalt, mehr Geld zu bekommen", bemerkte Henry Whitfield. „Wir geben viel zu wenig aus. Wir haben einfach nicht genug Geld."

„Man kann keine Revolution machen, wenn man mit viertelseitigen Anzeigen anfängt", sagte Maurice Goldman von der Werbeagentur zustimmend. „So eine Revolution kostet ein Schweinegeld."

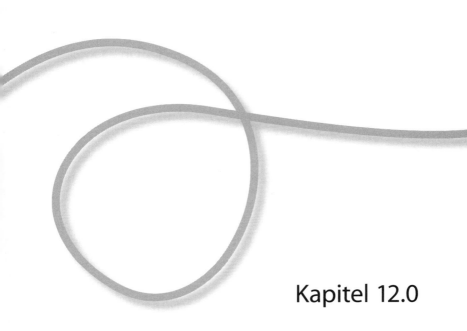

Kapitel 12.0

Mercedes und eine Corvette.

Apple Computer war in einer engen, kleinen Welt von Amateuren gefangen. Es war ein gemütlicher Ort und viele Mikrocomputerfirmen waren damit zufrieden, ihn zu besetzen. Die Ingenieure konnten bis zum Morgengrauen über Schaltkreise und schlaue Programmpassagen diskutieren. Die Gründer konnten in ihrer neu gewonnenen Autorität schwelgen, Seitenhiebe auf die Trägheit von Großunternehmen austeilen, große Anzeigen in kleinen Publikationen platzieren, sich beim Anblick von mehreren Tausend Dollar die Lippen lecken und sich ganz allgemein wie Westentaschenherrscher von Bananenrepubliken aufführen. Viele dieser Menschen begriffen nie, was sie nicht wussten, und sie waren entweder zu vorsichtig oder zu selbstsicher, um sich Rat von anderen zu holen, die mehr Welterfahrung besaßen.

Diese Gefäße der Weisheit saßen in Dutzenden niedriger Bauten mit Stahlskelett, Betonmauern und glänzenden Glasscheiben. Solche monotonen Industriescheunen hatten in den 1970er-Jahren das Mosaik der Felder und Obstgärten ersetzt, das sich einst über die Ebene entlang des Westrands der San Francisco Bay erstreckt hatte. Dort waren Dutzende von Unternehmen beheimatet, die in den 1960er- und 1970er-Jahren gegründet worden waren, als das Zentrum der elektronischen Neuerungen von Sunnyvale aus in Richtung Süden nach San Jose driftete. Diese Gebäude waren von klinischer Gebrechlichkeit, und manchmal wurden sie als „Aufkippbauten" bezeichnet, weil die Mauern aus vorgefertigten Gussbetonplatten bestanden, die in die richtige Position nach oben geklappt wurden. Diese Gebäude sahen aus, als wären sie von einem Bauherrn geliefert worden, der eine Gärtnerei besitzt. Da gab es frische Kieselsteine, schwarz glänzenden Asphalt und geschnittenes Gras, das die Glattheit und das Aussehen von Kunstrasen besaß. Es war eine industrielle Levittown.

Bei einer kurzen Rundfahrt durch Santa Clara oder Mountain View sah man eine Reihe von Logos und Schildern, die Zusammenziehungen oder Verbindungen von circa fünf Wörtern waren: Advanced-Digi-Integrated-Micro-Technologies. Allen regelmäßigen Lesern von *Electronic News* waren die ähnlich klingenden Namen, die an den Auffahrten standen, vertraut – aber zu sagen, diese Unternehmen wären alle gleich gewesen, wäre ungefähr so scharfsinnig wie die Bemerkung gewesen, dass die meisten Hemden einen Kragen, zwei Ärmel und Knöpfe aufweisen. Das Leben hinter den Mauern besaß einen Hauch von Vergänglichkeit und die alten jahreszeitlichen Rhythmen des ländlichen Lebens waren einem fast schon biologischen Muster gewichen, das jungen Unternehmen zu eigen ist. Es durchlief einen Zyklus von Ehrgeiz, Begeisterung, Glücksgefühl, Komplikationen, Desillusionierung und Frustration. Ein Elektronikverband hatte angefangen, einen Unternehmensstammbaum zu veröffentlichen, und die Chronisten der Elektronikindustrie erklärten Neulingen geduldig, dass Fairchild Semiconductor die Intel Corporation und National Semiconductor gezeugt hatte, die ihrerseits wieder neue Unternehmen ausgebrütet hatten. Der Stammbaum, der mit den Jahren immer länger und verschlungener wurde, enthielt nicht wenige Unternehmensscheidungen, Wiederverheiratungen, Stiefkinder und uneheliche Nachkommen, und es herrschte derart viel Inzucht, dass es bei Menschen zu Geburtsfehlern geführt hätte.

Die Gründer und Manager dieser Unternehmen sagten sehr gern, es gäbe nichts, was sie brauchten, das es nicht im Umkreis von einer Meile gab. Da gab es Anwälte, die Gründungsurkunden aufsetzen konnten, Wagniskapitalgeber, die Geld liefern konnten, Baufirmen, die Fundamente legen konnten, Innenarchitekten, die Büros einrichteten, Buchhalter, die die Bücher prüften, Lieferanten, die Teile lagerten, Auftragswerkstätten, die lästige Routinearbeiten erledigten, PR-Agenturen, die die Presse hofierten, und Emissionsbanken, die Börsengänge organisierten. Viele dieser Männer waren in der Halbleiterindustrie groß geworden. Sie sprangen zwischen den Unternehmen hin und her, verließen sie, um ein eigenes zu gründen, und behielten einander lose im Auge. Sie waren mobile Erfahrungsreservoire, die wussten, wem man trauen konnte, und die einander Aufträge zuschusterten. Es war eine kleine Welt, in der sich Gerüchte schnell ausbreiteten, in der es häufig vorkam, dass Menschen für jemanden arbeiteten, den sie früher einmal eingestellt hatten, und in denen man eher Menschen als Unternehmen die Treue hielt. Alle diese Männer arbeiteten oder investierten in Unternehmen, deren Produkte irgendwann zu Haltek und Halted und zu Leuten wie Wozniaks und Jobs durchsickerten. Doch bei aller physischen Nachbarschaft gab es trotzdem eine beträchtliche Distanz zwischen den Profis und den Amateuren.

• • •

Jobs mit seinem genauen inneren Kreiselkompass begann, diese Kluft zu überbrücken, und rief die Marketingabteilung von Intel an, um herauszufinden, wer für die auffällige Werbung des Unternehmens verantwortlich war. Zum Erstaunen vieler Intel-Ingenieure war diese nämlich nicht mit langweiligen Charts oder technischen Schwarz-Weiß-Zeichnungen überladen und befasste sich nicht mit den nur Eingeweihten verständlichen Stärken eines neuen Chips. Sie war bunt, Grafiken wurden von Text umflossen und es wurde massiv von Symbolen Gebrauch gemacht, um die potenzielle Macht der Elektronik zu erklären. Pokerchips standen für Profite, Rennwagen für Schnelligkeit, Hackebeile für Kostenkürzung, während Hamburger zeigten, dass Chips auf Bestellung gefertigt werden konnten. Jobs erfuhr, dass die Ideen und die Gestaltung von einer Werbe- und PR-Agentur aus Palo Alto stammten, die den Namen ihres Gründers trug: Regis McKenna. Jobs rief die Agentur an und wurde zu Frank Burge durchgestellt, der informell für die Sichtung neuer Unternehmen zuständig war. Burge hatte nicht vor, sich von einem Jungspund nerven zu lassen,

der verkündete, er wolle eine Farbbroschüre erstellen, und der ihm sagte: „Leute, Ihr macht gute Sachen; ich möchte, dass Ihr auch meine Sachen macht." Burge hörte ihn an und versprach ihm, sich innerhalb einer Woche bei ihm zu melden. Jobs rief Burge noch mehrmals an. „Auf meinem Schreibtisch lag immer ein Stapel Nachrichten und Steve ließ es nicht dazu kommen, dass seine ganz nach unten rutschte. Ich wollte nicht grob zu ihm sein, und deshalb sagte ich schließlich: ,Ja, ich schaue mal vorbei.' Als ich zu der Garage fuhr, dachte ich: ,Um Himmels willen, was soll das mit dem Typ bloß werden? Wie kann ich möglichst wenig Zeit mit diesem Clown verbringen, ohne grob zu sein, und dann wieder etwas Produktiveres machen?'"
Als Burge sah, wie Jobs in Jeans und Sandalen, mit ungewaschenen feuchten Haaren und Dreitagebart aus der Küche kam, vergrößerte sich sein Unwohlsein. „Das mit dem Grobsein vergaß ich. Etwa zwei Minuten lang dachte ich nur an Flucht. In rund drei Minuten fielen mir zwei Dinge auf: Erstens war er ein unglaublich kluger junger Mann. Zweitens verstand ich nicht einmal ein Fünfzigstel von dem, was er sagte." Burge war beeindruckt und prüfte Jobs' Referenzen bei einem anderen Kunden der Agentur nach, nämlich bei Paul Terrell von den Byte Shops. Terrell sagte Burge: „Die haben sich übernommen und brauchen ein bisschen Organisation. Jobs fühlt sich mit Marketing-Aufgaben nicht gerade wohl." Ein paar Wochen später traf sich eine andere Führungskraft von McKenna mit Jobs und deutete an, die Agentur wäre vielleicht bereit, die gesamte Marketingkampagne von Apple zu übernehmen – gegen eine Umsatzbeteiligung. Außerdem riet er, das Ergebnis der ersten Apple-Werbung abzuwarten und außerdem den Computer einer genaueren Prüfung zu unterziehen. Ein Agenturmemo vermerkte, wie weit es Jobs gebracht hatte: „Er hat zwar eine gewisse Stückzahl in den Einzelhandelsvertrieb gebracht, es gibt aber noch keine Indizien dafür, dass es den Einzelhändlern gelingt, Kunden zu finden." Das Memo kam zu dem Schluss: „Steve ist jung

und unerfahren." Die letzte Zeile mahnte jedoch: „Auch Bushnell war jung, als er Atari gründete. Und er behauptet, er hätte jetzt zehn Millionen Dollar."

Schließlich wurden Jobs und Wozniak mit dem Chef der Agentur, Regis McKenna, bekannt gemacht. Seine Visitenkarte, auf der die ironische Zeile „Regis McKenna persönlich" stand, sah beeindruckender aus als ihr Besitzer, dessen gebrechliches Äußeres auf seine chronische Diabetes schließen ließ. McKenna hatte vorsichtige Augen, dünner werdendes blondes Haar und eine sanfte Stimme, die einen harten Kern verbarg. Seine Visitenkarte enthüllte allerdings, was er zu bieten hatte, nämlich Unternehmen größer, stabiler und beeindruckender erscheinen zu lassen, als sie waren. McKenna war als einer von sieben Söhnen im Schatten der Fabriken der Stahlbarone von Pittsburgh aufgewachsen, hatte sich nicht die Mühe gemacht, einen College-Abschluss zu erwerben, und war Anfang der 1960er-Jahre als Werbevertreter für eine Zeitschriftenfirma in Familienbesitz nach Kalifornien gezogen. Er war in den verschwiegenen, extrem geheimnisvollen Tagen der Halbinsel dorthin gezogen, war in die Elektronikbranche reingerutscht und schließlich bei Fairchild gelandet. Als Ende der 1960er-Jahre National Semiconductor von einigen desillusionierten Fairchild-Angestellten übernommen wurde, lief auch McKenna über. Er trug mit Werbetricks zum Aufbau des Images von National bei, unter anderem indem er Bilder und Profile der Führungskräfte auf Baseball-Sammelkarten verbreitete.

Als McKenna 1970 sein eigenes Unternehmen gründete, gewann er Intel als Kunden, das von anderen Fairchild-Abtrünnigen gegründet worden war. Eine Zeit lang kümmerte sich McKenna selbst um diesen Kunden, schrieb die Werbetexte und organisierte Interviews mit Journalisten. Er machte alle Schmerzen der Gründung und des Aufbaus eines Unternehmens durch und gewann einige Kunden dadurch, dass er darauf achtete, ob sich in neuen Gebäuden im Umkreis der

Gewerbegebiete etwas tat. Wenn er sich hin und wieder mit einer Gehaltserhöhung belohnte, steckte er das Geld am Ende doch wieder in das Geschäft. Oft schlug sich McKennas eigener Geschmack in der Werbung seiner Kunden nieder. Seine Kaschmirjacketts stammten von Wilkes Bashford, einem eleganten Herrenausstatter aus San Francisco, und er bezahlte ein Werk des katalanischen Surrealisten Joan Miró, indem er eine Hypothek auf sein Haus in Palo Alto aufnahm. Aber das Image von Intel, das den Eckpfeiler von McKennas Unternehmen bildete, wurde wahrscheinlich mehr von der Öffentlichkeitsarbeit als von der Werbung geprägt. McKenna hatte sich große Mühe gegeben, über die Elektronik-Fachzeitschriften hinauszugehen und sich Reporter und Redakteure bei Zeitschriften wie *Business Week*, *Fortune* und *Forbes* heranzuziehen. Er war so gerissen, die meisten Journalisten in dem Glauben zu lassen, er vertraue ihnen Geheimnisse an, und er hatte viel mehr Geduld mit Journalisten als die Elektronikmanager, die stets einen Grund fanden, sich über die Reporter und die Presseberichterstattung zu beklagen und darüber zu meckern. Andrew Grove, der damalige stellvertretende Vorstandsvorsitzende von Intel, sagte: „Er brachte uns bei, Beziehungen zur Presse aufzubauen, anstatt Pressemitteilungen herauszugeben und darauf zu hoffen, dass etwas Wunderbares passiert." McKenna hatte sich bei den Reportern den Ruf erworben, aufrichtig zu sein und nicht auf Tricks zurückzugreifen. Er gab gern Branchenklatsch weiter, machte aus seinen Vorlieben und Abneigungen keinen Hehl und er hielt sich immer an den Ratschlag seiner Frau: „Leg dich nicht mit jemandem an, der die Tinte im Fass kauft." Ein seitenlanger Artikel über einen seiner Kunden schien ihm zwar mehr Befriedigung zu verschaffen als eine Werbeanzeige, aber gelegentlich klang er wie ein Werbeagent von der Madison Avenue, nach dem Motto: „Wir haben die Byte Shops mit einer ganzen Seite in *Business Week* rausgebracht."

Im Jahr 1976 hatte McKenna schon eine gewisse Erfahrung in der Vermarktung von Mikrocomputern. Seine Agentur war für das allgemeine Image von Byte Shops verantwortlich und hatte auch einige Anzeigen für die Einplatinen-Computer von Intel gestaltet. Darin wurde ein Junge von fröhlichem, typisch amerikanischem Aussehen präsentiert. Als Jobs und Wozniak in McKennas Büro erschienen, leitete dieser also eine Agentur, die sich ebenso wie einige ihrer Kunden einen Ruf aufgebaut hatte, der weit über ihre Größe hinausging. Die Begegnung war unangenehm. McKenna wollte einen Blick auf einen Artikel werfen, den Wozniak gerade für eine Fachzeitschrift über den Apple-Computer schrieb, und er betonte, er sollte nicht allzu technisch werden. Wozniak entgegnete mit dem gesammelten verletzten Stolz eines Ingenieurs: „Ich will nicht, dass irgendein PR-Mensch meinen Text anfasst." Darauf erwiderte McKenna, dem das sture irische Blut ins Gesicht schoss: „Nun, dann gehen Sie wohl am besten beide wieder." Jobs spielte den Friedensstifter und handelte einen brüchigen Waffenstillstand aus.

Apples Begegnung mit McKenna ließ größere Pläne erahnen. Aber ohne Geld waren diese Pläne nutzlos. Der Rest der Mikrocomputer-Industrie wuchs schneller als Apple und Jobs hatte nicht genug Geld, um seinen wachsenden Ambitionen gerecht zu werden. Apple spielte nicht in der gleichen Liga wie Processor Technology, das regelmäßig fünf Seiten Farbanzeigen in Zeitschriften wie *Byte* kaufte. Jobs ging zu Atari und fragte Nolan Bushnell nach einem Rat, wohin er sich um mehr Geld wenden sollte. Bushnell gab ihm einen Einführungskurs in die Welt der Venturecapitalisten – Männer, die im Austausch gegen einen Anteil am Unternehmen Geld zur Verfügung stellen würden – und erklärte Jobs: „Je länger man zurechtkommt, ohne zu diesen Typen gehen zu müssen, umso besser ist man dran." Aber Bushnell empfahl ihm auch, Don Valentine anzurufen, ein Investor bei Atari.

Als Valentine mit seinem Mercedes-Benz von seinem Büro in Menlo Park zur Garage der Jobs fuhr, befand er sich auf einer jener Erkundungsreisen, die sich gewöhnlich nicht lohnten. Dass er sich überhaupt die Mühe machte, dorthin zu fahren, war seiner Neugier geschuldet – und seinem Riecher für Profit. Valentine war der Sohn eines New Yorker Lastwagenfahrers und ein Wagniskapitalgeber, der aussah wie eine verwitterte Version des Verbindungsstudenten, der den Football-Pool für das Wochenende organisiert. In den 1960er-Jahren war er Marketingleiter bei Fairchild gewesen. Dort hatte er geholfen, die Vorzüge integrierter Schaltkreise zuerst an das Militär und dann, als die Preise zu fallen begannen, an kommerzielle Kunden mit militärischen Verbindungen wie General Dynamics, Hughes Aircraft und Raytheon zu verkaufen. Er hatte die Marketingabteilung von National Semiconductor geleitet, war von der zunehmenden Unternehmensbürokratie frustriert gewesen und gegangen, um eine Venturecapital-Firma zu gründen, die er Sequoia Capital nannte. Seine Spezialität war es, stets teilnahmslos und undurchdringlich auszusehen, sodass sogar sein Freund Regis McKenna den Eindruck hatte: „Wenn er versucht, einem etwas abzukaufen oder zu verkaufen, kann er ein abgebrühter Teppichhändler sein." Es war also eher unwahrscheinlich, dass sich Valentine von sentimentalen Aspekten erweichen ließ. Er berief sich häufig auf seinen Lieblingsaphorismus: „Wenn ein Mann in mein Büro kommt und sagt, er will Millionär werden, langweilt mich das zu Tode. Wenn er sagt, er will ein Vermögen von 50 bis 100 Millionen Dollar, bin ich interessiert. Wenn er sagt, er will eine Milliarde Dollar verdienen, sage ich: ‚Erzählen Sie mir davon', denn wenn er das schafft, sahnen wir alle ab."

Valentine war schon auf Jobs gestoßen, als er darüber nachgedacht hatte, in Atari zu investieren, und er wusste auch, dass die Agentur McKenna, bei der im Aufsichtsrat saß, mit Apple verhandelte. Valentine trug Buttondown-Hemden und Regimentskrawatten und fand, dass Jobs aussah wie ein „von der menschlichen Rasse Abtrünniger". Sein Treffen mit dem Apple-Duo war kein Erfolg. Das jüngere Duo erklärte stammelnd, wenn der Markt für Einplatinen-Computer so groß werden würde, wie manche Leute prophezeiten, dann wären sie mehr als zufrieden, wenn sie an dessen Rand herumknabbern und ein paar Tausend Boards im Jahr herstellen könnten. Das war kein Spruch, mit dem man Valentines Herz eroberte. Er fand: „Keiner von beiden hatte irgendeine Ahnung von Marketing. Keiner von ihnen hatte irgendeine Vorstellung von der Größe des potenziellen Marktes. Sie dachten nicht annähernd groß genug." Valentine griff auf einen weiteren Lieblingsspruch zurück: „Wer groß denkt, vollbringt oft Großes. Wer klein denkt, vollbringt nie Großes." Den beiden jungen Leuten erklärte er, er sei nicht bereit, zu investieren, weil niemand bei Apple irgendwelche Marketingerfahrung habe. Jobs bat Valentine sofort, geeignete Kandidaten vorzuschlagen. Valentine kehrte ins Büro zurück, durchkämmte sein Rolodex, suchte drei Namen raus, die er aus seiner Zeit in der Halbleiterbranche kannte, und checkte ihre Fortschritte bei Leuten, denen er vertraute. Einer von ihnen namens Mike Markkula (der sich aufregte, wenn man ihn bei einem seiner richtigen Namen – Armas oder Clifford – nannte) hatte Mitte der 1960er-Jahre bei Fairchild für Valentine gearbeitet.

• • •

Auf Valentines Drängen vereinbarte Markkula (das ist ein finnischer Nachname) einen Termin mit Wozniak und Jobs. Markkula war 33 Jahre alt und lebte als Jungrentier in Cupertino. Er war einer von Dutzenden Männern, die durch den Börsengang eines jungen Unternehmens zu Geld gekommen waren und dann beschlossen hatten, dass es im Leben noch etwas anderes gab, als Vizepräsident eines Unternehmens zu sein. In Markkulas Fall war dieses Unternehmen Intel gewesen, wo er nach seinem Weggang von Fairchild vier Jahre lang gearbeitet hatte. Er hatte kein Geheimnis daraus gemacht, dass es zu seinen Lebenszielen gehörte, Millionär zu werden, bevor er 30 wurde. Als er das geschafft hatte, machte er sich auch nicht die Mühe, seine Befriedigung darüber zu verbergen. Markkula war, um es mit den Worten eines seiner reicheren Intel-Kollegen zu sagen: „Ein Multimillionär, aber ein kleiner Multimillionär." Er war in Südkalifornien aufgewachsen, hatte an der University of Southern California einen Bachelor- und einen Master-Abschluss in Elektrotechnik gemacht, und nach dem Studium war er zur Hughes Aircraft Company gegangen, wo er in einem Forschungs- und Entwicklungslabor gearbeitet hatte.

Nachdem Markkula Fairchild verlassen hatte und zu Intel gegangen war, tauchte er tief in die Halbleiterindustrie ein. Er arbeitete an der Preisgestaltungsstrategie für neue Chips, stellte Datenblätter zusammen, half Kunden bei der Problemlösung und galt als solide und zuverlässig, aber nicht als aufgehender Stern. Einen gewissen Anspruch auf Ruhm erwarb er sich dadurch, dass er die Entwicklung von Intels Computersystem für die Abwicklung von Kundenbestellungen leitete. Dabei versenkte er sich in die wesentlichen Details der Programmierung. Er beobachtete das Wachstum von Intels Speicherchip-Produktlinie und begriff die Bedeutung guter Finanzkontakte sowie den Bedarf an zuverlässigen Vertrieben und Händlern. Die Arbeit der Marketingabteilung wurde unter anderem durch Intels technischen Vorsprung, durch die kräftige Nachfrage nach seinen Chips und dadurch erleichtert, dass viel Wert auf Werbung und PR gelegt wurde.

In einer Branche, in der sich Vertriebsleute gern als Frauenhelden brüsten und dies auch beweisen, wenn sich die Gelegenheit bietet, war Markkula Mister Saubermann. Er zog sich lieber in den Schoß seiner Familie zurück, fühlte sich beim Smalltalk unwohl, war förmlich und nüchtern und ließ sich nicht in die Karten schauen. Er managte seine

Finanzangelegenheiten im Stillen und lieh sich Geld, um Aktien zu zeichnen, bevor Intel an die Börse ging. Ein Kollege namens Richard Melmon sagte: „Er gehörte nicht zur Truppe. Viele Leute konnten ihn nicht leiden. Er war nicht gerade ein Partylöwe. Er war ein pingeliger Typ, der immer alles besser wusste, auch wenn das gar nicht so war." Markkula ärgerte sich, als ihm ein Marketingvorstand vor die Nase gesetzt wurde, und er überraschte seine Arbeitskollegen, indem er Intel verließ. Er setzte sich in der Wärme von Cupertino zur Ruhe, beschäftigte sich mit seinem Haus, sah zu, wie seine beiden kleinen Kinder groß wurden, planschte in seinem Swimmingpool, installierte Rasensprenger, baute Schränke für seine Stereoanlage, zupfte auf einer Gitarre herum und befasste sich ausgiebig mit Öl- und Gastanks. Sein Körper hatte immer noch das gepflegte Aussehen eines Highschool-Turners und er bewunderte offen Jerry Sanders, den schrillen Gründer von Advanced Micro Devices, der im Gegensatz zu den meisten anderen Halbleitermanagern zugab, dass er die teuren Dinge des Lebens mochte. Markkula hatte ein Faible für auffällige Dinge, wie die markante Armbanduhr, die er am Handgelenk trug, und der goldfarbenen Chevrolet Corvette, mit der er zu Jobs' Garage fuhr.

Markkula unterhielt sich mit Jobs und Wozniak, inspizierte den Computer und war von den technischen Spielereien gefesselt. „So etwas hatte ich schon gewollt, seit ich die Highschool hinter mir hatte." In einem zweigeschossigen hölzernen Bürogebäude in Menlo Park mit Innenhof und jenen diskreten Messingschildern mit kleinen Buchstaben, die sichere Anzeichen für die Gegenwart mehrerer Venturecapital-Firmen waren, holte er sich bei Don Valentine Rat. In einem Büro, in dem es vor Werbeanzeigen, Prospekten und Lucite-Plexiglasblöcken wimmelte, die an ein paar bedeutende Coups des Wagniskapitalgebers erinnerten, plauderten Valentine und Markkula über die Aussichten von Apple. Außerdem hingen in dem Büro eine

Sepia-Fotografie von Sundance Kid und ein Schild, auf dem stand: WER SICH IN DIESEN RÄUMLICHKEITEN BEIM RAUCHEN ERWISCHEN LÄSST, WIRD AN DEN ZEHENNÄGELN AUFGEHÄNGT UND MIT BIOKAROTTEN BEWUSSTLOS GEPRÜGELT.

• • •

Durch seine Unterhaltung mit Valentine bestärkt, bot Markkula an, Jobs und Wozniak hinsichtlich der Organisation von Apple zu beraten. Sie setzten sich abends und an Wochenenden zusammen und nach und nach war Markkula von dem Unternehmen immer mehr angetan. Er besprach die Angelegenheit mit seiner Frau, versprach ihr, dass er Apple nur vier Jahre seines Lebens widmen würde, und schließlich erklärte er Jobs, um die Entwicklung und Einführung des Apple II zu bezahlen, würde er ein Bankdarlehen von 250.000 Dollar aufnehmen: Das war weniger als ein Zehntel seines Vermögens. Markkula rief McKenna an, sagte ihm, er stehe im Begriff, in Apple zu investieren, und bat ihn, Jobs und Wozniak zu akzeptieren. Jobs, Wozniak und Holt begaben sich zu Markkula nach Hause, und in einer Hütte neben dem Swimmingpool brüteten sie mehrere Abende lang über die künftige Form und die Aussichten von Apple. Markkula wollte im Austausch für seine Investition in Apple ein Drittel des Unternehmens haben. Die Aufteilung der Anteile verursachte allerdings etwas böses Blut, als Wozniak fragte, ob irgendein Unternehmen bereit wäre, Jobs so viel zu bezahlen, wie er selbst bei Hewlett-Packard verdiente. Markkula verteidigte Jobs, und Wozniak war verblüfft. „Er hielt große Stücke auf Steve. Er sah ihn als künftige Führungskraft, als künftigen Mike Markkula." Holt hörte sich die Unterhaltungen an und kam mit dem praktischen Sinn eines revolutionären Sozialisten zu dem Schluss, dass er gut bedient wäre, wenn er ein Zehntel der Aktien bekäme, die Jobs bekam. Außerdem hegte Holt gewisse Zweifel an Markkula: „Er besaß eine gewisse Arroganz und das subtile Selbstvertrauen jener Leute, die viel Geld haben und meinen, irgendwie hätten sie von Geburt an ein Anrecht darauf. Ich war misstrauisch." Holt befürchtete außerdem, Markkula würde nur helfen, einen Geschäftsplan aufzustellen, und dann das Unternehmen verlassen. Das Misstrauen beruhte auf Gegenseitigkeit. Markkula überprüfte alle Referenzen von Holt, zurück bis zur Highschool. Wozniak fand Markkulas Vertrauen vollkommen fehl am Platze und sagte seinen Eltern gegenüber mit fester Überzeugung voraus, dass Apples Großinvestor jeden Penny verlieren würde. Wozniak teilte Markkulas Enthusiasmus nicht, und er fragte sich, ob er das Angebot von Hewlett-Packard annehmen sollte, nach Oregon zu gehen. Auch seine Frau Alice war nicht sehr begeistert von dem Unternehmen, das soviel Zeit verzehrte und bisher nicht viel Geld gebracht hatte. Sie sagte: „Mir gefielen die Sicherheit und der regelmäßige Gehaltsscheck." Die Lage spitzte sich zu, als es Markkula zur Bedingung für seine Investition machte, dass Wozniak in Vollzeit für Apple arbeitete. Markkula, Jobs und Holt diskutierten darüber, ob sie sich auch ohne Wozniak durchwursteln könnten, und stießen allerlei Drohungen aus. Holt erinnert sich: „Wir sagten ihm, wenn er nicht in Vollzeit für Apple Computer arbeiten würde, wäre er draußen. Aber nicht einmal dann kam er durch die Tür geschlurft. Er ächzte und seufzte und dümpelte wochenlang vor sich hin." Jobs startete eine intensive Kampagne, um Wozniak dazu zu überreden, zu Apple zu kommen. Er rief Wozniaks Freunde an, beklagte sich stöhnend, dass er mit seinem Latein am Ende sei, und bat sie, ihn telefonisch zu überzeugen. Er besuchte Wozniaks Eltern, brach in Tränen aus und bettelte um ihre Hilfe. Markkula übte einen eher stillen Druck aus und erklärte Wozniak geduldig: „Wenn man eine Idee zu Geld machen will, geht man zu einem Unternehmen." Wozniak sagte: „Sobald ich beschlossen hatte, dass ich das tat, um Geld zu verdienen, fielen mir die restlichen Entscheidungen leicht."

Dann gab es noch ein paar praktische Dinge zu erledigen. Die Apple Computer Company wurde am 3. Januar 1977 offiziell gegründet und im März 1977 kaufte sie die bisherige Gesellschaft für 5.308,96 Dollar auf. Um allen etwaigen Komplikationen vorzubeugen, bestand Markkula darauf, dass das Unternehmen Ron Wayne seinen Anteil an dem Unternehmen abkaufte. Wayne freute sich, als er einen Scheck bekam und feststellte, dass er 1.700 Dollar mehr wert war als das Papier, auf das er gedruckt war. Und es gab noch ein paar größere Angelegenheiten. Da Markkula nie den Wunsch geäußert hatte, das Unternehmen zu leiten, war es dringend erforderlich, jemanden zu finden, der sich um das Eingemachte kümmern konnte. Wozniak erinnert sich: „Mike sagte, wenn er da Geld hineinsteckte, wollte er jemand haben, der die Pennys zusammenhält."

• • •

Markkulas Idee für jemanden, der die Pennys zusammenhält, war Michael Scott, dessen Karriere mit der seinigen verflochten gewesen war. Als sie beide am gleichen Septembertag im Jahr 1967 bei Fairchild angefangen hatten, bekamen sie nebeneinander liegende Büros. Eine kurze Zeit lang arbeitete Markkula für Scott, der ein Jahr jünger war als er. Sie taten, was Altersgenossen so tun. Sie lachten zusammen über den Bürotratsch und sagten einander voraus, wie schnell die Preise für Halbleiter fallen würden. Als sie merkten, dass sie am gleichen Tag Geburtstag hatten, nämlich am 11. Februar, gewöhnten sie sich an, das jedes Jahr mit einem Essen zu feiern. Bei dem rituellen Essen 1977 fragte Markkula Scott, ob er daran interessiert wäre, Präsident von Apple zu werden.

Scott war ebenso wie Markkula im Grunde seines Herzens Ingenieur. Er war in Gainesville in Florida aufgewachsen und in seiner Jugend hatte er Nachmittage und Wochenenden damit verbracht, in der EDV-Abteilung einer Universität mit einer IBM 650 herumzuspielen – Ende der 1950er-Jahre war das der populärste Computer der Welt. Er zog das California Institute of Technology dem MIT vor, weil ihm Sonne lieber war als Schnee, und als Hauptfach wählte er Physik. Nach seinem weiterführenden Abschluss arbeitete er ein paar Jahre als Ingenieur in der Systems Division von Beckman Instruments in Südkalifornien. Das Unternehmen baute Bodeninstrumente für die Überwachung von Saturn-Raketen. Zufällig war Beckman eine regelmäßige Anlaufstelle für Fairchild-Vertreter, die unbedingt die Quoten und Ziele erfüllen wollten, die Don Valentine festgelegt hatte. Scott ging zu Fairchild (unter anderem ließ er sich dort durch das Versprechen hinlocken, dass er eine Belohnung von 100 Dollar bekommen würde, wenn er andere Kandidaten werben würde). Dort blieb er ein paar Jahre, war dann allerdings von den Unternehmensintrigen desillusioniert und wechselte zu National Semiconductor.

Mit 32 leitete Scott eine Fertigungsanlage für Chips, die analoge und digitale Elektronik kombinierten. Sie erzielte einen Jahresumsatz von 30 Millionen Dollar. Das war zwar nicht die glänzendste Position, die es bei National gab, aber als Direktor einer Fertigungsanlage war Scott einer der Eckpfeiler im Managementsystem des Unternehmens, und im Endeffekt leitete er ein Unternehmen, das 800 Menschen beschäftigte. Es ging ihm gut, er ertrug die Sitzungen mit dem Präsidenten des Unternehmens, der so fest auf den Tisch schlug, dass die Tassen hüpften, lehnte das Angebot ab, ein Werk im Fernen Osten zu leiten, und beschloss, dass er in Kalifornien bleiben wollte. Bei dem Essen mit Markkula sagte Scott: „Ich langweile mich. Seit vier Jahren mache ich den gleichen Job." Die Gründung eines Unternehmens sah er wie ein Ingenieur: „Das ist wie ein Schachspiel, nur dass die Züge ständig von allein geschehen. Die Herausforderung besteht darin, ein komplettes System zusammenzustellen, das funktioniert, ohne überwacht zu werden, und das seine eigenen Ausgleichsmechanismen besitzt. Ich wollte sehen, ob ich ein solches System von Grund auf aufbauen konnte." Scott war rundlich und ballte beim Gehen die Fäuste. Er trug eine Brille, hatte kurzes Haar, das er gern um seine Finger wickelte, trug gewöhnlich T-Shirts, die sich über seinem Gürtel beulten, und an guten Tagen sah er aus wie der gutwillige Besitzer eines Autoschrottplatzes. Er sah mehr als nur ein kleines bisschen so aus, als wäre er glücklich gewesen, eine automatische Fabrik von einem Stuhl hinter einem Computerterminal aus zu leiten, mit einer Dose Budweiser neben sich, während im Hintergrund der Walkürenritt donnerte.

Markkula, der diplomatisch war und anderen nur ungern etwas aufdrängte, bat Jobs und Wozniak, Scott als möglichen Präsidenten für Apple in Betracht zu ziehen. Wozniak, der sich auf keinen Fall mit irgendwelchen Fronarbeiten belasten wollte, war von Scott beeindruckt, und seine offensichtliche Computer-Verliebtheit schmeichelte ihm. „Es war sehr gut zu wissen, dass außer Steve noch jemand da sein würde, der die Produktion managt." Jobs wusste allerdings nicht so recht, was er von diesem Mann halten sollte, der sich anscheinend nicht um östliche Philosophie scherte und der lieber Pizza als Salat aß. Mit Holt und Wozniak kaute er in einem Bob's Big Boy das Thema Scott stundenlang durch. Holt erinnert sich: „Jobs war sich nicht sicher, ob er die Show schmeißen wollte oder nicht. Er vertraute nicht sehr darauf, dass Woz großen Geschäftssinn besaß und mit ihm sprechen und ihm helfen würde, wenn es hart auf hart kam, um das Unternehmen auf Kurs zu halten. Er befand sich in der ungewissen Position, dass er nicht recht wusste, wie viel Macht er aufgab." Für den Fall, dass sich Scott als untauglich erwies, wollte Jobs außerdem die Möglichkeit haben, seinen Aktienanteil zurückzukaufen. Markkula ließ erneut seine Überzeugungskraft spielen und erklärte Jobs, es gehe hier nicht um Macht, sondern darum, ob Apple besser gemanagt werden würde.

Jobs hörte zu. Er wägte die Verheißung künftiger Erträge gegen den spürbaren Machtverlust ab. Er war stark genug, zuzugeben, dass er nicht alles wusste, und kämpferisch genug, sich nicht von Männern übertölpeln zu lassen, die viel älter waren als er. Er war bereit, loszulassen, was er ein Jahr im Schweiße seines Angesichts aufgebaut hatte, aber dabei tröstete ihn auch die einfache Arithmetik: Da eine beliebige Zweierkombination aus Wozniak, Jobs und Markkula die Aktienmehrheit des Unternehmens kontrollierte, konnten sie Scott jederzeit absetzen. Es war ein seltsames Arrangement, und Scott, der zum Hüter des Geldes anderer Leute geworden war, war realistisch: „Ich fragte mich, ob ich wirklich etwas auf die Reihe kriegen würde oder ob wir uns die ganze Zeit streiten würden. Meine größte Sorge war die Frage, ob Jobs und ich miteinander auskommen würden. Er befürchtete, dass ich keine Verbrauchersachen machen würde. Und ich befürchtete, dass er keine Ahnung hatte." Da Scott offiziell der Boss war, bekam er im ersten Jahr 20.001 Dollar, also einen Dollar mehr als die Mitglieder des Triumvirats.

• • •

Obwohl sie bis zu einem gewissen Grad alle Technikfreaks waren, hatten Jobs, Wozniak, Holt, Markkula und Scott so gut wie nichts gemeinsam. Sie unterschieden sich hinsichtlich des Alters, des Erscheinungsbilds, des Hintergrunds und ihrer Ambitionen. Sie fühlten sich jeweils zu verschiedenartigen Geliebten hingezogen und hatten unterschiedliche Einstellungen hinsichtlich Treue, Lust, Ästhetik, Religion, Geld und Politik. Zwei von ihnen spickten ihre Rede mit Obszönitäten, während andere beim Klang eines Schimpfworts schon fast rot wurden. Sie waren so verschieden, dass ein Biologe, dem man fünf Erbgutproben vorgelegt hätte, wahrscheinlich überrascht gewesen wäre zu erfahren, dass alle Spender männlich und zweibeinig waren.

Da war zunächst einmal Jobs, der zwar gewiss das Geld mochte und die Macht genoss, aber mehr oder weniger nur auf Apple verfallen war, weil er nichts anderes zu tun hatte; Wozniak, dem der binäre Unterschied zwischen 1.000 und einer Million weitaus klarer war als der monetäre Unterschied, genoss es hauptsächlich, die Leistungsfähigkeit seiner Maschine zur Schau zu stellen; Holt, der im Leben noch keine 30.000 Dollar besessen hatte, wurde von der Aussicht verlockt, in fünf Jahren eine Viertelmillion Dollar zu verdienen; Markkula konnte weder sein Interesse an dem Computer noch seinen Wunsch verhehlen, sein persönliches Portfolio aufzubessern; und Scott wollte mehr als alles andere Präsident eines Unternehmens sein, das nach den Sternen greifen würde.

„Für China wäre der fantastisch."
– PAOLA GHIRINGELLI

Ein Apple II, ein Apple III, ein Lisa und ein Macintosh standen in Schlachtordnung auf mehreren Stahltischen. Zwei Marketingmanager von Mac, Michael Murray und Michael Boich, saßen vor den Computern und gaben einer Präsentation den letzten Schliff, die sie dem belgischen Künstler Jean-Michel Folon vorführen wollten. Ein paar Monate davor hatte die Brücke, die Folons Werk zwischen Romantik und Surrealismus schlug, großen Eindruck auf Steve Jobs, in seiner Rolle als Apple-Ästhet, gemacht. Er hatte beschlossen, den europäischen Künstler mit dem kalifornischen Computer zu vereinen, und er wollte, dass die Apple-Werbung eine Weile Folons Bild vom Mac widerspiegeln sollte. Jobs hatte Kontakt mit Folon aufgenommen, einen seiner Auftritte in New York besucht und ihn nach Cupertino eingeladen. Für Jobs war die dreifache Kombination von Kunst, New York und Europa unwiderstehlich. Folon hatte seinerseits ein paar Ideenskizzen geschickt, die Jobs in einer Kommode in seinem Schlafzimmer aufbewahrte.

Daher war es kein Zufall, dass Murray und Boich sich in einer folonesken Welt befanden. Die grauen Filzwände des Konferenzraums waren mit Modellen für Werbeplakate, Bedienungsanleitungen und Diskettenhüllen bestückt, die die Grafikabteilung von Apple anhand der Perspektiven, Schattierungen und wiederkehrenden Figuren von Folons Arbeiten zusammengestellt hatte. An einer Wand lehnte eine 1,50 m hohe, aus Karton ausgeschnittene Folon-Figur in melancholischer Haltung, mit Schlapphut und schiefem Mantel.

Murray hatte beschlossen, Folon eine Tantieme von einem Dollar auf jeden verkauften Mac anzubieten. Angesichts der Tatsache, dass Apple hoffte, mehr als eine Million Macs pro Jahr zu verkaufen, war das ein lukrativer Vertrag. Als Boich mit dem Lisa spielte, verwandelte sich der Bildschirm auf einmal in ein Wirrwarr aus chaotischen Buchstaben und Zahlen. Er schaute sich das an und sagte: „Ich werde schauen, ob wir dagegen etwas machen können. Wenn nicht, haben wir eine tote Lisa, wenn Folon kommt." Murray warf einen Blick auf die Bescherung und murmelte: „Bei Apple hat es ja schon Tradition, dass wir Präsentationen verbocken. Diesmal wollen wir sie ordentlich über die Bühne bringen." Er wandte sich wieder dem Mac zu, auf dem er gerade eine Miniversion einer von Folons Figuren gezeichnet hatte, die in einer Sprechblase sagte: BONJOUR MONSIEUR.

Als Folon ankam, brachte er einen Hauch von Paris nach Cupertino. Er war groß und zerknittert, trug eine königsblaue Malerhose mit Bügelfalte, schmale dunkelrote Hosenträger, ein kariertes Viyella-Hemd, eine abgewetzte Baumwolljacke und eine runde Hornbrille. Begleitet wurde er von Paola Ghiringelli, die eine orangefarbene Weste und eine beige Hose trug, und Marek Millek, der als Grafiker für Apple in Paris arbeitete und als Sherpa und Dolmetscher fungierte. Folon warf die sorgfältige Planung sofort über den Haufen, indem er beschloss, die Computer zu erkunden.

„Oh, guckt mal!", sagte Folon, als er Murrays Zeichnung erblickte. Er fühlte sich zu der Maschine hingezogen und setzte sich hin, um sich den Macintosh vorführen zu lassen, was zu einem Schnellkurs in Sachen Funktionsweise von Computern wurde. Murray erklärte alles in kurzem, gebrochenem Pidgin-Englisch, das Millek mit einem Cockney-Akzent ins Französische übersetzte. Murray begann, noch mehr zu zeichnen.
„Geh mal zu den Augen und mach ihm Pupillen rein", drängte Boich.
„Wir könnten Sommersprossen in das Gesicht malen", erläuterte Murray. Folon setzte sich hin und begann, mit der Maus zu zeichnen. Als er das Bild sah, das auf dem Bildschirm erschien, zuckte er zusammen.
„Ah, jetzt kann er nicht mehr zeichnen", rief Ghiringelli mit heiserem italienischen Akzent aus. Sie wandte sich an Murray und fragte: „Und das ist nur zum Zeichnen gedacht?"
„Aber nein", sagte Murray ganz ernst. „Zum Schreiben, zum Tippen auch."
Sie setzten sich um den langen Konferenztisch herum und Murray stand neben einem Flipchart, auf dem fünf grundsätzliche Fragen zum Macintosh standen.
„Das sind gute Fragen", sagte Folon, während er einen kleinen Kassettenrekorder auf den Tisch legte.
„Macintosh", erläuterte Murray, „ist ein Codename. Aber er hat seine eigene Persönlichkeit entwickelt. Er ist mehr als eine Frucht. Mac bedeutet die Maschine. Der Mann, die Persönlichkeit. Der Charakter."
„Was ist ein Macintosh?", fragte Ghiringelli.
„Das ist ein Apfel", erwiderte Murray.
„Ein Apfel?", fragte Paola Ghiringelli nach.
„Ja", sagte Murray. „Es gibt Golden Delicious, Pipins... wahrscheinlich gibt es zehn Apfelsorten."
„Ah! Macintosh ist eine Apfelsorte", rief Ghiringelli aus.
Folon gestikulierte beim Sprechen. „In Europa", übersetzte Millek,

„denken die Leute bei dem Wort *mac* an eine Maschine. Er denkt an Geschwindigkeit. Er denkt an einen großen Kerl. Er denkt an einen Macho."

„Ich finde den Namen gut", sagte Folon ruhig, „aber in Europa ist er weit von einem Apfel entfernt."

Murray erklärte die Unterschiede zwischen den einzelnen Computern von Apple und erklärte: „Wir wollen ihn nicht als technisches Gerät verkaufen. Wir wollen, dass das Produkt eine Persönlichkeit hat, und wir wollen, dass es die Leute wegen seiner Persönlichkeit kaufen. Wir wollen daraus ein Kultprodukt machen. Wir wollen, dass es die Leute ebenso wegen seine Images wie wegen seiner Nützlichkeit kaufen."

Er deutete auf eine weitere Frage auf dem Chart und stellte die rhetorische Frage: „Wer wird ihn benutzen? Er wird auf Schreibtischen benutzt werden. Die Schreibtische stehen in Büros. Die Schreibtische stehen in großen Büros... kleinen Büros... großen Städten... kleinen Städten... in Colleges... in den Vereinigten Staaten... in Europa... in der ganzen Welt."

Millek atmete durch und wandte sich an Murray: „Einen Moment", bremste er. „Das wird jetzt ein bisschen kompliziert. Wenn man im Französischen *bureau* sagt, bedeutet das ,Schreibtisch' und ,Büro'. Wenn Sie von einem *Schreibtisch* in einem *Büro* reden, ist das ein bisschen kompliziert."

„Ist das geheim?", fragte Ghiringelli.

„Sehr", antwortete Murray.

„Wir haben viele Freunde bei Olivetti und IBM", fügte Ghiringelli hinzu.

„Es ist sehr, sehr geheim", wiederholte Murray.

„Erzählen Sie mir nichts davon", sagte Folon schaudernd.

Auf einmal machte Murray eine Pause. „Ich weiß nicht, wie ich das jetzt sagen soll."

„Was?", fragte Millek.

„Benutzerschnittstelle."

„Sagen Sie das um Himmelswillen nicht."

„Ich will damit sagen, dass er leicht zu bedienen ist", fuhr Murray fort.

„Das ist schon besser." Millek seufzte.

Dann fuhr Murray mit einer kurzen Geschichte von Apple fort, unterfüttert mit Umsatz- und Mitarbeiterzahlen. Er sprach mit Folon über die Möglichkeit, dass dieser Plakate und eine Postkartenserie gestalten und dass er zusammen mit einem der Programmierer ein Spiel produzieren könnte, das mit dem Computer ausgeliefert werden sollte. Er erklärte, wie seiner Meinung nach der Weltmarkt für Personal Computer irgendwann einmal aussehen würde. Dann hakte er diejenigen Länder ab, von denen er meinte, dass Apple dort keine Käufer für den Mac finden würde, und sagte am Schluss: „Nicht China, nicht Russland und nicht Indien. Na gut, in Indien vielleicht ein oder zwei Leute."

„Für China wäre der fantastisch", sagte Ghiringelli im Brustton der Überzeugung. „Die sind sehr faul. Die rechnen mit einem Abakus. Denen wird er sehr gut gefallen."

Kapitel 13.0

Was für ein
Motherboard.

Der Druck, den Nachfolger des Apple-Computers fertigzustellen, wurde durch die bevorstehende First West Coast Computer Faire noch erheblich größer. Die ersten Werbeanzeigen für die Messe klangen dementsprechend auch etwas ungehalten. Es war fast, als hätten die Bastler aus dem Silicon Valley das Gefühl, ihr rechtmäßiger Platz in der Welt der Mikrocomputer sei von einer Reihe von Ausstellungen usurpiert worden, die im Laufe des Jahres 1976 an gottverlassenen Orten stattfanden, an denen die Menschen vermutlich nicht einmal den Unterschied zwischen einem Mikroprozessor und einem Verschieberegister kannten. Bei den Versammlungen des Homebrew Club sah man lange Gesichter, als Messen in Städten stattfanden, die Tausende von Meilen vom Bethlehem des Mikrocomputers entfernt waren – Detroit in Michigan und Trenton in New Jersey. Daher machte sich eine gewisse Erleichterung breit, als – kurz nachdem Jobs und Wozniak ihre Zigarrenkiste nach Atlantic City mitgenommen hatten – Gerüchte zu kursieren begannen, für das Frühjahr 1977 sei eine große Messe im Civic Auditorium in San Francisco geplant.

Die beiden Hauptorganisatoren der Messe waren Mitglieder des Homebrew Club und hatten eigentlich eine Tauschbörse in Stanford geplant, aber die Universitätsverwaltung hatte abgelehnt. Da sie nun gezwungen waren, sich woanders umzuschauen, und da die Menschenmassen, die die Messe in Atlantic City angelockt hatte, ihnen Mut machten, kratzten sie genug Geld zusammen, um die Mietkaution für eine große Messehalle in San Francisco zu hinterlegen. Im Newsletter des Homebrew Club erschienen Anzeigen, die große Besucherzahlen und jede Menge Aussteller versprachen, und Jobs war im September 1976 einer der Ersten, die sich zu einem Messeauftritt verpflichteten. Angesichts der großartigen Versprechungen hinsichtlich der Größe der Messe, der Anzahl der Aussteller und der Konferenzteilnehmer war dies ein naheliegendes Forum für die Einführung eines neuen Computers. Für Wozniak, Jobs und ihre frisch hinzugekommenen professionellen Mitarbeiter waren die Monate vor der Computer Faire eine hektische, anstrengende Zeit.

Jobs fand die Zigarrenkisten, die bei den Homebrew-Versammlungen auf den Tischen des SLAC standen, so elegant wie Fliegenfallen. Das eckige, blauschwarze Blechgehäuse, in dem der Sol von Processor Technology steckte, fand er plump und industriell. „Ich hatte mir den Floh ins Ohr gesetzt, dass ich den Computer in ein Plastikgehäuse einbauen wollte." Kein anderes Mikrocomputer-Unternehmen hatte sich für diesen Weg entschieden. Im Vergleich zu dem günstigeren und biegsameren Blech wurden Plastikgehäuse im Allgemeinen als unnötige Ausgabe betrachtet. Den Bastlern, so lautete das Argument, sei das Äußere nicht so wichtig wie der Inhalt. Jobs wollte sich bei dem Gehäuse für den Apple an denen orientieren, die Hewlett-Packard für seine Taschenrechner benutzte. Er bewunderte ihre glatten, klaren Linien, ihre robuste Oberfläche und den Anblick, den sie daheim auf einem Tisch oder einem Schreibtisch boten. Er fuhr zu einem Macy's-Kaufhaus in San Francisco und hielt sich dort in der Küchen- und Hifi-Abteilung auf, wo er sich das Design von Haushaltsgeräten anschaute. Er war ein sehr sorgfältiger Beobachter mit sinnlichem Geschmack, der wusste, was ihm gefiel; und er war entschlossen, zu bekommen, was er wollte.

Jobs wandte sich an einen ehemaligen Arbeitskollegen von Atari und an den ursprünglichen Apple-Schlichter Ron Wayne. Er bat sie, Entwürfe für ein Gehäuse anzufertigen. Sein Atari-Kumpel produzierte Wischtechnik-Zeichnungen mit lauter Ecken, Stürzen und Wölbungen. Ron Waynes Design hätte hingegen aus der Garage von Rube Goldberg stammen können. Das Gehäuse hatte einen abnehmbaren Plexiglasdeckel, der mit Metallstreifen an den hölzernen Seitenteilen befestigt wurde. Als Schutz gegen Haare, Kaffee und Staub hatte Wayne einen Rolldeckel vorgesehen, den man über die Tastatur herunterziehen konnte wie bei einem Rolltop-Schreibtisch. Wenn man diese Tür bewegte, legte sie einen Schalter um, der in einer Führung verborgen war und der den Computer ein- oder ausschaltete. Jobs verbrachte mit keinem der beiden Entwürfe viel Zeit und machte sich auf der Suche nach einem durchdachteren Design.

Einer von Wozniaks Kollegen bei Hewlett-Packard empfahl Jerry Mannock als möglichen Retter. Anfang Januar 1977 rief Jobs Mannock an, erklärte sein Dilemma und schlug vor, dass er zu einer Versammlung des Homebrew Club kommen sollte. Mannock wollte früher Elektroingenieur werden, hatte entdeckt, dass ihm das Konkrete lieber war als das Abstrakte, und hatte mehrere Jahre lang als Produktdesigner bei Hewlett-Packard gearbeitet. Als es ihn langweilte, Gehäuse zu entwerfen, die darauf ausgerichtet waren, Elektroingenieuren zu gefallen, und als es ihn alarmierte, dass junge Männer darüber sprachen, sich zur Ruhe zu setzen, kündigte er, trat in ein Unternehmen ein, das Apparate für Behinderte herstellte, und hatte dort sofort das Gefühl, dass er wie ein technischer Zeichner behandelt wurde. „Es drehte mir den Magen um, wenn ich zur Arbeit ging." Er kündigte erneut, verkaufte seine Autos, reiste mit seiner Frau durch Europa, und nach der Rückkehr nach Kalifornien gründete er eine eigene Firma. Als ihn Jobs anrief, versuchte Mannock gerade, sich von zu Hause aus einen Kundenstamm aufzubauen. Er war ein stämmiger, dunkelhaariger Mann, der alle Projekte annahm, die er akquirieren konnte. In seinem ersten Jahr als Unternehmer hatte er ein Solarhaus in New Mexico entworfen, ein paar Kleinaufträge für Verpackungen angenommen und 100 Dollar Gewinn erwirtschaftet.

Als Mannock in die Lobby von SLAC kam, stand Jobs neben einem Tisch, auf dem der Computer stand, und unterhielt sich mit mehreren Leuten. „Er unterhielt sich gleichzeitig mit drei anderen Leuten und schaffte es ganz gut, bei allen drei Gesprächen auf dem Laufenden zu bleiben. Ich hatte noch nie jemanden getroffen, der so etwas machte."

Mannock erfuhr, dass Jobs innerhalb von zwölf Wochen, also pünktlich zu der offiziellen Einführung des Apple II auf der First West Coast Computer Faire, mehrere Plastikgehäuse haben wollte. Die kurze Frist bereitete Mannock kein Kopfzerbrechen. „Ich hatte das noch nie gemacht, deshalb wusste ich es nicht besser." Als ihm Jobs 1.500 Dollar für maschinelle Zeichnungen eines Gehäuses anbot, stimmte Mannock zwar zu, wollte aber im Voraus bezahlt werden. „Diese Kunden sahen ein bisschen windig aus, und ich wusste nicht, ob sie noch da sein würden, wenn das Gehäuse fertig war." Jobs überzeugte ihn davon, dass Apple noch da sein würde, um seine Rechnungen zu bezahlen, und dass es quasi so sicher wäre wie die Bank of America.

Das Gehäusedesign wurde weitgehend durch den Computer diktiert. Es musste einen abnehmbaren Deckel haben, hoch genug sein, damit die Karten hineinpassen würden, die in das Motherboard gesteckt wurden, und groß genug, damit sich die Hitze vom Netzteil verteilen konnte. Mannock hatte die Zeichnungen nach drei Wochen fertig. „Ich machte einen sehr konservativen Entwurf, der sich gut mit anderen Dingen vertrug. Ich wollte eine klare, ehrliche Aussage in Kunststoff und möglichst wenig optischen Schnickschnack." Als die grundsätzliche Form feststand, gab es nur noch wenige Änderungen. Die versenkten Griffe an beiden Seiten wurden weggelassen, weil das gesamte Gehäuse so schmal war, dass man es zwischen Daumen und kleinem Finger fassen konnte. Jobs war zwar von den Zeichnungen begeistert, die Mannock vorlegte, aber er weigerte sich standhaft, 300 Dollar für eine Schaumstoffattrappe zu bezahlen, die für eine Werbeanzeige gebaut wurde.

• • •

Nicht nur Ron Waynes Entwurf für das Gehäuse wurde ad acta gelegt, sondern auch sein ursprüngliches Logo mit dem akademischen Touch.

Ein junger Artdirector bei Regis McKenna namens Rob Janov bekam den Apple-Auftrag zugewiesen und machte sich an den Entwurf eines Firmenlogos. Mit der Idee bewaffnet, dass die Computer an Verbraucher verkauft werden sollten und dass dieses Gerät eines der wenigen war, das Farben bot, begann Janov, Stillleben von einer Schüssel mit Äpfeln zu zeichnen. „Ich wollte die Form eines Apfels vereinfachen." Er sparte an der einen Seite des Apfels einen runden Bissen aus, was er als lockere Anspielung auf die Welt der Bits und Bytes betrachtete, aber auch als neuartigen Entwurf. Laut Janov verhinderte der fehlende Teil, „dass der Apfel aussah wie eine Cherry-Tomate". Er legte sechs farbige Streifen quer durch den Apfel, angefangen mit einem flotten grünen kleinen Zweig, und die Mixtur hatte einen leicht psychedelischen Touch. Das Gesamtresultat war verführerisch und warm. Janov erinnert sich an die Ansprüche von Jobs: „Steve wollte immer, dass es sehr hochwertig aussieht. Er wollte etwas haben, das teuer aussah, und nicht wie irgendein klappriges Modellflugzeug." Jobs war penibel, was Stil und Erscheinungsbild des Logos anging. Er rief bei der Agentur an und meckerte Regis McKenna abends zu Hause voll. Als Janov vorschlug, die sechs Farben durch schmale Striche voneinander zu trennen, damit sie leichter zu reproduzieren wären, lehnte Jobs das ab.

Für die Herstellung der Typenschilder für die Apple-Computer machte er das Unternehmen ausfindig, das die Typenschilder für Hewlett-Packard herstellte, und brachte in Aluminiumstreifen getriebene Logos mit. Den ersten Satz Schilder ließ er zurückgehen, weil die farbigen Streifen ineinander liefen. Die meisten anderen Computerunternehmen gaben sich mit einem einfacheren Look zufrieden: Sie stempelten ihren Namen auf ein Stück Blech und weigerten sich, die paar Cent extra für die erste Klasse zu bezahlen.

Holt war derweil damit beschäftigt, den Computer zu zähmen. Er hatte sich schon in dem Moment, als ihn Jobs dazu verführte, für Apple zu arbeiten, gedacht, die einzige Möglichkeit, ein zuverlässiges und leichtes Netzgerät zu produzieren, das kühl bleiben würde, bestünde in der Nutzung eines Verfahrens, das noch kein anderes Mikrocomputer-Unternehmen angewendet hatte. Anstatt auf ein konventionelles lineares Netzteil zurückzugreifen, dass sich seit den 1920er-Jahren kaum verändert hatte, beschloss Holt, einen ausgefeilteren Weg einzuschlagen und ein Schaltnetzteil anzupassen, das er früher einmal für ein Oszilloskop entworfen hatte. Ein Schaltnetzteil ist erheblich leichter und beträchtlich komplizierter als ein lineares Netzteil. Es nimmt die normale Netzspannung, schaltet sie in schwindelerregendem Tempo ein und aus und produziert einen konstanten Strom, der keinen von den teuren Speicherchips durchbrennen lässt. Für die Computerbastler, die sich über die Hitze der plumpen linearen Netzteile ärgerten, war ein Schaltnetzteil etwas, das man nur aus der Ferne bewunderte. „Hüte Dich vor Schaltern", warnten sie einander. Wozniak gab zu: „Ich wusste nur vage, was ein Schaltnetzteil ist." Holts endgültige Konstruktion war außerordentlich zuverlässig und kleiner als ein Achtelliter-Milchkarton.

Als Holt mit der Arbeit fertig war und sich die endgültige Größe des Computers klarer abzeichnete, kam Jobs wieder auf seinen ehemaligen Atari-Kollegen Howard Cantin zurück, der das Layout für die Platine des Apple I gemacht hatte, und bat ihn, das auch für den Apple II zu machen. Diesmal hatte Jobs höhere Ansprüche. Cantins erstes Layout lehnte er ab und bestand darauf, dass die Linien, die die Chips miteinander verbanden, im zweiten militärisch geradlinig angeordnet sein sollten. Cantin erinnert sich an die Streiterei: „Er brachte mich einfach auf die Palme. Ich versuchte, ihm zu sagen, dass es einen Punkt gab, ab dem der Drang zu Perfektion unproduktiv wird. Er nervte mich dermaßen, dass ich schwor, nie wieder für ihn zu arbeiten." Jobs ließ erst locker, als Cantin das Layout der Platine auf die Größe einer Anwaltskladde verkleinert hatte. Anstatt das geklebte Layout direkt in die Platinenherstellung zu geben, bestand Jobs darauf, dass es fein abgestimmt wurde, und zwar indem es per Computer digitalisiert wurde, obwohl das zu einer Verzögerung führte.

• • •

Während die West Coast Computer Faire näher rückte, gab es noch weitere banale Sorgen. Die Visitenkarten kamen erst zwei Tage vor Eröffnung der Messe aus der Druckerei. Ein paar gedruckte Leiterplatten waren schon mit Chips bestückt worden, bevor sie mit der glänzenden Siebdruckfolie überzogen worden waren. Jobs hatte sich inzwischen für eine braune Tastatur entschieden, nachdem er die Reaktionen beispielsweise seiner Eltern auf mehrere Farben registriert hatte. Die Computer funktionierten zwar, aber die Tastaturen fielen wegen eines Chips, der empfindlich auf elektrostatische Aufladungen reagierte, alle 20 Minuten aus. Wozniak war indes mit dem Versuch beschäftigt, den Programmcode einer verkürzten Form der Programmiersprache BASIC in einen ROM-Chip zu quetschen. Er hatte gehofft, er könnte dafür einen neuen Chip von AMI benutzen, aber als das Teil nicht rechtzeitig kam, musste er auf einen Chip von Synertek zurückgreifen. Er, Espinosa, Wigginton und Holt schrieben ein paar kleine Demonstrationsprogramme, die den Charakter des Computers mittels Farben und Klängen hervorhoben. Die Demonstrationsprogramme wurden eilig auf Kassettenrekordern vervielfältigt, und immer wenn die Kassetten ausgingen, wurde Espinosa in den nahe gelegenen Gemco-Supermarkt geschickt, um neue zu kaufen. Schwerer wog die Tatsache, dass unklar war, ob das Gehäuse bis zur Eröffnung der Messe fertig sein würde. Nachdem die Maschinenzeichnungen der Prüfung standgehalten hatten, wurden Mannock und Jobs vor die Wahl zwischen zwei Gussverfahren gestellt: Reaktionsspritzgießen oder Strukturschaum. Bei Ersterem zwingt eine chemische Reaktion Polyurethan, eine Form zu füllen, hinterlässt allerdings

Blasen in der Oberfläche. Letzteres ist ausgefeilter, und dafür muss Schaum unter Druck eingespritzt und erhitzt werden, aber dafür ergibt sich dabei eine glatte Oberfläche. Da niemand damit rechnete, dass Apple von seinem zweiten Computermodell mehr als 5.000 Stück verkaufen würde, entschieden sich Jobs und Mannock für das Reaktionsspritzgussverfahren, bei dem Epoxywerkzeuge verwendet wurden anstatt der haltbareren und weitaus teureren Metallwerkzeuge, die für längere Fertigungsserien verwendet wurden.

Die ersten Gehäuse, die aus den Formen kamen, waren fehlerhaft. Die Oberflächen waren uneben, die Deckel waren krumm und die Kanten ragten über die Tastatur. Bei Apple beseitigte ein halbes Dutzend Menschen mit Messern, Sandpapier und Spachteln die schlimmsten Schönheitsfehler und besprühte die Gehäuse mit beiger Farbe, die ihnen ein helles Aussehen gab. Sie beschlossen, dass sie sich mit den Gehäusen, die nicht sauber geschnitten waren, ohne Lüftungsschlitze durch die Messe mogeln würden. Als die meisten Vorbereitungen erledigt waren, zogen sie am Vorabend der Messe in das St. Francis Hotel am Union Square in San Francisco um. Scott und Markkula waren große Hotels gewohnt, aber für die jüngeren Mitglieder war dies der erste Geschmack der großen weiten Welt. Espinosa, der seine Zeitungsroute gegen drei Dollar Stundenlohn bei Apple eingetauscht hatte, war verblüfft, dass er einen Barvorschuss und ein Spesenkonto bekam.

Apples Farbcomputer verdankte seine Bezeichnung dem gleichen Reflex, mit dem andere, größere Computerfirmen ihre Geräte benannt hatten. So wie die Digital Equipment Corporation jedem PDP-Computer eine jeweils höhere Seriennummer gegeben hatte, so nannte Apple seine Maschine Apple II. Der Computer, der auf der West Coast Computer Faire erschien, war nicht die Maschine einer Person. Sie war das Produkt von Zusammenarbeit und vereinten Anstrengungen in den Bereichen digitales Logikdesign, Analogtechnik und Ästhetik.

Die Farbe, die Schächte, die Speichererweiterungsmöglichkeit von 4 auf 48 Kilobyte, die Steuerung der Tastatur und der Anschluss des Kassettenrekorders sowie das BASIC, das auf dem ROM-Chip gespeichert war – im Endeffekt das ganze Motherboard –, waren Wozniaks Beitrag. Holt hatte das enorm wichtige Netzteil beigetragen und Jerry Mannock das Gehäuse. Die ingenieurtechnischen Fortschritte wurden offiziell anerkannt, als ein paar Monate später Wozniak das US-Patent Nr. 4136359 auf einen Mikrocomputer für die Verwendung mit einem Videodisplay und Holt das Patent Nr. 4130862 für ein Gleichspannungsnetzteil bekamen. Aber hinter ihnen allen zog Jobs die Fäden, und er war mit seiner scheinbar unerschöpflichen Energie zum obersten Schiedsrichter und Ablehner geworden.

Im Januar 1977 hatte der Newsletter des Homebrew Club eine Auflage von 1.500 erreicht und eine Erhebung unter den Mitgliedern ergab 181 Computer, davon 43 IMSAI, 33 Altair 8080 und sechs Apple 6502. Apple belegte den achten Platz und hatte einen Anteil, den einer der Bastler mit einem speziell dafür geschriebenen Computerprogramm auf 3,2967 Prozent berechnete. Die Männer von Apple sprachen zwar nicht direkt darüber, aber sie wussten, dass die West Coast Computer Faire dazu beitragen konnte, diese Hackordnung zu ändern. Ihnen war auch klar, welche Macht der erste Eindruck haben kann. Die Kombination aus Markkula, Jobs und der Agentur McKenna verwandelte Apples öffentlichen Auftritt in einen Coup.

• • •

Da Jobs als einer der ersten seine Zusage zur Teilnahme an der Show gegeben hatte, bekam Apple den Ehrenplatz ganz vorn in der Halle. Markkula organisierte die Standgestaltung – er bestellte ein großes hintergrundbeleuchtetes Rauchplexiglasschild mit dem neuen Firmenlogo und einen großen Fernsehmonitor, um die Fähigkeiten des

Computers darzustellen. Auf zwei Ladentresen standen drei Computer. Diese machten einen gediegenen und serienmäßigen Eindruck, auch wenn sie die einzigen vollständig zusammengebauten Apple-Geräte waren, die es gab. Indes hatten sich Markkula und McKenna um elegante Kleidung gekümmert. Sie hatten Jobs zu einem Schneider in San Francisco geführt und ihn dazu überredet, den ersten Anzug seines Lebens zu kaufen. „Wir einigten uns alle darauf, uns ordentlich anzuziehen", so Wozniak. Deshalb sahen sie am Anfang der Messe alle relativ anständig aus, auch wenn Jobs seinen Dreiteiler und die Krawatte weniger bequem fand als Jeans und Birkenstock-Sandalen. Die stressigen Vorbereitungen hatten sich gelohnt, denn die First West Coast Computer Faire war eine gigantische Kreuzung aus einer enthusiastischen Homebrew-Club-Versammlung und einigen professionellen Aspekten einer Mainframe-Computer-Messe. Um die 100 Redner präsentierten Seminare und Vorträge über Themen wie den Hemdtaschen-Computer, Roboter, computergesteuerte Musik, Computer für Behinderte, Hochsprachen, Netzwerke, grafische Spracherkennungsgeräte und elektronische Post. Auch die intensiven Verhandlungen und die Handschläge in Hinterzimmern, die für größere Messen typisch sind, fanden statt, und bei einigen solchen Gelegenheiten hofierte Markkula potenzielle Händler und Vertriebe. Außerdem wurde die Konkurrenz kritisch unter die Lupe genommen. Der Prototyp eines anderen Personal Computers, nämlich des Commodore PET, wurde ebenfalls gezeigt, auch wenn er an einem Stand unter dem Namen „Mr. Calculator" zur Schau gestellt wurde. John Roach, einer der Vizepräsidenten von Tandy Electronics – einer Firma, die vor allem dafür bekannt war, dass sie elektronische Geräte wie zum Beispiel CB-Funkgeräte Marke Radio Shack verkaufte –, ging über die Messe und unterzog sowohl den Apple als auch den PET einer genauen Inspektion. Und es gab noch einen weiteren Trend: An Schwarzen Brettern wurden kleine Notizen aufgehängt und damit wurden

Gerüchte über heimliche Treffen verbreitet, wo Phone-Phreaks über der neuesten Ausgabe des TAP-Newsletters brüteten und Informationen über neue Fortschritte in der Telefonvermittlungstechnik austauschten

Die 13.000 Menschen, die durch die Türen strömten und mit Plastiktüten voller Werbematerial und Versprechungen durch die Halle schlenderten, kamen um den Apple-Stand gegenüber dem Haupteingang nicht herum. Allerdings war er nur halb so groß wie der Stand von Processor Technology, kleiner als der von Cromemco und weitaus weniger beliebt als der Stand von IMSAI. Aber Apple stellte andere Stände in den Schatten, die unverkennbar nach Bastlern aussahen. Kleine Stände verkauften Steckplatinen, dünne Zeitschriften und T-Shirts. Unternehmen, die nicht größer als Apple waren, hatten traurige Kartentische gemietet und ihren Firmennamen mit Filzstift auf Pappschilder geschrieben. Hinter den fadenscheinigen gelben Stoffrückwänden standen halb offene Kartons. Sie sahen nach dem aus, was sie waren: Verbannte aus dem Homebrew Club, die versuchten, ein paar Einplatinen-Mikrocomputer zu verkaufen. Einer dieser bescheidenen Stände gehörte der Computer Conversor Corporation, über die Alex Kamradt immer noch versuchte, das von Wozniak entworfene Terminal zu verkaufen. Er bewarb den Conversor 4000 als „erschwingliche Alternative zu teuren Computerterminals".

Am Apple-Stand erzielten die mit schwarzem Stoff bedeckten Tische, auf denen sich die Broschüren stapelten, die gewünschte Wirkung. Die rund ein Dutzend Leute, die den Stand bevölkerten und Broschüren verteilten, waren von dem Interesse an dem Computer überrascht. Einige potenzielle Kunden wollten nicht glauben, dass sich in dem Plastikgehäuse ein Computer befand, und sie ließen sich erst überzeugen, als ihnen gezeigt wurde, dass der Raum, den die Tischdecken verbargen, leer war. Ein paar Ingenieure waren beeindruckt, dass eine Platine mit so wenigen Chips Farbschaltkreise enthalten konnte.

Lee Felsenstein bewunderte das Konzept: „Das war höchst simpel und in seinem Minimalismus gewagt, aber es funktionierte." Der Auftritt zog in den Wochen danach rund 300 Bestellungen nach sich, was 100 mehr waren als die Gesamtzahl der bisher verkauften Apple I. Aber entgegen der Überlieferung, die in den Jahren danach entstand, eroberte Apple die Messe nicht im Sturm. Jim Warren, der Cheforganisator der Ausstellung, sagte: „Ich fand nicht, dass Apple der stärkste Aussteller war." Und die *Byte*-Ausgabe, die später einen Bericht über die Veranstaltung brachte, erwähnte Apple nicht einmal.

Wozniak, der entsetzt war, als er erfuhr, dass der Stand 5.000 Dollar kostete, war mit einer unterhaltsameren Angelegenheit beschäftigt. Zusammen mit Wigginton verpasste er einem Streich den letzten Schliff, den sie schon seit einigen Wochen geplant hatten. Wozniak hatte eine Werbeanzeige für einen neuen Computer namens Zaltair verfasst: eine Kreuzung aus einem neuen Mikroprozessor namens Z-80 und dem Altair. Der Text beschrieb den Computer in überschwänglichen Worten und bot Tauschrabatte für Altair-Besitzer an. Um Probleme zu umgehen, organisierte es Wozniak mit einem Freund, dass die Flugblätter in Los Angeles gedruckt wurden. Als am Morgen der Messe alle um den Stand herumhuschten, verteilte Wozniak heimlich in der Halle Kartons mit Broschüren. Die hellgrüne Werbung beschrieb den Computer in übertriebenen, aber überzeugenden Worten und räumte alle Zweifel am idealen Mikrocomputer aus:

> „Stellen Sie sich eine traumhafte Maschine vor. Stellen Sie sich vor, die Computer-Überraschung des Jahrhunderts wäre heute hier. Stellen Sie sich Z-80-Leistung und mehr vor. Stellen Sie sich BAZIC im ROM vor, die umfassendste und mächtigste Programmiersprache, die je entwickelt wurde. Stellen Sie sich eine ganze Menge Videospeicher vor. Stellen Sie sich Autoscroll-Text vor, sage und schreibe 16

Zeilen mit je 64 Zeichen. Stellen Sie sich Farbgrafik vor, bei der einem die Augen übergehen. Stellen Sie sich einen blitzschnellen Kassettenport mit 1.200 Baud vor. Stellen Sie sich ein beispielloses I/O-System vor, das vollständig zum Altair-100- und zum Zaltair-150-Bus kompatibel ist. Stellen Sie sich ein exquisit gestaltetes Gehäuse vor, das zur Einrichtung jedes Wohnzimmers passt. Stellen Sie sich vor, welchen Spaß Ihnen das macht. Stellen Sie sich den Zaltair vor, jetzt erhältlich bei MITS, dem Unternehmen, in dem die Microcomputer-Technologie geboren wurde."

Wozniak beschrieb die Software namens BAZIC: „Ein Computer ohne Software ist wie ein Rennwagen ohne Räder, ein Plattenspieler ohne Schallplatten oder ein Banjo ohne Saiten. Das Beste überhaupt an BAZIC ist die Möglichkeit, seine eigene Sprache zu definieren… eine Funktion, die wir als ‚perZonality' TM bezeichnen." Und es gab ein hymnisches Porträt der Hardware: „Wir haben dieses Baby wirklich durchdacht, bevor wir es gebaut haben. Zwei Jahre engagierte Forschung und Entwicklung bei dem Microcomputer-Unternehmen Nummer EINS mussten sich auszahlen, und das tun sie auch. Der Traum jedes Computer-Ingenieurs, die gesamte Elektronik auf einer einzigen PC-Karte, sogar das Motherboard mit 18 Slots. Und was für ein Motherboard!"

Da sich das Firmenlogo auf dem Ulk befand und da ein Kupon potenziellen Kunden Tauschrabatte auf ihre Altairs versprach, war das MITS-Management „not amused". Eilig stempelte es BETRUG und UNECHT auf alle Broschüren, die es finden konnte. Schließlich wurde Wozniak doch nervös und da er befürchtete, dass Tausende von Computern an MITS zurückgehen könnten, schafften er und seine Komplizen trotz der 400 Dollar, die er in das Bubenstück gesteckt hatte, die Kartons mit der gefälschten Werbung durchs Treppenhaus nach unten.

Jobs nahm eines der Werbeblätter zur Hand und studierte die Details des überraschend aufgetauchten neuen Konkurrenten – Wozniak hatte sie in einer Tabelle neben die Daten des Sol sowie der Computer von IMSAI und Apple abgedruckt, und darüber die Zeile: „Das Gütesiegel eines Champions ist seine Leistung." Wozniak und Wigginton, die sich das Kichern nicht verkneifen konnten, schlüpften durch eine Seitentür hinaus, während Jobs drinnen stöhnte: „O mein Gott! Dieses Ding hört sich toll an." Er schaute sich die ausführlichen Ranglisten an, die in einer Leistungsaufstellung auf der Rückseite angegeben waren, stellte fest, dass der Apple II nach dem Zaltair und dem Altair 8800-b Rang 3 belegte, und seufzte mit großer Erleichterung: „He, schaut mal! Wir haben gar nicht so schlecht abgeschnitten."

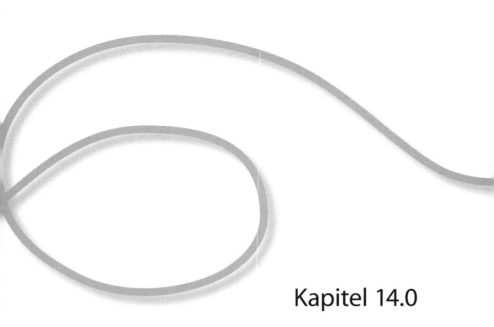

Kapitel 14.0

Anforderungen erfüllt.

Die Wirkung von öffentlichem Tamtam beruht auf Fassaden, Posen und Illusionen. Auf der West Coast Computer Faire 1977 erschien die Apple Computer, Inc. viel größer als das tatsächlich kleine Unternehmen, das aus der Garage der Jobs in ein Bürogebäude mit Firmenschild am Stevens Creek Boulevard 20836 in Cupertino umzog. Das Büro in der Suite E-3 war kleiner als ein Reihenhaus und es war kaum eine Meile von den Häusern der Eltern von Jobs und Wozniak entfernt. Die Interstate 280 trennte es von der Homestead High School und es war einen Steinwurf von der Kreuzung entfernt, an der die schlammfarbenen Silos von Cali Brothers von Geschäften und Wohnsiedlungen umringt wurden. Apples Nachbarn waren ein Verkaufsbüro von Sony, eine Arbeitsagentur, eine Gewichtsabnahme-Klinik und ein Lehrerverband. Mitten durch Apples Mieträume wurde eine Gipskartonwand gezogen, um ein halbes Dutzend Schreibtische von dem Labor- und Montagebereich zu trennen. In diesen beengten Verhältnissen, 50 Meter vom Good Earth Restaurant entfernt, verlagerten die Apple-Gründer und ihre Lohnarbeiter ihre Aufmerksamkeit vom Kosmischen auf das Provinzielle.

Fast ein Jahr lang konzentrierten sich die Männer in Cupertino darauf, die grundlegenden Funktionen von Apple zu kontrollieren. Sie bauten alles von Null an auf und mussten sich mit Details und Vorgängen befassen, die ihnen noch nie begegnet waren oder die sie immer für selbstverständlich gehalten hatten. Um einen gewissen Rahmen zu schaffen, konzentrierte sich Markkula in den ersten drei Monaten des Jahres 1977 auf Apples Geschäftsplan.

Er holte sich Rat bei John Hall, der bei der Pharmafirma Syntex in Palo Alto Konzerncontroller war. Markkula und Hall kannten sich flüchtig. Sie waren sich auf ein paar Partys begegnet, hatten einige gemeinsame Freunde und liefen sich auf Skipisten in den kalifornischen Sierras über den Weg. Markkula wusste, dass Hall anderen jungen Unternehmen bei ihren Geschäftsplänen geholfen hatte, und bat ihn, das auch für Apple zu tun. Hall nahm sich bei Syntex zwei Wochen Urlaub und verkroch sich mit den Apple-Chefs zu stundenlangen Besprechungen in den örtlichen Restaurants: Good Earth Restaurant und Mike's Hero Sandwiches. Scott half Hall, die voraussichtlichen Kosten für Materialbeschaffung und Herstellung zu kalkulieren. Jobs gab Auskunft zu Verträgen mit Zulieferern, Wozniak und Holt wurden in technischen Dingen zurate gezogen.

Was die umfassende Marketingstrategie anging, rieben Hall und Markkula eine trübe Kristallkugel und beschlossen, dass der Apple II dreigleisig lanciert werden sollte. Sie gingen davon aus, das Gerät würde an Heimcomputer-Freunde und an Freiberufler wie Ärzte und Zahnärzte verkauft werden, die schon zuvor eine Schwäche für Spielzeuge wie programmierbare Taschenrechner gezeigt hatten. Auch planten sie, den Apple zu einem Kontrollzentrum für das Eigenheim zu machen, das mit Annehmlichkeiten wie automatischen Garagentoren und Rasensprengern verbunden wäre. Hall erinnert sich: „Wir fanden, dass wir einen dreigliedrigen Businessplan bräuchten. Aber ich glaubte nicht an den Geschäftsplan, und Mike Markkula glaubte auch nicht daran. Ich fand den Plan strategisch gesehen schwach." Halls Skepsis war derart groß, dass er Markkulas Angebot, Finanzvorstand von Apple zu werden, ablehnte. „Ich konnte mir das Risiko nicht leisten, in ein wahnwitziges Unternehmen wie Apple einzutreten." Aber er fragte Markkula trotzdem, ob ihn Apple für seine Beratertätigkeit in Aktien entlohnen würde. Als Markkula dagegen Bedenken äußerte, akzeptierte Hall einen Scheck über 4.000 Dollar.

• • •

Als der Geschäftsplan Gestalt annahm, wandte sich Scott zwecks Unterstützung an vertraute Gesichter. Apples erste Empfangsdame, Sekretärin und allgemeines Faktotum war Sherry Livingston, eine kesse, kluge Frau, die bei National Semiconductor für Scott gearbeitet hatte.

Livingston war unsicher, was Apples Aussichten anging, und ließ sich von seinem Durchhaltevermögen erst überzeugen, als Markkula eine Schublade voller Bestellungen aufzog. Gene Carter, der bei Fairchild eine Weile Scotts Chef gewesen war, suchte eine Stelle und wurde Apples Verkaufs- und Vertriebsleiter. Als Scott jemanden haben wollte, der die Bücher überwacht, wandte er sich an Gary Martin, einen fröhlichen, redseligen Buchhalter, der bei National Semiconductor für ihn gearbeitet hatte. Martin warf einen Blick auf den Apple II und dachte sich: „Wer zum Teufel will denn so ein Ding haben? Scott tat mir ziemlich leid, und ich versuchte, ihn zum Essen einzuladen." Schließlich beschloss Martin, es einen Monat mit Apple zu probieren, nachdem sein Chef bei National versprochen hatte, dass er seine Sicherheitsmarke nicht einziehen würde.

Andere kamen freiwillig. Wendell Sander, ein schüchterner Ingenieur und Spürhund bei Fairchild, war von Apple fasziniert, seit der Apple I einige von ihm designte Speicherchips bekommen hatte. Er schrieb ein Star-Trek-Programm zur Unterhaltung seiner Kinder, führte es Jobs vor, als sich Apple noch in der Garage befand, und beschloss schließlich, nach 13 Jahren Fairchild seine Leidenschaft zum Leitstern zu machen. „Wenn die pleitegegangen wären, hätte ich am nächsten Tag wieder einen Job gehabt. Das persönliche Risiko war abgesehen von einem verletzten Ego nicht besonders groß. Meine Karriere hätte sich dadurch nicht in Luft aufgelöst." Jim Martindale, der bei Atari ein Kollege von Jobs gewesen war, wurde zur Betreuung der Produktion eingestellt, während Don Bruener, ein Highschool-Schulkamerad von Randy Wigginton, Teilzeit-Techniker wurde. Jobs College-Kommilitone Dan Kottke machte seinen College-Abschluss und wurde Apples zwölfter Mitarbeiter. Elmer Baum fing in der Endmontage an. Fast niemand dachte daran, dass die Entscheidung, zu Apple zu gehen, gefährlich wäre. Vielmehr schienen alle das Gefühl zu haben, am riskantesten wäre es, wenn sie untätig dasitzen würden.

Die neuen Mitarbeiter, die im späten Frühjahr und im Sommer 1977 kamen, fanden sich in einem kleinen Unternehmen wieder, das sich durch klare Versprechungen gebunden hatte. Eine Anzeige im Homebrew-Newsletter vom 16. Februar 1977 versprach die Lieferung des Apple II spätestens zum 30. April 1977. Außerdem hatte Markkula beschlossen, Apple könne sich eine Menge Ärger sparen, wenn es den Apple-I-Besitzern die Wahl zwischen einer vollständigen Erstattung oder dem Umtausch gegen einen Apple II bieten würde. Das Erwachsenwerden – zumindest das, was im Silicon Valley als Erwachsenwerden durchging – bescherte Apple einen gewissen Sinn für Disziplin. Es erwies sich zwar als mühselig, Erfahrung mit Überschwang zu verbinden, aber es war auch eine glückliche Kombination. Die Erfahrung half, Impulse zu dämpfen und ein Gefühl der Disziplin zu vermitteln, während die Unschuld zwangsläufig Konventionen und Autoritäten infrage stellte.

Wozniak, Jobs, Holt, Markkula und Scott achteten penibel auf technische Aspekte und begriffen mehr oder weniger Umfang und Konsequenzen der elektrischen Probleme, die auftraten. Sie hatten aber auch ernste Differenzen und mussten die Zusammenstöße bewältigen, die zwischen Männern auftraten, die ein Drehbuchautor in Hollywood als den Bastler, den Ablehner, den Reparierer, den Friedensstifter und den Durchsetzer hätte bezeichnen können. Am Anfang hatten sie keine gemeinsamen Erfahrungen von der Art, die entsteht, wenn man Fehler überlebt und Ärger übersteht. Holt fand: „Viel Vertrauen gab es da nicht. Die Frage war nicht, ob man der Ehrlichkeit der anderen traute, sondern dem Urteilsvermögen der anderen. Da kam man vielleicht insgesamt auf 70 Prozent. Das war ein Geschäft, keine Familienangelegenheit."

Scott und Jobs kamen einander fast von Anfang an in die Quere. Scott war in seiner seltsamen Position als Verwalter des Unternehmens und Hüter von Apples inneren Angelegenheiten Jobs' erste Begegnung mit

einer unnachgiebigen Autorität. Bevor Scott kam, hatte Jobs alles gemacht, was er wollte. Als Scott Präsident geworden war, merkte Jobs, dass ihm Grenzen gesetzt wurden. Die beiden gingen aus verschiedenen Blickwinkeln an das Leben heran. Scott fand Erfahrung wertvoller als angeborene Schläue, während Jobs überzeugt war, man könne die meisten Probleme durch die richtige Anwendung von Intelligenz lösen. Scott bewunderte Jobs' Optimismus, seinen Überschwang und seine Energie, und nach und nach lernte er sein Stilempfinden zu schätzen. Aber er kam auch zu dem Schluss: „Jobs ist nicht in der Lage, irgendetwas zu leiten. Er weiß nicht, wie man Menschen führt. Wenn man etwas angefangen hat, macht er eine Menge Wellen. Er schwirrt gern wie ein Kolibri mit 180 Sachen herum. Man muss ihn zur Ruhe zwingen." Scott bremste Jobs bei jeder Gelegenheit, und schon eine der ersten mechanischen Routinerbeiten löste einen Zusammenstoß aus: Scott verteilte offizielle Mitarbeiternummern und dazu laminierte Plastik-Sicherheitsschildchen. Da nach Scotts Meinung der Computer zur Geburt des Unternehmens geführt hatte, teilte er Wozniak die Nummer eins zu, Jobs Nummer zwei, Markkula Nummer drei, Fernandez Nummer vier, Holt Nummer fünf, Wigginton Nummer sechs, sich selbst Nummer sieben und Espinosa Nummer acht. Alle außer Jobs waren mit dieser Reihenfolge zufrieden.
„Bin ich Nummer eins?", fragte er Scott.
„Nein. Woz ist Nummer eins. Du bist Nummer zwei."
„Ich will Nummer eins sein", beharrte Jobs. „Kann ich auch Nummer null sein? Woz kann Nummer eins sein. Ich will Nummer null sein."
Nummer null und Nummer sieben fanden auch im täglichen Lauf der Dinge vieles, über das sie unterschiedlicher Meinung sein konnten. Wigginton schaute vom Spielfeldrand zu: „Jobs hatte konkrete Vorstellungen, wie die Dinge gemacht werden sollten, und Scott kannte die richtige Art, die zufällig nicht die von Jobs war, und so kam es unweigerlich zum Streit." Sie waren verschiedener Meinung,

wie Materialien von einem Bereich zum anderen gebracht werden sollten, wie die Schreibtische aufgestellt werden sollten und in welcher Farbe die Labortische bestellt werden sollten. Jobs wollte Weiß, weil er meinte, das sei für die Techniker und Ingenieure besser. Scott wollte Grau, weil er wusste, dass graue Tische billiger und leichter zu bekommen waren. Der Buchhalter Gary Martin beobachte kurz nach seinem Eintritt bei Apple einen weiteren Konflikt: „Sie stritten sich darum, wer bestimmte Bestellungen unterzeichnen sollte. Jobs sagte: ‚Ich war eher da als du. Also unterzeichne ich sie.' Darauf sagte Scotty: ‚Die muss ich unterzeichnen', und er drohte mit Kündigung."

In den stillen Momenten nach Scotts Ankunft kümmerte sich Jobs um den Einkauf und um ein paar Einbauten, und er drängte weiterhin auf Qualität. Jobs explodierte, als ein IBM-Vertreter eine Selectric-Schreibmaschine in Blau statt der neutralen Farbe lieferte, die er angegeben hatte. Als die Telefongesellschaft nicht die elfenbeinfarbenen Telefone installierte, die Jobs bestellt hatte, beschwerte er sich so lange, bis sie ausgetauscht wurden. Wenn Jobs Lieferfristen und Zahlungsbedingungen aushandelte, erniedrigte er die Lieferanten oft. Gary Martin beobachtete das: „Er war richtig eklig zu denen. Er musste den niedrigsten Preis bekommen, den sie bieten konnten. Er rief sie an und sagte: ‚Das reicht nicht, da müssen Sie noch mal den Stift spitzen.' Wir fragten uns alle: ‚Wie kann man einen anderen Menschen so behandeln?'"

• • •

Ansonsten bildete sich ein natürlicher Graben zwischen den älteren Ingenieuren, die Erfahrung mit den Bauchschmerzen der Herstellung hatten, und den jüngeren, die unbedingt einen Prototyp zum Laufen bringen wollten und die langweiligeren Abstimmungs- und Feinarbeiten gern anderen überließen. Ein Programmierer erinnert sich: „Man hatte überhaupt keine Angst. Jeder durfte jeden als Arschloch bezeichnen. Man ging nicht davon aus, dass wir die Sache richtig machten. Wir mussten erst beweisen, dass wir die Sache richtig machten." Wozniak hatte noch nie in dem Ruf gestanden, dass er etwas bis ins kleinste Detail fertig machte. Für ihn und einige seiner jüngeren Komplizen war der Unterschied zwischen einem Prototypen, aus dem Kabel heraushingen und Drähte herausstanden, und einem fertigen Gerät eher eine akademische Frage. Sie argumentierten, jeder, der etwas draufhat, könne selbstverständlich einen etwas schlampig gefertigten Computer reparieren.

Holt war hingegen eher wie eine Glucke, und er pickte und kratzte so lange, bis er überzeugt war, dass alles funktionierte und bis er wusste, was die Herstellung kosten würde. Er bestand bei allem darauf, dass es „die Anforderungen erfüllt". Mit Jobs ging er zu Atari, um ein paar Modulatoren aufzutreiben. Das waren kleine Geräte, mit denen man einen Computer an einen Fernseher anschließen konnte. Holt schloss ein Oszilloskop an den Computer an, um die Signale zu prüfen, die von dem Mikroprozessor zu den Speicherchips und zu dem Kassettenrekorder flossen. Er hatte darauf bestanden – nachdem sich Wozniak eine neue Methode ausgedacht hatte –, dass dieser den Entwurf erklärte, demonstrierte und Pläne davon zeichnete. Holt dazu: „Ich traute Wozniaks Urteilsvermögen nur selten." Und er fand auch den Weg zu Wozniaks Herz: „Der einzig echte Trick, wie man Woz dazu brachte, an etwas zu arbeiten, bestand darin, sein Publikum zu werden oder ihm ein Publikum zu beschaffen."

Indessen hatten Markkula und Scott ihrerseits Druck auf die Ingenieure und Programmierer ausgeübt. Als es die jungen Ingenieure interessanter fanden, kurze Demonstrationsprogramme zusammenzubasteln, die die Leistungsfähigkeit des Computers vorführten, bestand Markkula darauf, dass sie anfingen, an Programmen zu arbeiten, die die Menschen auch benutzen konnten. Um das Ausmaß seiner Besorgnis zu demonstrieren, übernahm Markkula einen großen Teil der mühseligen Arbeit an einem Programm, mit dem die Menschen ihre Scheckbücher ausgleichen konnten, selbst. Außerdem führte er einen ruhigeren Stil ein. Als Wozniak ein Punktesystem für Breakout programmierte und als Kommentar für niedrige Punktzahlen BULLSHIT einbauen wollte, überzeugte ihn Markkula davon, dass da etwas Kultivierteres angebracht wäre. Als die ersten Computer lieferfertig waren, zwang Scott die jungen Leute dazu, eine Kurzversion von BASIC zusammenzubasteln, damit Apple seine Geräte zusammen mit einer Programmiersprache ausliefern konnte.

Genauso unsentimental waren Scotts Vorstellungen hinsichtlich der Produktion und der Finanzierung. Er hatte eine starke Abneigung gegen automatisierte Fertigung und teure Prüfgeräte. Außerdem war er dazu entschlossen, dass Außenstehende für Apples Wachstum mitbezahlen sollten und dass sie die unangenehmen Schwankungen des Geschäftsgangs auffangen sollten. Seine Ideen für das Wachstum des Unternehmens entsprachen Wozniaks Ideen für Computerchips. Beide redeten von Produktivität. Scott wollte ein Unternehmen entwerfen, dass mit möglichst wenig Mitarbeitern möglichst viel Arbeit bewältigte. „Unsere Aufgaben", so Scott, „waren Design, Schulung und Marketing. Ich fand, Apple sollte so wenig Arbeit wie möglich haben und alle anderen schneller wachsen lassen. Sollen doch die Zulieferer die Probleme haben." Scott engagierte sich unermüdlich dafür, alles von außenstehenden Herstellern machen zu lassen, was Apple nicht billiger produzieren konnte. Er fand auch, ein schnell wachsendes Unternehmen habe keine Zeit, die elementaren Kompetenzen zu lernen, die für die Produktion zuverlässiger Komponenten nötig sind. Beispielsweise war es leichter, die Qualitätsprüfung von Platinen, die von Fremdzulieferern bestückt worden waren, aufzustocken, als die Zahl der Beschäftigten zu erhöhen und alle Verfahren beherrschen zu lernen, die für die Herstellung tauglicher Platinen notwendig sind.

Deshalb griff Scott bei der Bestückung teilweise auf Hildy Licht zurück, eine Mutter aus Los Altos, die mit einem von Wozniaks Bekannten aus dem Homebrew Club verheiratet war. Licht betrieb eine Heimarbeitsfirma. Die Teile wurden zu ihr nach Hause geliefert, sie verteilte sie an handverlesene Monteure und Monteurinnen in der Nachbarschaft, prüfte die fertige Arbeit und brachte sie im Kofferraum ihres braunen Plymouth-Kombis zu Apple. Sie war flexibel, konnte Änderungen an den Platinen vornehmen und bot einen Overnight-Service an. Außerdem nahm Scott die Dienste eines größeren Unternehmens in Anspruch, das sich auf die Montage höherer Platinen-Stückzahlen spezialisiert hatte. Beide Dienste waren dafür gedacht, kleine Unternehmen von zeitraubenden Routinearbeiten zu entlasten.

Außerdem behielt Scott die Kasse von Apple scharf im Auge. Er vereinbarte mit der Bank of America die Abwicklung der Lohnbuchhaltung, damit Apple von den lästigen Aufgaben entlastet war, die Lohnsteuer einzubehalten, die Sozialversicherungsabgaben abzuziehen und Gehaltsschecks auszustellen. Zusammen mit seiner rechten Hand in Steuerfragen, Gary Martin, überwachte Scott die teuersten Komponenten, zum Beispiel die 16-kB-Speicherchips. Die beiden sorgten dafür, dass die Chips mit einem Zahlungsziel von 45 Tagen und die Tastaturen mit einem Zahlungsziel von 60 Tagen gekauft wurden. Und dabei versuchten sie, das Geld von ihren Kunden bei allen Käufen innerhalb von 30 Tagen einzutreiben. Martin achtete sehr genau darauf: „Mein Job war es, das Geld von den Kunden einzutreiben, bevor wir die Lieferanten bezahlten. Wir hielten unsere Kunden an der sehr kurzen Leine." Martin, der einmal in einer Spedition gearbeitet hatte, die bankrottgegangen war, nachdem sich ihre Kundenforderungen von Fakten in Fiktionen verwandelt hatten, neigte außerdem dazu, eher konservativ vorzugehen. Sein natürlicher Impuls und sein Bedürfnis, Apple das Gütesiegel der Solidität zu verschaffen, ließen ihn

Wirtschaftsprüfer einer der größten Wirtschaftsprüfungsfirmen des Landes beauftragen. Arthur Young bot ebenso wie andere Wirtschaftsprüfungsfirmen im Silicon Valley für das erste Jahr einen Rabatt an. Außerdem nutzten Apple und seine Buchhalter Vater Staat vollständig aus. Dank der Entscheidung, dass Apples erstes Geschäftsjahr am 30. September 1977 endete, bekamen sie im Endeffekt vom Staat ein zinsloses Darlehen über 15 Monate für die Steuern, die Apple für das letzte Quartal des Kalenderjahres schuldete, das in der Konsumartikelbranche immer das umsatzstärkste Quartal war.

Wigginton schaute Apples Präsident bei der Arbeit zu und kam zu dem Schluss: „Scott handelte nach dem Motto, lass uns Geld verdienen. Lass uns etwas raushauen." Scott scheute sich nicht, sich die Hände schmutzig zu machen. Fröhlich pfuschte er im Herstellungsbereich herum und half, Computer in die Lieferkartons zu packen. Häufig fuhr er die verpackten Computer mit seinem Auto zum nächsten UPS-Büro. Wenn Kassetten vervielfältigt werden mussten, bediente Scott die Tapedecks. Immer wenn die Produktion die Bestellungen überstieg, stapelte er die Platinen hinter Markkulas Schreibtisch auf, um ihm seine Position klarzumachen.

Als klar wurde, das Jobs' Plan, den Computer mit einer vernünftigen Gebrauchsanleitung auszuliefern, zu einer langen Verzögerung führen würde, begann Scott, selbst eine zusammenzustellen. Er war schon immer dafür gewesen, nackte Datenblätter zu verteilen, und darum enthielt Apples erste Bedienungsanleitung nur Code-Listen und Anweisungen, wie man den Computer verkabelt. Sie wurde in einem Kopierladen in einem örtlichen Einkaufszentrum kopiert. Dann wurden die Anweisungen in Schnellhefter gesteckt, die im Schreibwarenladen McWhirter's in Cupertino gekauft worden waren, und schließlich zu den Computern gepackt. Ein paar Monate später schusterte Scott eine etwas ausgefeiltere Bedienungsanleitung zusammen und Sherry Livingston tippte sie ab. Wozniak erinnert sich:

„Wir beschlossen, möglichst viel hineinzunehmen, weil wir nicht viel hatten." Apple-Anhänger, die in keiner der beiden Anleitungen Antworten fanden und die nachfragten, bekamen einen dicken Stapel Routinen und Listen geschickt, die man „The Wozpack" nannte. Wozniak bestand nämlich darauf, dass die gleiche Art von Informationen, die ihm zugeschickt worden waren, als er Mikrocomputer unter die Lupe nahm, auch den Apple-Besitzern zur Verfügung stehen sollten. Wie hektisch man auf den Liefertermin hingearbeitet hatte, geht aus der undurchsichtigen Erklärung hervor, die zu einem Star-Trek-Demonstrationsprogramm geliefert wurde. Sie bestand nur aus einer Befehlszeile: cOO. FFR. LOAD. RUN.

•••

Im Laufe des Jahres 1977 entwickelte sich nach und nach ein Gemeinschaftsgefühl. Dabei fungierte sicher auch die Angst als starker sozialer Klebstoff, denn fünf Monate nach der offiziellen Einführung des Apple II ging das Unternehmen beinahe zugrunde. Der Zulieferer, der für die West Coast Computer Faire mangelhafte Gehäuse geliefert hatte, tat dies weiterhin. Zum Teil lag der Fehler in Jobs' Entscheidung, das Verfahren mit der weicheren Einrüstung zu wählen, aber hauptsächlich wurde das Problem von den Männern verursacht, die die Gehäuse herstellten und die, in Holts bitteren Worten, „ein Haufen Klempner" waren. Die Deckel hingen weiterhin durch und der Deckel des einen Gehäuses passte nicht auf das nächste. Außerdem hielt die Farbe nicht.
Im September 1977 ging die Hauptausrüstung kaputt und so langsam wurden Kunden, die etwas bestellt hatten, ungeduldig. Apple war nur ein paar Zoll davon entfernt, sich den Ruf zu erwerben, es könne seinen Verpflichtungen nicht nachkommen. Die Platinen stapelten sich dutzendweise, die Zulieferer verlangten ihre übliche Bezahlung und Apples dünnes Bargeldpolster wurde knapp. Ohne Werkzeuge

hätte Apple etwa drei Monate ohne Einnahmen dagestanden. Es gab Gerüchte, dass Apple zumachen würde, und Holt schob die Einstellung der Brüder Cliff und Dick Huston – Ingenieur und Programmierer – auf, bis er sicher war, dass Apple die Gehälter würde bezahlen können. „Für uns ging es um Leben und Tod", erinnert sich Scott. „Wir hätten ein gutes Produkt gehabt, es aber nicht ausliefern können."
Jobs eilte zu einer Firma namens Tempress im pazifischen Nordwesten, das darauf spezialisiert war, Formen an Kunden wie Hewlett-Packard zu liefern. Er erklärte einem Vizepräsidenten von Tempress namens Bob Reutimann Apples Notlage, und dieser erinnert sich: „Ich fragte mich: ‚Hat der eigentlich irgendeine Ahnung, was er tut?' Ich hatte ein bisschen Angst, dieses Projekt zu machen. Ich dachte mir: ‚Da kommt wieder so einer mit großartigen Ideen.'" Jobs' Enthusiasmus zahlte sich jedoch ebenso aus wie sein Angebot einer Bonuszahlung von 1.000 Dollar für jede Woche, die die neue Form früher fertig wäre. Die neue Einrüstung wurde gegen Ende 1977 geliefert.
Während die Gründer und die Manager von Apple sich beschnupperten und die wunden Punkte der anderen herausfanden, bauten sie nach und nach gegenseitiges Vertrauen auf. Dieses Vertrauen basierte ebenso sehr auf den Schwächen der Kollegen wie auf ihren Stärken. Es zeigte sich zwar schnell, dass Markkulas erste Absatzprognosen pessimistisch waren, aber es wurde auch klar, dass er sich nun nicht mehr aufs Altenteil verkriechen würde. Jobs' Wahl des Verfahrens für die Gehäusefertigung, Wozniaks mangelnde Bereitschaft, Entwürfe fertigzustellen, Scotts Weigerung, sich mit Ästhetik herumzuschlagen und Holts gewohnte Pingeligkeit – all das offenbarte persönliche Schwächen.
Die Mischung unterschiedlicher Stammbäume trat bei Diskussionen über wichtige Details wie beispielsweise das System zutage, das für die Nummerierung technischer Bauteile verwendet werden sollte. Alle hatten ihre eigenen Ideen für ein System, das zu fürchterlichen

Komplikationen führen konnte, wenn es schlecht konstruiert war. Scott bemerkt dazu: „Wenn man an großen Themen arbeitet, bei denen man nicht alle Antworten kennt, ist es leicht, auf etwas wirklich Winziges auszuweichen, zu dem jeder seinen Senf dazugeben kann. Jobs dachte sich beispielsweise ein phonetisches System aus, in dem eine 632er-Phillips-Kopfschraube als „PH 632" bezeichnet würde. Das war zwar pfiffig, aber damit wurden Aspekte wie verschiedene Längen oder Unterscheidungen zwischen brünierten Schrauben, Nylonschrauben und Edelstahlschrauben nicht erfasst.

Der Gehäusedesigner Jerry Mannock schlug vor, ein System wie bei Hewlett-Packard einzuführen. Jemand anderes wollte die Verfahren von Atari kopieren. Andere wollten, dass die Teile des Computers von außen nach innen nummeriert werden. Ein paar fanden es natürlicher, sich von innen nach außen vorzuarbeiten. Schließlich verfasste Holt ein fünfseitiges Schriftstück, in dem er ein Verfahren beschrieb, das auf siebenstelligen Zahlen basierte, welche die Teile in Kategorien wie Muttern, Beilagscheiben und speziell angefertigte Halbleiter einteilte. Daran hielt man sich mit religiösem Eifer: „Wenn es zu einer Bauteilnummer keine technische Zeichnung und keine technische Spezifikation gab, dann war es keine technische Bauteilnummer. Dann konnten die einen mal."

Sie begannen, Marotten und Eigentümlichkeiten zu akzeptieren, und lösten ein paar kleinere Verwirrungen auf. Da Anrufer immer wieder nach Mike fragten – ohne zu sagen, ob sie mit Markkula oder mit Scott sprechen wollten –, behielt Ersterer seinen Namen, während Letzterer Scotty genannt wurde. Wenn ein launischer Zeilendrucker den Dienst versagte, wusste jeder, wer die Dose mit Vaseline hütete, mit der die Rolle geschmiert wurde. Alle lernten, Holts Kettenrauchen und die nervigen Vogelpfeifen von Fernandez sowie die gelegentlichen Bahai-Feiertage zu tolerieren, an denen er sich freinahm. Sie kamen mit Jobs' launischem Auto und mit seinen Beschwerden zurecht, dass die erste

Weihnachtsfeier von Apple nicht mit vegetarischem Essen veranstaltet werden konnte. Scott war auch entzückt, als er von Jobs' persönlicher Kur gegen Müdigkeit erfuhr: Er ließ sich die Füße von einer Klospülung massieren.

• • •

Diese öffentliche Präsenz zahlte sich schnell aus. Die meisten Mitarbeiter hörten oder sahen, was vor sich ging. Wenn jemand vom Stevens Creek Boulevard hereinspaziert kam und 1.200 Dollar für einen neuen Computer hinblätterte, trauten die Apple-Teenager kaum ihren Augen. Sherry Livingston emfand es wie „ein großer Krake. Jeder machte von allem ein bisschen. Ich hatte nicht das Gefühl, dass es Präsidenten und Vizepräsidenten gab. Ich hatte das Gefühl, als wären wir alle Kollegen." Der Arbeitstag begann oft vor acht Uhr morgens und dauerte bis spätabends, dazwischen gab es Sandwich-Pausen. Viele der rund zwei Dutzend Angestellten arbeiteten manchmal oder immer am Wochenende. Gary Martin kam zum Beispiel am Wochenende auf die Arbeit, um die Post nach Schecks zu durchforsten. Don Bruener, der bei der Platinen-Fehlersuche half, genoss den Abwechslungsreichtum: „Jeden Tag gab es etwas anderes zu tun. Da alles neu war, gab es keine echten Routinearbeiten." Wenn ein Demonstrationsprogramm fertig war oder irgendeine Macke des Computers identifiziert war, inspizierte das gesamte Gefolge den Fortschritt. Wigginton erinnert sich: „Dann gab es ein großes Hallo und alle waren begeistert." Scott, der sich ganz besonders über das Fehlen einer formellen Bürokratie freute, erklärt: „Für Papierkram war keine Zeit. Wir waren vollauf damit beschäftigt, zu rennen und zu versuchen, Schritt zu halten." Auch Apples Anonymität stärkte die Bande und ließ Leute wie Don Bruener erröten: „Ich erzählte meinen Freunden, dass ich bei diesem kleinen Unternehmen namens Apple arbeitete, und die lachten bloß."

Dann gab es noch die amüsanten Eigentümlichkeiten der regelmäßigen Besucher. Einer der häufigsten Gäste war John Draper, der aus einem Minimal-Sicherheitsgefängnis im kalifornischen Lompoc entlassen worden war, nachdem er wegen Phone-Phreaking verurteilt worden war. Bei Apple traf er mit Wozniak eine lockere Vereinbarung über den Entwurf einer Platine, die man in einen der Steckplätze des Apple schieben und die den Computer in eine großartige automatische Telefon-Wählmaschine verwandeln konnte. Sie bekam den Spitznamen „The Charlie Board" und war in der Lage, Wähltöne zu produzieren. Man konnte sie über Nacht Datenbanken mit kostenlosen Telefonnummern durchsuchen und sie mit den Code-Nummern von Kunden zusammenbringen lassen. Mit diesen Codes konnte man Gebühren auf Anrufe kassieren. Die Ergebnisse der aufwendigen Tests wurden auf einem Drucker ausgegeben. Wozniak fand, „das wäre eins der tollsten Produkte aller Zeiten", und programmierte einen Apple so, dass er immer wieder bei einem Freund daheim anrief. Wozniak half zwar, den Entwurf abzuwandeln, aber Markkula, Scott und Jobs wollten nichts mit Draper zu tun haben, und dieser kam zu dem Schluss: „Die hatten die Hosen voll und waren paranoid, wenn ich in ihren Geschäftsräumen war." Und das aus gutem Grund: Draper nahm einen Apple mit Steckkarte mit nach Pennsylvania und wurde verhaftet. Am Ende bekannte er sich schuldig, Telefonanrufe im Wert von mehr als 50.000 Dollar gestohlen zu haben, und wurde wieder inhaftiert.

Die nutzenorientierte Konstellation bildete den Hintergrund für ein Unternehmen, das bei vielen Mitarbeitern ein emotionales Bedürfnis erfüllte. Für die Teenager war der Computer die größte Verlockung. Wigginton, der die meiste Zeit mit Wozniak an Software arbeitete, machte als jugendlicher Ingenieur Nachtschichten. Er arbeitete von drei Uhr morgens bis sieben Uhr morgens, verschwand in die Schule und zum Schlafen, und dann kam er spätabends wieder zu Apple.

„Meine Eltern waren davon nicht sehr begeistert, aber sie waren gerade dabei, sich zu trennen. Apple ersetzte mir definitiv die Familie." Als er im Juni 1977 die Highschool ein Jahr früher abschloss, nahm sich fast das ganze Unternehmen den Nachmittag frei, um zu der Abschlussfeier zu gehen und ihm einen Geschenkgutschein über 50 Dollar zu überreichen.

Chris Espinosa fing indes an, den Unterricht an der Homestead High School zu schwänzen, und hatte am Ende einen Notenschnitt, mit dem er kaum an eine gute Universität gekommen wäre. Er gab seinen Job als Zeitungsausträger, der ihm einen Cent pro Zeitung einbrachte, zugunsten eines Teilzeitjobs bei Apple auf, für den er drei Dollar pro Stunde bekam. Nach einer seiner ersten Nachtschichten, in denen er mit Wozniak an Software arbeitete, verbot ihm seine Mutter (die später selbst zu Apple ging) die Arbeit eine Weile. Espinosa kam aber bald wieder, half Markkula, den Computer in Geschäften in der Nähe vorzuführen, und beschloss, wenn er eine neue Brille bräuchte, dann sollte sie ebenso wie die Markkulas randlos sein.

• • •

Für Wozniak und Jobs war Apple auch eine Zuflucht vor privaten Turbulenzen. Wozniak, der entweder an seinem Computer in der Firma oder an einem anderen zu Hause arbeitete, sah seine Frau kaum. Das Paar machte ein paar Trennungen auf Probe durch und Wozniak fing an, auf einem Sofa im Büro zu schlafen. Irgendwann wurden die Gespräche über Trennung zu Gesprächen über einen dauerhaften Bruch, und Wozniak, für den eine Scheidung eine elende Schande war, sah sich nicht mehr in der Lage, zu arbeiten, bevor ein paar wichtige Angelegenheiten geklärt waren. „Ich wollte nicht, dass meine Frau Aktien hat. Ich wollte sie ihr einfach abkaufen." Er fragte Markkula um Rat und dieser verwies ihn an einen Anwalt. Der setzte eine Scheidungsvereinbarung auf, in der Wozniak seiner Frau, mit der er 17

Monate lang verheiratet gewesen war, 15 Prozent seiner Apple-Aktien gab. Alice fühlte sich ausgeschlossen: „Steve wurde gesagt, er solle mich nicht mit zu Mike Markkula nach Hause mitnehmen, für den Fall, dass sie über Firmenangelegenheiten sprachen."

Jobs hatte auch seine Probleme. Im Sommer 1977 machten er, Dan Kottke und seine Highschool-Flamme Nancy Rogers Rundgänge durch Cupertino und schauten sich Häuser an, wobei sie sich über die Sorte amüsierten, die sie als „Rancho Suburbio" bezeichneten. Schließlich fanden sie ein Haus mit vier Schlafzimmern, das einem Lockheed-Ingenieur gehörte und das nur eine Viertelstunde zu Fuß von Apple entfernt war. Es war ein Rancho Suburbia Special mit beigefarbenem hochflorigen Teppichboden, Aluminiumfenstern und einer vollelektrischen Küche. Jobs zog mit seiner Habe, die aus einer Matratze und einem Meditationskissen bestand, in das Hauptschlafzimmer ein, während Kottke im Wohnzimmer auf einer Schaumstoffmatratze neben einem alten Klavier schlief. Ein ganz konventionelles Dasein war das allerdings nicht. Kottke füllte ein kleines Schlafzimmer mehr als knietief mit faustgroßen Brocken Schaumstoff-Verpackungsmaterial und ließ die Kinder aus der Nachbarschaft darin herumtoben.

Nancy Rogers war verunsichert. „Ich war wirklich unsicher, und junge Männer Anfang 20 können nicht besonders gut mit Frauen umgehen. Sie müssen sich beweisen. Ich hatte Angst, auszugehen. Ich hatte nicht genug Geld. Ich malte nicht." Rogers fing an, Jobs im Büro anzurufen; sie bat ihn, zurückzukommen und kaputte Lampenfassungen zu reparieren. Sie warf Teller nach Kottke und Jobs, fegte Bücher aus Regalen, schmierte mit einem Stück Holzkohle Obszönitäten an Jobs' Schlafzimmerwände und riss eine Tür so schwungvoll auf, dass sie ein Loch in die Wand schlug. Sie wurde schwanger, nahm einen Job bei Apple in der Montage an, schlug Holts Angebot aus, technischer Zeichner zu lernen, verließ Apple wieder und zog aus dem Haus aus.

„Steve war es egal, dass ich schwanger war. Ich musste weg von Steve, von Apple und von den Ansichten der Leute."
Für Jobs war es eine schwierige Zeit und Holt reagierte auf das emotionale Karussell: „Manchmal kam ich mir vor wie sein Vater; manchmal kam ich mir vor wie sein Bruder." Jobs, der immer versucht hatte, einen älteren Ersatzbruder zu mimen, begann auch zu begreifen, dass er sein Verhalten nicht nach einer anderen Person auszurichten brauchte. „Ich sah Mike Scott und ich sah Mike Markkula und ich wollte weder wie der eine noch wie der andere sein, und doch gab es Züge an ihnen, die ich sehr bewunderte." Er begriff langsam, dass schon ein kleines Unternehmen einem völlig anderen Rhythmus folgt als eine Garagenfirma. Was ihm Unbehagen verursachte, war die Tatsache, dass der Ausstoß von einem Dutzend Menschen (erst recht der von 100) nicht prognostizierbar war, und für jemanden, der immer das Beste verlangte, war eine solche Unvollkommenheit enorm schwer zu ertragen.

Außerdem gewöhnte sich Jobs an den Gedanken, dass man Computer und Software nicht innerhalb weniger Wochen fertigstellen kann und dass sich die Fortschritte nicht ohne Weiteres messen lassen. Ebenso wie für Manager in anderen Firmen, deren Zukunft davon abhing, die Technik in den Griff zu bekommen, war für ihn der Fortschritt so lange unsichtbar, bis man ihn auf einer Tischplatte zum Laufen bringen konnte. Als Wozniak anfing, eine Fließkomma-Version von BASIC zu schreiben, spürte er die Anspannung: „Steve hatte keine Ahnung, was nötig ist, um solche Programme zu schreiben. Wenn ihm etwas falsch vorkam, wollte er sofort etwas ändern. Er wollte immer Einfluss nehmen und alles ändern, was kam."

Aber Jobs leistete auch viele Beiträge. Er war immer der Dynamo des Unternehmens und die Persönlichkeit des Hauses. Er begann, Nullen an den Umsatz zu hängen, als manche anderen noch nicht einmal in Hundertern dachten, und er begann, von Millionen zu sprechen, bevor seine Kollegen Tausender ins Auge gefasst hatten. Als Markkula fand, Farblogos auf den Kassetten wären zu teuer, setzte sich Jobs durch. Als Scott über die Vorstellung, eine einjährige Garantie auf den Computer zu gewähren – als 90 Tage der Branchenstandard waren –, entsetzt die Hände rang, brach Jobs zwar in Tränen aus und musste mit dem Standardritual beruhigt werden (eine Runde um den Parkplatz), aber am Ende setzte er seinen Kopf durch. Als Gary Martin einen Scheck über 27.000 Dollar entdeckte, der vergessen worden war, wollte Scott davon eine neue Gussform kaufen, Markkula wollte ihn für eine Anzeige in *Scientific American* ausgeben und Jobs wollte beides. Apple kaufte eine Form und eine Anzeige.

Die Zänkereien und Streitgespräche zwischen Jobs und Scott wurden zu einer festen Größe in Apples Firmenleben, und sie bekamen den Namen „The Scotty Wars". Aber die Streitereien nahmen auch skurrile Züge an. An seinem 23. Geburtstag war Jobs entsetzt, als er in seinem Büro einen Trauerkranz mit weißen Rosen vorfand. Daran hing eine nicht unterschriebene Karte mit der Nachricht R.I.P. THINKING OF YOU [etwa: „Ruhe in Frieden, denke an Dich"]. Erst nach einiger Zeit fand Jobs heraus, dass Scott der Übeltäter war. Dieser machte die weiße Rose zu seinem persönlichen Markenzeichen.

Markkula stand zwischen den beiden Streithähnen. Er behandelte Jobs zwar in etwa so, wie ein Onkel seinen Lieblingsneffen verhätschelt, aber er ließ es auch zu, dass Scott mit ihm auf seine Art umsprang. Scott und Jobs fiel es viel leichter, harte Entscheidungen zu treffen, als dem eher sanftmütigen Markkula. Vielleicht trug sein ruhiges Familienleben dazu bei, dass er herzlicher, pünktlicher und höflicher war. Er vermied es, sein Schicksal so fest an das Unternehmen zu binden wie Scott und Jobs. Als Apple größer wurde, war er bereit, zu delegieren. „Wenn etwas nicht funktioniert", sagte er immer wieder, „repariert es!" Außerdem gestand er Menschen das Recht zu, Fehler zu machen. Jean Richardson, die 1978 zu Apple kam, dazu: „Er wollte nicht von oben herab hart durchgreifen. Er wollte, dass die Leute das unter sich ausmachen. Er sagte immer: ‚Ihr zwei, geht hin und macht das untereinander aus.'" Ein Programmierer: „Er schien sehr darauf aus zu sein, dass ihn die Menschen mögen. Er arbeitete auf eine derart subtile Art, dass es unmöglich war, ihm irgendeine Bosheit anzulasten." Andere fanden ihn unerschütterlich und ewig optimistisch – in einer Position, in der Manager gewöhnlich die meiste Zeit mit der Bewältigung von Problemen zubringen, waren das bedeutende Eigenschaften. Ein Marketing-Manager von Apple namens Trip Hawkins erinnert sich: „Markkula saugte alles auf wie ein Schwamm. Und er konnte einen dazu bringen, dass man auf einem Feld ein Einhorn sah."

• • •

Während die individuellen Eigenschaften sich herausschälten, ging die Arbeit an einem Projekt weiter, das alle Zweige des Unternehmens miteinander verschmolz. Es war eine Mini-Reprise der Entwicklung des Apple II und kombinierte technische Entwicklungen mit einem Hang zum Erfinderischen und unnachgiebigem Druck: Es ging um eine Schnittstelle, die den Computer mit einem Diskettenlaufwerk anstatt mit einem Kassettenrekorder verband.

Plattenlaufwerke waren nichts Neues. In Mainframe-Computern wurden sie schon seit 1956 eingesetzt. Aber während die Entwicklung der Elektronik zum Mikroprozessor führte, wurden auch die Laufwerke kleiner. Die ersten Speicherplatten, die für Mainframe-Computer eingesetzt wurden, hatten einen Durchmesser von rund 60 Zentimetern und steckten in Gehäusen von der Größe einer Frisierkommode. Die Speicherplatten waren über ein Gerät in einer großen Kiste namens Controller mit dem Computer verbunden. Doch trotz allem boten Plattenlaufwerke gegenüber den Magnetbandspulen, auf denen die Informationen früher gespeichert worden waren, enorme Vorteile. Man brauchte nämlich nicht mehr zu warten, bis mehrere

Hundert Meter Band an einem fixen Punkt vorbeigelaufen waren, sondern ein kleiner „Kopf", der über einer schnell rotierenden Scheibe schwebte, konnte sich die Informationen pflücken. Im Jahr 1972 vermeldete IBM einen weiteren Fortschritt in der Speicherplattentechnologie und stellte eine biegsame Platte vor, die nicht größer als eine Glückwunschkarte war und schnell unter dem Namen „Floppy Disk" bekannt wurde. Die Diskettenlaufwerke passten nun in Gehäuse, die nicht größer als ein handelsübliches Lexikon waren, und der Controller wurde von einer Kiste auf eine einzige Platine reduziert. Die Pressesprecher von IBM verglichen den Fortschritt, den die Floppy Disk bedeutete, mit einem Jumbojet, der mehrere Kilometer weit keine drei Millimeter über dem Boden fliegt, ohne sich die Reifen zu verschmoren.

An Mikrocomputer angeschlossene Kassetten hatten die gleichen Nachteile wie die Magnetbänder, die mit den Mainframe-Maschinen verbunden gewesen waren. Sie waren so langsam, dass das Laden einer Sprache wie BASIC zehn Minuten lang dauern konnte und dass das Auffinden von Daten Glückssache war. Im Gegensatz dazu fand ein Diskettenlaufwerk die Daten innerhalb von Sekunden. Gary Kildall, der Gründer des Software-Unternehmens Digital Research, hatte sich bei Jobs schriftlich über Wozniaks Kassetten-Interface beschwert: „Das Kassetten-Subsystem ist besonders frustrierend. Ich habe zwei verschiedene Rekorder benutzt, und beide waren gleich unzuverlässig […]. Das Langzeitspeicher-Subsystem muss ich als unterstes Bastlerniveau bezeichnen."

Bei Apple gab es den Drang, ein Diskettenlaufwerk an den Computer zu hängen. Jobs ging jede Woche zu Shugart, einem der ersten Unternehmen im Silicon Valley, die Diskettenlaufwerke herstellten, und flehte die Vorstände an, Apple zu beliefern. Unterdessen befasste sich Wozniak mit den Schaltkreisen der IBM-Ingenieure, die einen Laufwerk-Controller entwickelt hatten, und mit der Methode, die ein

Start-up-Unternehmen aus Berkeley namens Northstar verwendete. Aber Wozniak fing erst kurz vor Weihnachten 1977 ernstlich mit der Arbeit an. Seine Neigung, die Dinge auf die lange Bank zu schieben, machte Scott, der unbedingt liefern wollte, das Leben schwer. Scott: „Woz ließ ein Produkt direkt bis an den kritischen Punkt kommen und machte es dann. Es war fast, als bräuchte er den Adrenalinschub, fast zu spät dran zu sein, damit er wirklich kreativ wurde." Aber sobald Wozniak mit der Arbeit an dem Disk-Controller angefangen hatte, hörte er nicht mehr auf, bis er fertig war. Holt, der wieder den Lehrmeister spielte, meint: „Für ihn grenzte es an Wahnsinn, mit seinem Verstand so tief in die Maschine einzudringen." Auch hatte Jean Richardson ein mütterliches Auge auf ihn. „Er war ein Geist, der zu seltsamen Zeiten kam und ging. Er arbeitete nachts durch. Oft traf ich ihn, wenn ich morgens kam und er ging. Essen und Schlafen schienen ihm egal zu sein." Ein paar Wochen lang arbeitete Wozniak wie rasend, dabei begleitet von Wigginton, der Programme für die Prüfung des Laufwerks schrieb, und von Holt, der ihn so lange piesackte, bis er überzeugt war, dass das Gerät wirklich funktionieren würde.

Als das Gerät auf der Consumer Electronics Show Anfang 1978 vorgestellt und ein paar Wochen später auf der Second West Coast Computer Faire einer genaueren Prüfung unterzogen wurde, war die Reaktion einmütig. Die Karte für den Laufwerkscontroller enthielt viel weniger Chips als irgendein Konkurrenzgerät und Wozniak bezeichnete sie als „Lieblingsentwurf meines Lebens". Auch Ingenieurkollegen spendeten Beifall. Lee Felsenstein, der ein Jahr zuvor so skeptisch gegenüber Jobs, Wozniak und dem Zigarrenkistencomputer gewesen war, schaute sich den Controller an und erinnerte sich später: „Ich kippte fast aus den Latschen. Das war dermaßen clever! Ich dachte mir: ‚Diesen Leuten kommen wir lieber nicht in die Quere.'" Chuck Peddle leitete bei Commodore ein Konstruktionsteam, das ebenfalls an einem Diskettenlaufwerk arbeitete, aber auf der Zielgeraden geschlagen wurde. Er betrachtete Wozniaks Entwurf weltpolitisch und sagte: „Der hat die Industrie absolut verändert." Bevor das Laufwerk vorgestellt wurde, hatten sich Apple, Commodore und Radio Shack an Kinderkrankheiten der Herstellung abgearbeitet und es hatte keine großen Unterschiede zwischen den Unternehmen gegeben. Apple hatte auch immer Computer auf Lager, und wenn Zulieferer nach Cupertino kamen, wurden sie nicht in den Teil des Gebäudes geführt, in denen sich die Vorräte stapelten. Als das Laufwerk vorgestellt worden war, änderte sich das.

Als der Entwurf fertig war und Apple die Laufwerke allmählich zum Leben erweckte, übte Scott seinen unnachgiebigen Druck aus. Die Laufwerke, die Apple von seinem einzigen Zulieferer Shugart – einer Tochter der Xerox Corporation – bekam, waren unzuverlässig. Deshalb schlachteten die Ingenieure und Techniker sie im Labor aus, um funktionsfähige Laufwerke zu bauen, und erfüllten so die hohen Ansprüche von Scott. Er bestand darauf, dass Apple mit der Auslieferung der ersten Laufwerke beginnen sollte, obwohl noch keine Zeit gewesen war, ein umfassendes Handbuch zu erstellen. Das Resultat von Scotts Hartnäckigkeit und der Qualität des windigen Faltblatts, das mit den ersten Diskettenlaufwerken geliefert wurde, geht aus einer Beschwerde hervor, die ein Kunde aus Südkalifornien an Markkula schickte: „Ihr blöden Drecksäcke. Ich habe mir einen Apple mit Floppy gekauft, und niemand – ich meine niemand – in L.A. oder San Diego weiß, wie man Dateien auf das beschissene Ding packt. Ich fühle mich echt ‚abgezockt'. Alle reden von dem tollen Handbuch, das demnächst erscheint??? Scheiße, scheiße, scheiße! Ich brauche den Computer in meiner Firma jetzt und nicht nächstes Jahr. Fuck you. Ich hoffe, Euer Hund verreckt."

„Der Star ist ein unglaublicher Mist."
– ANDY HERTZFELD

An einem Schwarzen Brett im Ingenieur-Labor von Apple hing ein schräger Kommentar zu dem Leben im Großunternehmen. Er enthielt die zynischen Ansichten eines Witzbolds über die Entwicklung eines Computers und die Bürokratie bei Apple. Der anonyme Skeptiker beantwortete darin die Frage, wie viele Apple-Mitarbeiter man brauche, um eine Glühbirne zu wechseln, so:

„Einen, der eine Benutzer-Eingabe über die kaputte Birne einreicht.
Einen, der die Spezifikationen der Benutzerschnittstelle überarbeitet.
Einen, der die Glühbirne umdesignt.
Einen, der den Prototyp baut.
Einen, der das Projekt genehmigt.
Einen, der die Neuigkeit an die Presse durchsickern lässt.
Einen Bereichsleiter, der das Projekt koordiniert.
Einen Projektmanager.
Zwei Produktmarketing-Manager.
Einen, der den Produkt-Überarbeitungs-Plan für die Glühbirne schreibt.
Einen, der die Rentabilität der Glühbirne analysiert.
Einen, der den Zulieferer-Vertrag aushandelt.
Sieben, die den Alpha-Test der Glühbirne durchführen.
Einen, der das Betriebssystem der Glühbirne überarbeitet.
Einen, der die FCC-Genehmigung beschafft.
Einen, der das Handbuch schreibt.
Einen, der die Übersetzungen in Fremdsprachen besorgt.
Einen, der das Produkt-Schulungs-Paket für die Glühbirne entwickelt.
Einen, der die grafische Gestaltung entwirft.

Einen, der die Verpackung entwirft.
Einen, der das Datenblatt schreibt.
Einen, der das automatisch ablaufende Glühbirnen-Demo schreibt.
Einen, der den Kopierschutz für die Glühbirne anlegt.
Einen, der den Änderungsauftrag schreibt.
Einen, der Nutzerprognosen erstellt.
Einen, der die Bauteilnummer in den Computer eingibt.
Einen, der die Bestellung jeder Glühbirne aufgibt.
Einen für die Qualitätssicherung der Glühbirne.
Einen für den Vertrieb der Glühbirne.
Einen, der die Zwischenhändler von der Überarbeitung unterrichtet.
Einen, der die Feier zur Produkteinführung organisiert.
Einen, der die Zeitungsankündigung schreibt.
Einen, der der Finanzwelt die Glühbirne erläutert.
Einen, der dem Außendienst die Glühbirne ankündigt.
Einen, der den Händlern die Glühbirne ankündigt.
Einen, der den Kundendienst schult.
Und einen Kundendiensttechniker, der die Glühbirne wechselt."

Ein paar Mitglieder der Mac-Gruppe standen um einen Lisa-Prototypen herum. Der Programmierer Andy Hertzfeld gab Kommentare ab, während Michael Boich mit den Funktionen des Geräts herumspielte. „Ich könnte nicht an Lisa arbeiten", sagte Hertzfeld zu niemand Bestimmtem. „Dort kriegt man nur über Ausschüsse und Politik etwas gebacken. Lisa ist das, was man kompetente Ingenieursarbeit nennt."
Boich und Hertzfeld beäugten die Leistungsfähigkeit von Lisa mit dem kritischen Blick, mit denen Männer einst Nocken und Kolben betrachteten. Boich drückte auf eine Maustaste und während sie zusahen, wie eine Liste auf dem Bildschirm erschien, sagte Hertzfeld: „Die haben für das Menü eine richtig hässliche Schrift genommen. Ich habe auch schon gesehen, dass ein Menü fünf Minuten gedauert hat."

Boich kicherte. „Hat ganz schön was abzuarbeiten."
„Totaler Menü-Missbrauch", sagte Hertzfeld mit dem Ausdruck eines beleidigten Mönchs.
„Der ist schon wieder beschäftigt", sagte Boich, während er darauf wartete, dass eine Datei auf dem Bildschirm erschien. „Die haben eine Menge zu tun."
„Wir werden solche Performance-Probleme nie bekommen", sagte Hertzfeld, „aber unsere Programme werden ja auch nie so groß werden."
Der Konstruktionsmanager Bob Belleville, der die Szene von einem Eingang zu der Bürozelle aus beobachtete, warnte in ruhigem Ton: „‚Nie' ist ein Wort, mit dem ich mich nicht wirklich wohlfühle." Er äußerte, die Bemerkungen erinnerten ihn an die Zeit, als ehemalige Kollegen von ihm bei Xerox, die einen Laserdrucker entwickelten, das Erscheinen eines Konkurrenzgeräts mit der Bemerkung begrüßt hatten: „Unsere technischen Daten sind viel besser."
Boich spielte weiter mit dem Gerät herum, schaute Hertzfeld an und erwähnte den Xerox-Computer, der einige Ähnlichkeiten mit Lisa hatte: „Er ist trotzdem so schnell wie der Star."
„Der Star ist ein unglaublicher Mist. Eine Katastrophe. Nicht zu gebrauchen", sagte Hertzfeld. Er deutete auf Lisa und fuhr fort: „Wenn Du sehen willst, wie langsam der ist, versuch mal, eine weitere Anwendung zu öffnen."
„Ich habe fast Angst davor", sagte Boich grinsend.
„Wenn es funktioniert, ist das der Tribut an drei Jahre Programmierarbeit", sagte Hertzfeld.

Kapitel 15.0

Die besten Verkäufer.

Die Verwalter von Apple lernten schnell die Kunst, sich Freunde zu machen und Menschen zu beeinflussen. Markkula, der bei Apples ersten Verträgen mit Außenstehenden federführend war, wendete exakt die gleiche Technik an, die Scott nutzte, um die inneren Angelegenheiten des Unternehmens zu managen. Er sorgte dafür, dass andere Apple beim Wachsen halfen. Markkula hatte mehr als alle seine Kollegen die Bedeutung des Erscheinungsbilds begriffen. Der Tenor seiner Strategie schlug sich in der Art nieder, wie er Jobs immer wieder dazu anhielt, sich gepflegter zu kleiden. Markkula erklärte seinem jüngeren Partner immer wieder: „Ein Buch wird nach seinem Umschlag beurteilt." Er erkannte die Macht erstklassiger Verbindungen. Er wusste, dass es wichtiger war, einige wenige Menschen mit Aufmerksamkeit zu überhäufen, als vielen Aufmerksamkeit zu schenken. Ihm war klar, dass angesehene Investoren einem Unternehmen einen Glanz verliehen, der auf andere Art schwer zu bekommen war, und die Agentur Regis McKenna führte vor, dass ein Zeitschriftenartikel billiger und weit wirkungsvoller war als ein bunter Hochglanz-Ausfalter.

Apple war eher das Produkt einer Gerüchteküche, die Investoren und Reporter zu einem Klatsch-Kreis vereinte, als ein großartiger Marketing-Triumph. In der hässlichen Fachsprache der Branche ausgedrückt, konzentrierte sich Apple auf Meinungsmacher. Man dachte sich, Menschen, die weder Zeit noch Lust noch die nötige Intelligenz besaßen, die merkwürdige Zusammenstellung namens Apple II unter die Lupe zu nehmen, würden sich auf das Urteil von Menschen verlassen, die schon reich waren oder sich ein bisschen mit Computern auskannten. Denn Investoren und Reporter haben mindestens eines gemeinsam: Sowohl Finanzleute als auch Schreiberlinge verhalten sich gewöhnlich wie Schafe.

Markkula wusste von der ersten Stunde an, dass Allianzen mit ein paar erfahrenen Finanziers weit mehr wert waren als das Gewicht ihrer Investitionen. Markkulas eigene Investitionen waren zwar durchaus erfolgreich gewesen, aber er hatte noch nie unmittelbar mit einer der circa 237 Firmen zu tun gehabt, welche die Wagniskapital-Branche bildeten und die jungen Unternehmen im Austausch gegen Aktien Finanzierungen anboten. Ursprünglich hatte Markkula erst zu den Venturecapitalisten gehen wollen, nachdem Apple bewiesen hatte, dass es seinen Computer produzieren konnte, denn er wusste, dass er einen besseren Preis für die Aktien des Unternehmens bekommen würde, wenn er demonstrieren konnte, dass Apple nicht in verzweifelter Geldnot war. Doch die Probleme mit der Qualität des Gehäuses im Herbst 1977 drohten, die Kreditlinie von Apple aufzuzehren, und ließen Markkula keine Wahl. Die Einnahmen aus dem Verkauf von Computern reichten kaum aus, Apple am Leben zu erhalten. Die Notlage des Unternehmens war so akut, dass Markkula und Scott eine Geldspritze von fast 200.000 Dollar erbaten, um die Sache in den Griff zu bekommen, und erst dann formelle Verhandlungen über mehr Geld führten.

Und wieder wandte sich Apple an vertraute Gesichter. Hank Smith war bei Fairchild und bei Intel Markkulas Kollege gewesen. Er war ein energiegeladener Mann mit wippenden rotblonden Haaren, der Intel verlassen hatte und nach New York gegangen war, um aktiver Teilhaber von Venrock zu werden, des Wagniskapital-Arms der Familie Rockefeller. In der inoffiziellen Rangfolge der Venturecapital-Firmen rangierte Venrock unter den besten, und es hatte noch den zusätzlichen Vorteil, dass es noch keinerlei Mikrocomputer-Firmen finanziert hatte. Zum ersten Mal trat Markkula im Frühjahr 1977 an Smith heran, und mehrere Monate lang beobachtete Venrock die Fortschritte von Apple. John Hall, der beim Verfassen des Geschäftsplans geholfen hatte, besuchte Venrock und besprach Apples Aussichten mit zwei Venrock-Partnern. Als Smith an der Westküste war und andere Venrock-Investments besuchte, wollte er unbedingt in dem Apple-Büro in Cupertino vorbeischauen. Die Wagniskapitalfirma tätigte rund sieben Investitionen pro Jahr, aber abgesehen von der persönlichen Verbindung gab es nichts, was ihre Leute zu Apple hingezogen hätte. Hank Smith dazu: „Wahrscheinlich hätten wir uns Apple nicht angeschaut, wenn ich nicht Mike Markkula gekannt hätte." Im Herbst 1977 wurde Markkula schließlich zusammen mit Jobs und Scott eingeladen, die anderen Partner von Venrock kennenzulernen und die Prognosen für Apple vorzulegen.

Obwohl der frühere Plan als aggressiv angesehen worden war, hatte Apple trotz der Schwierigkeiten mit dem Gehäuse seine Prognosen übertroffen. Die Präsentation verriet viel von der Hektik, die ihr vorangegangen war. Zwar hatte Markkula einen Prospekt geschrieben und einen Großteil seiner Prognose auf finanzielle Hochrechnungen gegründet, die ihm Gary Martin geliefert hatte, aber dabei trug der persönliche Touch den Sieg über die Wissenschaft davon. Sherry Livingston hatte miterlebt, wie die Prognosen erstellt wurden. „Es war schon ein Witz, wie die ihre Hochrechnungen aufstellten. Da gab es so viele Prognosen, dass man genauso gut eine Münze hätte werfen können."

Trotzdem spiegelte der Geschäftsplan einen Anschein von Ordnung und den Sinn für Schwerpunkte wider, den Markkula und Scott in Apple einbrachten. Am Abend vor der Präsentation vor den Venrock-Partnern in New York blieb Scott mit dem größten Teil des restlichen Unternehmens in Cupertino, aß Pizzastücke und half, den Prospekt zu kopieren, zu heften, Seite für Seite zu prüfen und zu binden. Er griff sich ein Dutzend Exemplare, nahm einen Nachtflug nach New York, machte am frühen Morgen im Hilton ein kleines Nickerchen und begleitete dann Hank Smith, Markkula und Jobs ins Venrock-Büro. Nachdem eine Vorab-Vereinbarung geschlossen worden war, fuhr das Trio zum Flughafen. Scott sah ein paar frühere Kollegen von National Semiconductor, die bei den Standby-Tickets anstanden, und beschloss, sich und seinen Gefährten Plätze in der ersten Klasse zu gönnen.

Als Markkula mit den Partnern von Venrock verhandelte, hatte er auch mit Andrew Grove gesprochen, dem stellvertretenden Vorstandsvorsitzenden von Intel. Dieser drahtige ungarische Flüchtling mit dem ausdrucksstarken Gesicht und dem lockigen Haar hatte den Ruf, so laut und gnadenlos wie ein Dampfhammer zu sein. (Er hatte bei Intel darauf bestanden, dass jeder, der zu spät kam, seinen Namen in eine Unterschriftenliste eintrug, und er war bekannt dafür, dass er „Grove-Grams" verteilte – Verwarnungen von der Größe einer Kugel.) Markkula hoffte, dass Grove Apple an der Erfahrung teilhaben lassen würde, die er bei dem Bau von Intels Fabriken gesammelt hatte. Grove schluckte den Köder und kaufte 15.000 der 20.000 Aktien, die Markkula ihm anbot, aber er beschloss, keinen Platz im Verwaltungsrat anzunehmen, weil er fand, er habe mit Intel schon genug Sorgen, auch wenn er sich nicht in ein weiteres junges Unternehmen einmischte. Hinsichtlich der späteren Monate erinnert sich Scott: „Grove rief immer wieder an. Er sagte dann: ‚Ich möchte, dass Sie aufhören, mir Leute zu stehlen', und dann schob er hinterher: ‚Wollen Sie ein paar Apple-Aktien verkaufen?'"

Arthur Rock, ebenfalls Verwaltungsratsmitglied bei Intel, sah zufällig eine Vorführung des Apple II, die Markkula machte. Das hatte zur Folge, dass Rock ein paar Tage vor der geplanten Unterzeichnung der Vereinbarung zwischen Apple und Venrock Hank Smith bei Venrock und Mike Scott bei Apple anrief, um sein Interesse an dem Aktienangebot zu bekunden. In den 1970er-Jahren betrachteten andere Venturecapitalisten, Emissionshäuser, Handelsbanker und Börsenmakler einen Anruf von Arthur Rock als finanzielles Äquivalent dazu, dass aus dem Schornstein des Vatikans weißer Rauch aufsteigt. Rock war in den 50ern und hatte Investitionen in Unternehmen getätigt, welche das Vakuum zwischen dem Verschwinden der Vakuumröhre und dem Erscheinen des integrierten Schaltkreises überbrückten. Als New Yorker Finanzier hatte er geholfen, die Finanzierung für die Gründung von Fairchild Semiconductor zu arrangieren. Zusammen mit einem Partner hatte er sich am Aufstieg der Mikrocomputer-Industrie beteiligt, indem er in Scientific Data Systems investierte, das 1969 im Austausch gegen Aktien im Wert von 918 Millionen Dollar an die Xerox Corporation verkauft worden war. Rocks Beteiligung war 60 Millionen Dollar wert. Als im Jahr 1968 ein paar leitende Manager Fairchild verließen, um Intel zu gründen, wandten sie sich um Rat und Geld an Arthur Rock. Rock investierte 300.000 Dollar eigenes Geld, organisierte weitere 2,2 Millionen Dollar und wurde der erste Vorsitzende des Unternehmens. Er hatte an mehreren Punkten entscheidende Ratschläge erteilt, und als die Unternehmensleitung von Intel hin und her überlegte, ob sie versuchen sollte, Märkte für den ersten Mikroprozessor des Unternehmens zu erschließen, erwies sich Rocks Rat als ausschlaggebend.

Rock scheute die Öffentlichkeit, war nie Gegenstand eines größeren Porträts in einer Zeitung oder in einer Zeitschrift gewesen, erschien fast nie auf Sitzungen von Wagniskapital-Vereinigungen, war bezüglich seiner Investitionen enorm diskret und betrieb seine Geschäfte meistens entweder von einem Büro in der Montgomery Street in San Francisco aus oder von einer dreistöckigen Eigentumswohnung in Aspen im Wert von 450.000 Dollar aus. Er sah asketisch aus und hatte den gepflegten Körper eines Mannes, der jeden Morgen eine Stunde trainiert. Rock war eingefleischter Baseballfan und ließ sich häufig den Wind im Candlestick Park in San Francisco um die Nase wehen, wo er einen Platz in der ersten Reihe hatte, der circa 25 Meter von der Homeplate entfernt war. Außerdem unterstützte er enthusiastisch das Ballett und die Oper von San Francisco und sammelte unter anderem Werke der Modernisten Robert Motherwell und Hans Hofmann. Er war ziemlich altmodisch, hielt das Fernsehen für den Fluch der modernen Gesellschaft, meinte, Marihuana würde den Verstand verwirren und in der Literatur habe es seit mehreren Jahrzehnten keine wesentliche Entwicklung mehr gegeben. Ein Venturecapital-Kollege sagte einmal: „Er kann charmant und liebenswürdig sein und ein eiskalter Hurensohn."

Wenn es den Managern junger Unternehmen gelang, ihn aus seinem Büro in San Francisco oder aus seinem Skidomizil in Aspen herauszulocken, gaben sie sich mit Präsentationen vor ihm große Mühe. Wie die meisten erfahrenen Venturecapitalisten war auch Arthur Rock kein Spieler. Normalerweise tätigte er nur drei oder vier Investments im Jahr und stellte im Allgemeinen nur einen kleinen Geldbetrag bereit, bis er überzeugt war, dass das Unternehmen erfolgreich sein würde oder dass er mit der Unternehmensleitung auskommen würde. Er stand im Ruf, sich schnell zu langweilen, wenig Geduld für Firmenaktivitäten für Wohltätigkeitsorganisationen wie United Way zu haben, und er war dafür bekannt, dass er bei Board-Sitzungen nicht viel sagte. Häufig unterbrach er Vorschläge mit der Frage: „Welchem Zweck würde dies dienen?" Tommy Davis, der in den 1960er-Jahren lange Rocks Investmentpartner war, sagt dazu: „Er will nur die richtige Antwort." Andrew Grove fand, Rock sei „wie der Pilot eines Flugzeugs, der viel mehr auf die Geografie achtet als auf die Leute, die mit ihm reisen". Als Rock Apple anrief, verschaffte ihm daher seine erstklassige Reputation Zutritt.

Die Investition von Don Valentine – des Wagniskapitalgebers, der Apple erstmals mit Markkula zusammengebracht hatte – war zum Teil das Ergebnis eines Zufalls. Als Valentine eines Abends Markkula, Jobs und Hank Smith beim gemeinsamen Essen im Restaurant Chez Felice in Monterey erblickte, bekam er mit, worüber diskutiert wurde. Er ließ dem Trio eine Flasche Wein mit folgender Nachricht bringen: „Verliert nicht die Tatsache aus dem Auge, dass ich vorhabe, in Apple zu investieren."

• • •

Als die Finanzierung im Januar 1978 endlich stand, als alle Unterlagen unterzeichnet und notariell beglaubigt und als die Aktienurkunden ausgetauscht waren, wurde Apple mit drei Millionen Dollar bewertet. Die Finanzierung brachte Apple 517.500 Dollar ein, von denen Venrock 288.000 investiert hatte, Valentine 150.000 und Arthur Rock 57.600. Im Gegenzug verlangten Markkula und Scott von ihren Investoren einen formellen Vertrag darüber, dass ihr finanzielles Engagement mindestens fünf Jahre dauern würde.

Nach sechs Monaten waren die ersten Gerüchte über Apple durchgesickert und als Michael Scott und die anderen im Sommer 1978 bei der Consumer Electronics auftraten, wurden sie von Investoren der Continental Illinois Bank aus Chicago bedrängt, die 500.000 Dollar in Apple investieren wollte. Der Aktienkurs war etwa dreimal so hoch wie ein halbes Jahr davor. Die Venrock-Partner murrten zwar über den gestiegenen Aktienpreis, tätigten dann aber doch eine zusätzliche Investition und hielten schließlich einen Anteil von 7,9 Prozent an dem Unternehmen. Valentine hingegen beklagte sich, der Preis sei viel zu saftig, und er weigerte sich, seine ursprüngliche Investition aufzustocken.

Ein paar Monate nach der Erstfinanzierung bekam Scott wieder einen Anruf, aber diesmal von einem guten Freund Rocks namens Henry Singleton. Dieser war Vorsitzender von Teledyne Inc., eines der Unternehmen, die in den 1960er-Jahren „Konglomerat" zu einem Modewort gemacht hatten. Rock war an der Gründung von Teledyne beteiligt gewesen und gehörte dem sechsköpfigen Verwaltungsrat des Unternehmens an. Scott staunte, dass der Vorsitzende eines 2-Milliarden-Unternehmens, das Lebensversicherungen verkaufte, Panzermotoren, Massageduschen, Ölbohrausrüstung und ein erfolgloses elektronisches Gerät baute, das die Größe der Bissen von Menschen maß, die eine Diät machten, bei ihm anrief, um etwas über die technischen Eigenarten des Apple II zu erfahren.

Singleton stand ebenso wenig wie Rock im Ruf, sentimental zu sein. Angeblich managte er die Töchter von Teledyne so, als wären sie Posten in seinem privaten Aktienportfolio. Es hieß, er habe einen Hang zum Detail, eine Leidenschaft für Bargeld und kein Problem damit, komplette Betriebe zu schließen. Scott beantwortete geduldig Singletons Fragen und fragte Rock später, ob er meine, sein Investmentpartner würde sich dafür interessieren, einen Verwaltungsratssitz bei Apple zu bekommen. Rock hielt das für unmöglich. Er sagte, Singleton sitze nur in einem weiteren Board und versuche gerade, sich dieser Verpflichtung zu entledigen. Er sagte zu Scott: „Wenn ich ihn frage, sagt er sowieso nein."

Scott bestand aber darauf, und als Apple sein Diskettenlaufwerk vorstellte, richtete er es so ein, dass er ein Exemplar persönlich in Singletons Büro in Century City abgab. Er erfuhr, dass Singleton nicht nur im Büro einen Apple stehen hatte, sondern auch zu Hause, und dass er fleißig in Assembler programmierte. Der Termin verwandelte sich aus einer halben Stunde in den ganzen Tag. Sie aßen im Beverly Hills Country Club zu Mittag und Singleton beeindruckte Scott damit, dass er bar anstatt mit Kreditkarte bezahlte. Als Rock erfuhr, dass Scott bei Singleton zu Hause eingeladen war, wusste er, dass der Knoten geplatzt war: „Sie haben ihn in der Tasche." Singleton kaufte für 100.800 Dollar Apple-Aktien und wurde im Oktober 1978 Direktor. Als Venrock, Arthur Rock und Henry Singleton angeworben wurden, bewies Markkula, dass er nicht zimperlich war, wenn es darum ging, Teile des Unternehmens an entsprechend qualifizierte Leute zu verkaufen. Im Gegensatz zu einigen anderen Mikrocomputer-Unternehmen, die Angst hatten, Investoren oder Direktoren würden die Kontrolle anstreben oder sich in Tyrannen verwandeln, erkannten die Männer von Apple, welche Hilfe sie ihnen bieten konnten. Wichtiger als die Bargeldspritzen waren die immateriellen Vorteile durch Erfahrung und Reputation der Finanziers. Sie hatten das Wachstum anderer kleiner Unternehmen beobachtet, hatten schlechte Zeiten durchlebt, kannten viele der lauernden Fallstricke und konnten zu dem chaotischen Leben eines Start-ups eine gewisse bewährte Perspektive beisteuern. Sie konnten Ratschläge zur Begrenzung der Steuerverbindlichkeiten des Unternehmens erteilen, bei der Erarbeitung einer Vertriebsstrategie helfen und Verbindungen zu Menschen knüpfen, die hilfreich sein konnten und dabei helfen konnten, erfahrene Manager anzulocken. Da Apple sich dessen bewusst war, achtete es sorgfältig darauf, seinen Investoren das Leben zu erleichtern. Die Board-Sitzungen wurden so gelegt, dass sie auf den Tag fielen, an dem Rock die Halbinsel hinunterfuhr, um zu der Board-Versammlung von Intel zu gehen, und Scott chauffierte Henry Singleton häufig zum Flughafen von San Jose oder holte ihn dort ab.

Zwar wurden die frühen Aktienverkäufe von Apple nicht publik gemacht, aber die Reputation der ersten Investoren war zu groß, um sie zu verbergen. Ihr Interesse an Apple war exakt der Stoff, aus dem man Gerüchtehäppchen für Venturecapitalisten macht. Es waren genau die Themen, die bei den monatlichen Essen der Western Association of Venture Capitalists die Runde machten, die sich Banker im Firstclass-Bereich der Großraumflugzeuge erzählten, mit denen sie zwischen San Francisco und New York pendelten, oder andere Leute, wenn sie in Rickey's Hyatt House am El Camino Real in Palo Alto frühstückten. Fleißigere Leute konnten diese Informationen auch aufstöbern, wenn sie die Akten in der spartanisch möblierten Lobby im Büro des California Department of Corporations in San Francisco durchsahen.

• • •

Investoren, die Geld auf den Tisch legten, waren das eine Anzeichen für Vertrauen. Aktienanalysten, die ihre Meinungen zu Papier brachten, waren ein weiteres. Ben Rosen war Ende der 1970er-Jahre einer der einflussreichsten Elektronik-Analysten der Wall Street. Rosen verfolgte die Elektronikindustrie schon seit Jahren und liebte technische Spielereien. Er verbrachte mehrere Wochen pro Jahr damit, über Handelsmessen zu schlendern, behielt neue Produkte im Auge, ließ sich von den Darstellungen von leitenden Managern nicht blenden, sondern holte geduldig die Meinungen von Managern der mittleren und unteren Ebene ein.

Markkula und Scott waren zwei der jüngeren Manager, die Rosen über den Weg gelaufen waren. Er hatte beide schon gekannt, als sie noch bei Fairchild waren, und bei einer seiner Intel-Inspektionstouren hatte er Markkula beigebracht, wie man mit einem programmierbaren Taschenrechner umgeht. Die Manager von Apple kümmerten sich um Rosen, der seit April 1978 einen Apple benutzte. Rosen hatte Zugriff auf die Art von Kundendienst, die Scheichs und Fürsten vorbehalten ist. Wenn er eine Funktion des Apple nicht verstand und im Handbuch keine passende Erklärung fand, rief er Jobs oder Markkula zu Hause an. Markkula bot Rosen sogar ein paar Apple-Aktien zum Kauf an, bekam aber einen höflichen Korb. Allerdings besuchte Rosen Apple öfter und bekam auf klare Fragen auch klare Antworten. Scott dazu: „Ben hatte die Daten immer schon zwei oder drei Jahre vor dem tatsächlichen Geschehen." Diese Aufmerksamkeit zahlte sich aus. Viele von den Journalisten, die die Mikrocomputer-Industrie in den ersten Jahren verfolgten, waren Leute, die schon die Halbleiterbranche beobachtet hatten, und sie hatten gelernt, Rosen zu vertrauen. In der Horde von Männern, die es zu ihrem Beruf gemacht hatten, Unternehmen hochzujubeln und Aktien anzupreisen, betrachteten sie Rosen als unparteiisch. Er rief immer zurück und lieferte umfassende Berichte über Unternehmen sowie prägnante Aussagen, die auf scharfsinnigen Beobachtungen basierten und häufig im *Wall Street Journal*, in der *New York Times*, in *BusinessWeek*, *Fortune*, *Forbes* oder in den wöchentlich erscheinenden Nachrichtenmagazinen landeten.

Die Reporter, die durch Rosens New Yorker Büro strömten, sahen, dass er einen Apple benutzte. Dadurch wurde Rosen auf gewisse Weise zu Apples einflussreichstem Förderer. Apples Werbemann Regis McKenna, der bei einem von Rosen organisierten Mittagessen mit *Time* bekannt gemacht wurde, meinte: „Ben verlieh Apple echte Glaubwürdigkeit." Und der Venturecapitalist Hank Smith fand, er sei „einer von Apples besten Verkäufern".

Apples erlesene Finanz-Gefolgschaft war bedeutend und sorgte langsam für Aufsehen. Als Rosen und ein anderer Analyst von Morgan Stanley namens Barton Biggs in San Francisco mit Arthur Rock essen gingen, wurde ihre Unterhaltung in einem zweiseitigen Rundschreiben zusammengefasst, das dann in der New Yorker Bank zirkulierte. Biggs hatte es in einem atemlosen Ton verfasst: „Arthur Rock ist eine Legende mit großem ‚L', so wie Ted Williams oder Fran Tarkenton, Leonard Bernstein und Nurejew [...]. In seinem Beruf ist er um mehrere Größenordnungen besser als irgendjemand, der dort je mitgespielt hat." Pflichtbewusst gab Biggs Rocks Kommentare über Apple an seine Kollegen bei Morgan Stanley weiter: „Die Leute, die dieses Unternehmen führen, [...] sind sehr intelligent, sehr kreativ und voller Drive." Bei solchen Worten lief den Lesern (und Investoren) unter Garantie das Wasser im Mund zusammen.

Die ersten Beschreibungen in Apples Werbekampagne erzielten wohl kaum die gleiche Wirkung wie die Einschätzungen von einem der erfahrensten Wagniskapitalgeber des Landes. In vorbereiteten Reden und bei offiziellen Präsentationen beschrieb Markkula den großen Plan von Apple gern in drei Worten: „Identifikation. Fokus. Zuschreiben." Die Kombination aus Substantiven und einem Verb brachte die Werbemanager zwar zum Kichern, aber damit drückte Markkula eine alte Idee auf eine spezifisch moderne Art aus. Beispielsweise hatte IBM in den 1940er-Jahren eine ähnliche Strategie eingesetzt, als es an der Fifth Avenue einen prächtigen Vorführungsraum eröffnete.

Der Unternehmensgünder Tom Watson erläuterte später: „Wir trugen das Image des Unternehmens weit über die Größe und den Ruf des Unternehmens hinaus."

Anfangs war Apples Marketingstrategie nicht das Resultat einer nüchtern geplanten Vision. Die Einschätzung der Lebenszyklen von Produkten ähnelte den Mustern, die in der Halbleiterindustrie üblich waren – dort wurden Chips tendenziell zwölf Monate nach ihrer Einführung verdrängt. Die anfänglichen Ausrutscher fielen wegen eines expandierenden Marktes, der vieles verzeiht, nicht ins Gewicht. Zuerst herrschte in der Agentur Regis McKenna große Unsicherheit hinsichtlich der Aussichten von Apple. Der zuständige Manager Frank Burge dazu: „Leute, die Markkula und Apple kannten, fragten sich, ob sie es schaffen würden. Wir unkten ständig: ‚Diese Leute sind Nieten. Die schaffen das nie.' Jobs und Wozniak sahen aus, als wären sie auf etwas gestoßen. Das widersprach allen unseren Überzeugungen." Die Leute von der Agentur schauten sich Markkula an, der ihres Erachtens nicht gerade für Marketing bekannt war, und Scott mit seinen Herstellungs-Instinkten, und waren besorgt, weil bei Apple niemand Erfahrung damit hatte, Verbrauchern etwas zu verkaufen.

Um sich nach allen Seiten abzusichern, nahm McKenna noch ein Computerunternehmen namens Video Brain an, das Anfang 1978 einen nicht programmierbaren Computer namens „The Family Computer" vorstellte und hoffte, die Leute würden Module hineinstecken und das Gerät zu Hause benutzen. Von der Presse und von den Einkäufern großer Kaufhäuser, die der Meinung waren, die Verbraucher wollten nicht programmieren lernen, wurde das Produkt enthusiastisch begrüßt. Am Ende schreckten die Verbraucher vor dem Preis zurück, der unter anderem deswegen immer höher kletterte, weil das Unternehmen den ehrgeizigen Entschluss fasste, die Halbleiter für die Maschine selbst herzustellen. Video Brain scheiterte.

Allerdings fiel es McKenna ein paar Monate lang schwer, zu entscheiden, ob er Apple zugunsten von Video Brain fallen lassen sollte. Die Agentur entschied sich dann zwar, zu Apple zu stehen, aber ihre Vorsicht schlug sich doch in der Größe des Werbeetats nieder, den sie im zweiten Jahr für das Unternehmen ansetzte. McKenna regte an, Apple sollte dafür 300.000 Dollar ausgeben. Markkula bestand darauf, den Etat zu verdoppeln. Er war überzeugt, dass es für Apple aussichtslos wäre, zu versuchen, sich mit einem kleineren Anteil am Mikrocomputer-Markt am Leben zu erhalten, und er beharrte darauf, Apple müsse versuchen, imposant zu erscheinen. Wenn es je zu einer Größe in der Branche werden wolle, müsse es tun, als wäre es groß. McKenna erklärt: „Ich bin bei kleinen Unternehmen immer zurückhaltend. Ich will nicht mit unbezahlten Rechnungen über 100.000 Dollar dastehen. Markkula sagte immer: ‚Wir müssen uns frühzeitig positionieren.' Er drängte richtig darauf. Das war eine sehr wichtige Entscheidung."

• • •

Die Werbung, mit der der Apple II eingeführt wurde, zeigte eine Küche, in der eine Frau fröhlich am Schneidbrett arbeitete, während ihr Mann am Küchentisch saß und sich mit dem Computer weltlicheren Aufgaben widmete. Der Text sagte unzweideutig, wofür man den Computer benutzen konnte: „Der Heimcomputer, der mit Ihnen arbeitet, spielt und wächst [...]. Sie können damit Ihre Haushaltsfinanzen, Ihre Einkommensteuer, Ihre Rezepte sowie Ihren Biorhythmus organisieren, indexieren und speichern, Ihr Girokonto verwalten und sogar das heimische Umfeld kontrollieren." Die Anzeige enthielt außerdem viele technische Daten, die auf den passionierten Bastler abzielten und nicht darauf abgestellt waren, den Laien zu begeistern. Eifrigen Bastlern mit geschickten Händen wurde versprochen, sie könnten den Apple II in Form einer einzigen Platine für 598 Dollar kaufen.

Ein großes Plakat, das etwa ab der gleichen Zeit in Computerläden auftauchte, trug den eindeutig zweideutigen Slogan: APPLE II: DER HEIM-/PERSONAL-COMPUTER. Markkula soll damals gesagt haben, Apple wolle nicht auf der National Computer Conference ausstellen – dem traditionellen Leistungsschau für Hersteller, die an Unternehmen verkaufen wollten –, sondern seine Bemühungen auf die Consumer Electronics konzentrieren. Apples Werbemanagerin Jean Richardson gestand: „Es gab keine großartig ausgefeilte Strategie. Sie dachten, sie würden an Leute verkaufen, die daheim saßen."

Die Zeitschriften, in denen die Anzeigen erschienen, waren wichtiger als der Text oder die Optik. Im Vergleich zu Unternehmen wie Compucolor – einem Unternehmen aus Georgia, das einen farbfähigen Computer herstellte – waren Apples erste Anzeigen blass. Im ersten Jahr schaltete Apple nicht nur in Hobbymagazinen wie *Byte* Anzeigen, sondern auch in *Scientific American* und im *Playboy*. Dort waren die Anzeigen zwar teuer, aber der Charakter dieser Zeitschriften trug dazu bei, Apple von der Masse anderer kleiner Computerhersteller abzuheben. Außerdem schaltete Apple kleinere Anzeigen, die das Image des Unternehmens ankurbeln sollten. Sie sagten nicht viel über den Computer, aber sie waren smart und kess und sie wurden von McKenna selbst verfasst. Eine der beliebtesten fing so an: „A steht für Apple. Das ist das Erste, was man über Personalcomputer wissen sollte."

Ende 1977 schrieb Gary Kildall von Digital Research wieder an Jobs und trug unter anderem höflich seine Bedenken gegen Apples Marketing vor: „Aufgrund unserer früheren Diskussionen glaube ich, Sie wollen den Verbrauchermarkt ansprechen. […] Die Apple-Werbung ist irgendwie irreführend. […] Der Apple II ist kein Computer für Verbraucher, und obwohl ich bereits Computererfahrung besaß, hatte ich Schwierigkeiten, die Teile zusammenzubekommen und das System zum Laufen zu bringen. […] Des Weiteren bewerben kommerzielle Gerätehersteller keine Produkte, die es nicht gibt. […] Ihre Werbung lässt durchblicken, dass es Software für Aktienmarktanalysen und für den Umgang mit den heimischen Finanzen gibt (oder sich leicht zusammenstellen lässt). Existieren diese Programme? Zweitens ist ein Floppy-Disk-Zusatzgerät für ‚Ende 1977' versprochen. Wo ist es?"

Kildall hatte in allen Punkten recht, und das Programm, mit dem man einen Apple an den Ticker von Dow Jones anschließen konnte, erschien ein Jahr nach der ersten Ankündigung. Insgesamt spiegelte die Apple-Werbung die Bastlerneigung von Markkula wider.

Die Stoßrichtung der ersten Werbeanzeigen verfehlte zwar das Ziel, aber sechs Monate nach der Vorstellung des Apple II gab es einen Strategiewechsel. Das war gewissermaßen der Luxus, den sich ein winziges, unsichtbares Unternehmen in einer Industrie leisten konnte, die zu klein war, um richtig ernst genommen zu werden. Apple konnte seine Obskurität und die verzeihende Natur eines expandierenden Marktes ausnutzen, und deshalb hatte es mehr Spielraum als ein Großunternehmen, dessen Schnitzer aufgebauscht worden wären.

Ein Memo von der Agentur McKenna an Apple von Anfang 1978, in dem eine Marketingstrategie skizziert wird, legt ein klares Zeugnis für das Bewusstsein dafür ab, dass die Zeit, in der Verbraucher zu Hause Computer benutzen würden, noch fern war. Außerdem spiegelte es McKennas Befürchtung wider, Apple könnte sich den Verbrauchermarkt durch unhaltbare Versprechungen ruinieren. Zudem begann die Agentur, ihre Zielgruppen zu identifizieren und die Unterschiede zwischen den Bastlern, dem „Markt für programmierbare Taschenrechner" und den Märkten in Schulen und Universitäten anzuerkennen. Innerhalb von 36 Monaten nach den ersten Werbeanzeigen begann Apple, Werbespots im Fernsehen zu schalten, in denen versucht wurde, dem Eindruck zu begegnen, der Apple II sei ein Spielzeug oder ein Heimcomputer. Die Spots zeigten den Talkshow-Moderator Dick Cavett zusammen mit Hausfrauen, die mit ihren Apples ein kleines Stahlwerk betreiben oder mit Gold-Futures handelten.

Die Apple-Werbung war für eine Branche gedacht, in der kleine Unternehmen ihre Computer mit Superlativen bedachten. Für Skeptiker gab es da nicht viel Diskussionsspielraum. Es gab keine verlässliche Marktforschung. MITS hatte ganzseitige Werbeanzeigen in Form einer großen 1 geschaltet und sich damit gebrüstet, dass der Altair der führende Computer war: „Wenn Sie einen Altair kaufen, kaufen Sie nicht nur ein Stück Ausrüstung. Sie kaufen jahrelang bewährte, preisgünstige Computertechnik. Sie kaufen den Kundendienst des Herstellers NUMMER EINS auf dem Feld der Mikrocomputer." Der IMSAI 8080 wurde als „raffiniertester Personal Computer" bezeichnet. Radio Shack kündigte „das erste komplette, preisgünstige Mikrocomputer-System" an. Processor Technology bezeichnete den Sol als „The Small Computer". Apple posaunte seinen Computer genauso laut hinaus wie der Rest.

Im Juli 1978, also kaum ein Jahr nach der Auslieferung des ersten Apple II, trug eine doppelseitige Anzeige in den Fachzeitschriften die Schlagzeile: WARUM DER APPLE II DER MEISTVERKAUFTE PERSONAL COMPUTER DER WELT IST. Diese Prahlerei bewies nur, dass man Zahlen so drehen kann, dass sie alle möglichen Behauptungen stützen. Etwa um die gleiche Zeit hieß es in einer anderen Anzeige, die die Wirklichkeit ebenfalls strapazierte: „Kein Wunder, dass sich schon Zehntausende für Apple entschieden haben." Chuck Peddle, der am Commodore PET arbeitete, fand: „Apple hat seine Stellung und seinen Beitrag immer übertrieben dargestellt."

Das Image des Unternehmens schlug sich auch an den Tresen der Computerhändler nieder. Viele Läden befanden sich in einer heiklen Lage. Ihnen fehlte es an Bargeld und sie wurden von Bastlern geführt, die sich manchmal wohl mehr für die Computer als für die Kunden interessierten. Apple hielt Ausschau nach Händlern. Einige potenzielle unabhängige Händler pilgerten nach Kalifornien, wurden von den offiziellen Commodore-Vertretern angefeindet und stießen bei Apple auf weitaus mehr Zuneigung. Außerdem begriff Apple von Anfang an, dass die Einstellung und das Erscheinungsbild seiner Händler wichtig waren. Beispielsweise zwang es einen Händler in San Francisco, den Namen seines Unternehmens von Village Discount in Village Electronics zu ändern, und es orientierte sich bei den Händlerverträgen an denen, die Sony verwendete.

Als die Franchise-Computer-Ladenkette Computerland begann, im ganzen Land Filialen zu eröffnen, hängte sich Apple dran und Markkula war der Dreh- und Angelpunkt für die Formulierung der ersten Vereinbarungen mit Computerland. Er war bei Geschäftseröffnungen anwesend und machte Computer-Vorführungen. Computerland-Chef Ed Faber dazu: „Das war eine Beziehung, die beiden Seiten etwas brachte. Apple hatte ein Produkt; wir hatten die Anfänge eines Einzelhandels-Vertriebssystems. Je mehr Erfolg wir hatten, umso mehr Erfolg hatten die." Apple nutzte seine Händler aber auch dafür, mit einer begrenzten Geldmenge weit zu kommen. Es war das erste Unternehmen im Personal-Computer-Geschäft, das ein kooperatives Werbeprogramm startete, bei dem sich Hersteller und Händler die Werbekosten teilten. Faber dazu: „Anderen Herstellern machte das Angst. Die dachten, wir wären so eng mit Apple verbündet, dass sie in unseren Läden fehl am Platze sein würden."

•••

Zum Teil könnte man Apples Erfolg auf die Werbekampagnen schieben, die von anderen Unternehmen bezahlt wurden. Nachdem Commodore und Radio Shack ihre Computer eingeführt hatten, verloren sie keine Zeit und schalteten große Zeitungsanzeigen. Anfang 1978 gab ein Memo von der Agentur Regis McKenna an Apple offen zu: „Commodore und Tandy […] haben den Personal Computer populär gemacht." Aber nur wenige von Apples Konkurrenten erwiesen sich als besonders kompetent, und in keinem ihrer Geräte schlug sich

die gelungene Gratwanderung zwischen Kompetenz und Überschwang nieder, an der in Cupertino gestrickt wurde – obwohl fast alle Unternehmen, die zu dem einen oder anderen Zeitpunkt tatsächlich oder Gerüchten zufolge einen Computer herausbrachten, größer, reicher und mächtiger waren als Apple. Radio Shack hätte mit seinen Tausenden von Läden und einer Mailingliste mit mehr als 25 Millionen Namen eigentlich einen Vertriebsvorsprung haben müssen. Aber der Schwarz-Weiß-Computer TRS-80 von Radio Shack hatte unter dem Image schlechter Qualität zu leiden und war nur schwer zu erweitern. Darum konnten die Anzeigen von Apple die Erweiterbarkeit des Apple II herausstellen. Der Commodore PET hatte zwar einen gefälligen Namen [„pet" bedeutet „Haustier"], aber das Unternehmen wurde ständig von Geldmangel, unberechenbarem Management, einer Tastatur wie bei einem besseren Taschenrechner und einem Gehäuse geplagt, das in einem kanadischen Metallverarbeitungsbetrieb hergestellt wurde, weil das Unternehmen beschlossen hatte, kein Geld für ein Kunststoffgehäuse auszugeben. Außerdem war er schwarz-weiß und damit verglichen mit dem Apple unattraktiver. Atari und Mattel, die in der Verbraucherelektronik einen guten Namen hatten, begannen zögerlich mit der Produktion von Computern, und als sie loslegten, waren ihre Geräte dem Apple II unterlegen. Kleinere Unternehmen wie Ohio Scientific und Cromemco hatten zwar zuverlässige Computer, aber keine Wagniskapital-Finanzierung. Der Name „Kentucky Fried Computers" war für eine Computerfirma zu verrückt, und als er in „Northstar Computers" geändert wurde, war das Kind bereits in den Brunnen gefallen. Unterdessen wurde MITS – der größte Name im Mikrocomputer-Bereich – von Pertec geschluckt, einem großen Unternehmen aus dem kalifornischen Chatsworth, das Peripheriegeräte und Minicomputer herstellte.
Hinter den kleinen Fischen lauerte allerdings das gewaltige Gespenst Texas Instruments, und in den Jahren 1978 und 1979 war Texas

Instruments ein Unternehmen, das einem vor Angst die Knie schlottern ließ. Dieses Unternehmen war 327 Millionen Mal so groß wie Apple, stellte seine Halbleiter selbst her, hatte mit einem Taschenrechnersortiment, das die Mitbewerber zu Statisten degradierte, Erfahrung im Verkauf von Verbraucherprodukten gesammelt und sich den Ruf erworben, gnadenlos nach Profit zu streben. Ben Rosen warnte in seinem Newsletter, das Unternehmen Texas Instruments habe sich dem Personal Computer verschrieben, und wenn sich TI einer Sache verschreibe, müsse man „auf der Hut sein".

Zwar weckte die Aussicht auf einen Computer von Texas Instruments (mehr als sein späteres Erscheinen) in Cupertino Ängste, aber Apple bearbeitete im Stillen die Presse. Regis McKenna erinnert sich: „Wir dachten, wir sollten TI mithilfe der Presse schlagen. TI hatte schon immer ein gespanntes Verhältnis zur Presse und Apple hatte die Chance, ein freundschaftliches Verhältnis aufzubauen. Die Presse war die ausgleichende Kraft." McKenna wusste besser als alle leitenden Manager von Apple, wie man mit der Presse umgeht. Scott meckerte, weil er nie richtig zitiert wurde. Markkula war nicht immer leicht zu verstehen, und es konnte passieren, dass er Reporter verärgerte, indem er ihnen Apple-Anstecknadeln anbot, indem er ihnen mitteilte, die Story, die sie schreiben würden, sei für das Unternehmen sehr wichtig, oder indem er behauptete, die Käufer könnten innerhalb einer halben Stunde lernen, wie man den Apple II benutzt. Jobs hingegen, der sich von seiner Begeisterung hinreißen ließ, konnte jederzeit alle geheimen Einzelheiten von Apples Plänen ausplaudern. Und doch war Apple für PR-Leute eine Art Traum. Es lieferte eine lustige Geschichte, die man nicht so schnell vergaß und die sich um die Sorte Persönlichkeiten mit Wiedererkennungswert drehte, die Unternehmen – zumindest in den Augen von Journalisten – immer ein klares Image verleihen.

McKenna hatte viel mehr Geduld und erwartete nicht, dass ein Interview oder ein Telefongespräch sofort in eine Story münden würde.

Er sagte seinen Klienten, sie müssten eine langfristige Beziehung zur Presse aufbauen, predigte die Tugend der Geduld und betrachtete die Artikel, die dann irgendwann erschienen, gelassener. In Fachzeitschriften wie *Interface Age* wurde zwar gelegentlich über Apple berichtet, aber es dauerte mehrere Jahre, die Skepsis und das Misstrauen bekannterer Magazine zu brechen, bei denen nicht einmal die Agentur McKenna anerkannt war. Die Kundenbetreuer von McKenna umschmeichelten die Presse mehrere Jahre lang, reagierten auf die Anrufe von Reportern, lieferten Material mit Hintergrundinformationen, arrangierten Fototermine, deren Ergebnisse nie abgedruckt wurden, beantworteten Fragen, die nie veröffentlicht wurden, und prüften Fakten. Außerdem coachte McKenna seine Klienten – er versuchte, mögliche Fragen vorwegzunehmen, und er probte mit ihnen Aussagen, die sich in die Redakteursköpfe einbrennen sollten.

McKenna organisierte mehrere arbeitsreiche zwei- und dreitägige Reisen mit Apple nach New York und schluckte eine Menge Brüskierungen und Enttäuschungen. Er, Markkula und Jobs besuchten die von ihnen so genannten „Vertikalen" – Zeitschriften, die nur für ein schmales Publikum gedacht waren – und die „Horizontalen" – Zeitschriften mit einer breiten Leserschaft. Sie karrten einen Apple durch New York, trotteten von einem Magazin zum nächsten, warteten in Lobbys, transportierten den Computer in Aufzügen nach oben, warfen hastig ein Frühstück mit Journalisten von der einen Zeitschrift ein, bevor sie zu Vormittagsterminen und Verabredungen zum Mittagessen mit anderen davoneilten. Es war eine anstrengende, ermüdende und sich wiederholende Arbeit, die nicht allzu viel unmittelbaren Lohn einbrachte.

• • •

Die anfänglich positive Presseberichterstattung über Apple war auf die offensichtliche Eleganz des Computers und weniger auf penibel geplante PR-Kampagnen zurückzuführen. Eine bessere Werbung als zufriedene Besitzer gibt es nicht, und im Stillen begannen sich, kaum wahrnehmbar, Geflüster und Gerüchte über die Leistungsfähigkeit des Apple II zu verbreiten. Daniel Fylstra, der Chef des damaligen Unternehmens Personal Software – einer kleinen Softwarefirma aus Boston –, sprach mit anderen Bastlern und war überrascht über das, was er hörte. „Ich stieß immer öfter auf Leute, die sich einen Apple-Computer gekauft hatten, und die Dinger funktionierten tatsächlich. Die funktionierten gleich nach dem Auspacken!" Die ersten Glossen über Apple erschienen. Im Januar 1978 schrieb das Magazin *Penthouse* in einem Überblick über Personal Computer: „Der Apple II ist nach Meinung vieler Leute der Cadillac unter den Homecomputern."

Drei Monate später bezeichnete Carl Helmers in der ersten größeren Besprechung des Apple II, die er für das Computermagazin *Byte* schrieb, den Computer als „eines der besten Beispiele für das Konzept des kompletten Computers als ‚Haushaltsgerät'". In einer Zeitschrift, die das Erscheinen anderer Computer mit einem gewissen Maß an Zurückhaltung behandelte, konnte das als kühne Unterstützung gelten. Die Besprechung des Commodore PET, die in der gleichen Ausgabe von *Byte* erschien, kam zu dem Schluss: „Der Pet ist heutzutage nicht die einzige Alternative am Markt, aber er ist ein starker Wettbewerber." Außerdem schrieb der Tester folgende stutzig machende Bemerkung: „Mehrere Wochen lang gelang es mir nicht, jemanden von Commodore ans Telefon zu bekommen, und ich musste mich selbst durchschlagen." Den TRS 80 von Radio Shack begrüßte *Byte* mit einem vertraut klingenden Refrain: „Der TSR 80 ist nicht die einzige Alternative für den aufstrebenden Computernutzer, aber er ist ein starker Wettbewerber."

Wie wichtig etablierte Finanziers und die Blicke sind, mit denen Wirtschaftsjournalisten auf der Suche nach Orientierung häufig auf gerissene Investoren schielen, wurde erst offenbar, als die ersten Artikel

in Publikumszeitschriften erschienen. Etwa um die Zeit, als das Diskettenlaufwerk des Apple II eingeführt wurde, rief der Finanzkolumnist Dan Dorfman, der für mehrere Publikationen schrieb, in Cupertino an. Sein enthusiastischer Bericht in *Esquire* enthielt unter der Überschrift PLATZ DA, HORATIO ALGER unter anderem diese Einschätzung: „Apple hat ein paar äußerst beeindruckende Anhänger. […] Einer davon ist Venrock Associates, der Wagniskapital-Arm der Rockefeller-Brüder; ein anderer ist Arthur Rock, einer der bedeutendsten Wagniskapitalgeber des Landes."
Zwar schaffte es Apple zwei Jahre nach seiner Gründung auf den Titel der Zeitschrift *Inc*, die auf die Berichterstattung über Kleinunternehmen spezialisiert ist, aber die Skepsis der großen Magazine zu brechen erwies sich als härtere Nuss. Apple war über drei Jahre alt, als es auf den Seiten von *Time* erschien. Und auch dann bekam die Firma unter der Überschrift GLÄNZENDER APFEL nur ein Spalte.

• • •

Während sich McKenna bei den technischen Aspekten des Umgangs mit der Presse nützlich machte, kümmerten sich die Manager von Apple um andere Teile des Unternehmens-Images. Das allgemeine Erscheinungsbild des Unternehmens war mit der Bedienungsanleitung verknüpft. Scott war mehr darauf aus, Computer zu liefern, als sich mit der grafischen Gestaltung eines Handbuchs herumzuschlagen, und war der Meinung, die Firma bräuchte bloß Datenblätter mitzuliefern. Jobs war anderer Ansicht. Jef Raskin, der die Produktion der ersten umfassenden Bedienungsanleitung von Apple leitete, sagte dazu: „Jobs wollte gute Handbücher haben, und darum kämpfte er sehr hart." Als das Handbuch dann im August 1979 erschien, setzte es einen Maßstab, von dem Konkurrenten wie Commodore, Radio Shack und Atari öffentlich gestanden, sie müssten ihn zu erreichen suchen.

Markkula leitete die Bildung von Allianzen, die Apple für große Pläne nutzte. Das Unternehmen verbündete sich mit größeren Unternehmen, um seinem Image einen dauerhafteren Anstrich zu geben. Beispielsweise tat es sich für den Computervertrieb in Europa mit ITT (auch wenn die Beziehung am Ende in die Brüche ging) sowie mit Bell & Howell aus Chicago zusammen, das unter Lehrern einen guten Ruf hatte, um Apple in Schulen zu platzieren. „Markkula war die treibende Kraft, die solche Dinge in Gang brachte", erinnert sich Trip Hawkins, einer der Marketing-Manager von Apple.

Markkula war 1977 für die Annäherungsversuche von Andre Sousan empfänglich, des Commodore-Vertreters, der Apple früher einmal hatte kaufen wollen. Sousan erinnert sich: „Ich sagte zu den beiden Steves und zu Markkula: ‚Hört zu! Ihr schafft es nicht in dem Maßstab, den Ihr anstrebt, wenn Ihr nicht sofort nach Europa geht. Ich ziehe den Betrieb auf, als würde er zu Apple gehören, und dann erstelle ich ein Konzept, damit Ihr das aufkaufen könnt.'" Apple lotete seine Grenzen aus, stimmte zu, und Sousan kam in den Führungsstab.

Im März 1978 rief Markkula im Dow-Jones-Büro in Princeton, New Jersey, an, sprach mit dem technischen Direktor Carl Valenti und bat um einen Termin. Valenti erinnert sich: „Ich sagte ihm, ich hätte am nächsten Tag um neun Uhr morgens noch Platz in meinem Terminkalender. Er sagte: ‚Prima.' Mir war nicht klar gewesen, dass er aus Cupertino anrief. Also spazierte am nächsten Morgen ein rotäugiger Mike Markkula bei mir herein; er hatte den Nachtflug genommen." Markkula zeigte Valenti, wie er den Apple II so programmiert hatte, dass er Aktien aus dem Dow Jones News Retrieval Service herausfischte, und die beiden einigten sich per Handschlag darauf, dass die beiden Unternehmen gemeinsam Software-Programme entwickeln würden. „Die anderen Unternehmen", bemerkt Valenti dazu, „kamen her und wollten uns auf zehntausend Dinge festnageln. Apple machte das nicht."

Näher der Heimat war Apple eines der ersten Mikrocomputer-Unternehmen, die erkannten, wie wichtig Usergroups waren. Als das Unternehmen die Organisation seiner ersten internationalen Usergroup plante, hieß es in einem Memo: „Es sollte ein wesentlicher Bestandteil unserer Strategie sein, bei der Organisation und Durchführung dieser Versammlung massiv auf externe Ressourcen zurückzugreifen." Weiter hieß es darin: „Niemand verkauft so gut wie ein engagierter, beteiligter Nutzer, dem der Lieferant und sein Produkt etwas bedeuten." In San Francisco wurde eine Gruppe gegründet, die zur Lösung eines praktischen Problems beitragen sollte. Einer ihrer Gründer namens Bruce Tognazzini erläutert: „Wir fanden nicht heraus, wie man mit dem verdammten Computer umgeht." Diese Gruppen, die nach und nach in Dutzenden von Städten aufkamen, die Regionalgruppen bildeten und eigene Publikationen herausbrachten, betrieben nicht nur Mundpropaganda und förderten die Entwicklung von Software, sondern sie boten auch eine Möglichkeit, die Computerbesitzer im Auge zu behalten. Sie bildeten einen Vorrat an Versuchskaninchen für die Erprobung neuer Produkte und lieferten Kandidaten für die Einstellung.

Markkula wusste besser als alle seine Kollegen, wie sehr sich der äußere Schein auf das Geschäft auswirken kann. Als Apple 1979 auf der National Computer Conference in New York einen großen Stand mietete, sollte dies Eindruck auf die Finanzanalysten machen, die früher oder später beurteilen würden, was Apple an der Börse wert ist. Manchmal ließ sich Markkula von seiner Vorliebe für großes Tamtam hinreißen. Ein Intermezzo als Sponsor für Autorennen, bei dem Apple mehr als 100.000 Dollar für ein Team aus Südkalifornien ausgab, war ein Flop. „Das war das Schlimmste, was wir je gemacht haben", so Jobs. Scotts viel einfachere und billigere Idee eines Heißluftballons mit dem Apple-Logo, zu der ihn eine Bier-Werbung angeregt hatte, war weitaus erfolgreicher. Die Lehre daraus lag auf der

Hand: Relativ geringe Ausgaben konnten unverhältnismäßig viel Publicity bringen.

Ebenso wie es bei den Minicomputern geschehen war, entwickelten Außenstehende Dutzende von Verwendungsmöglichkeiten für den Apple II, an die in Cupertino niemand gedacht hatte. Kleine Unternehmen begannen, Zusätze zu bauen, die man in das Gerät stecken konnte. Die Platinen, die man in die Erweiterungsschächte des Computers schob, machten ihn zu einer Uhr oder zu einem Kalender, oder sie erhöhten die Spaltenanzahl für Text von 40 auf 80. Es wurden reihenweise Speicherchips designt, die den Speicher des Apple erweiterten. Andere Karten ermöglichten es, den Computer mit einem Telefon zu verbinden. Eine der populärsten Karten war die Softcard von Microsoft: Damit konnte man auf dem Apple Programme laufen lassen, die eigentlich für Computer mit Intel-Prozessoren und dem Betriebssystem CP/M geschrieben worden waren. Es gab Lichtgriffel, Grafiktabletts, Rechnertastaturen, Kühlgebläse und kleine Geräte, die das Gerät vor Überspannungen schützten.

Apple erkannte, dass Software dazu beitragen würde, den Markt für seinen Computer zu erweitern, und räumte Programmieren, die versprachen, Programme zu schreiben, große Preisnachlässe ein. Ab und zu entdeckten Programmierer Möglichkeiten, die Grenzen des Computers auszureizen. Apple hatte ein offenes Ohr für Programmierer, vor allem da die meisten vorgeführten Programme nicht immer richtig funktionierten. Und so mancher Programmierer mit kleinem Geldbeutel sah in Apple ein Großunternehmen, das seinen Zeitvertreib finanzieren könnte. Wenn Programme fertig waren und Apple sich entschied, sie zu kaufen, berechnete Jobs den Preis häufig aus dem Stegreif anhand der Anzahl von Programmzeilen. Der Austausch von Software und das Kopieren interessanter Programme wurden zum wichtigsten Teil vieler Versammlungen von Apple-Usergroups. Als Fred Gibbons, der Gründer der Software Publishing Corporation,

1979 einen Apple brauchte, holte er ihn bei Jobs zu Hause ab. Andere versuchten es aus eigener Kraft. Der Phone-Phreak John Draper entwickelte für den Apple eine Textverarbeitung namens Easywriter und verhökerte sie an Computerläden in der San Francisco Bay Area.

Andere fühlten sich zu dem Computer an sich hingezogen. Bill Budge hatte im Alter von 22 Jahren Jobangebote von Intel abgelehnt und promovierte gerade an der University of California at Berkeley in Informatik, als er einen Apple II sah. Prompt gab er dafür 2.000 von seinen 5.000 Dollar Gehalt als Lehrassistent aus. „Das war das beste Spielzeug, das ich je hatte." Aus Notwendigkeit wurden Programme geboren, und Budge sagte später dazu: „Es gab keine Möglichkeit, so viel Software zu bekommen, dass man immer etwas zu tun hatte." Als Budge Apple Ende 1979 sein erstes Spiel – Penny Arcade (eine Adaption von Pong) – anbot, tauschte er es gegen einen Drucker im Wert von 1.000 Dollar ein. Innerhalb von sechs Wochen schrieb er drei weitere Programme. Im Jahr 1979 brachte Apple außerdem ein Textverarbeitungsprogramm namens Apple Writer heraus. Dieses Programm hatte Paul Lutus geschrieben, ein Absolvent der Hippie-Bewegung von San Francisco und ehemaliger Bettler, der an der Konstruktion von Beleuchtungssystemen für die Raumfähre Columbia beteiligt war, bevor er sich dem Programmieren zuwandte. Die erste Version seiner Textverarbeitung namens Applewriter schrieb Lutus in einer vier mal fünf Meter großen Blockhütte auf dem Eight Dollar Mountain in einem entlegenen Winkel von Oregon.

Aber dasjenige Programm, das für den Apple mehr bewirkte als alle anderen, war Visicalc. Zu einer Zeit, als bei Commodore niemand seine Anrufe entgegennahm, fand Daniel Fylstra, der Leiter des Bostoner Mini-Unternehmens Personal Software, bei Apple Gehör. Jobs bot Fylstra einen Apple II zum Einkaufspreis an, um sicherzustellen, dass Personal Software – das ein Schachprogramm verkaufte – Programme für den Apple entwickeln würde. Zu jener Zeit arbeiteten zwei Bekannte von Fylstra an einem Programm, das Haushaltsprognosen erleichtern sollte. Daniel Bricklin, der in Harvard auf MBA studierte, wollte ein Programm haben, das einem die lästigen Neuberechnungen ersparen würde, die bei der Überarbeitung von Finanzbudgets notwendig waren. Dafür holte er sich seinen Programmierkollegen Robert Frankston als Helfer. Ein Finanzprofessor rümpfte über die kommerziellen Aussichten von Bricklins Idee zwar die Nase, aber er schlug ihm vor, sich an Fylstra zu wenden. Bricklin wollte sich von Fylstra einen Computer leihen, und da die Geräte von Commodore und Radio Shack in Benutzung waren, bekam er schließlich den Apple von Personal Software. Bricklin schrieb einen Prototyp des Programms für einen Apple mit 24 kB Arbeitsspeicher, und Fylstra bemerkt dazu: „Wir fanden alle, er könnte genauso gut auf der Maschine weitermachen, auf der er angefangen hatte." Visicalc – der Name setzt sich aus *visible calculator* zusammen – wurde im Januar 1979 vor Markkula und Vertretern von Atari demonstriert, und Fylstra erinnert sich: „Er interpretierte das als Scheckbuch-Programm. Ich glaube, weder Markkula noch die anderen ahnten, was daraus werden konnte, aber sie ermutigten mich." Der Elektronikanalyst Ben Rosen jedoch, den die Leistungsfähigkeit und die Schnelligkeit von Visicalc – sowie die Tatsache, dass es dem Nutzer mehr Kontrolle über den Computer gab – beeindruckten, war mehr davon angetan und berichtete den Lesern seines Newsletters: „Wer weiß? Visicalc könnte eines Tages der Software-Schwanz werden, der mit dem Personal-Computer-Hund wedelt (und ihn verkauft)."

Visicalc wedelte tatsächlich. Und da es nach seiner offiziellen Vorstellung im Oktober 1979 zwölf Monate lang 100 Dollar kostete und nur für Apple verfügbar war, wedelte es für Apple kräftiger als für alle anderen Hersteller. Visicalc half Apple, in kleine und große Unternehmen vorzudringen. Es war eine elektronische Tabellenkalkulation, die berechnen konnte, wie sich die Änderung einer Zahl auf die restliche Tabelle auswirkte. Es bot die Präzision eines guten Kontenführers, die Cleverness eines klugen Finanzplaners und die Gründlichkeit eines zuverlässigen Buchhalters. Außerdem lieferte es Apple einen weiteren überzeugenden Grund, sich noch weiter vom heimatlichen Markt zu entfernen. Fylstra ging zu Händlerschulungen mit und demonstrierte Visicalc auf einem Breitwandfernseher. Die geschäftlichen Nutzer ließen sich davon überzeugen. Fritz Maytag, der Präsident der Anchor Brewing Company aus San Francisco, war ekstatisch: „Ich traue Visicalc mehr als meinen eigenen Finanzabschlüssen. Das ist einfach ein Wunder." Michael Scott schätzte, dass von den 130.000 Computern, die Apple vor September 1980 verkaufte, 25.000 aufgrund der Fähigkeiten von Visicalc verkauft wurden.

„Ihr müsst auf die Kacke hauen."
– ANTHONY MORRIS

Frühe Frühstücksbesprechungen waren für fast alle Apple-Mitarbeiter Pflicht. Und so goss die Kellnerin des Good Earth Restaurant eines Morgens exakt um 7.30 Uhr Kaffee in große braune Becher. Die Dekoration des Restaurants strafte seinen Namen Lügen. Die Speisekarten waren aus Plastik, die Sitzbänke aus Kunstleder, die Tische furniert und die üppigen Korbsessel stammten dem Hörensagen nach aus Thailand. Die einzige Spur der „guten Erde" war ein Zimtduft, der aus der Tapete zu kommen schien.
Ein Apple-Händler aus Manhattan namens Anthony Morris frühstückte mit dem Mac-Marketing-Manager Michael Murray. Morris trug einen blauen Nadelstreifenanzug, ein gestärktes weißes Buttondown-Hemd und eine Seidenkrawatte. Als die Kellnerin verschwand, stieß er einen frühmorgendlichen Seufzer aus. „So früh am Morgen schon ein Dekolleté. Cupertino wird dekadent." Morris hatte einen

MBA von Stanford, galt als einer der besseren Apple-Händler und gehörte zu den 200, die zu einer Lisa-Vorpremiere geladen waren. Morris plauderte über das Branchengerücht, dass eine andere Computerfirma die FCC-Vorschriften zur Einführung neuer Produkte dadurch umgehen wollte, dass sie zwar ein völlig neues Diskettenlaufwerk einführte, ihm aber einen Namen aus einer bereits existierenden Baureihe gab. „Die Vertriebsfrau hat in der ganzen Stadt damit angegeben. Aber sie hat sich letztes Jahr freigenommen, um ihren Master in Kunst und Tanz abzuschließen, und das lässt ja tief blicken."

Morris, der bislang nur Apples verkaufte, sagte, er stehe im Begriff, auch Computer von IBM und DEC zu führen. „Wenn wir nur Apples verkaufen würden, könnten wir nicht überleben", erklärte er, „und deshalb fallen wir vom Glauben ab, oder manche würden sagen, wir führen solide Geschäftspraktiken ein." Er machte eine Pause. „Apple muss sich langsam Gedanken um die Geschäftskunden machen. Diese Kerle sind anspruchsvoll."

Murray hob die Augen von seinem Frühstücksteller und fragte: „Was müssten wir tun, damit Sie IBM streichen?"

„Das werde ich wahrscheinlich nicht tun. Zunächst einmal ist der Apple III bescheiden gelaufen. Wir haben 28 Leute. Ich kann sie nicht ernähren, wenn der Umsatz zurückgeht. Es ist erschreckend, wie schlecht es mit Ihren Geschäften bergab geht. Zweitens wollen meine Kunden IBM, und es ist noch nie jemand dafür geflogen, dass er IBM gekauft hat. IBM ist verflucht gründlich. Die haben sich viele Gedanken gemacht. Die verstehen den geschäftlichen Nutzer. Die Botschaft von IBM lautet, dass man seinen Umsatz in 90 Tagen verdoppelt, wenn man die hereinnimmt." Morris sprach von einem Händlerkollegen in New York City. „Der hat in einem Monat eine Million Dollar eingenommen. Mit Apple hat er das nicht geschafft."

Murray konterte: „Wir lassen den Mac vor der Nase der Händler baumeln, damit ihnen das Wasser im Mund zusammenläuft, dann wollen wir sehen, ob wir IBM ein bisschen Wind aus den Segeln nehmen können. Wir haben derart viele verschiedene Händler. Wie verstehen wir unsere besten hundert Händler? Wie können wir Sie richtig begeistern?"

Morris erklärte, viele Werbeartikel von Apple seien nicht für Händler geeignet, deren Kunden Unternehmer sind. „Die Leute aus Cupertino kommen nicht oft genug aus Cupertino heraus. Die wissen nicht, was in der Welt los ist. Wir müssen die Anzahl der Entscheidungen, die ein Kunde treffen muss, systematisch verringern, damit er die Entscheidung trifft, die wir wollen. Wir sollten nicht sagen: ‚Hier ist ein Schlaraffenland, suchen Sie sich was aus.'"

Murray nickte und kam auf die drohende Gefahr durch IBM zurück. „Es ist erschreckend, wenn man daran denkt, wie klein wir sind und wie clever IBM ist."

Morris antwortete selbstsicher: „Ihr müsst auf die Kacke hauen. Wenn Ihr nur so gut seid wie IBM, werdet Ihr scheitern. Das ist wie bei Frauen im Beruf. Die müssen doppelt so hart arbeiten, um halb so viel Anerkennung zu bekommen."

• • •

An einem Morgen ein paar Tage später kam eine Gruppe von Marketing-Managern aus allen Apple-Abteilungen zu ihrer monatlichen Besprechung zusammen. Der Marketing-Manager Joe Roebuck stellte seine Styropor-Kaffeetasse neben einem Overhead-Projektor auf den Tisch und betrachtete seine Genossen. „So langsam sieht es hier aus wie bei IBM. Alle tragen Krawatten. Noch keine blauen Hemden, aber dahin kommen wir auch noch." Das wichtigste Diskussionsthema war die Lawine von Magazinen, Broschüren, Newslettern, Einkaufsführern, Flugblättern, Katalogen und Datenblättern – der „Dinge" –, die Apple herausbrachte, um Kunden zum Kauf seiner Produkte zu überreden. Phil Roybal, der die Werbeveröffentlichungen von Apple leitete, zeigte eine Serie von Folien über die Bedeutung dieser Veröffentlichungen und sagte: „Literatur ist kein Ereignis. Sie ist Teil eines Prozesses. Wir müssen den potenziellen Kunden das verkaufen, was sie wollen" – er machte eine effektheischende Pause und fuhr fort –, „nämlich eine Lösung." Er ordnete jede Veröffentlichung von Apple Kunden mit unterschiedlichen Erwartungshaltungen zu und bemerkte: „Der durchschnittliche potenzielle Kunde geht in einen Laden und braucht fünf Stunden, um die Verbindung zwischen dem herzustellen, was er will, und dem, was er kaufen sollte. Den meisten ist es egal, ob das ein Apple II oder III oder ein IBM PC oder ein Sack Walnüsse ist. Der Händler greift sich alles, was nach Apfel aussieht, drückt es dem potenziellen Kunden in die Hand und hofft, dass er etwas kauft. Die verkaufen keine Lösungen. Die Literatur muss anfangen, aus den Produkten Lösungen für Menschen zu schnüren."

Joe Roebuck unterbrach ihn: „Wir hauen wie verrückt Literatur-Anforderungen raus."

„Wenn ich mir den Geschäftsplan für das kommende Jahr anschaue", erwiderte Roybal, „fehlen mir fünf Texter pro Woche. Ich kann entweder ein paar Projekte streichen oder ein paar Texter."

Kapitel 16.0

Die Dummkopf-Explosion.

Apple Computer wurde als Geschäft geboren, nicht als Unternehmen. Die schrittweise Wandlung von einem aufgeblähten Garagenbetrieb in etwas, das einer Körperschaft ähnlich sah, war mühsam und langwierig. Als Apple im Sommer 1978 sein Diskettenlaufwerk ankündigte, wuchs die Zahl der Bestellungen, der Bestand an unverkauften Computern schmolz dahin und der Wachstumsdruck wuchs. Der Hauptsitz wurde in ein Gebäude verlegt, das 15-mal so groß war wie das Büro hinter dem Good Earth Restaurant, das Apple bislang belegt hatte. Das Gebäude lag zwischen Obstgärten etwa einen Block vom Stevens Creek Boulevard entfernt, und Apples neue Nachbarn waren eine Baumschule und ein paar Fachwerkhäuser. Als die rund 90 Mitarbeiter durch ihr leeres neues Firmengebäude gingen, waren die meisten überzeugt, dass es vielleicht nicht gerade lebenslang, aber auf jeden Fall ein paar Jahre lang reichen würde.

Innerhalb von drei Monaten kamen die Umzugskartons an, und wieder requirierte Apple ein paar Gebäude mehr. Der zweite Umzug wurde derart hastig durchgeführt, dass Umbauten im Inneren ohne Baugenehmigung stattfanden und dass Ausrüstung übers Wochenende aus Lastwagen entladen wurde, die diskret an Hintereingängen parkten. Umzugskartons, andere Büros, eine neue Umgebung und unvertraute Kollegen wurden zu einer verwirrenden Lebensweise.

Im Laufe von etwa zwei Jahren kam eine Schar qualifizierter Mitarbeiter. Neuankömmlingen, die an die Stützen und Streben von Großunternehmen gewöhnt waren, waren die Turbulenzen eines Startup-Unternehmens völlig fremd. Von den Dienstleistungen, die sich die meisten Unternehmen zur Erleichterung des Lebens ausdenken, gab es nur wenige. Wenn ein Abfluss oder eine Toilette verstopft war, gab es keine Wartungsabteilung, die man anrufen konnte. Wenn ein Telefon kaputt ging, kam kein Kommunikationsbeauftragter mit Bohrhalterung am Gürtel angetrabt. Wenn jemand eine lange Geschäftsreise machen musste, gab es keine Reiseabteilung, die sich um die Organisation kümmerte. Juristische Angelegenheiten wurden von einer externen Anwaltskanzlei erledigt. Personalprobleme wurden im laufenden Betrieb bewältigt und Gehaltserhöhungen wurden nach Gutdünken gewährt. Es gab wenig Zeit, sich zu entspannen, und jeglicher Anschein von lockerem Auftreten war eine Illusion. Vor allen Dingen herrschte unbarmherziger Druck.

Jean Richardson, die bei Apple als Sekretärin angefangen hatte und dann Werbeleiterin wurde, erinnert sich: „Ein paar Jahre lang war der Rhythmus fürchterlich. Wir arbeiteten zwölf Stunden am Tag und an den Wochenenden. Ich wusste, wenn ich an einer Zapfstelle einen Schluck Wasser trinken würde, dann würde ich etwas verpassen und eine Frist versäumen. Das war fast unmenschlich. Ich war im Burnout-Stadium." Als die Profis kamen, stand Apple vor dem Problem, das Alte und das Neue miteinander zu versöhnen, die Bestürzung und den Unmut zu bewältigen, die durch ihre Ankunft entstanden, und die Gewohnheiten und Einflüsse zu verarbeiten, die sie mitbrachten.

Für ein Unternehmen, das so schnell wuchs wie Apple, war die Einstellung neuer Mitarbeiter die wichtigste Aufgabe. Auf lange Sicht stellte sie alles andere in den Schatten. Menschen, die an dem einen Tag eingestellt wurden, stellten häufig bereits nach Tagen oder Wochen ihrerseits weitere Menschen ein, sodass sich anfängliche Fehlurteile verstärken und ernste Konsequenzen nach sich ziehen konnten. Die verhältnismäßig unbedarften Leiter eines Kleinunternehmens ließen sich von dem Renommee anderer Unternehmen, dem Umfang eines Lebenslaufs, einer Reihe höherer Bildungsabschlüsse und dem Klang einer Reputation leicht einschüchtern. Sie bemühten sich bewusst, Menschen einzustellen, die für die anstehende Aufgabe überqualifiziert waren, dafür aber auch in der Lage sein würden, größeren Ansprüchen zu genügen, wenn die Zahl der Aufträge zunahm.

Apple wilderte ebenso wie andere Unternehmen vor ihm bei etablierten Firmen. Jeder größere Raubzug rief Freudenschreie hervor.

Markkula konnte nicht verbergen, wie erfreut er war, wenn er jemanden von Intel hergelockt hatte. Scott war genauso glücklich, wenn er National Semiconductor eine Person abluchste, und Jobs interpretierte eine Kündigung bei Hewlett-Packard sozusagen als göttliche Zustimmung. Wenn der Präsident eines anderen Unternehmens anrief und sich darüber beschwerte, dass ihm Apple seine Leute stibitzte, kicherten sie noch mehr.

Die Bewerbungsgespräche für gehobene Positionen führten normalerweise Markkula, Scott und Jobs. Schon die sichtbaren Unterschiede innerhalb dieses Trios ließen in den Köpfen mancher Menschen, die sich mit dem Gedanken trugen, zu Apple zu gehen, die Alarmglocken schrillen. Wenn Jobs bei einem Bewerbungsgespräch unbedingt seine schmutzigen Füße auf den Tisch legen musste oder wenn er bei Bewerbungsgesprächen im Rahmen eines Mittagessens den Teller zurückgehen ließ und der Kellnerin mitteilte, das Essen sei „Müll", machte er nicht unbedingt den besten Eindruck. Jobs ließ sich zwar gern von einem guten Ruf beeindrucken, aber er misstraute Lebensläufen und verließ sich lieber auf seinen Instinkt. Er führte viele Auswahlverfahren im Good Earth Restaurant und anderen nahe gelegenen Speiselokalen durch und entschied sich gewöhnlich für jemanden, den er für geeignet hielt. Dabei vertraute er darauf, dass die von ihm ausgesuchten Personen wirklich konnten, was sie ihrer Aussage nach konnten.

• • •

Im Sommer 1978 – 15 Monate nach der Vorstellung des Apple II – war der Zustand der Herstellungsabteilung repräsentativ für die restliche Firma. Apple baute etwa 30 Computer am Tag und schaffte es, etwa 15 Diskettenlaufwerke pro Woche zu versenden. 28 Leute unterstanden einem Abteilungsleiter, der jeden Morgen Anweisungen austeilte und Arbeiten vergab. In dieser Abteilung herrschte noch Handarbeit.

Bestellungen, Bestandskontrollen und Versandkosten wurden mit Stift und Zettel überwacht. Den halben Herstellungsbereich nahmen Kunststoffvorräte für drei Jahre ein, die Jobs zu einem guten Preis bekommen hatte.

Als Leiter der Herstellung wurde Roy Mollard eingestellt, ein kerzengerader Liverpooler, der Scott von National Semiconductor und Fairchild Semiconductor her kannte. Er sah aus wie der hagere Chef einer Baumwollspinnerei in einem Roman von D. H. Lawrence und brachte viele Tricks mit, die er bei National Semiconductor gelernt hatte. Er stellte Wachleute ein, installierte versteckte Mikrofone als Auslöser für Alarmanlagen, und in der Werkstatt ernannte er Vorarbeiter, schaffte die lockeren Tischtennisspiele in der Mittagszeit ab, entließ den Manager der Qualitätssicherung und bestand darauf, dass es keine Schränke und Schubladen gab, damit er die Vorräte jederzeit sehen konnte. Sein Ziel war es, wie er sich ausdrückte, „Computer rauszuhauen", und dabei wollte er nichts Störendes dulden.

Er bemühte sich, den Herstellungsbereich für den Rest des Unternehmens zur verbotenen Zone zu erklären, und er machte vernichtende Bemerkungen, wenn jemand ohne Schuhe in seinen Amtsbezirk schlurfte. „Steve Jobs wollte den Zutritt nicht beschränken. Ich sagte: ‚Papperlapapp! Ich will nicht, dass meine Leute auf dem Präsentierteller sitzen.'" Don Bruener, der Schüler, der ursprünglich eingestellt worden war, um Fehler auf widerspenstigen Platinen zu finden, fiel der neue Ton auf: „Wenn man in der Anfangszeit eine Idee für eine Veränderung in der Produktion hatte, konnte man mit jemandem reden, und es wurde geändert. Dann wurde das eher eine Art Fließband und man musste Dienstwege einhalten und einen Änderungsvorschlag schreiben."

Die gleiche Art von Wandel fand im Ingenieurlabor statt. Rod Holt, der unwillige Leiter dieser Abteilung, versuchte gleichzeitig, die Qualitätskontrolle, den Kundendienst, die Dokumentation, die Mechanik, das Industriedesign und die Arbeit der Hardware-Ingenieure zu managen. „Bei einer Belegschaftsversammlung stand ich auf", erinnert sich Holt, „und sagte: ‚Leute, wenn Ihr das nicht auf die Reihe kriegt, kündige ich.'" Bei der Lösung dieses Problems schoss Apple über das Ziel hinaus und bemühte sich um zwei Kandidaten. Der eine hieß Tom Whitney und hatte bei Hewlett-Packard große Taschenrechner-Projekte geleitet. Außerdem war er ein Collegefreund des Hardware-Ingenieurs Wendell Sander und ein ehemaliger Chef von Steve Wozniak. Der andere hieß Charles H. Peddle III. und hatte das Technologie-Team von MOS geleitet, das den 6502-Mikroprozessor konstruiert hatte – das Herzstück des Apple II. Als beide Männer zusagten, zu Apple zu kommen, wurden ihre Entscheidungen begeistert aufgenommen. Aber beide waren überrascht, auch den anderen anzutreffen, und Peddle ging nach ein paar Wochen wieder.

Whitney – ein großer Mann mit intellektueller Ausstrahlung – wollte einige Praktiken einführen, die sich bei Hewlett-Packard als effektiv erwiesen hatten. Er benannte Projektleiter, setzte Besprechungen über Design-Spezifikationen an und versuchte, sich durch den Haufen von Aufgaben zu wühlen, die seine Aufmerksamkeit verlangten. Eine Batterie von Formularen mit diversen Hewlett-Packard-Abkürzungen ging in das Vokabular von Apple ein. ECO stand für „Engineering Change Order" (Änderungsauftrag), ERS für „External Reference Specification" (externe Referenz-Vorgabe) und IDS für „Internal Design Specification" (interne Konstruktionsvorgabe). Ein jüngerer Ingenieur namens Chuck Mauro sagte, seine Kollegen hätten das neue Regime mit schallendem Gelächter begrüßt. „Wir dachten uns: ‚Jetzt ist es so weit. Jetzt kommt der Papierkram, die Formulare kommen, und jede Woche Besprechungen.' Die Organisation war einfach nicht auszuhalten."

Die schleichende Professionalisierung schlug sich auch darin nieder, welche Art von Software produziert wurde. Die Jungen waren treue

Anhänger der Programmiersprache BASIC, die im Homebrew Club regiert hatte, die Lingua franca der Bastlergemeinde war und bewiesen hatte, dass sie für Spiele wie Breakout mehr als ausreichend war – aber für umfangreichere Anwendungen war sie nicht wirklich geeignet. Jef Raskin, der die erste richtige Apple-Bedienungsanleitung geschrieben hatte, argumentierte mit den Vorzügen der leistungsfähigen Sprache Pascal und trug dazu bei, Jobs zu überreden, dass er es wenigstens einmal damit probieren sollte. Der Programmierer Bill Atkinson, der einen großen Teil der Arbeit an Pascal erledigte, erinnert sich: „Mike Scott hielt nichts von Software. Er meinte, wir sollten heiße Hardware herausbringen, dann würden andere Leute schon die Software liefern. Steve Jobs sagte: ‚Unsere User wollen zwar nur Maschinensprache und BASIC, aber ich gebe Dir drei Monate, mich eines Besseren zu belehren.'"

Jobs ließ es zu, dass seine Skepsis von seinem angeborenen Hang überwältigt wurde, bessere Möglichkeiten zu finden. Sobald Pascal portiert und auf dem Apple lauffähig war, gab es dem Unternehmen eine neue Sprache, die es verkaufen konnte, vereinfachte die Entwicklung neuer Programme und verbesserte vor allen Dingen den Ruf des Unternehmens bei erfahrenen Programmierern, die Pascal als Gütesiegel der Seriosität betrachteten. Raskin und andere beschwerten sich aber weiterhin, dass Apple die Software wie eine Stiefschwester der Hardware behandelte: „Die Software ist die Brille, durch die die Mehrzahl unserer Nutzer den Apple sieht. Wenn sie nicht funktioniert, dann funktioniert der Apple nicht richtig." Raskins Beschwerden, die Ankunft weiterer Graubärte und die Nachfrage des Marktes brachten Apple nach und nach von der reinen Hardware-Orientierung ab.

Der Drang, die Gebräuche und Prozeduren eines größeren Unternehmens einzuführen, beschränkte sich nicht auf das Einstellungsverfahren und auf die Software. Er erstreckte sich auch auf den unsichtbaren

Strang von Systemen, die begannen, sich durch die ganze Firma zu ziehen. Scott merkte, dass sich seine Bewunderung für Ordnung und sein Interesse an Computern zu einem Management-Informations-System kombinierten, das die meisten Aspekte des Unternehmens miteinander verband. Zuerst leaste Apple Computer von einer anderen Firma. Als die monatlichen Kosten stiegen, kaufte es eigene Minicomputer. Das Management-Informations-System war nichts Glanzvolles und es war größtenteils unsichtbar. Und doch wurde es zu einem der entscheidenden Faktoren für Apples Wachstum und es war vielleicht Scotts wichtigster Beitrag. Das System wurde Scotts Steckenpferd. Wenn er – oder ein anderer Topmanager – sich an ein Terminal setzte, bekam er einen Überblick über das gesamte Unternehmen. Wenn er einen Code eingab, konnte er feststellen, wie viele Widerstände auf Lager waren, welche Teile langsam knapp wurden, wie viele Neubestellungen aufgelaufen waren und welche Kunden ihre Rechnungen nicht bezahlten.

Es gab eine Funktion, die Scott vollständige Kontrolle verlieh: Er konnte andere User aus dem System werfen; er konnte sein Terminal in ein anderes einklinken, um herauszufinden, wie jemand anders mit dem Computer zurechtkam, und er konnte die Unglücklichen mit Botschaften bombardieren. Es war ein ausgeklügeltes elektronisches Spielzeug, das seiner Launenhaftigkeit und seiner Leidenschaft für Kontrolle exakt entsprach. Da in dem Unternehmen eine Menge Programmierer mit sensiblen Dateien Schindluder treiben konnten, wurde Scotts Master-Passwort häufig geändert. Sein Lieblings-Spitzname war der Name seiner Katze: Baal.

• • •

Die Ankunft von Managern mit grauen Strähnen und von Business-School-Absolventen mit ehrgeizig flackernden Augen sorgte für Stirnrunzeln. Die Alteingesessenen betrachteten die Neuankömmlinge mit wachsendem Misstrauen. Sie empfanden sie als Emporkömmlinge. Als Gerüchte über die Aktienbezugsrechte und Anreizsysteme durchsickerten, mit denen sie angelockt wurden, verstärkte sich die Bitterkeit noch um einiges. Sie wurden als Karrieristen betrachtet, die bereit wären, überall hinzugehen, wo sie absahnen konnten. Und so öffnete sich eine Kluft zwischen den Newcomern und denjenigen, die schon in den ersten Monaten dabei gewesen waren. Dieser Gegensatz lief auf den Zusammenprall von Amateurhaftigkeit und Professionalismus hinaus.

Einige der neuen Gesichter schauten mit Herablassung auf die meisten jungen Programmierer und taten sie als „talentierte Hinterhof-Hacker" ab, die sich nicht die Mühe machten, ihre Software zu dokumentieren und nichts als „Spaghetti-Code" zustande brachten. Ein Manager schrieb ein beißendes Memo, in dem er ein Programm abtat, das in den ersten Monaten geschrieben worden war. Es sei „von Bugs durchhöhlt wie ein alter Baumstamm von Termiten". Tom Whitney fasste seine Einstellung so zusammen: „Ich hatte keine Lust, für eine Spielefirma zu arbeiten. Wir mussten professioneller werden. Kompatibilität und Kundendienst waren wichtiger als der Einbau der neuesten, abgefahrensten Funktionen in den Computer."

Einige – gewöhnlich Ingenieure und Programmierer, die mit dem Homebrew Club zu tun gehabt hatten – beklagten, Apple habe sein Ziel aufgegeben, Computer für jedermann zu bauen und kostenlose Software dafür zu liefern. Sie merkten, dass man keinen Orden mehr dafür bekam, wenn man die schnellste Version von *Star Wars* konstruierte. Sie meckerten, wenn sie hätten Bürocomputer bauen wollen, dann wären sie zu IBM gegangen. Youngster wie Chris Espinosa fanden, die Marketing-Typen mit ihren Buttondown-Hemden, ihren Krawatten und ordentlich gebügelten Anzügen hätten „Statisten in Cary-Grant-Filmen aus den 1960er-Jahren" bleiben sollen. Ein anderer Programmierer beschwerte sich: „Wir fingen an, Anzeigenleute zu holen, die vorher Schuhe verkauft hatten und meinten, es wäre gut für die Karriere, wenn sie ins PC-Geschäft gehen würden."

Als die Arbeit an Computersystemen begann, die den Apple II ersetzen sollten, merkten die jungen Programmierer, dass sie nicht aufgefordert waren, ihre Ideen einzubringen, und dass sie aus Debatten über das ausgeschlossen waren, was ihrer Meinung nach das Wesen des Unternehmens war. Die Entrechteten waren verständlicherweise verletzt und beleidigt. Ohne Studienabschluss oder Doktorgrad wurden sie gewissermaßen zu einer Unterschicht und waren sich dieser Veränderung überaus bewusst. Randy Wigginton, der zu den Ruppigeren in der Crew gehörte, sagte dazu: „Die anderen Typen dachten, kleine Computer wären nicht nützlich. Die dachten: ‚Der Apple II ist kein richtiger Computer. Der ist ein Witz.‘ Die hatten die Einstellung: ‚Ihr habt ja echt keine Ahnung, wie man ein Unternehmen aufzieht. Wir werden Euch zeigen, wie man das richtig macht.'" Ein paar Programmierer fingen an, einen ihrer neuen Vorgesetzten als Software-Nazi zu bezeichnen, weil er stur dagegen war, Einzelheiten über die internen Mechanismen des Geräts zu enthüllen. Aber die Beschwerden beschränkten sich nicht auf die Ingenieure. Als erfahrenere Finanzmanager, Anwälte, PR-Spezialisten und Personalmitarbeiter kamen, ließ sich sogar der sanftmütige Buchhalter zu der Bemerkung verleiten: „Wir bekamen Leute, die versuchten, es dahin zu bringen, dass Apple wie IBM klang und roch."

Als die Liste der Mitarbeiter länger wurde, fiel es Apple immer schwerer, Macken und Eigenarten zu tolerieren, auch wenn manche Forderungen tatsächlich aus dem Rahmen fielen (zum Beispiel war ein Mitarbeiter empört darüber, dass Apple sein Versprechen nicht einlöste, in einem der Bürogebäude seine sechs Meter hohe Pfeifenorgel mit 26 Registern aufzubauen). Bei Vorstandssitzungen wurde Rod Holt inzwischen von manchen als störender Einfluss betrachtet, und Steve Wozniak wurde zum prominentesten Opfer des Wachstums.

Nachdem Wozniak den Controller für das Diskettenlaufwerk fertig hatte, arbeitete er am Design eines preisgünstigeren Apple II, aber er war nicht mit dem Herzen bei der Sache. Ihm gefielen das Tauziehen des Managements, die Besprechungen, die Ausschüsse, die Memos und die langen Diskussionen nicht: „Ich konnte froh sein, wenn ich zwei Stunden am Tag für mich hatte."

Er leistete sich immer noch Streiche. Gelegentlich beschmierte er die Kleidung anderer Leute mit löslichem grünen Schleim, füllte einen zischenden chemischen Stoff in Getränkeflaschen und klebte in einem Bob's Big Boy in der Nähe Alka-Seltzer-Tabletten an die Speisekarten – mit der Mitteilung: „Falls Sie sie brauchen." Als Mäuse im Ingenieurlabor einfielen, zeigte er seinen Kollegen, dass die Tierchen immer in Papiertüten hineinflitzten, weil sie die dunkle Öffnung fälschlicherweise für ein Mauseloch hielten.

Aber nun trat Wozniaks rebellische Seite zutage und er wurde zum Albtraum der Manager. Seine Stellung im Unternehmen sowie der Ruhm und die Ehre, die der Apple II nach und nach mit sich brachte, machten ihn in dem Unternehmen unantastbar. Anstatt einen Auftrag auszuführen, fand er einen interessanteren Zeitvertreib – zum Beispiel die Berechnung von *e* auf hunderttausend Kommastellen (er rechnete aus, dass die Berechnung drei Tage und das Ausdrucken vier Monate dauern würde). Ein paar Wochen lang versuchte er, Disketten mit einem elektrischen Bügeleisen zu kopieren, denn er hoffte, die Hitze würde die magnetischen Muster von einer Diskette auf die andere übertragen. Außerdem fing er an, sich verlängerte Wochenenden zu nehmen und in Reno im Kasino zu spielen. Der Programmierer Dick Huston, der zugesehen hatte, wie Wozniak das Diskettenlaufwerk geschultert hatte, zog daraus seine eigenen Schlüsse: „Woz mangelte es an Herausforderungen. Die Leute hörten auf, ihm zu sagen, dass er Mist baute. Er hatte sich den Status eines Hexenmeisters erworben, und nach einer Weile glaubte er das selbst. In seinem Herzen wusste er es zwar besser, aber er liebte diese Rolle. Wenn ihm jemand auf den Wecker fiel, bekam er Starallüren." Randy Wigginton schaute sich seinen Freund an und dachte: „Er war als Indivisuum nicht mehr so wichtig. Er war lieber der Messias."

• • •

Die Neuankömmlinge brachten ihre eigenen Steckenpferde mit. In den ersten paar Jahren stellte Apple massiv Leute von Hewlett-Packard, National Semiconductor und Intel ein, und die Gewohnheiten sowie die unterschiedlichen Stile dieser Unternehmen schlugen sich auch in Cupertino nieder. Es gab grundsätzliche Reibereien zwischen der rauen, derben Art der Halbleitermänner (Frauen gab es nur wenige) und den Leuten, die bei Hewlett-Packard Computer, Taschenrechner und Instrumente hergestellt hatten. Zum Teil lag das einfach an den verschiedenartigen Branchen. Die Halbleitermänner hatten vor allem den Drang, große Stückzahlen zu niedrigen Kosten zu produzieren. Hewlett-Packard war hingegen nicht in einer Branche mit hohen Stückzahlen tätig gewesen, bevor seine Taschenrechner populär wurden, aber auch dann weigerte es sich noch standhaft, die Preise zu senken, um Marktanteile zu gewinnen. Die Leute, die von National Semiconductor kamen, neigten eher zum Verkauf und zum Opportunismus, und sie kamen aus einem Unternehmen, das aus seiner Verachtung für Luxus und Komfort eine Religion machte. Die Hewlett-Packard-Truppe bevorzugte tendenziell die Planung, hielt viel vom Dienst am Kunden und einigen eher prestigeträchtigen Aspekten des Unternehmenslebens.

Manche Männer, die von Hewlett-Packard gekommen waren, begannen, sich als zivilisierende Einflüsse zu sehen, und waren entsetzt über die ungehobelten, polternden Methoden der Grobiane aus der Halbleiterbranche. Sie gelangten zu der Überzeugung, die Halbleitermänner seien hoffnungslose männliche Chauvinisten – und dieser

Eindruck wurde natürlich auch dadurch nicht zerstreut, dass Markkula eine Manager-Besprechung mit der rhetorischen Frage auflockerte: „Warum hat Gott die Frauen erfunden? Weil er den Schafen nicht das Kochen beibringen konnte." Die Ritter von Hewlett-Packard murrten, weil Apples Direktoren etwas gegen Spenden an wohltätige Organisationen wie United Way hatten, weil es keine Förderung von Minderheiten betrieb, seine Sekretärinnen unterbezahlte und weil es zumindest in den ersten zwei oder drei Jahren Frauen schwer fiel, befördert zu werden. Daher war es kein Wunder, dass Karikaturen von Mollard auftauchten, der früher bei National Semiconductor in der Herstellung gearbeitet hatte. Sie zeigten ihn mit den Insignien der Gestapo und mit einem Offiziersstöckchen bewaffnet.

Diejenigen, die von Hewlett-Packard kamen oder mit denjenigen sympathisierten, die von dort kamen, waren überrascht zu hören, dass einige National-Manager Spesenabrechnungen aufblähten. Ein eher penibler Manager sah sich den Lieferdruck an, der sich immer gegen Ende des Quartals aufbaute, weil Anstrengungen unternommen wurden, die Planziele zu erreichen, ein „dickes Ding" zu drehen und „die Zahlen zu schaffen", und er meinte, die National-Manager würden sich an ihren eigenen Kodex halten. „Man hatte echt das Gefühl, die wollten den Mist ausliefern, egal wie, und die wollten es den Händler aufhalsen, das wieder in Ordnung zu bringen. Die sagten mehr oder weniger: ‚Wir liefern den Quatsch aus, pfeif auf den Kunden.'" Ein anderer fasste die Art zusammen, wie seine National-Kollegen mit Zulieferern und anderen umgingen, die ihnen im Weg standen, und sprach über sie wie über Kleinkriminelle: „Die machten das in dem Stil: ‚Wenn's geht, wollen wir diese Hurensöhne legal umbringen. Aber wenn nicht, müssen wir sie trotzdem umbringen.'"

Viele der Männer von National Semiconductor oder mit einer vergleichbaren Herkunft hegten die gleiche Verachtung für diejenigen, die von Hewlett-Packard angeworben worden waren. Sie betrachteten sie als zimperliche Kleingeister. Sie stellten nicht etwa ihren Professionalismus infrage, sondern hatten eher das Gefühl, sie wären zu professionell. Rod Holt fand: „Die Hewlett-Packard-Typen verbringen mehr Zeit damit, aufzuschreiben, was sie tun sollten und was ihre Untergebenen tun sollten, als damit, irgendetwas zu tun." Ein anderer bezeichnete einen Kollegen als „noch so ein Country-Club-H.P.-Typ" und Michael Scott jammerte: „Das sind keine Pfennigfuchser. Was die machen, ist Schönfärberei."

Zwar waren die Differenzen zwischen den Männern von Hewlett-Packard und denen von National am ausgeprägtesten, aber auch andere brachten die Praktiken mit, die sie gewohnt waren. Als Ann Bowers, die einige Jahre bei Intel gearbeitet hatte und mit einem der Intel-Gründer verheiratet war, die Zuständigkeit für Apples Personalangelegenheiten übernahm, bemerkte Sherry Livingston: „Alles musste auf Intel-Art gemacht werden. Da wich sie keinen Schritt nach rechts oder links ab." Da Apple Unternehmen wie Hewlett-Packard, National Semiconductor und Intel wegen bestimmter Stärken anzapfte und da einige Pioniere wesentlich daran beteiligt waren, andere aus ihrem Revier herauszulocken, war es üblich, dass sie am Ende in kleinen Enklaven zusammenarbeiteten. In Kombination mit dem enormen Druck und den Reibereien zwischen Jung und Alt vergrößerte dies die normalen Konflikte, die zwischen den Abteilungen beliebiger Unternehmen auftreten.

Beispielsweise fanden die Ingenieure, den Männern von der Herstellung gehe es nur darum, Störungen und Schwankungen zu beseitigen, damit die Produktionslinie reibungslos lief und sie ihre Produktionsfristen einhielten. „Im Großen und Ganzen", behauptete Rod Holt, „haben bei Apple die Herstellungsleute die Zügel in die Hand genommen". Dieses Gefühl beruhte auf Gegenseitigkeit und besserte sich gewiss nicht, als die Produktionsleute die Ingenieur-Akten plünderten und alle sorgfältig gedruckten Testverfahren und Beschreibungen von

Endmontagen abschafften. Die Produktionsmänner dachten gern, man gehe mit den Ingenieuren zu zimperlich um und man sollte sie mit strengen Fristen und Meilensteinen disziplinieren. Sie verfluchten die Ästheten, die bei Dingen keine Kompromisse eingingen, die das Leben erleichtert hätten – zum Beispiel bei der Gehäusefarbe.

Außerdem gab es in der Anfangszeit beträchtliche Spannungen zwischen der Herstellungsabteilung und den Männern, die den Strom von Material und Lieferungen überwachten. In Mollards Erinnerung reichte die Feindseligkeit so tief, dass „sich die Leute beinahe auf dem Parkplatz prügelten". Der „Hintern" des Unternehmens – die Publikationsabteilung – konnte seine Handbücher erst fertigstellen, nachdem die Ingenieure und Programmierer aufgehört hatten, an einem Gerät oder an einer Software herumzubasteln, und bekam auch noch Druck von der Marketing-Seite, die schnell Produkte ausliefern wollte. Als Apple noch sehr jung war, entwickelten die technischen Redakteure eine Weile ihre eigene kleine Welt. Sie veranstalteten Madrigal-Sessions zur Mittagszeit, stellten Sitzsäcke in ihre Büros, errichteten Wände aus Pappkartons und wehrten Eindringlinge mit Pingpong-Pistolen ab.

• • •

Bis September 1980, also dreieinhalb Jahre nach der Einführung des Apple II, wurden 130.000 Stück verkauft. Der Umsatz war in dem Geschäftsjahr, das am 30. September 1980 endete, auf 117,9 Millionen Dollar gestiegen, und der Gewinn von 793.497 auf 11,7 Millionen Dollar. Und in jenem Herbst – 31 Monate, nachdem der 30. Angestellte in das Unternehmen eingetreten war, und nur zwölf Monate, nachdem der 300. Angestellte gekommen war, stieg die Zahl von Apples Beschäftigten über 1.000. Das Unternehmen belegte 15 Gebäude im Silicon Valley, von denen elf in Cupertino lagen. Ein Teil der Herstellung befand sich in Cupertino und San Jose, aber im großen Stil fand die Herstellung in einer Fabrik in Texas statt. In verschiedenen Teilen der Vereinigten Staaten und in den Niederlanden waren Lager eröffnet worden. Was das Ausland angeht, gab es ein Werk in Irland (das von einem arbeitslosen Klempner eröffnet worden war, der außerdem Bürgermeister von Cork war), und ein weiteres in Singapur stand vor der Eröffnung. Die Struktur der Pyramide schwoll an, und daher wurde Apple ein Stück konventioneller und bildete mehrere große Geschäftsbereiche.

Diese Entscheidung kam nicht besonders überraschend. Das gehörte zu den Nachteilen der Größe und illustrierte, wie schnell das Unternehmen gewachsen war. Dieser strukturelle Wandel spiegelte auch das stillschweigende Eingeständnis wider, dass sich Scotts Hoffnungen, das Unternehmen klein zu halten, zerschlagen hatten. Sein Traum, Apple auf 1.500 bis 2.000 Beschäftigte zu beschränken und ein Unternehmen zu betreiben, das nur sein neuestes Produkt herstellte (und den Rest an Subunternehmer vergab), endete. Die Geschäftsbereiche – oder Divisionen – wurden aus den üblichen Gründen eingerichtet: als Versuch, die Dinge handhabbar zu halten, Gewinn und Verlust bringende Bereiche zu lokalisieren und Autorität zu delegieren.

Bevor die Divisionen eingeführt wurden, gingen einige Apple-Manager auf Inspektionstour und versuchten, ihre Hausaufgaben zu machen. Sie fragten leitende Mitarbeiter von Hewlett-Packard und der Digital Equipment Corporation, wie in deren Unternehmen Entscheidungen gefällt wurden. Dann kehrten sie nach Cupertino zurück und stellten Schlachtpläne auf. Eine Division wurde als Experiment gebildet. Sie hatte den Auftrag, sich um Diskettenlaufwerke zu kümmern. Im Herbst 1980 kamen fünf weitere dazu: die Personal Computer Systems Division, die sich um den Apple II und den Apple III kümmern sollte, die Personal Office Systems Division, die das Lisa-System designen und hegen sollte, und dann noch Herstellung, Vertrieb und Service.

Selbstverständlich gab es keinen speziellen Zeitpunkt, zu dem die Bildung der Divisionen bequem gewesen wäre. Bei Apple fand die Einrichtung der Geschäftsbereiche statt, als es eine Menge anderer drängender Probleme gab. Die Entscheidung wurde etwa gleichzeitig mit der Entscheidung der Direktoren getroffen, dass das Unternehmen an die Börse gehen sollte, und in den Wochen, in denen der Nachfolger des Apple III eingeführt wurde.

Zwar hatten die meisten Top-Manager von Apple bereits in Abteilungsstrukturen gearbeitet, aber noch keiner hatte ein Unternehmen mit Divisionen gemanagt. Es gab kaum genug Manager für die mittlere Führungsebene und nicht annähernd genug Leute, um die vielen leeren Bürozellen zu füllen. Die Computer waren noch nicht installiert und die Abläufe waren noch nicht festgelegt. Man konnte sich des Eindrucks nicht erwehren, dass die Schaffung der Divisionen keine planerische Meisterleistung war.

• • •

Die große Veränderung und die Verlagerung trugen dazu bei, manche Konflikte in den Hintergrund zu drängen, die sich aus den schlecht zusammenpassenden Typen verschiedener unternehmerischer Abstammung ergeben hatten. Der wachsende Fundus gemeinsamer Erfahrungen wirkte in die gleiche Richtung. Die Divisionen waren die Ursache für völlig neue Spannungen. Ihre physische Trennung führte zu technischer Isolation. Sie schufen neue Gefolgschaften und neue Zuständigkeiten. Als die Divisionen begannen, ihre Muskeln spielen zu lassen, spaltete sich Apple in die Anziehung des Modischen und dem Hin und Her zwischen Machtbereichen auf. Zum Beispiel durften die Divisionen eigene technische Redakteure einstellen und eigene Platinen bestellen, und in einem Fall versuchten sie, Kontrolle über die Aktivitäten von anderen auszuüben. Um nur einen Fall anzuführen: Die Peripherals Division wollte einen Standard für das festlegen, was an die Peripheriegeräte angeschlossen werden sollte. Man benötigte keinen Übersetzungsfachmann, um zu begreifen, dass dies auf einen Versuch hinauslief, die Produktplanung des Unternehmens zu diktieren.

Noch wichtiger war die Tatsache, dass die Menschen, die in den verschiedenen Divisionen arbeiteten, merkten, dass Unterschiede gemacht wurden. Der Glamour der angesagten Abteilungen, in denen an neuen Computern gearbeitet wurde, stellte diejenigen Bereiche in den Schatten, in denen die Hauptaufgabe darin bestand, die bereits existierenden Geräte zu betreuen. Die Art der Arbeit sprach verschiedene emotionale und intellektuelle Interessen an und zog verschiedene Typen von Menschen an. Viele Ingenieure und Programmierer, die vom Erfolg des Apple II begeistert waren, arbeiteten lieber in der Personal Computer Systems Division (PCS). Andere, die eine glänzendere Zukunft, Ansehen und die Chance haben wollten, mit neueren Technologien zu arbeiten, klopften an die Tür der Personal Office Systems Division (POS), die aus einer Kerngruppe von Personen gebildet wurde, die das Lisa-System entwickelten.

Die Feinheiten wurden einer mikroskopischen Untersuchung unterzogen. Rick Auricchio war Programmierer und arbeitete in der PCS. „Wir hatten das Gefühl, dass die Lisa-Abteilung voller Primadonnen war. Die wollten einen Laserdrucker für 30.000 Dollar und bekamen ihn auch. Die gingen hin und stellten hoch qualifizierte Leute ein. Wir nicht. Ihre Arbeitsnischen waren größer. Die hatten mehr Werke. Obwohl wir die ganzen Rechnungen bezahlten und Geld auf die andere Straßenseite pumpten, waren wir stumpf und langweilig und taten überhaupt nichts. In unserer Wahrnehmung waren die drei Meter groß, blickten einen finster an und trugen die Nase oben. Ohne ein Schildchen in der richtigen Farbe und eine Begleitperson kam man nicht in das Lisa-Gebäude hinein. Das war beleidigend. Die Leute überlegten sich, dass sie nicht ihr Leben lang Kretins sein wollten, also verließen sie die PCS und gingen in die POS." Die Mitarbeiter der Lisa Division erwiderten diese Komplimente. Einer sagte: „Wir warfen einen Blick auf den Apple III und nahmen ihn nicht besonders ernst. Wir schauten ihn bloß an und sagten: ‚Die haben ja keine Ahnung.'"

• • •

Als sich die Divisionen verfestigten, kam langsam eine Unternehmensbürokratie zum Vorschein. Wie gesagt, es gab wirklich keine Möglichkeit, der lähmenden Last des Wachstums zu entkommen. Wenn man mit mehreren Hundert Menschen umgehen muss (erst recht mit mehreren Tausend), sind ein paar Richtlinien nötig, und sei es auch nur, damit die Manager nicht den ganzen Tag lang Ausnahmen erklären müssen. Zum Teil schlug sich dies in unternehmensweiten Rundschreiben nieder. Gelegentliche Bekanntmachungen hielten die Mitarbeiter über Budgets auf dem Laufenden, „die Effizienz und Sparsamkeit widerspiegeln", oder schlugen Alarm, wenn die Telefonrechnung über 100.000 Dollar im Monat stieg. Andere lieferten Informationen über Sozialabgaben, Gewinnteilungssysteme, Aktienprogramme, Betriebsferien, einen neuen Xerox-Copyshop und Versicherungsmöglichkeiten. Zusammen mit den Leistungsbeurteilungen (planmäßig alle sechs Monate) kam eine „Beurteilungs-Informations-Matrix".
Ein Memo aus der Rechtsabteilung verlangte von den Mitarbeitern, den Namen des Unternehmens nicht auf Apple Computer oder Apple zu verkürzen. Es begann so: „Der offizielle Name des Unternehmens lautet Apple Computer, Inc. (bitte das Komma beachten). […] Bitte vereiteln Sie unsere Bemühungen nicht durch den lockeren Missbrauch der Unternehmens-Symbole." Andere Mitteilungen hielten die Leute über den Abfahrtszeiten der Shuttle-Busse auf dem neuesten Stand, die zwischen den Apple-Gebäuden verkehrten, drängten sie, Büromaterial aufzubrauchen, in einer technischen Bibliothek

vorbeizuschauen oder sich für Plätze in Fernseh-Unterrichtsräumen anzumelden, die mit dem TV-Unterrichtssystem der University of Stanford verbunden waren. Außerdem gab es Bekanntmachungen, die den Unterschied zwischen Memos zwischen einzelnen Büros und Inhouse-Publikationen deutlich machen sollten. Darin wurde den Lesern beispielsweise erklärt: „Das ‚Apple Bulletin' vermittelt Informationen mit Zeitwert. […] Es wird über die Poststelle und über Telekommunikationsleute an alle Apple-Standorte verteilt."

Sogar einige der unermüdlichsten Antreiber von Apple, wie zum Beispiel der Marketing-Manager Phil Roybal, waren nach mehreren Jahren gezwungen, zuzugeben, dass sich der Ton geändert hatte: „Der Charakter des Unternehmens hat sich verändert, weil es gewachsen ist. Es herrscht mehr Zwang, es wurden Verfahrensweisen eingeführt, Verwalter wurden eingestellt und es gibt Verkrustungen. Weniger Launen. Jetzt laufen die Dinge weitgehend so, wie erwartet. Es geht eher zu wie in einem organisierten Unternehmen." Andere äußerten sich weniger schmeichelhaft. Der Publikationsmanager Jef Raskin verkrachte sich schließlich mit Jobs und sagte: „Zuerst wurde das Unternehmen einvernehmlich geführt; eine gute Idee hatte Erfolgschancen. Danach war es, als stünde man neben einem Güterzug und würde mit einer Kette daran zerren. Aber er bewegte sich nicht aus den Gleisen."

Manche, beispielsweise Roy Mollard, merkten, dass die Divisionen, die zusätzlichen Führungsebenen und die größere Spezialisierung dazu führten, dass sein Einfluss begrenzt war: „Mein Kontrollbereich verengte sich und der Job wurde weniger interessant."

Für Außenstehende wie Regis McKenna, der in den prägenden Phasen von Apple eine entscheidende Rolle gespielt hatte, bedeutete die Ankunft eines Vice President für Kommunikation, dass die Zuständigkeiten für Öffentlichkeitsarbeit und Marketingstrategie geteilt wurden. „Man muss erst an anderen Leuten vorbei, um an die gleichen Leute heranzukommen, mit denen man früher eins zu eins zu tun hatte.

Man hat es mit einer Unternehmensorganisation zu tun, die alles kontrollieren will." Und den Newcomern machte die Gegenwart von Leuten wie McKenna, die etablierte Bande zu den Gründern hatten, das Leben nicht gerade leichter. Der brüchige Waffenstillstand war dadurch gekennzeichnet, dass Apple einen Teil seiner PR-Arbeit intern erledigte, während die Agentur McKenna den Rest machte.

•••

Aber das Aufkommen einer Bürokratie war kein Nebeltau, der alles überzog und gleichmachte. Es gab eine klare, ausgeprägte Hackordnung, die vom äußeren Anschein verschleiert wurde. Die sorgfältig gepflegten Gleichheitsvorschläge waren in vielerlei Hinsicht ein Trugbild. Oberflächlich hatte Apple nicht viel Ähnlichkeit mit dem Amerika in Nadelstreifen. Auf den Parkplätzen gab es keine reservierten Stellplätze. Jeans, offenes Hemd und Turnschuhe waren als Kleidung akzeptiert (eigentlich wurden sie fast zur Uniform). Es gab keine prächtigen Bürofluchten, sondern nur Nischen mit schulterhohen Trennwänden. Die Büros wurden zu einem Labyrinth in einer offenen Landschaft aus Büromöbeln von Herman Miller. Von Stechuhren hatte man nicht einmal an den Montagebändern etwas gehört. Sekretärinnen wurden als Bereichsmitarbeiterinnen bezeichnet und der Personalchef hieß Direktor für Humanressourcen. Auf den Visitenkarten standen unkonventionelle Titel. Außenstehende ließen sich von dem unkonventionellen Anschein täuschen. Insider durchschauten ihn sofort. Der Programmier Dick Huston sprach vielen Kollegen aus der Seele, als er bemerkte: „Ich habe Apple nie für eine egalitäre Arbeitsstätte gehalten."
Die Art, wie die Mitarbeiter einander unterscheiden konnten, war in vielfacher Hinsicht vollkommen konventionell und hatte mehr Ähnlichkeiten mit traditionellen Branchen, als die Apple-Führung zugeben wollte. Außer in der irischen Fabrik gab es bei Apple keine

Gewerkschaften. Jobs besaß all den verletzten Stolz eines Gründers, der meint, das Auftauchen einer Gewerkschaft würde bedeuten, dass es ihm nicht gelungen ist, für seine Angestellten zu sorgen; außerdem fand er, die Gewerkschaften seien für die Probleme einiger älterer Branchen verantwortlich. Er versprach, er würde „an dem Tag kündigen, an dem wir uns gewerkschaftlich organisieren". Doch selbst wenn „Ausstand" und „Streikposten" nicht zum Wortschatz von Apple gehörten, so bestand doch ein enormer Unterschied zwischen der Fabrikhalle und den Vorstandsbüros.

Don Bruener, der eine Zeit lang in der Produktion gearbeitet hatte, sagte: „Die Menschen in der Produktion hatten Angst, wenn sie mit Leuten von außerhalb der Produktion zu tun hatten. Und die Menschen außerhalb der Produktion kümmerten sich nicht um die Produktion. Da hieß es Arbeiter gegen Führungskräfte." Nach einer gewissen Zeit bezogen die meisten Führungskräfte Büros im gleichen Gebäude und die höheren Vertreter wurden als Mitglieder des Führungsstabs bezeichnet. Als Apple anfing, öffentliche Hauptversammlungen abzuhalten, saßen genau diese Führungskräfte in der ersten Reihe neben den Direktoren des Unternehmens. Abgesehen davon, dass man im Publikum jüngere Gesichter sah, unterschieden sich die ersten Hauptversammlungen von Apple gar nicht so sehr von denen bei Chrysler oder Bank of America.

Als junges Unternehmen entwickelte Apple außerdem noch andere Rangabzeichen. Der größte Unterschied beruhte auf dem Wohlstand. Die Diskrepanzen, die es bei Apple gab, waren vor allem nach dem Börsengang weitaus größer als diejenigen, die in reiferen Unternehmen wie General Motors oder Exxon den Vorsitzenden vom Hausmeister trennen. Außerdem vergab das Unternehmen an leitende Angestellte Darlehen, damit sie Aktien kaufen oder hohe Steuern bezahlen konnten, und die Gewinnteilung richtete sich nach dem Rang.

Es gab nie irgendeinen Zweifel, wer der Boss war. Das Erscheinen von Scott, Markkula oder Jobs konnte dazu führen, dass sich die Muskeln der Untergeordneten anspannten. Eine beiläufige Bemerkung, ein Hinweis, eine hochgezogene Augenbraue, ein skeptischer Blick oder ein Heben der Stimme wurden verstärkt und produzierten das, was ein scharfer Beobachter als „Donnerkeil-Management" bezeichnet. Er erläuterte das so: „Jeder weiß, wer das Sagen hat. Jemand sagt etwas in einem Flur oder lässt eine Bemerkung fallen, und plötzlich wird das 20 Ebenen tiefer zum Gesetz."

Eines der wichtigsten Statussymbole war die Nummer, die den Mitarbeitern am Tag ihres Eintritts in das Unternehmen zugeteilt wurde – und die Jobs bei ihrem ersten Erscheinen so große Sorgen gemacht hatte. Diese Nummern, die auf die Plastik-Namensschilder gedruckt wurden, waren eine Firmenversion des in amerikanischen Großstädten üblichen Prominentenverzeichnisses. Als Apple wuchs, stieg der Status der Angestellten mit den niedrigsten Nummern. Die Schilder entsprachen zwar oft nicht dem finanziellen Stand, aber sie lösten trotzdem bewundernde Blicke aus. Einige der ersten Mitarbeiter konnten die Namen ihrer ersten 50 Kollegen herunterrasseln, und andere prahlten mit ihrer Position, indem sie ihre Mitarbeiternummer auf das Nummernschild ihres Autos setzen ließen. Eine andere Art, auf die sich die Alteingesessenen absetzten, war der Cross-Füller mit dem kleinen Apfel, der bei der dritten Apple-Weihnachtsfeier an alle Angestellten verschenkt wurde. Irgendwann gab es die Füller dann auch im firmeneigenen Laden.

Die soziale Rangfolge war auch an unternehmensweiten Mitteilungen zu sehen. Eine verkündete klangvoll den Unterschied zwischen einem monatlichen Newsletter und einem kürzeren Unternehmens-Rundschreiben: „Frisch beförderte Mitarbeiter verdienen Beifall und Anerkennung [...]. Die ‚Apple Times' listet frisch beförderte Mitarbeiter auf [...]. Das ‚Apple Bulletin' sollte nicht für die Bekanntmachung von

Beförderungen und sonstigen personellen Veränderungen unterhalb der Ebene eines Bereichsleiters benutzt werden."

Außerdem gab es eine Debatte über den Wert der technischen Redakteure. Jobs hatte auf die Apple-Bedienungsanleitungen immer großen Wert gelegt und es herrschte das Gefühl, dass sie einen wichtigen Teil dessen bildeten, was das Unternehmen verkaufte. Einige argumentierten, wenn dem so wäre, hätten die technischen Redakteure einen ähnlichen Tarif verdient wie die besten Ingenieure. Aber am Ende knickte Apple vor dem Begriff des „Wiederbeschaffungswerts" ein und bezahlte seine Redakteure auf dem Niveau, das außerhalb der Computerindustrie herrschte. Ein Publikationsmanager durfte laut einer formellen Beschwerde, die er einreichte, kein Hauptmitglied des technischen Stabs werden, weil „die Erledigung eines branchenführenden Jobs im Publikationsbereich einfach nicht den gleichen Status hatte wie ‚das Designen eines Netzteils oder eines Softwaresystems'."

• • •

Aufgrund dieser ganzen Spannungen und umfangreichen Leitlinien war es für die alten Hasen und erst recht für die Neuankömmlinge eine verwirrende Aufgabe, herauszufinden, wo sie hineinpassten, welchen Aufgaben sie nachgehen sollten und wofür genau das Unternehmen stand. Als im Herbst 1980 die Divisionen gebildet wurden, wurden diese Fragen noch drängender. Denn über einen Zeitraum von zwölf Wochen befand sich Apple im Einstellungsrausch und steigerte seine Beschäftigtenzahl von 600 auf 1.200 Mitarbeiter. Später wurde diese Zeit von manchen als „Dummkopf-Explosion" bezeichnet. Manche Mitarbeiter wurden von Zeitarbeitsfirmen weggeholt und ganze Gruppen von bis zu 60 Leuten wurden in Orientierungsseminaren eingesammelt.

Das Wachstum verunsicherte alle. Das Tempo der Veränderung war an seltsamen und alltäglichen Dingen zu erkennen, wie beispielsweise an den unternehmensinternen Telefonverzeichnissen; das waren Loseblattsammlungen, die alle paar Wochen aktualisiert wurden. Manager merkten, dass ihnen die Zeitpläne entglitten und dass sich der Papierkram vervielfachte. Letzteres lag allerdings zum Teil an der Ausbreitung von Apples, die Charts und Diagramme und Mengen von Zahlen ausspuckten. Die Fokussierung der ersten Jahre verschwand zum Teil und es herrschte allgemein das Gefühl, dass das Unternehmen außer Kontrolle geriet. Sogar Markkula, der nie der Steuermann des Unternehmens gewesen war, musste zugeben: „Wir hatten Schwierigkeiten, den Wagen auf den Schienen zu halten."

Einige Ebenen weiter unten war man vor dem Ansturm der Neuen weit weniger abgeschirmt. Chuck Mauro war in einem Ingenieurlabor erschrocken angesichts der Geschwindigkeit, mit der neue Gesichter auftauchten. „Da schwirrte einem der Kopf, wenn man hörte, dass am Montag vier neue Leute anfangen. Das war alles, was wir tun konnten, um Schritt zu halten. Man konnte sich nicht einmal die ganzen Namen merken."

Apple gab sich beträchtliche Mühe, ein gewisses Gefühl der Kontinuität zu bewahren, eine Form der Gemeinschaft zu bieten, Unterschiede zu kaschieren und den Eindruck von Stabilität zu vermitteln. Zum großen Teil waren diese Bemühungen darauf gerichtet, angenehme Arbeitsbedingungen zu schaffen, was zum großen Teil von Jobs und in geringerem Maße von Markkula ausging. Zum Teil hatte dieser Antrieb rein praktische Gründe. Andere Unternehmen in diesem Bereich hatten sich den Ruf erworben, dass sie sich um ihre Angestellten kümmerten. Das Management von Apple erkannte grundsätzlich an, dass in einer Branche, in der Unternehmen manchmal durch einen plötzlichen Exodus dahingerafft wurden, eine Möglichkeit, die Leute zu halten, darin bestand, bei den Extragaben nicht zu knausern. Zum Teil entsprang der Antrieb dem Vorbild des langjährigen mildtätigen Rufes von Hewlett-Packard, und zum Teil beruhte er auf der festen

Überzeugung, dass Menschen härter und effizienter arbeiten, wenn sie gut behandelt werden und eine anständige Umgebung geboten bekommen. Aber die ganze Angelegenheit war mehr als ein grundloser altruistischer Zug. Wie die Gründer vieler anderer Unternehmen waren auch die von Apple entschlossen, die Mängel zu beheben, die sie anderswo sahen.

Die Picknicks, Partys und Geschenke, die die Arbeit auflockerten, waren größere Versionen der Aspekte, die über alle Entwicklungsstadien von Apple verstreut gewesen waren. Als das Unternehmen zum ersten Mal Computer im Wert von mehr als 100.000 Dollar ausgeliefert hatte, war die gesamte 15-köpfige Belegschaft zu einer Poolparty in Markkulas Haus zusammengekommen. Als die Herstellungsabteilung auf Vordermann gebracht worden war, wurde der Rest von Apple zu einem Tag der offenen Tür geladen, bei dem auch Kinder, Ehepartner und „eheähnliche Partner" willkommen waren. Spätere Meilensteine waren fast immer mit einer Party, mit Kuchen oder einer Flasche Sekt gefeiert worden.

Als aus den Monaten Jahre wurden, wurden die Feiern großartiger – es gab Festzelte, Flaggen und Jazzbands. Es gab Ausflüge zu extra organisierten Previews von „Krieg der Sterne" und „Das Imperium schlägt zurück". Die Halloween-Party, die während der ersten Monate gefeiert wurde (und zu der Jobs als Jesus Christus kam), entwickelte sich zu einem alljährlichen Ritual und verwandelte sich mehr oder weniger in einen inoffiziellen Unternehmensfeiertag. Die Feier wurde so groß, dass in Cupertino mehrere Häuserblocks abgesperrt werden mussten, während die Mitarbeiter in Kostümen herumzogen.

Unterhaltung und Bequemlichkeit wurden ernst genommen. Die Mitarbeiter konnten in Bowling-Ligen eintreten und Aerobic-Stunden nehmen. Sie bekamen Mitgliedschaften in örtlichen Fitnessclubs. Das Unternehmen veranstaltete Kurse im Gerätetauchen und Skiwochenenden in den kalifornischen Sierras. Die Möbel, mit denen die Büros ausgestattet waren, hätten bei vielen Großunternehmen als teuer gegolten, und es wurden Berater zu Themen wie „Gestaltung der Wegführung" oder zur optimalen Schreibtischgröße für Programmierer engagiert. Die Mitarbeiter bekamen immer in irgendeiner Form Weihnachtsgeschenke. In einem Jahr bekamen die meisten einen in einen Hundert-Dollar-Schein eingewickelten Füller, und als später ein wichtiges Umsatzziel erreicht wurde, bekamen alle eine zusätzliche Woche bezahlten Urlaub.

Außerdem startete Apple ein Programm, in dessen Rahmen Mitarbeiter, die ein Mindestmaß an Effizienz bewiesen hatten, ihren eigenen Apple-Computer bekamen. Es gab Computerkurse für Familienangehörige und ein unternehmenseigener Laden bot Verwandten und guten Freunden von Mitarbeitern große Preisnachlässe. Und was noch wichtiger war: Die Programmierer, die Ingenieure und die technischen Redakteure konnten zu Hause genauso effizient arbeiten wie in ihren Büros.

• • •

Trotz dieser Anstrengungen muss die Identität von Apple den Kunden wohl klarer vor Augen gestanden haben als den Mitarbeitern. Bis 1980 war das Unternehmen so groß und so weitläufig geworden, dass es keinem Manager mehr möglich war, auf einem täglichen Gang die Atmosphäre zu schnuppern und das Terrain zu sondieren. Daher war die Hand des Unternehmens für die meisten Mitarbeiter unsichtbar. Um die Unsicherheit zu bekämpfen und um ein unternehmerisches Leitbild sowie eine stimmige Ideologie zu erarbeiten, richtete Apple einen Ausschuss ein, der sich mit großem Ernst an den Versuch machte, diffusen Motiven einen Sinn abzugewinnen. Der Ausschuss versuchte, das Abstrakte auf das Konkrete zurückzuführen und alle widerstreitenden Impulse und Intentionen, alle Zusammenstöße zwischen individuellem Unternehmungsgeist und Teamwork sowie zwischen Autokratie und Demokratie, aus denen ein Unternehmen besteht, zu kodifizieren. Es war kein Wunder, dass das Ergebnis zwar voller guter Absichten steckte, sich aber banal, gehemmt und abgedroschen anhörte.

Die grundsätzliche Botschaft des Ausschusses wurde in unternehmensweiten Rundschreiben verbreitet, die Zeilen wie die folgenden enthielten: „Apple ist mehr als nur ein Unternehmen […] es ist eine Einstellung, ein Prozess, ein Standpunkt und eine Art, Dinge zu erledigen." Aber der Wille und das Vermächtnis des Ausschusses wurde von einer Aufstellung unternehmerischer Werte verkörpert, die von den Rezepten stark beeinflusst waren, die Hewlett-Packard als Leitfaden an seine Mitarbeiter ausgegeben hatte. Die Apple-Gruppe schnürte daraus neun Gebote und traf die grundsätzliche Feststellung: „Die Apple-Werte sind die Eigenschaften, Gebräuche, Standards und Prinzipien, die das Unternehmen als Gesamtheit für wünschenswert hält. Sie bilden die Grundlage dafür, was wir tun und wie wir es tun. Zusammengenommen weisen sie Apple als einzigartiges Unternehmen aus."

Daran schloss der Ausschuss folgende Einzelpunkte an:

Identifikation mit den Kunden/Nutzern (Wir bieten überlegene Produkte, die echte Bedürfnisse erfüllen und dauerhaften Wert bieten. Wir gehen mit der Konkurrenz fair um und kommen Kunden und Zulieferern mehr als auf halben Wege entgegen […].)

Leistung/Aggressivität (Wir setzen uns aggressive Ziele und strengen uns an, um sie zu erreichen. Wir erkennen an, dass wir uns in einer einmaligen Zeit befinden, in der unsere Produkte die Arbeits- und Lebensweise der Menschen verändern. Das ist ein Abenteuer, das wir gemeinsam erleben.)

Positiver gesellschaftlicher Beitrag (Als sozial verantwortliches Unternehmen möchten wir für die Kommunen, in denen wir aktiv sind, ein wirtschaftlicher, geistiger und gesellschaftlicher Aktivposten sein […].)

Innovation/Vision (Wir nehmen die Risiken an, die mit unserer Vision verbunden sind, und bemühen uns, führende Produkte zu entwickeln, die die angestrebten Gewinnspannen bringen […].)

Persönliche Leistung (Wir erwarten persönliches Engagement und eine Leistung, die über den Standard unserer Branche hinausgeht. […] Jeder Mitarbeiter kann und muss etwas bewirken, denn im Endergebnis bestimmen die einzelnen Personen den Charakter und die Stärke von Apple.)

Teamgeist (Teamwork ist für den Erfolg von Apple unerlässlich, denn der Job ist für eine Person zu groß […]. Damit wir gewinnen, müssen wir alle unseren Beitrag leisten. Wir unterstützen uns gegenseitig und teilen die Siege und die Belohnungen miteinander […].)

Qualität/Exzellenz (Wir bauen in die Apple-Produkte ein Ausmaß an Qualität, Leistung und Wert ein, das uns den Respekt und die Treue unserer Kunden einbringt.)

Persönliche Belohnung (Wir erkennen die Beiträge jeder einzelnen Person zum Erfolg von Apple an und wir teilen die finanziellen Belohnungen, die sich aus hoher Leistung ergeben. Wir erkennen außerdem an, dass Belohnungen nicht nur finanziell, sondern auch psychologisch sein müssen, und wir streben eine Atmosphäre an, in der jeder einzelne an dem Abenteuer und der Begeisterung teilhaben kann, bei Apple zu arbeiten.)

Gutes Management (Die Haltung der Manager gegenüber ihren Mitarbeitern ist von erstrangiger Bedeutung. Die Angestellten sollten den Motiven und der Integrität ihrer Vorgesetzten trauen können. Das Management ist dafür verantwortlich, ein produktives Umfeld zu schaffen, in dem die Werte von Apple gedeihen.)

Der Ausschuss gab aber nicht nur Verlautbarungen heraus, die vor gutem Willen nur so strotzten, sondern er drängte das Unternehmen auch zu konkreten Maßnahmen. Apple begann, wöchentliche Mittagessen zu veranstalten, bei denen sich Mitarbeiter mit gehobenen Managern und Vice Presidents treffen konnten. Und Markkula bemühte sich zielstrebig, die Leute wissen zu lassen, dass sie zu ihm kommen und ihre Sorgen und Nöte loswerden konnten. Er hörte mehr als alle anderen zu, wenn Menschen aus den untersten Ebenen des Unternehmens gegen Entscheidungen der Unternehmensleitung argumentierten. Andere Türen blieben hingegen verschlossen. Über Jobs und Scott sagten manche Kollege in dem ungeschminkten Jargon des Silicon Valley, sie seien keine „geselligen Menschen".

Der Versuch, einem Unternehmen, in dem der Geist der Gründer so stark spürbar war, ein Wertesystem einzuflößen, war schwierig, wenn nicht gar unmöglich. Auch wenn Apple so groß war, dass sich die Gründer nicht in allen Ecken und Winkeln sehen ließen, so war es doch klein genug, dass sich Gerüchte über ihr Verhalten, Gerede über ihre Leistung und ihr allgemeiner Ruf tiefgreifend auf den Ton auswirkten, der im Unternehmen herrschte. Sie waren wandelnde Plakatwände. Und wenn ihre Taten oder Worte den seligmachenden Standards, die vom Kulturausschuss gepredigt wurden, nicht gerecht wurden, lähmte dies die gesamten Bemühungen.

Man durfte Kultur nicht mit Demokratie verwechseln, und in dem Unternehmen sprach das zwar sicher niemand aus, aber die „Apple Values" enthielten mehr als nur einen Hauch unternehmerischen

Totalitarismus. Einer der vehementesten Verfechter der „Apple Culture" war Trip Hawkins, ein Absolvent der Stanford Business School, der damals Ende 20 war. Er erklärte die Bedeutung der Unternehmenskultur in militärischen Begriffen: „Wenn man eine starke Kultur hat, muss man die Menschen nicht so genau überwachen und man braucht nicht so viele Regeln, Vorschriften und Prozeduren, weil dann alle auf die gleiche Art denken und auf Situationen gleichartig reagieren. Das hilft einem, effektiver zu delegieren. Man kann zum Beispiel einen Haufen Marines unter Beschuss am Strand aussetzen, und die rennen wirklich den Strand hinauf. Unternehmen, die keine starke Kultur haben, können nichts schnell machen."

Jobs fand die Theorie von der Unternehmenskultur bestimmt verführerisch, aber er hatte mehr für Taten übrig, die sofort greifbare Resultate bringen. Sicher wollte er Apple zu einem angenehmen Arbeitsplatz machen. Er beschrieb enthusiastisch seinen Plan für eine aktuelle Version einer Unternehmensstadt, die er „Supersite" nannte und in der sich Büros und Wohnhäuser mischten. Er hoffte, das würde Apple helfen, junge Ingenieure einzustellen, die sich die Häuserpreise in Kalifornien nicht leisten konnten. Sie würden dadurch einen Fuß auf den Boden bekommen und mit der Gegend vertraut werden. In verträumten Momenten malte er das idyllische Bild eines Unternehmensparks, wo im Schatten großer Bäume Besprechungen abgehalten und Programme geschrieben würden.

Ursprünglich war Jobs für flexible Arbeitszeiten gewesen, die den Ingenieuren und Programmierern die Freiheit gaben, entweder zu Hause oder im Büro zu arbeiten. Als dies jedoch nicht die notwendigen Resultate brachte, schickte er einer Gruppe, die er leitete, ein Memo, in dem es hieß: „Als ich vollkommen flexible Arbeitszeiten akzeptierte, geschah das in der ausdrücklichen Annahme, dies wäre die effizienteste Möglichkeit, damit die Arbeit in sehr professioneller Qualität erledigt wird. Diese Gruppe hat diese Qualität in den letzten 60 Tagen nicht bewiesen [...]. Ab morgen [...] müssen alle um 10.00 Uhr anwesend sein. Ohne Ausnahme."

Manche, die unter Jobs arbeiteten, fanden ihn schwer zu ertragen. Der Publikationsmanager Jef Raskin, der bis April 1981 bei Apple arbeitete, sagte dazu: „Er ist außerordentlich verführerisch. Er hätte einen hervorragenden König von Frankreich abgegeben." In einem vierseitigen Memo an Michael Scott mit dem Betreff „Für/mit Steve Jobs arbeiten" schlug Raskin vor, Jobs solle „eine Management-Schulung machen, bevor er weitere Projekte managen darf". Raskin beschwerte sich: „Zwar sind die Positionen, die Herr Jobs im Hinblick auf Managementmethoden vertritt, alle nobel und ehrenwert, aber in der Praxis ist er ein grauenhafter Manager. Das ist so ein unglücklicher Fall, wo jemand mit Lippenbekenntnissen die richtigen Ideen vertritt, aber nicht davon überzeugt ist oder sie nicht umsetzt, wenn es an der Zeit ist, etwas zu tun." Raskin fuhr fort: „Jobs verpasst regelmäßig Termine [...]. Er zollt keine Anerkennung für Verdienste, wo es angebracht wäre. [...] Außerdem hat Jobs Lieblinge, die nichts falsch machen können – und andere, die nichts recht machen können [...]. Er unterbricht einen und hört nicht zu [...]. Er hält Versprechen nicht [...]. Er ist das Paradebeispiel eines Managers, der die Lorbeeren für seine optimistischen Zeitpläne einheimst und anschließend den Arbeitern die Schuld gibt, wenn sie nicht eingehalten werden."

• • •

Die Apple-Kultur und der Mantel des guten Willens konnten die Tatsache nicht verbergen, dass es unterschiedlichen Kompetenzen gab. Ein paar Wochen nach der Ablenkung durch den Börsengang kam es zu Problemen mit dem Apple III. Dabei trat eine grundsätzliche Irritation über die Performance des Unternehmens zutage und mündete in die erste Entlassungsserie bei Apple.

In den ersten Jahren des Unternehmens waren die Apple-Gründer stolz gewesen, dass sie grausame Kündigungen vermeiden konnten, auch wenn sie sicherlich eine Anzahl von Angestellten gebeten hatten, zu gehen. Gewöhnlich wurden die Entlassungen mit schwammigen Formulierungen wie „Freistellung" oder „Beurlaubung" bemäntelt, aber die geschickte Verkleidung konnte die Wirklichkeit nicht verbergen. Manche fanden, dass Apple Inkompetenz bei Weitem zu leicht verzieh, und einige – wie zum Beispiel Rod Holt – beklagten sich: „Wenn man einen Ingenieur hat, der alles falsch macht und nicht arbeitet und es irgendwie vermasselt, dann macht man einen Manager aus ihm. Hier werden keine Leute entlassen."

Als Michael Scott mit der Genehmigung von Jobs und Markkula beschloss, drei Monate nach dem Börsengang von Apple 41 Leute zu entlassen, zog das enorme Kreise. Die Entlassungen waren Ausdruck einer enormen Frustration und eine Maßnahme zur Kostensenkung. Vor allen Dingen waren sie ein öffentliches Eingeständnis, dass es einen Unterschied zwischen kompetenten und inkompetenten Mitarbeitern gab und dass es Apple geschafft hatte, Bummler einzustellen. Außerdem brachte es eine ausgeprägte Veränderung des Tons und ein paar Monate mit nervösen Befürchtungen mit sich. „Ganz plötzlich", so Fred Hoar, Vizepräsident für Kommunikation, „waren die Apple-Werte abgemeldet, und stattdessen herrschte Rücksichtslosigkeit."

In den Wochen vor dem feuchten, regnerischen Tag, der in dem Unternehmen bald als schwarzer Mittwoch bekannt wurde, bat Scott alle Abteilungen, ihm eine Liste derjenigen Mitarbeiter zu geben, die nicht mehr erwünscht waren. Er ging die Liste mit 80 Namen durch und schaute, ob er einige behalten sollte. Ein paar Leute wurden in andere Divisionen versetzt, die restlichen wurden in Scotts Büro bestellt, bekamen ein Monatsgehalt und wurden entlassen. Eine Gruppe, die für die Entlassung herausgegriffen wurde, war die Abteilung, die neue

Produkte prüfte. Scott fand, dass sie zu viele Verzögerungen verursachte. Doch bei vielen anderen herrschte große Verwirrung. Einige Menschen, die in Scotts Büro gerufen wurden, waren durch das Raster gefallen, weil sie keinen unmittelbaren Vorgesetzten hatten, und sie wurden wieder eingestellt. Andere hatten noch ein paar Wochen vorher gute Leistungsbeurteilungen und Bonuszahlungen bekommen.

Am Nachmittag der Entlassungen hielt Scott im Keller eines der Gebäude eine Unternehmensversammlung ab. Zwischen Bier und Brezeln hielt er eine unbeholfene kurze Rede, stellte sich einigen Fragen, versuchte einen aufmunternden Vortrag zu halten, aber sein Ton machte die Sache bloß noch schlimmer. Die Auswirkungen der Kündigungen gingen weit über die eigentliche Sache hinaus. Chris Espinosa machte sich an Jobs heran und erklärte ihm, dies sei keine Art, ein Unternehmen zu führen. Ein mürrischer Jobs fragte ihn: „Und wie führt man ein Unternehmen?" Rick Auricchio, der dachte, er wäre entlassen worden, aber später feststellte, dass er immer noch angestellt war, fand, „das war, wie wenn Walt Disney durch Disneyland spaziert und Mickymaus den Kopf abschlägt". Phil Roybal erinnert sich: „Viele Leute waren immer davon ausgegangen, so etwas könnte bei Apple nicht passieren. Das war das erste Anzeichen der finsteren Wirklichkeit. Die Leute wussten nicht, wohin die Reise ging. Ihre Werte wurden auf den Kopf gestellt. Auf einmal waren wir ein Unternehmen wie alle anderen." Bruce Tognazzini fand, dass der schwarze Mittwoch wie eine Scheidung war. „Er war das Ende vieler Dinge. Er war das Ende der Unschuld. Er war das Ende der Loyalität. Er läutete eine Ära unglaublicher Angst ein."

In den Wochen nach dem schwarzen Mittwoch tauchte an diversen Schwarzen Brettern ein anonymes Rundschreiben auf, das viele für übertrieben hielten: „Wir gründen eine Gewerkschaft namens Computer Professionals Union (CPU), damit wir die Unternehmensleitung von Apple im Zaum halten können. Was sie am meisten fürchtet, ist gemeinschaftliches Handeln der Mitarbeiter; sie geht nach dem Motto „teile und herrsche" vor und droht mit wirtschaftlichen Vergeltungsmaßnahmen. Wenn wir uns vereinigen, kommt sie damit nicht durch! Apple war einmal ein guter Arbeitsplatz; das Management predigt uns den ‚Geist von Apple'; zeigen wir denen, was echter Geist ist und lassen sie ihn schlucken!"

•••

Für Scott wurde der schwarze Mittwoch zur Katastrophe. Er hatte sich dadurch den Ruf einer fast körperlichen Rücksichtslosigkeit erworben. Aber hinter seinem groben Verhalten stand eine sanfte, bedächtige, romantische Ader, die hinter einer verletzlichen Schüchternheit versteckt war. Er war eine Kreuzung aus Weihnachtsmann und Schreckgespenst. Manche alteingesessenen Apple-Mitarbeiter dachten, niemand würde sich mehr um sie kümmern als Scott. Er hatte einen Hang zum Luxus und neigte dazu, unter dem geringsten Vorwand eine Party zu geben. Er hatte bei mehreren Gelegenheiten ein Kino gemietet und Freunde und Apple-Mitarbeiter mit eleganten Karten zu Special Previews der Weltraumepen von George Lucas eingeladen. Als die Gäste ins Kino kamen, stand Scott am Eingang und überreichte ihnen weiße Rosen. Bei einer Weihnachtsfeier von Apple hatte Scott das Motto „Seefahrt" ausgegeben und erschien dementsprechend in einer eng anliegenden Kapitänsuniform samt Schirmmütze. Bei einer anderen Gelegenheit schickte er ein Memo herum, das ein paar Dutzend Leute, die auf einer Messe gearbeitet und einen Kinoausflug verpasst hatten, in das Vorstandszimmer bestellte. Die meisten befürchteten das Schlimmste und kamen zitternd vor Angst zu der Versammlung, merkten dann aber, dass Scott etwas anderes im Schilde führte. Er geleitete sie zu einem Bus, der sie in ein Kino brachte, wo Kellner in roter Livree ihnen Horsd'œuvres und Champagner kredenzten.

Allerdings waren Scotts dunklere Seite und sein makabrer Humor auffallender. Als ein Computer der Digital Equipment Corporation, der die Hauptsäule des Management-Informationssystems von Apple bilden sollte, nicht pünktlich ankam, schickte er dem Präsidenten des viel größeren Unternehmens einen Trauerkranz mit einer Karte, auf der stand: „Damit Sie wissen, was ich von Ihren Lieferversprechen halte." Er hatte wenig Geduld für langwierige Diskussionen im Führungsstab über die Frage, ob Apple seinen Mitarbeitern neben dem normalen auch koffeinfreien Kaffee anbieten sollte. Es ärgerte ihn, dass die Vertriebsleute Mittelklassewagen anstatt Kompaktautos fuhren, und es störte ihn, dass Führungskräfte erster Klasse fliegen durften. Auch schob Scott die Unterzeichnung von Schecks hinaus, die dringend seiner Unterschrift bedurften, um seinen Untergebenen eine Botschaft zu vermitteln und ihnen zu zeigen, wer der Boss war. Die Gartengestaltung stand auf der Liste seiner Prioritäten ebensowenig ganz oben wie Diskussionen darüber, wie viele Quadratmeter die einzelnen Büros haben sollten. Er wollte seinen eigenen Managementstil einführen und verlangte sogar, dass alle Vizepräsidenten ihre Titel aufgaben. Der Stil seiner Memos war abgehackt. Als er beweisen wollte, dass die Zeit des Computers gekommen war, gab er ein knappes Memo heraus, das alle Schreibmaschinen verbannte. Darüber stand in Großbuchstaben: DAS SOLLTEN AM BESTEN ALLE LESEN. Außerdem gab er ein Memo mit folgenden Anweisungen aus: „Keine Unterhaltungen in den Gängen zwischen den Schreibtischen. Keine Unterhaltungen im Stehen."

In den Wochen vor dem schwarzen Mittwoch arbeitete Scott härter als je zuvor. Außerdem behinderte ihn eine schwere Augeninfektion, von der die Ärzte befürchteten, sie könnte ihn blind machen, sodass ihm seine Sekretärin Sherry Livingston die Post laut vorlesen musste. Nachdem Scott den für das Ingenieurwesen zuständigen stellvertretenden Generaldirektor von Apple gebeten hatte, sein Amt niederzulegen, hatte er die Zuständigkeit für das Ingenieurwesen übernommen und versuchte auch, den Rest des Unternehmens zusammenzuhalten. Er begann, finstere Drohungen zu murmeln, sprach davon, „hier mehr Spaß zu haben" und sagte: „Ich werde mich nicht mit Dingen abfinden, die mir nicht gefallen." Er stiefelte durch das Unternehmen, linste über die Trennwände und fragte: „Reißen Sie sich auch den Hintern auf?" Er wies Manager an, während des restlichen Jahres niemanden mehr einzustellen, und er schaffte es, die meisten Menschen, mit denen er in Berührung kam, zu verschrecken und einzuschüchtern. Jean Richardson erinnert sich: „Er konnte dermaßen eiskalt sein. Er lief mehr oder weniger auf den Fluren Amok und sprach mit niemandem." Ein anderer Mitarbeiter dazu: „Man hatte das Gefühl, er könnte jede Minute über den Gang kommen und einen Streit anzetteln."

Einige Mitglieder des Führungsstabs waren von Scotts Verhalten alarmiert, von seiner entschlossenen Entlassung des zweitwichtigsten Betriebsmanagers im Unternehmen und von seiner zeitlich schlecht platzierten Bemerkung, die Entlassungen am schwarzen Mittwoch seien „bloß die erste Runde". Sie begannen mit Flüsterpropaganda. Die Personalchefin Ann Bowers äußerte murmelnd ihre Verachtung für Scott. Mitarbeitern, die er in Besprechungen gedemütigt hatte, schickte sie gefälschte Belobigungen vom Führungsstab mit der Überschrift: „Für Mut und Tapferkeit im Angesicht des Feuers." Selbst ein Angehöriger seines Hofs von Bewunderern gab zu, Scott genieße Machtdemonstrationen „so, wie ein Gorilla seine rohe, ungezügelte Kraft genießt". Markkula wehrte die Beschwerdeanträge, deren Speerspitzen Bowers und Couch waren, stillschweigend ab. Beide hatten sich bei einigen Kollegen den Ruf erworben, schlaue Unternehmenspolitiker zu sein. Jemandem, der sich über die schwierige Zusammenarbeit mit Scott direkt bei Markkula beschwerte, wurde gesagt: „Machen Sie sich darum keine Sorgen. Sie werden hier eine großartige Laufbahn haben. Ich werde das schon machen."

Für Markkula waren Scotts scharfe Kanten eine unangenehme Sache. Als sich die vier Jahre, die er versprochen hatte, Apple zu widmen, ihrem Ende näherten, bewegte sich Markkula schleichend auf den Winterschlaf zu. Im Jahr davor hatte er auf einer Stabsposition gearbeitet, sich längere Urlaubszeiten gegönnt und mehr Zeit mit seiner Familie verbracht. Er ging oft Skilaufen, flog mit seinem neuen Flugzeug gern an Orte wie Sun Valley, und er spielte in seiner Freizeit mit Entwürfen für Ferienhäuser herum. Er bereitete sich auf einen luxuriösen Ruhestand vor. Apple war sogar so weit gegangen, einer Headhunter-Firma 60.000 Dollar für die Suche nach einem Ersatz zu bezahlen. Als sich die Situation bei Apple Anfang 1980 zu klären begann, bat Scott Markkula, das halbe Unternehmen zu leiten. Markkula weigerte sich zuerst, aber schließlich ließ ihm Scotts Verhalten keine andere Wahl. Jobs war weder alt noch erfahren genug, um das Unternehmen zu führen, es gab keinen naheliegenden Kandidaten von außen, der schnell in Bresche springen konnte, und niemand kannte Apple so gut wie Markkula. Also akzeptierte Markkula widerwillig die Tatsache, dass er so lange einem Interregnum vorstehen müsste, bis ein geeigneter Chef für Apple gefunden war.

Scott ahnte nichts von der Flüster-Verschwörung. Als sich die Angelegenheit zuspitzte, verbrachte er ein langes Wochenende auf Hawaii, wo er sich von einer lästigen Nebenhöhlenentzündung erholte. Der Entwicklungen in Cupertino, wo Markkula eine Versammlung des Führungsstabs von Apple einberufen hatte, war er sich überhaupt nicht bewusst. Es war eine seltsame Versammlung, und einige leitende Manager – einschließlich der treuesten Verbündeten von Scott – waren nicht geladen. Markkula ließ mündlich abstimmen und arbeitete sich dabei von Scotts bittersten Feinden rund um den Tisch zu seinen Unterstützern vor. Als Scott aus Hawaii zurückkam, fand er auf seinem Anrufbeantworter die Frage, ob Markkula vorbeikommen und mit ihm reden könne. Diese Unterhaltung endete abrupt, nachdem Markkula gesagt hatte: „Scotty, der Führungsstab hat dafür gestimmt, Deinen Rücktritt zu verlangen." Auf dem Weg zur Tür sagte Markkula, Scott solle sein Rücktrittsgesuch am nächsten Morgen schriftlich vorlegen.

• • •

Keiner der scharfsinnigeren Beteiligten stellte Scotts Beitrag infrage. Er hatte geholfen, innerhalb von 48 Monaten einen Garagenbetrieb mit lauter komplizierten und dickköpfigen Personen in ein börsennotiertes, multinationales Unternehmen mit mehreren Divisionen zu verwandeln, das einen jährlichen Umsatz von rund 300 Millionen Dollar erzielte. So mancher bei Apple dachte, er wäre das Opfer ungerechter Behandlung und einer üblen Verschwörung. Der Hardware-Ingenieur Wendell Sander fand: „Im Rückblick konnte er nicht so gut sein, wie er es mit seiner Voraussicht war." Der Venturecapitalist Don Valentine betrachtete Scotts Unternehmensführung unter den rund 70 Unternehmen, in die er investiert hatte, als die erfolgreichste von allen.

Markkula erklärte dazu, Scotts Entlassung sei „eine Frage des Führungsstils. Scottys Führungsstil ist sehr diktatorisch und war in den frühen Entwicklungsstadien des Unternehmens wirklich gut, und ich hatte gehofft, er würde seinen Stil im Zuge des Wachstums des Unternehmens ändern." Als sich Scott verabschiedete, nahm er auch den Faden der Disziplin mit sich, der sich durch das Unternehmen gezogen hatte – die freudige Bereitschaft, harte Entscheidungen zu fällen, und die Lust daran, Jobs in eine Unternehmenszwangsjacke zu stecken.

Unter den Flüsterern von Apple – welche die Leistungen von Scott nie auch nur annähernd verstanden hatten – machte sich eine oberflächliche Freude breit. Vor Außenstehenden wurde das Ausmaß der Veränderung durch ein nichtssagendes Rundschreiben verschleiert, in dem von einer Umbesetzung die Rede war. Markkula übernahm Scotts Pflichten als Präsident, während Jobs Markkulas Platz als Vorsitzender einnahm. Für Scott blieb Jobs' freigewordener Titel des Vizevorsitzenden übrig. „Was wir beschlossen haben", verkündete das Memo, „ist eine Rotation der Zuständigkeiten an der Spitze der Organisation, um die Fähigkeiten und Energien jedes einzelnen auf neue Art und Weise zu nutzen." Das Memo war so gesichtslos und die Veränderung war so diskret, dass der Venturecapitalist und Direktor Arthur Rock dem Vizepräsidenten für Kommunikation sogar ein Kompliment dazu machte, wie mit den Dingen umgegangen wurde. Nachdem Scott gebeten worden war, zurückzutreten, versuchten Jobs und einige andere, das dadurch wieder gutzumachen, dass sie ihn fragten, ob er die Umstellung zu einem größeren Management-Informationssystem federführend leiten würde. Ein paar Wochen lang blieben die kosmetischen Änderungen bestehen. Scott hielt sogar noch eine Präsentation über Vorschläge für ein neues Computersystem, aber schließlich knickte er ein und schickte einen abschließenden wütenden Brief ab, in dem er seinen Unmut über „Heuchelei, Jasager, tollkühne Pläne, eine Einstellung nach dem Motto ‚Rette deinen Arsch' und den Aufbau von Pfründen" äußerte.

Aber der Abschied war für Scott verheerend. In seinen dunkelsten Momenten dachte er über den Versuch nach, zu belegen, dass man sich seine Autorität zu Unrecht angeeignet hatte, und träumte davon, zu Apple zurückzukehren und alle Vizepräsidenten zu feuern. Rod Holt erkannte das Ausmaß von Scotts Bindung an Apple: „Scotty hatte sein ganzes Leben an Apple Computer geknüpft. Er konnte sonst nirgends hingehen. Scotty arbeitete immer. Das ließ ihm keinen Spielraum für emotionalen Stress, eine Sauftour oder einen Kater."

Obwohl Scott die fünftgrößte Beteiligung an dem Unternehmen besaß, blieb er bei zugezogenen Fenstern in seinem Ranchhaus, das ein paar Minuten Autofahrt von Apple entfernt war. Eine Zeit lang ging er nicht ans Telefon. Wenn ihn jemand besuchte, sagte er zwar, es gehe ihm gut, aber bei einigen Sympathiebekundungen, die bei ihm eintrafen, machte er sich nicht einmal die Mühe, auf sie zu reagieren. Noch Monate danach bekam Scott einen mürrischen Gesichtsausdruck und wurde verdrießlich und lustlos, wenn das Gespräch auf Apple kam. Seine Lebensgeister wurden fast nur dann geweckt, wenn er bewies, dass er immer noch alle Bauteilnummern des Apple II wusste. Aber meistens schlief Scott lange, fütterte seine Katzen, streckte sich auf einer riesigen Couch aus und sah auf einem Bildschirm fern, der an der Decke seines Wohnzimmers aufgehängt war. Er spielte Orgel, hörte Wagner, wimmelte Anrufe von seinem Broker ab und fuhr gelegentlich zu einer Müllkippe in der Nähe, wo er Raketenmodelle aus Kunststoff in den Himmel schoss. Damals sagte er immer wieder: „Apple war mein Baby."

Bei den Leuten, die Scott gut kannten, herrschte eine Mischung aus Verlegenheit, Verzweiflung, Scham und Wut. Markkula nahm ein paar Menschen beiseite und vertraute ihnen an, die Entlassung von Scott sei das Schwerste gewesen, was er je in seinem Leben getan habe, aber Apple könne seine persönlichen Probleme eben nicht tolerieren.

Jobs begriff das Ausmaß von Scotts Demütigung wahrscheinlich besser als alle anderen. Monatelang hatte Jobs eine düstere, geheime, schuldbewusste Befürchtung: „Ich hatte ständig Angst, ich würde einen Anruf bekommen, in dem es hieß, Scotty hätte Selbstmord begangen."

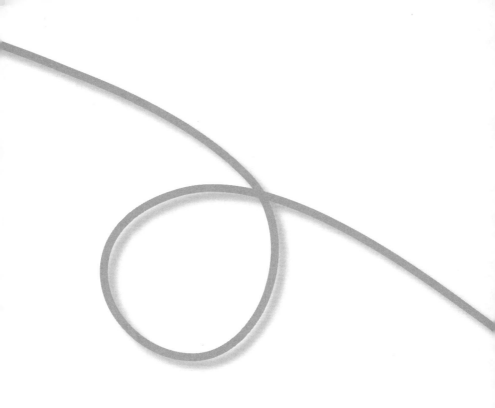

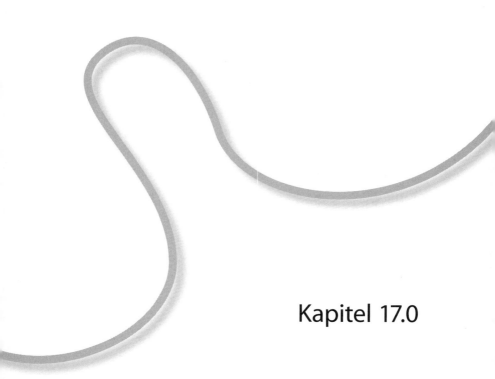

Kapitel 17.0

Die Platin-Kreditkarte.

Wohlstand macht das Leben kompliziert. Bei Apple kamen die Reichtümer schneller, mit größerer Wucht und in größeren Mengen, als sich irgendjemand vorgestellt hatte. Die Summen, die im Spiel waren, waren so verwirrend und außerordentlich, dass sie keine Bedeutung hatten, wenn man sie in Hamburgern, Getränken, Walkie-Talkies und den sonstigen alltäglichen Messlatten des El Camino Real maß. Der Vergleich mit den großen amerikanischen Vermögen lag nahe, aber mit diesem Begriff wurde schon viel Schindluder getrieben. Im letzten Viertel des 20. Jahrhunderts wurden die Apple-Gründer und ein paar Top-Manager, um es in dem plastischen Jargon des Silicon Valley zu sagen, „Zillionäre" – was ein gleichermaßen perverser Kommentar zur Inflation und zur Sprache ist – und ihre Portfolios nahmen ein entschieden arabisches Aroma an. Sie wurden zu jungen Industriemagnaten, bewaffnet mit einem riesigen Vermögen, das sich zumindest auf dem Papier mit den meisten messen konnte, die in den hundert Jahren davor gemacht wurden. Und es waren wahrhaftige Reichtümer, die zu Zeiten, zu denen der Aktienmarkt Apple mit Ehrerbietung behandelte, die sichtbaren Werte des Prince of Wales klein erscheinen ließen, die greifbaren Reichtümer der katholischen Kirche in den Schatten stellten und die meisten amerikanischen Industriekapitäne wie Almosenempfänger aussehen ließen.

Als Jobs, Wozniak und Markkula Anfang 1977 versucht hatten, den Teilen in der Garage und dem Entwurf des Apple II einen Wert beizulegen, hatten sie die Unternehmensmasse auf 5.309 Dollar geschätzt. Als die drei Wagniskapitalgesellschaften ein Jahr später ein paar Anteile kauften, wurde Apple mit drei Millionen Dollar bewertet. Am Neujahrstag 1980, also fast drei Wochen nach Börseneinführung der Apple-Aktien, legte der Markt dem Unternehmen einen Wert von 1,788 Milliarden Dollar bei. Das war mehr als der Wert der Chase Manhattan Bank, der Ford Motor Company oder von Merrill Lynch

Pierce Fenner and Smith, mehr als viermal so viel wie Lockheed und etwa das Doppelte des gemeinsamen Marktwerts von United Airlines, American Airlines und Pan American World Airways.

In den ersten 18 Monaten von Apples Bestehen blieben Geldfragen dank einer Kombination aus Umständen und Gestaltungsfragen im Dunkeln. Der schiere Arbeitsdruck sorgte für ausreichend Zerstreuung, um den Tag zu füllen, und außerdem boten die Finanzmanöver eines kleinen Privatunternehmens spähenden Augen weitaus weniger Gelegenheiten als die sichtbaren Transaktionen eines börsennotierten Unternehmens. Nach der kalifornischen Gesetzgebung unterlagen alle privaten Aktientransaktionen der Genehmigung von Apple – ein Verfahren, das eine gewisse Diskretion garantierte. Neu eingestellte Mitarbeiter sprachen mit Scott und Markkula zwar über die Möglichkeit, Aktien zu kaufen, aber die Einzelheiten blieben gewöhnlich vertraulich. Besonders Markkula hielt die Aktien mit harter Hand zusammen und antwortete Außenstehenden, die sich gelegentlich nach der Möglichkeit erkundigten, eine Anlage zu tätigen, die Aktien seien für die Mitarbeiter gedacht.

Aber nach und nach schlichen sich Gerüchte über Privatverkäufe, Gerede über einen Ingenieur, der eine zweite Hypothek aufgenommen hatte, um sich mehr Aktien zu kaufen, Mutmaßungen über Aktiensplits, Gespräche über Änderungen des Kapitalertragsteuersatzes und Diskussionen über die Vorteile von Treuhandfonds in die alltäglichen Unterhaltungen bei Apple ein, bis sie irgendwann zum Allgemeingut wurden. Der Programmierer Rick Auricchio, der das Unternehmen später verließ, sagte dazu: „Ich habe bei Apple genauso viel über Aktien und Steuern gelernt wie über Computer." Geld war ein heikles Thema, das ein breites Spektrum von Emotionen auslöste.

Die Verteilung von Aktien oder Aktienbezugsrechten wurde zu einem unlösbaren Dilemma und führte in den Augen von Rod Holt „zu einer ordentlichen Menge absolut gerechtfertigter Feindseligkeit". In den ersten paar Jahren wurde bei der Verteilung der diskreten grauen Umschläge, die Aktienbezugsrechte enthielten, allerlei Warnungen ausgesprochen, man solle den Inhalt nicht allzu ernst nehmen. In der Anfangszeit waren manche Empfänger enttäuscht, wenn sie anstatt einer Gehaltserhöhung ein paar Hundert Optionen bekamen. Aber die nackte Macht der Arithmetik beseitigte schließlich jegliche Enttäuschung. Denn nach drei großen Aktiensplits entsprach jede Aktie, die vor April 1979 ausgegeben wurde, 32 Apple-Aktien am Tag des Börsengangs. Dies bedeutete wiederum, dass jeder, der 1.420 sogenannte „Gründeraktien" besessen hatte und sie bis zum Morgen des 12. Dezember 1980 behalten hatte, auf dem Papier eine Million Dollar besaß.

Die meisten der gewichtigeren Neuankömmlinge bekamen aufgrund ihrer früheren Leistungen und von Überlegungen hinsichtlich dessen, was sie möglicherweise für Apple leisten konnten, Aktienbezugsrechte zugeteilt. So mancher gerissene Kandidat machte aus dem Einstellungsgespräch eine Verhandlungsrunde und wartete mit dem Handschlag, bis das Optionsversprechen das seiner Meinung nach angemessene Niveau erreicht hatte. Andere, die der Unternehmenswelt argloser gegenüberstanden, gaben sich mit einem Gehalt und einer Büronische zufrieden. Für Apple war der Optionspool ein mächtiges Einstellungswerkzeug, und die Optionen, die von Zeit zu Zeit verteilt wurden, stellten enorme Anreize dar. Scott machte es besondere Freude, Leuten, die nicht davon überzeugt waren, dass es sich lohnte, bei Apple zu arbeiten, die Aussichten auf Reichtum vor der Nase baumeln zu lassen. Er musste sich Mühe geben, nicht seine Knöchel knacken zu lassen, wenn er den Zauderern mitteilte: „Wir ändern den Lebensstil der Leute massiv."

Als Gerüchte über die eine oder andere Vereinbarung durchsickerten, machte sich Bitterkeit breit. Dabei spielten das Schicksal und ungleich verteiltes Glück sicherlich eine Rolle. Menschen, die im Abstand von wenigen Tagen – allerdings vor und nach einem Aktiensplit – eingestellt worden waren, hatten am Ende deutlich unterschiedliche Summen. Manche Unterschiede resultierten jedoch aus sorgfältiger Berechnung. Apple-Angestellte, die ein Monatsgehalt bezogen, bekamen Aktienbezugsrechte, aber Angestellte, die einen Stundenlohn erhielten, bekamen keine. Es war vorhersehbar, dass dies zu Reibereien führte. In den Labors bekamen beispielsweise die Ingenieure Aktien, während die Techniker, die an ihrer Seite arbeiteten, keine bekamen. Einige gelangten zu der Überzeugung, sie seien Opfer von Ungerechtigkeiten, und sogar solche, denen es gut ging, wie Bruce Tognazzini, nahmen Ungleichheiten wahr: „Die Aktienanzahl, die den Leuten gegeben wurde, hatte nichts mit ihrer Arbeitsfähigkeit zu tun. Sie beruhte ausschließlich auf ihrer Fähigkeit, Aktien zu bekommen." Rod Holt fiel es gelegentlich schwer, seine Wut zu verbergen. „Die Tatsache, dass ein Truthahn mit anderthalb Millionen kein Büro in dem Gebäude verdient hat, ist nur eine Laune des Schicksals."

Daniel Kottke blieb Techniker und bekam vor dem Börsengang des Unternehmens keine einzige Aktie. Holt bot eine gewisse Wiedergutmachung an, indem er Kottke ein paar von seinen eigenen Aktien geben wollte, und er schlug Jobs vor: „Wie wär's, wenn wir beide etwas beisteuern würden? Du gibst ihm Aktien, und ich lege die gleiche Menge drauf." Jobs erwiderte: „Toll! Ich gebe ihm null Aktien." Jobs, der schon immer eine stärkere emotionale Bindung an Apple gehabt hatte als Kottke, war hin- und hergerissen. Zum Teil schmerzte ihn das Ende einer Freundschaft, aber es ärgerte ihn auch zutiefst, dass ihm Kottke nicht genug sichtbare Anerkennung zollte. „Daniel neigt grundsätzlich dazu, seine Beiträge zu überschätzen. Er hat aber nur eine Menge Arbeit geleistet, für die wir irgendjemanden hätten einstellen können, und er hat hier unheimlich viel gelernt."

Bill Fernandez, der erste Mitarbeiter, den Apple eingestellt hatte, war ebenfalls enttäuscht. Er kam später zwar zu Apple zurück, aber 1978 kündigte er. „Ich hatte das Gefühl, dass ich die ganze Dreckarbeit machte und ewig Techniker bleiben würde. Es sah nicht danach aus, dass ich Aktien bekommen würde. Ich fand nicht, dass das Unternehmen mir gegenüber loyal war." Elmer Baum, der Jobs und Wozniak Geld geliehen hatte, als sie die Apple-I-Computer zusammenbauten, wurde mitgeteilt, das Unternehmen könne ihm keine Aktien verkaufen. Chris Espinosa, der damals an der University of California at Berkeley studierte, stand ebenfalls mit leeren Händen da. „Wir haben den amerikanischen Traum nicht gelebt, weil wir zu nett waren, uns einen Teil davon zu krallen. Kottke war zu nett. Fernandez war zu buddhistisch und ich war zu jung. Don Bruener wurde zweimal abgezockt. Er war in der Herstellung und studierte am College. Wir merkten alle zu einem gewissen Grad, dass wir nicht gewichtig genug waren. Wir waren nicht widerlich genug, uns selbst zu Millionären zu machen."

Die Größe der Aktienzuteilungen wurde durch Klatsch und Gerüchte verzerrt dargestellt. Einige prahlten mit der Größe ihrer Beteiligungen, während andere, denen das peinlich war, versuchten, ihre Optionen diskret auszuüben. Wenn frisch eingestellte Manager der mittleren Ebene feststellten, dass ihre Untergebenen weitaus reicher waren als sie, konnten sie ihren Neid schwerlich verbergen. Und Sherry Livingston musste feststellen, dass andere Sekretärinnen, die stundenweise bezahlt wurden, ihr das Leben zunehmend schwer machten, nachdem sie herausgefunden hatten, dass sie Aktien besaß. Eine Buchhalterin, die den Papierkram für die Aktienoptionen erledigte, war wegen der Summen, die im Spiel waren, dermaßen verstört, dass sie das Unternehmen verließ.

•••

Markkula wimmelte zwar Leute ab, deren Job es war, mit Privatunternehmen zu spekulieren, aber für Außenstehende mit guten Kontakten war es sicherlich leichter, Aktien zu bekommen, als für fleißige Arbeitskräfte. Die richtigen Leute zu kennen, in der richtigen Gesellschaft zu essen und die richtigen Anrufe zu platzieren – all das lohnte sich. Die gelegentlich verabredeten Aktienverkäufe spiegelten die Bedeutung persönlicher Kontakte und das klaustrophobische Gemeinschaftsgefühl wider. Die Wagniskapitalgesellschaften, die es schafften, Aktien in die Finger zu bekommen, hatten gewöhnlich schon früher Geschäfte miteinander gemacht, waren es gewohnt, einander Tipps über heiße Deals zukommen zu lassen und wollten unbedingt frühere Gefallen erwidern.

Auch die wenigen Privatpersonen, die Apple-Aktien kauften, bevor das Unternehmen an die Börse ging, hatten die richtigen Freunde. Zum Beispiel verkaufte Wozniak Anfang 1979 Aktien an den in Ägypten geborenen Finanzier Fayez Sarofim, der seit den 1950er-Jahren mit Arthur Rock befreundet war, als beide an der Harvard Business School studiert hatten. Sarofim verwaltete von einem unauffälligen Büro in Houston aus, das mit moderner Kunst dekoriert war, ein Portfolio von gut einer Milliarde Dollar. Wozniak verkaufte auch Richard Kramlich – einem Partner von Rocks Wagniskapitalfirma – und Ann Bowers, der Frau des Vizevorsitzenden von Intel, die später Personalchefin von Apple wurde, Aktien.

Auch als Apple im Sommer 1979 im Rahmen einer Maßnahme, die in der Venturecapital-Gemeinde umgangssprachlich als Mezzanin-Finanzierung bezeichnet wird, 7.273.801 Dollar beschaffte, zahlten sich Kontakte aus. Zu den 16 Käufern, die Aktien zu 10,50 Dollar das Stück erwarben, zählten einige der bekanntesten Wagniskapitalfirmen des Landes, unter anderem die New Yorker Unternehmen LF Rothschild, Unterberg, Towbin und die Brentwood Capital Corporation mit Sitz in Südkalifornien. Ein Name stach dabei heraus: Die Xerox Corporation kaufte 100.000 Aktien, allerdings sagte das Unternehmen zu, nicht mehr als fünf Prozent von Apple zu kaufen. Dank dieses Deals bekam Apple Zugang zu den Forschungslaboratorien von Xerox, aber Scott erinnert sich: „Wir achteten sorgfältig darauf, dass die keine verstohlenen Blicke auf unsere Produktfortschritte werfen konnten." Bei späteren Anlässen wurde der Xerox-Vertreter nicht eingeladen, wenn auf Versammlungen sensible Themen besprochen wurden. Der größte Käufer war jedoch mit 128.600 Aktien Arthur Rocks Freund Fayez Sarofim. Markkula und Jobs verkauften jeweils Aktien im Wert von etwas mehr als einer Million Dollar.

In den zwölf Monaten danach behielt Arthur Rock die Launen des IPO-Marktes genau im Auge, und es waren vor allem seine Meinung und seine Ratschläge, die darüber entschieden, wann sich Apple den Gefahren eines Börsengangs stellen sollte.

Zwar war den meisten schon klar gewesen, dass Apple irgendwann an die Börse gehen würde, aber die Entscheidung zur Aufgabe der relativen Ruhe, die privaten Unternehmen vergönnt war, wurde plötzlich und unerwartet getroffen. Einigen Top-Managern von Apple widerstrebte es etwas, ein börsennotiertes Unternehmen zu leiten. Eine Zeit lang war Jobs von der Vorstellung fasziniert, es der riesigen privaten Baugesellschaft Bechtel aus San Francisco nachzutun. Ihm gefiel der Gedanke, keine Informationen herauszugeben, die Konkurrenten helfen könnten; ein multinationales Unternehmen zu leiten, ohne den Druck von Aktionären aushalten zu müssen; und sich die höhnischen Bemerkungen der Störenfriede zu ersparen, die sich einen Zeitvertreib daraus machen, auf Hauptversammlungen zu erscheinen. Jobs wusste ebenso wie seine Kollegen, welchen Zeitaufwand es bedeutete, die Due Diligence abzuwickeln, die juristischen Arbeiten im Zusammenhang mit der Vorbereitung des Aktienprospekts zu erledigen und die Belastung langwieriger Reisen auf sich zu nehmen, um Bankern und

Investoren in großen Städten Amerikas und Europas die Stärken des Unternehmens zu erläutern.

Michael Scott wollte, dass Apple ohne Hilfe von Außenstehenden zu einem Großunternehmen wuchs, und er beschimpfte ohne Umschweife seine Feindbilder: Anwälte, die seine Handlungsfreiheit einschränkten, Bundesbürokraten, die ihn mit Unterlagen überschwemmen würden, und Journalisten, die nichts anderes tun würden, als seine Gedanken falsch wiederzugeben.

• • •

Von den persönlichen Vorlieben abgesehen gab es für Apple zwingende Gründe, an die Börse zu gehen. Der Markt für Neuemissionen, der in den Jahren nach der Rezession 1973/1974 geschwächelt hatte, wurde im Jahr 1980 wieder etwas munterer. Zum Teil rührte das daher, dass im Jahr 1978 der Höchstsatz der Kapitalertragsteuer von 49 auf 28 Prozent gesenkt worden war. Dies hatte dazu geführt, dass sehr viel mehr Geld in Wagniskapitalfonds floss. Apple hatte es zwar schon vor der Steuersenkung gegeben, aber andere Unternehmen, die langsam aus der Verborgenheit auftauchten, verdankten ihre Existenz zumindest teilweise den Venturecapital-Fonds. Interne Erhebungen bei Apple ergaben außerdem, dass die Anzahl der Aktionäre – aufgrund der Verteilung von Aktienbezugsrechten – bald über 500 steigen würde. Gemäß dem Securities and Exchange Act von 1934 waren alle Unternehmen ab diesem Punkt verpflichtet, öffentliche Berichte einzureichen. Aber vor allen Dingen befand sich Apple in der glücklichen Lage, dass es eigentlich gar keine große Geldspritze brauchte.

Allen Gründern und Managern von Apple war klar, dass der Börsengang ein wesentlicher Teil des Erwachsenwerdens war. Sie hatten je nach Neigung des Sprechers zu hören bekommen, die Aktienemission sei mit einem 21. Geburtstag, mit der Geburt eines Erben, mit der Vermählung einer Tochter oder mit einer Bar-Mizwa vergleichbar.

Als Arthur Rock auf einer Board-Versammlung im August 1980 argumentierte, ein Börsengang sei ein Hindernis, das zu dem einen oder anderen Zeitpunkt bewältigt werden müsse, beschlossen die Apple-Direktoren, auf seinen Rat zu hören. Die Menschen waren eher von dem Zeitpunkt als von der Nachricht an sich überrascht. Fred Hoar, der frisch eingestellte Vizepräsident für Kommunikation, musste eine Pressemitteilung verfassen, noch bevor er einen eigenen Schreibtisch hatte. Unterdessen wurde Regis McKenna gebeten, die Anzeigen zu streichen, die im *Wall Street Journal* geschaltet wurden, um etwaigen Vorwürfen seitens der Securities and Exchange Commission vorzubeugen, die Aktie werde übermäßig beworben.

Die Stärke von Apples Verhandlungsposition schlug sich in der Zahl von Investmentbankern nieder, die an die Tür klopften und versuchten, die Tugenden ihrer Firmen zu verkaufen. Der Börsengang von Apple versprach, einer der größten seit Jahren zu werden, und die Aussicht auf entsprechende Provisionen reichte, um selbst dem seriösesten Investmentbanker das Wasser im Munde zusammenlaufen zu lassen. Die Besucher hinterließen dick wattierte Broschüren. In diesen wurden die Vorzüge gepriesen, die es hätte, den Wert von Apple von ihrer Firma schätzen zu lassen. Außerdem war viel von „anhaltenden Beziehungen", „After Market Support" und „Einzelhandelsgeflechten" die Rede.

Unter anderem sprachen Vertreter der Investment- und Emissionsfirma Hambrecht & Quist aus San Francisco vor, die sich seit rund zehn Jahren auf Investitionen in junge Unternehmen und auf die Zeichnung von Technologie-Aktien spezialisiert hatte. Die Männer von Hambrecht & Quist mussten ungefähr zehn Besuche absolvieren und den Spitzenmanagern sowie den Finanz- und Rechtssachbearbeitern von Apple Präsentationen vorführen, bevor sie schließlich den Zuschlag bekamen. Um den Ruf von Hambrecht & Quist, es gehöre zu den Freigeistern der Investment-Gemeinde, auszubalancieren, sorgte Apple dafür, dass sich das gesetztere New Yorker Bankhaus Morgan Stanley an der Emission beteiligte. Indem Morgan Stanley beschloss, das Geschäft mit Apple zu machen, und vor allen Dingen indem es die gleichen Abrechnungsbedingungen wie eine aufstrebende Investmentfirma akzeptierte, signalisierte es stillschweigend, dass langjährige Loyalitäten neuen Platz gemacht hatten. Morgan Stanley gab seine Verbindungen zu IBM fast umgehend auf und bemühte sich aggressiver um Aufträge von jungen Unternehmen.

Es entwickelte sich eine merkwürdige Beziehung zwischen West und Ost und zwischen den Apple-Managern und den Finanziers. Jobs beklagte, die Banker würden Apple nicht genug Aufmerksamkeit widmen, und vor allem Michael Scott nutzte jede Gelegenheit, die Männer mit den monogrammierten Hemden und den Krawattennadeln zu provozieren. Als die Apple-Manager eingeladen waren, einem Briefing vor Anlegern beizuwohnen, die in Genentech investieren wollten – eine Biotechnologiefirma aus South San Francisco, die sich ebenfalls auf den Börsengang vorbereitete –, erschien Scott in Jeans und mit einem Cowboyhut auf dem Kopf. Er wurde hinausgeschickt und gebeten, sich eine Krawatte kaufen. Zu einem anderen Termin mit den Bankern erschienen er und ein paar andere mit Baseballmützen, schwarzen Armbinden und mit T-Shirts, auf denen in Schablonenschrift stand: The Apple Gang. Manche Banker konnten kaum glauben, dass Scott der Präsident des Unternehmens war, auf das sie so erpicht gewesen waren.

• • •

Nur wenige Aktienbeobachter mussten daran erinnert werden, dass Apple an die Börse ging. In der zweiten Jahreshälfte 1980 erschien der IPO-Markt fast wie eine Neuauflage der Endsechziger, als der Brennpunkt in Beverley Hills an der Kreuzung des Wilshire Boulevard und des Santa Monica Boulevard gelegen hatte. Als der Herbst in den Winter überging, wurde Arthur Rocks Bauchgefühl immer positiver. Als Genentech im Oktober 1980 an die Börse ging, war die Hölle los. Nach Handelsbeginn bei 35 Dollar schnellte die Aktie auf 89 Dollar hinauf und zog sich bis zum Abend wieder auf 71 Dollar zurück. Nach diesem Ereignis breitete sich das Interesse an Neuemissionen aus wie die Schweinegrippe. Zwar verbot es die SEC den Unternehmen, in den Wochen vor dem Börsengang Gewinnprognosen abzugeben oder Werbung für die Aktie zu machen, aber die Zeitschriften und die Zeitungsreporter taten das ihre. Die Publicity, die Apple in den Wochen vor der Aktienemission erfuhr, war die erste breite landesweite Publicity, die das Unternehmen je bekommen hatte. Zum Teil lag es an der voraussichtlichen Größe der Emission, aber es war auch der späte Lohn dafür, dass Apple in den Jahren davor die Presse umschmeichelt, mit ihr geflirtet und gespielt hatte.

Apple wurde von Investmentanalysten und Portfolioberatern angepriesen, von Marktschreiern, die von Tipps lebten, und von den Verfassern von Aktienführern und Börsenbriefen, Handbüchern und Beratungskolumnen. Das *Wall Street Journal* meldete: „Jeder, der mit heißen Neuemissionen spekuliert, will einen Bissen von Apple – Apple Computer Inc. – abhaben, aber die meisten können von Glück sagen, wenn sie ein bisschen davon bekommen." Die potenziellen Investoren kamen aus allen Löchern hervorgekrochen. Unter den Briefen, die in dem Büro von Hambrecht & Quist in San Francisco säckeweise eingingen, befand sich auch die Bitte eines siebenjährigen Jungen um Aktien.

Auch begannen in den Wochen vor dem Börsengang von Apple die Telefone in Cupertino erschreckend häufig zu klingeln. Die Anrufer wollten wissen, wo sie Aktien kaufen könnten oder wann wieder ein Split durchgeführt werden würde. In Computerläden, in denen Wozniak bekanntermaßen verkehrte, lauerten Fremde, und sowohl er als auch Jobs bekamen Anrufe von Leuten, mit denen sie seit Jahren nicht mehr gesprochen hatten. Schulfreunde, entfernte Cousins und sogar die Baufirmen, die an ihren Häusern gearbeitet hatten, fragten sich, ob sie wohl ein paar Aktien in die Finger bekommen könnten. Andere Großaktionäre von Apple organisierten Privatverkäufe an britische Investmentfonds und Investmentgesellschaften, an Technologiefonds mit Sitz in der Karibik, an den Pensionsfonds von Hewlett-Packard und an Menschen, die entweder von allein auf Apple gekommen waren oder die Betriebskonten bei den Emissionshäusern hatten. Zu den hartnäckigsten Anrufern gehörten professionelle Investoren, die Apple zu der Liste von Coups hinzufügen wollten, an denen sie in den letzten Jahrzehnten beteiligt gewesen waren. Charlie Finley, der umstrittene Besitzer der Baseballmannschaft Oakland Athletics, vereinbarte mit vier Führungskräften einen Verkauf trotz der Einwände von Arthur Rock und verklagte sie später, weil er mit dem Preis nicht zufrieden war. Auch den Ärzten, Zahnärzten und Anwälten einiger Apple-Aktionäre gelang es, ein paar Aktien zu bekommen. Ein Berater aus Beverly Hills, der Aktien gekauft hatte, erklärte dazu, ihm sei Apple daher vertraut, dass er einen Workshop gehalten habe, „in dem das Management des Unternehmens in effektiver Kommunikation geschult wurde".

In den Maklerbüros löste die Aussicht auf den Börsengang einen Kaufrausch aus. Ein Kunde einer Firma aus San Jose bot an, im Austausch gegen 3.000 Apple-Aktien ein Konto mit einer Million Dollar zu eröffnen. Im ganzen Land warfen Broker ihre Namen in Hüte, um ein paar Aktien für ihre Lieblingskunden zu bekommen. Ein Analyst von Merrill Lynch sagte dazu: „Sogar mein Bruder, der nur in Aktien investiert, wenn der 29. Februar auf einen Dienstag fällt, rief mich an und fragte mich, was ich über Apple Computer wusste." Ein Analyst von Detroit Bank and Trust bemerkte: „Man kann getrost sagen, dass es jeder schafft, etwas Geld zu beschaffen, um Apple-Aktien zu kaufen." Ein anderer kommentierte das Tamtam und die Meldung, dass ein Computergeschäft vorhabe, an die Börse zu gehen, mit der trockenen Vorhersage, dass bald ein paar Besitzer von Apple-II-Computern versuchen würden, Aktien auszugeben. Apple-Mitarbeiter stellten fest, dass schon die geflüsterte Erwähnung des Unternehmens knisternde Aufmerksamkeit erregte. Ein junger Mann merkte, dass Börsenmakler an jedem seiner Worte hingen, obwohl er noch nach seinem Ausweis gefragt wurde, wenn er in eine Kneipe ging. Er kam zu dem Schluss, der Besitz von Apple-Aktien sei, „wie wenn man eine American-Express-Karte aus Platin hat".

Das Fieber verschärfte aber auch die Abneigungen und Eifersüchteleien, die sich bei Apple aufgebaut hatten. Wozniak dachte sich einen eigenen Plan aus, mit dem er versuchte, die einseitige Aktienverteilung zu korrigieren. Er beschloss, einen Teil seiner eigenen Beteiligungen an Kollegen zu verkaufen, die entweder nicht bekommen hatten, was ihnen zustand, oder die gebrochenen Versprechen zum Opfer gefallen waren. Der „Woz-Plan", wie er schon bald genannt wurde, löste einen kleinen Tumult aus. Fast drei Dutzend Menschen heimsten fast 80.000 Aktien ein, die Wozniak laut Unterlagen für 7,50 Dollar das Stück abgab. Auf die formellen Fragen des California Commissioner of Corporations erläuterten die Käufer ihre Vermögensumstände und wie sie von der Emission erfahren hatten. William Budge offenbarte zum Beispiel: „Der Betrag der geplanten Investition beträgt mehr als zehn Prozent meines Vermögens und meines Jahreseinkommens." Jonathan Eddy enthüllte, dass ihn seine persönliche Anlageberaterin zu dem Kauf gedrängt hatte. „Sie hat selbst welche." Ein paar von ihnen, unter anderem Timothy Good, griffen auf den vertrauten Jargon zurück: „Ich habe mich mit mehreren Verantwortlichen auf professioneller Ebene kurzgeschlossen." Lewis Infeld sagte, er habe von der Gelegenheit „per Mundpropaganda an meinem Arbeitsplatz" gehört. Andere, zum Beispiel Wayne Rosing, bekannten unverblümt: „Ich bin alleinstehend, habe keine Schulden, und mein Vermögen und meine Versicherungen reichen bei Weitem für die Befriedigung meiner Bedürfnisse." Indes verkaufte Wozniak weitere 25.000 Aktien an Steven Vidovich, den Bauträger des DeAnza Racquet Club, bei dem Apple eine Firmenmitgliedschaft hatte: „Da die Gründer Freunde von mir waren, hatte ich durchblicken lassen, dass ich am Kauf von Aktien interessiert wäre, wenn irgendwann welche verfügbar würden." Jobs beobachtete die Fortschritte des Woz-Plans und die Privatverkäufe von Wozniak und kam zu dem Schluss, dass sein Partner „am Ende nur den falschen Leuten Aktien gegeben hat. Woz konnte nicht Nein sagen. Viele Leute haben ihn ausgenutzt."

• • •

Jobs wurde indes von privaten Sorgen geplagt, ausgelöst davon, dass seine Highschool-Flamme Nancy Rogers eine Tochter zur Welt gebracht hatte. Das Kind wurde im Mai 1978 auf Robert Friedlands Farm geboren und Rogers war überzeugt, dass Jobs der Vater war. Jobs kam ein paar Tage nach der Geburt auf die Farm und half Rogers, einen Namen für das Töchterchen auszusuchen. Sie nannten sie Lisa. Nach der Geburt gingen Jobs und Rogers getrennte Wege, und Letztere unterhielt sich und das Kind mit dem Verdienst aus diversen Kellner- und Putzjobs. Schließlich bat sie Jobs um eine Ausgleichszahlung von 20.000 Dollar. Markkula, der fand, dass das zu wenig war, schlug vor, Jobs sollte 80.000 Dollar bezahlen. Jobs erhob Einspruch und bestand darauf, er sei nicht Lisas Vater. Jobs war absolut überzeugt, nichts mit dem Kind zu tun zu haben, und stellte die freiwilligen Unterhaltszahlungen dreimal ein. „Immer, wenn wir einen Anwalt ins Spiel brachten", so Rogers' Vater, „fing er wieder an zu bezahlen."
Im Mai 1979 stimmte Jobs zur Verblüffung der Familie Rogers einem Bluttest zur Feststellung der Vaterschaft zu. Die Analyse, die von der chirurgischen Abteilung der University of California in Los Angeles

durchgeführt wurde, ergab: „Die Wahrscheinlichkeit der Vaterschaft von Jobs, Steve [...] beträgt 94,41 Prozent." Jobs ließ sich von dem Beweismaterial nicht beeindrucken und behauptete, aufgrund von Launen der Statistik könnten „28 Prozent der männlichen Bevölkerung der Vereinigten Staaten der Vater sein". Schließlich stellte er sich dieser für ihn enorm schmerzlichen Angelegenheit und stimmte einem gerichtlich verordneten Arrangement zu: „Ich habe das beigelegt, weil wir an die Börse gingen und weil das tonnenweise emotionale Energie verzehrte. Ich musste das lösen. Ich wollte nicht auf zehn Millionen Dollar verklagt werden." Einen Monat vor dem Börsengang von Apple stimmte Jobs zu, ab sofort 385 Dollar Kindesunterhalt an Rogers zu bezahlen, die Kosten für die Kranken- und Zahnversicherung des Kindes zu tragen und außerdem dem County San Mateo die 5.856 Dollar zu erstatten, die es an Beihilfe für das Baby bezahlt hatte.

• • •

Während Jobs mit seinen persönlichen Problemen kämpfte, nahm das Interesse der Außenwelt an Apple weiter zu. Alle standen unter Dampf, was den Aktienkurs immer weiter in die Höhe trieb. Bei Apple wurde der endgültige Preis zum Anlass heimlicher Wetten und heißer Spekulationen. Der Preis kletterte so steil, dass der Wirtschaftsminister von Massachusetts den Bürgern seines Staates eine Zeit lang den Kauf der Aktie verbot, weil Apple gegen staatliche Regulierungen verstieß, die verlangten, dass der Buchwert eines Unternehmens mindestens 20 Prozent seines Marktwerts betrug. In der ersten Augustwoche 1980 kaufte Hambrecht & Quist (der Apple-Direktor und Investor Arthur Rock war stiller Teilhaber des Unternehmens) 40.000 Aktien für 5,44 Dollar pro Stück. Als am 6. November der erste Aktienprospekt von Apple veröffentlicht wurde, wurde erwartet, dass der Preis der Aktie zwischen 14 und 17 Dollar liegen würde. Sogar noch am Morgen des 12. Dezember 1980, also des Tages, an dem Apple schließlich an die

Börse ging und als die Aktie mit 22 Dollar bewertet wurde, gab es Anzeichen dafür, dass der Preis zu niedrig war, denn am ersten Handelstag schloss die Aktie auf 29 Dollar.

Bei Apple wurde der Tag des Börsengangs zum inoffiziellen Feiertag. Von den 237 Unternehmen, die 1980 an die Börse gingen, war Apple nämlich mit Abstand das größte. Es wurde der größte Börsengang seit der Erstemission der Ford Motor Company im Jahr 1956. Die Telefonistinnen von Apple mussten feststellen, dass sich einige Anrufer beschwerten, weil ihnen der konkrete Tag des Börsengangs nicht mitgeteilt worden war.

Im ganzen Unternehmen waren Computer an den Dow-Jones-Ticker angeschlossen und so programmiert, dass sie alle paar Minuten den Aktienkurs ausgaben. Es wurde schon vorzeitig gefeiert, als ein paar Geräte begannen, die Kurse eines Unternehmens mit der Abkürzung APPL auszuspucken, das Symbol für Apple ist allerdings AAPL. Ein paar Leute wollten mitten auf der Straße zwischen den Hauptgebäuden von Apple eine Thermometer-Attrappe aufstellen. Sie erwarteten einen Preisanstieg und wollten Kerben in den Stamm schlagen. Die kühleren Köpfe behielten allerdings die Oberhand.

Michael Scott war per Telefonlautsprecher mit dem New Yorker Büro von Morgan Stanley verbunden, und am Ende des Handelstages schaffte er mehrere Kisten Champagner herbei, um die 82,8 Millionen Dollar zu feiern, um die sich der Kassenstand von Apple erhöht hatte. Robert Noyce, der Vizevorsitzende von Intel, Miterfinder des integrierten Schaltkreises und Ehemann der Personalchefin von Apple, war bei der kleinen Feier auch dabei. Jef Raskin betrachtete die anderen Gäste und stellte fest: „Alle Anwesenden waren Millionäre. Es war nicht zu verkennen, dass sich die Welt verwandelt hatte. Ich hatte so etwas noch nie erlebt."

• • •

Es war nur natürlich, überwältigt zu sein, weil es so wenige Präzedenzfälle gab. Man hätte das Buchvermögen einiger Personen Ende Dezember 1980 in Uran ätzen sollen. Jobs 15-prozentige Beteiligung an dem Unternehmen war 256,4 Millionen Dollar wert, Markkulas 239 Millionen, Wozniaks 135,6 Millionen und Scotts 95,5 Millionen Dollar. Der Teledyne-Chef Henry Singleton hatte eine 2,4-prozentige Beteiligung an Apple, die 40,8 Millionen Dollar wert war. Auch die Anlagen der Wagniskapitalgeber waren ganz langsam gestiegen. Die anfänglichen 300.000 Dollar von Venrock und die beiden späteren Investments waren auf 129,3 Millionen Dollar angewachsen und Arthur Rocks Anteil von 57.600 Dollar hatte sich in 21,8 Millionen Dollar verwandelt.

Rod Holt stellte indes fest, dass er auf 67 Millionen Dollar saß, Gene Carter auf 23,1 Millionen und John Couch, der Leiter der Lisa-Abteilung, auf 13,6 Millionen Dollar. Thomas Whitney, der Leiter der Ingenieursabteilung, der sich höflich ausgedrückt „zwei Wochen Urlaub genommen hatte" und den Markkula untypischerweise im Privaten als „Burnout-Fall" abtat, stellte fest, dass sich seine 26 Monate bei Apple in einen Aktienberg verwandelt hatten, der 48,9 Millionen Dollar wert war. Wozniaks erste Frau Alice Robertson entdeckte, dass ihr Anteil an der Trennungsabfindung 42,4 Millionen Dollar wert war, aber trotzdem beschwerte sie sich später, sie sei über den Tisch gezogen worden.

Es gab nach dem Börsengang noch weitere Komplikationen. Einige Führungskräfte, deren Namen und Aktienbeteiligungen in dem offiziellen Prospekt und in Zeitungsberichten enthüllt worden waren, begannen sich Sorgen zu machen. Sie bauten zusätzliche Zäune um ihre Häuser, kauften sich schnellere Autos, installierten ausgeklügelte Sicherheitssysteme und spöttelten über die Möglichkeit, dass jemand versuchen könnte, ihre Kinder zu entführen. Leslie Wozniak, die von

ihrem Bruder einige Aktien bekommen hatte, gab ihre Arbeit als Druckergesellin auf und war überwältigt. „Es fiel mir schwer zu entscheiden, was ich mit meinem Leben anfangen sollte. Jeder Lottogewinner sollte ein Jahr lang eine kostenlose Therapie bekommen."
Die Apple-Mitarbeiter merkten, dass sie aufgrund gesetzlicher Beschränkungen ihre Aktien nicht so schnell verkaufen durften, wie sie gehofft hatten. Andere warteten, bis sie ihre dreijährigen Optionen flüssig machen konnten, und setzten sich dann zur Ruhe, während sich viele besorgt fragten, wann wohl der beste Zeitpunkt für einen Verkauf wäre. Nicht wenige flogen sogar an dem Tag, an dem die Steuererklärung 1980 fällig gewesen wäre, ins kanadische Vancouver, um eine Verlängerung der Abgabefrist zu erwirken. Der Programmierer Bill Atkinson beschwerte sich: „Manche Leute verbrachten die Hälfte ihrer Wachzeit damit, ihre Aktienbezugsrechte zu zählen. Wer seine Aktien irgendwann verkaufte, stellte fest, dass der Besitz als eine Frage der Loyalität betrachtet wurde. Als Jef Raskin seine Beteiligung verkaufte, bezichtigte ihn Jobs des Verrats. Raskin konterte: „Ich wollte nicht jeden Tag die Zeitung aufschlagen und nachsehen müssen, wie viel Geld ich habe." Dem Unternehmen Apple fiel es jetzt schwerer, Mitarbeiter anzuwerben, weil es sie nicht mehr so einfach reich machen konnte wie vor dem Börsengang. Diagramme, die jeden Schluckauf und jeden Ruck des Aktienkurses darstellten, wurden außen an die Bürozellen geheftet und wirkten sich spürbar auf die Arbeitsmoral aus. Wenn die Aktien fielen, verschwanden die Diagramme. Bruce Tognazzini gestand: „Ein Jahr lang war ich total daneben, weil meine Stimmung komplett an den Dow Jones gebunden war."
Bei Jobs, Wozniak und den anderen Hauptnutznießern des Wohlstands, den Apple geschaffen hatte, zeigte sich, dass die Vorzüge eher mechanischer als emotionaler Natur waren. Sie und andere lernten, dass Reichtum und die Aussicht auf Freizeit kein sofortiges Glück bedeuteten und dass sie in gewissem Maße alles durcheinanderbrachten.

Jobs und Wozniak bekamen Dankesbriefe für das, was sie geschaffen hatten. Manchmal enthielten die Umschläge Fotos von Häusern, auf denen zum Beispiel stand: „Das ist das Haus, das Apple gebaut hat." Außerdem war der Firmenparkplatz inzwischen mit Mercedessen und Porsches übersät.

Ein paar von den Reicheren tätigten größere Anschaffungen. Alice Robertson kaufte Eigentumswohnungen und einen goldfarbenen Mercedes, den sie mit dem Wunschkennzeichen „24 CARAT" dekorierte. Rod Holt begann, Regatten zu segeln, bestellte eine Jacht und ließ ein großes Apple-Logo auf eines der Segel nähen. Markkula ging in die Luft, kaufte einen gebrauchten Learjet, ließ ihn umlackieren, mit einer Stereoanlage, einem Videoplayer und einem Apple II ausrüsten, stellte ihn in San Jose unter dem Unternehmensnamen ACM Aviation in einen Hangar, engagierte zwei Piloten und flog damit zu seinem Wochenendhaus am Ufer des Lake Tahoe.

Jobs hatte zunächst vor, sich den Jet mit Markkula zu teilen, beschloss dann aber, dass das zu protzig wäre, und entschied sich für ein Leben in teurer Sparsamkeit: „Die Dinge, die man sich kaufen kann, gehen einem ziemlich schnell aus." Er wusste nicht recht, ob er peinlich berührt oder verschämt stolz darauf sein sollte, dass er und Markkula beim Abendessen eine Flasche Sauterne für 200 Dollar getrunken hatten, oder dass er die nötigen Mittel hatte, sich zu überlegen (auch wenn er es nie tat), eine ganzseitige Anzeige in *Le Monde* zu schalten, um eine Frau aufzuspüren, die er in Paris flüchtig kennengelernt hatte, die aber zum Rendezvous nicht erschienen war. Er merkte, dass der Reichtum und die Bekanntheit, die er nach sich zog, die Türen zu einer größeren Bühne öffneten. Jetzt gingen Einladungen zu Dinnerpartys ein, Politiker baten um Spenden, wohltätige Organisationen mit unbekannten Namen schickten Spendenbitten, und als er gebeten wurde, Vorträge oder Reden zu halten, wurde Jobs immer geschliffener. Inzwischen führten ihn die Geschäfte in die ganze Welt, und er fand

Großstädte wie Paris und New York unterhaltsamer als Cupertino oder Sunnyvale. Auch seine Garderobe wurde weltläufiger. Die Jeans wurde durch elegant geschnittene zweiteilige Anzüge des Herrenausstatters Wilkes Bashford aus San Francisco ersetzt.

Als der Zeitungskolumnist Herb Caen aus San Francisco in seiner charakteristischen Art einen Nerv traf und Cupertino als Computertino bezeichnete, muss Jobs wohl einer der Gründe dafür gewesen sein. Bevor Apple an die Börse ging, kaufte der junge Herrscher von Computertino ein ruhiges Haus in den Hügeln von Los Gatos, das er etwa drei Jahre lang mit einer Freundin teilte, die früher bei der Agentur Regis McKenna gearbeitet hatte. Dort verlange er von den Baufirmen die gleiche Qualitätsarbeit wie bei Apple. Aber er war zu beschäftigt, um seine gesamte Energie in das Haus zu stecken. Darum blieb es leer an Möbeln und voller Echos.

Als seine Freundin auszog, wurde es zum Heim einer einsamen Seele. So ziemlich der einzige möblierte Raum war die Küche, die im französischen Landhausstil gehalten war, allerdings mit Messern von Henckels und einer Kaffeemaschine von Braun. Im Schlafzimmer fanden sich ein Apple II, eine Matratze und eine Kommode, auf der eine bunt gemischte Fotosammlung stand: Der Guru Neem Karolie Baba, der ehemalige Gouverneur von Kalifornien Jerry Brown und Albert Einstein. In einem anderen Zimmer stand ein halb gefülltes Anwaltsbücherregal neben Schachteln mit Hemden, die aus der Reinigung zurückgekommen waren. Auf dem Boden eines Zimmers im Erdgeschoss waren Baupläne verstreut. Es gab weder Sessel noch ein Sofa. Draußen in der Einfahrt löste ein Mercedes die vielen verbeulten alten Autos ab, und er fuhr gern mit seinen Händen die glatten, eleganten Linien entlang und versprach den Leuten, dass die Computer von Apple eines Tages genauso elegant aussehen würden. Er kaufte sich eine BMW R-60, mit der er manchmal durch die Hügel fuhr, und ein Gemälde von Maxfield Parrish. Zusammen mit Robert Friedland kaufte Jobs etwas Land im pazifischen Nordwesten und half bei der Finanzierung der SEVA, einer Organisation, die sich dem Kampf gegen die Blindheit in Nepal verschrieben hatte.

Aber er war viel zu introspektiv, um den Wohlstand genießen zu können. Er machte sich um gewisse Konsequenzen Sorgen, bat seine Eltern, die Apple-Aufkleber an ihren Autos zu entfernen, fragte sich, wie er ihnen Geld geben könnte, ohne ihre Welt auf den Kopf zu stellen, befürchtete, dass ihn Frauen nur wegen seines Reichtums mögen könnten, und er wusste, dass seine Freunde von ihm erwarteten, dass er sein Vermögen sinnvoll verwenden würde. Er war – Mitte Zwanzig – zu einer digitalen Version von Scott Fitzgeralds Monroe Stahr geworden.

• • •

Wozniak schien entschlossen zu sein, den Rat von Samuel Johnson zu befolgen, es sei besser, reich zu leben als reich zu sterben. Er ging mit seinem Vermögen stets lauter, protziger und lockerer um. Als Student und als Ingenieur hatte er seine Finanzangelegenheiten immer aufs Geratewohl geregelt, und als er reich wurde, änderte sich daran nichts. Er konnte nie Belege sammeln, holte sich monatelang keine Finanzberatung und gab seine Steuererklärung gewohnheitsmäßig zu spät ab. Wozniak wurde ein zugänglicher Teddybär und ein Softie. Wenn ihn Freunde, Bekannte oder Fremde um ein Darlehen baten, stellte er oft auf der Stelle einen Scheck aus.

Im Gegensatz zu Jobs, der seine Gründeraktien sorgfältig hütete, verteilte Wozniak einige von seinen. Er gab seinen Eltern, seiner Schwester und seinem Bruder Aktien im Wert von vier Millionen Dollar und Freunden welche im Wert von zwei Millionen. Er investierte in einige Start-up-Unternehmen, kaufte einen Porsche und befestigte die Nummernschilder APPLE II an dem Auto. Sein Vater fand im Auto seines Sohnes verstreut nicht eingelöste Schecks im Wert von 250.000 Dollar und sagte über ihn: „Jemand wie er sollte nicht so viel Geld haben." Nachdem sich Wozniak schließlich dazu durchgerungen hatte, sich in Finanzfragen beraten zu lassen, verkündete er bei Apple eines Tages: „Mein Anwalt hat gesagt, ich soll diversifizieren, und deshalb habe ich mir gerade ein Kino gekauft." Aber selbst das erwies sich als kompliziertes Unterfangen. Das Kino, das in einem Latinoviertel im Osten von San Jose lag, löste heftige Proteste seitens der Gemeinde aus, nachdem es den Gang-Film *The Warriors* gezeigt hatte. Wozniak ging zu einigen Gemeindeversammlungen, hörte sich die Sorgen der Kommunalpolitiker an, versprach, dass sein Kino weder gewalttätige noch pornografische Filme zeigen würde, und gemeinsam mit Wigginton verbrachte er einige Nachmittage in dem leeren, dunklen Kino, um Filme zu prüfen und Zensor zu spielen.

Ein paar Monate vor dem Börsengang von Apple hatte Wozniak angefangen, zu fliegen. Er kaufte sich eine einmotorige Beachcraft Bonanza und setzte acht Wochen vor dem Börsengang beinahe die zweite Hälfte von Samuel Johnsons Spruch um. Zusammen mit Candi Clark, der Tochter eines kalifornischen Bauunternehmers, die er bei einer Wasserpistolenschlacht bei Apple kennengelernt hatte und die im Begriff stand, seine zweite Frau zu werden, brach Wozniak zu einem Wochenendausflug im Flugzeug auf. In Begleitung eines anderen Pärchens wollten sie nach Südkalifornien fliegen, um Wozniaks Eheringe abzuholen. Vor dem Abflug auf dem Flughafen von Scotts Valley in den Santa Cruz Mountains war Wozniak nervös. Er klagte über Störungen im Kopfhörer, und seine Gefährten waren ebenso beunruhigt. Ihr ungutes Gefühl war begründet. Als das Flugzeug von der Startbahn abgehoben hatte, stieg es gut 15 Meter in die Luft, setzte wieder auf, hüpfte mehrmals, bäumte sich steil auf, knatterte durch zwei Stacheldrahtzäune, torkelte eine Böschung hinauf und stoppte rund 80 Meter vor einer Rollschuhbahn, auf der es vor Teenagern wimmelte, mit der Nase auf dem Boden. Ein Börsenmakler aus San

Francisco, der an den Schauplatz kam, schaltete die Zündung des Flugzeugs aus und fand Wozniak zusammengesunken im Schoß seiner Verlobten.

Eine Untersuchung des National Transportation Safety Board ergab keine Hinweise auf technisches Versagen. Indes wurden die vier Opfer ärztlich untersucht. Wozniak hatte sich die Oberlippe durchgebissen, einen Zahn ausgeschlagen, die rechte Augenhöhle gebrochen, er sah doppelt und litt unter Gedächtnisverlust. Bei seiner Verlobten mussten Schnitte im Gesicht durch eine kosmetische Operation retuschiert werden. Wozniaks Unfall sorgte für dramatische Schlagzeilen in den Lokalzeitungen: „Computermanager in Flugzeugunglück verwickelt", „Apple-Manager außer Lebensgefahr". Für die Tage nach dem Unfall mietete Jobs eine Limousine, die Wozniaks Eltern zum Krankenhaus El Camino und zurück fuhr. Dort wurde Wozniak in seinem Bett rasend, er verweigerte die Nahrungsaufnahme und sagte, der Staat wolle das Krankenhaus in die Luft sprengen und ihm sein ganzes Geld abnehmen. Seine Ärzte waren sich zwar uneinig, aber sieben Tage nach dem Unfall wurde Wozniak entlassen und sechs Monate später bestellte er eine funkelnagelneue Beachcraft Bonanza.

„Er will jetzt keine Fotos."
– ANGESTELLTE DER WERBEAGENTUR REGIS MCKENNA

Der Aufenthaltsraum des Wohnheims an der Stanford University sah aus wie der schlecht beleuchtete Schauplatz eines Schauerromans aus dem 19. Jahrhundert. Über den Heizkörpern wölbten sich Sockel aus Marmorimitat und vergoldete Kronleuchter warfen gelbliche Schatten an eine mintgrün gestrichene Decke. Herbstlich kahle Zweige strichen in der windigen Dämmerung über die Fensterscheiben. Etwa hundert Erstsemester, von denen die meisten anscheinend ernstlich einen Abschluss anstrebten, hatten diverse bequeme Haltungen eingenommen. Ein paar von ihnen fummelten an kleinen Kassettenrekordern herum. Sie waren gekommen, um Steve Jobs zuzuhören. Von der Zwanglosigkeit ausgenommen waren die drei Frauen von der Werbeagentur Regis McKenna, die am hinteren Ende des Raums saßen. Sie waren an der Auswahl für die Einladungen dieser Studenten aus den rund zwei Dutzend Anfragen beteiligt gewesen, die Jobs jede Woche bekam. Die jüngste der drei war Jobs zwar noch nie begegnet, wachte ihn jedoch mit eheähnlicher Vertraulichkeit über ihn und fuhr eine Zeitschriftenfotografin an: „Er ist nicht so gut gelaunt. Er will jetzt keine Fotos."

Für die Studenten war der Vorsitzende von Apple Computer eine willkommene Abwechslung von den vertrauten College-Administratoren und Professoren, die ihnen bei den vorangegangenen Anlässen vorgesetzt worden waren. Jobs trug ein formell-neutrales, gut geschnittenes Baumwoll-Sportsakko und Jeans: Brust eingekleidet von dem Konfektionsgeschäft Wilkes Bashford aus San Francisco, Beine von Levi Strauss. Während ein Student ein paar einführende Bemerkungen machte, schälte sich Jobs aus seiner Jacke, zog ein paar abgetragene Cord-Stiefel aus, die ein Paar Rautensocken entblößten, und nahm auf einem Kaffeetisch die Lotusposition ein.

Die Studenten schienen ein wenig eingeschüchtert zu sein, aber die Fragen, die gestellt wurden, machten schnell deutlich, dass der Untersuchungsgegenstand sich in ihren Augen nicht wesentlich von einem Apple-Computer unterschied. Jobs nutzte die Fragen als Anlass für eine verführerische Rede, die er mit minimalen Abwandlungen als Standardvortrag für Zeitschriftenredakteure, Kongressausschüsse, Behörden, Business-School-Studenten, Elektronikmessen, Politiker und Gastwissenschaftler benutzte. Sie erklärte zum Teil, weshalb Apple so populär war und wieso es Jobs ein paar Monate zuvor auf den Titel von *Time* geschafft hatte. Die Rede war eine Kreuzung aus technischer Bekehrung und Unternehmenswerbung, und Jobs jonglierte eifrig mit den Rollen des Standartenträgers und des Werbeträgers für sein Unternehmen.

Er erzählte, wie es mit Apple losgegangen war: „Als wir mit Apple starteten, haben wir den ersten Computer deshalb gebaut, weil wir einen haben wollten." Jobs fuhr fort: „Dann haben wir diesen irren neuen Computer mit Farbe und einem ganzen Haufen anderer Dinge konstruiert, den Apple II, von dem Ihr wahrscheinlich schon gehört habt." Er setzte hinzu: „Wir waren leidenschaftlich auf etwas ganz Einfaches aus, nämlich unseren Freunden einen Haufen Computer zu verschaffen, damit sie genauso viel Spaß haben könnten wie wir."

Plötzlich leuchtete das Blitzgerät der Zeitschriften-Fotografin auf, und Jobs fragte: „Was war denn das?" Damit löste er wieherndes Gelächter aus. Die Fotografin war neben einer Säule in die Hocke gegangen und hob ihre Kamera. Jobs hielt inne, starrte in das Objektiv, sagte „Hi!" und die Fragen hörten auf. Als sie wieder einsetzten, wollte ein Student wissen, wann die Aktie des Unternehmens steigen würde. „Darüber kann ich nicht reden", sagte Jobs zurückhaltend. Er erklärte, er hoffe, dass Apple eines Tages eine halbe Million Computer im Monat verkaufen würde. „Einen Computer zu benutzen ist immer noch ganz schön nervig." Er erzählte den Studenten von dem Lisa-Computer des Unternehmens, offenbarte ihnen seinen Traum, einen Computer in ein Buch zu packen, und versprach: „Wir werden keinen Müll in ein Buch stecken, weil das schon unsere Konkurrenten tun werden."

Dann erzählte er den Studenten von seinem Plan, allen Highschools des Landes einen Computer zu schenken. Zyniker argwöhnten, das sei ein eiskalter Werbetrick, um Generationen von Apple-Nutzern zu produzieren, aber am Anfang war es eine romantische Geste gewesen. Offiziell hieß dieser Plan „The Technology Educations Act of 1982", aber bei Apple war daraus das „Kids Can't Wait"-Programm geworden, das Jobs' Ungeduld bei der Erledigung von Dingen widerspiegelte.

Bei seinem ersten ernsthaften Ausflug hatte er monatelang Kongressabgeordnete bearbeitet und auf eine Änderung der Steuergesetzgebung gehofft, die Unternehmen für Computerspenden an Schulen die gleichen Erleichterungen gewähren würde, die sie bekamen, wenn sie an Universitäten spendeten. Jobs hatte vor Senatoren und Kongressabgeordneten eine 20-minütige Standardrede gehalten, aber die Reagan-Administration war nicht bereit gewesen, die Steuergesetze für Sonderfälle zu ändern. Als die Studenten wissen wollten, was aus diesem Plan geworden war, für den so viel Werbung gemacht wurde, verkündete Jobs, Apple sei nicht bereit, die geänderte Gesetzgebung zu unterstützen, und: „Der Senat hat das verbockt."
Der kalifornische Gesetzgeber hatte Apple freundlicher empfangen und ein lokales Gesetz geändert. Jobs sagte, das Unternehmen werde demnächst 10.000 Computer im ganzen Staat verteilen. „Wir sind mit den richtigen Leuten zum richtigen Zeitpunkt am richtigen Ort, um etwas zurückzugeben. Das ist ziemlich schön. Der Computer und die Gesellschaft erleben gerade ihr erstes Rendezvous und es wäre doch klasse, wenn es toll laufen würde und wenn daraus etwas erblühen würde." Dann fügte er noch hinzu: „Der Wettlauf um die Verbesserung der Produktivität von Wissensarbeitern ist eröffnet. Der Personal Computer kann – vergleichbar mit Rohöl – Energie freisetzen, aber der Computer wird die petrochemische Revolution in den Schatten stellen."
Als Antwort auf weitere Fragen sagte er den Studenten: „Das Unternehmen, das den meisten Einfluss auf unseren Erfolg haben wird, ist nicht IBM, sondern Apple. Wenn wir das machen, was wir am besten können, lassen wir alle anderen weit hinter uns." Als ein Student fragte, wie es denn wäre, ein Imperium zu lenken, antwortete Jobs: „Wir betrachten das nicht als Imperium. Wir engagieren Leute, die uns sagen, was wir tun sollen." Das Streben der Japaner nach einer neuen Computergeneration tat er ab, weil es „sehr viel Mist enthält.

Eigentlich haben die gar keine Ahnung, wovon sie reden." Er beklagte sich über die Japaner und die Übel des Protektionismus. Außerdem vertrat er die These, es sei nicht mehr möglich, eine Computerfirma in einer Garage zu gründen, aber er schlug den Studenten vor, sie könnten es mit einer Softwarefirma probieren.

Als kaum noch Fragen gestellt wurden, begann Jobs mit seiner eigenen Umfrage. Er fragte Studenten, aus welchem Teil des Landes sie kamen und was sie studierten. Die meisten hatten sich anscheinend in Informatik eingeschrieben. „Wie viele von Euch sind noch Jungfrauen?", fragte er. Es gab ein wenig Gekicher, aber es wurden keine Hände gehoben. „Wie viele von Euch haben schon LSD genommen?" Ein paar Gesichter erröteten verlegen, und ein oder zwei Hände hoben sich langsam. „Was wollt Ihr tun?", fragte er, und ein Student platzte heraus: „Kinder machen."

Es gab wenig Anzeichen dafür, dass Jobs das Drehbuch schon Dutzende Male durchgespielt oder dass er mit Freunden bereits zwanglos darüber gesprochen hatte, als Unabhängiger für das Amt des Präsidenten zu kandidieren. Jobs kannte alle Pointen. Es war der Auftritt eines Unternehmensmagiers mit dem Timing-Gespür eines Schauspielers. Nachdem Jobs selbst Fragen gestellt hatte, wurde er seinerseits wieder ausgefragt. Ein paar Studenten rückten ihm auf die Pelle. Einer wollte sich nur als Besitzer eines Apple II vorstellen, ein anderer wollte ein Autogramm von Jobs auf einem der Apple-Jahresberichte, die aus mehreren Kartons herausquollen. Ein großer, Student aus einem höheren Semester fragte, ob er einmal eine Apple-Fabrik besichtigen könnte. Den meisten Studenten schien der Abend zu gefallen. „Na ja, wenigstens ist er kein Trottel", sagte eine brünette Studentin, während sie mit ihrer Lacoste-Bluse, ihren sorgfältig gebügelten Jeans, ihren Topsiders und ihrem Freund in Richtung Tür ging.

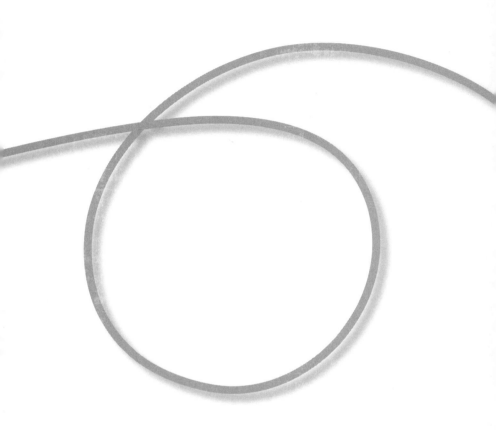

Kapitel 18.0

Willkommen
IBM, im Ernst –

Der Aktienmarkt spendete Apple Computer zwar den lautesten Beifall, doch es kam auch aus anderen Kreisen eine Menge Applaus. Kleine Zeitungen verfolgten die Fortschritte des Apple II in ganz Amerika und begrüßten das Erscheinen dieser Personal Computer mit charmanter, großäugiger Verblüffung. Es war eine Neuauflage des Luftschnappens nach dem Erscheinen der Automobile auf matschigen Landstraßen und der Radiogeräte in stillen Wohnzimmern. Aber diesmal zeigten die Fotos keine Familien, die aufrecht auf harten Ledersitzen saßen, während ihre Hüte die Oberkante einer Windschutzscheibe überragten, oder strickend und rauchend vor einem Kamin, während ihre Ohren an dem drahtlosen Gerät hingen, das in heiligem Glanze auf dem Sims stand. Die neuen Pioniere sah man in gebückter Haltung um einen leuchtenden Bildschirm herumsitzen, ihre Hände lagen auf einer Tastatur und die Gesichter, die der Kamera zugewandt waren, schienen zu sagen, dass die Zukunft da war.

Neben Fotos von vom Blitzlicht geblendeten Teenagern in Familienzimmern gab es Schnappschüsse von Apples in Bibliotheken und Klassenzimmern, Banken und Laboratorien, Mobilheimen und Flugzeugen, Hausbooten und Musikstudios. Ein paarwaren sogar an E-Gitarren angeschlossen. Berichte über solche Kuriositäten aus Kalifornien las man in Zeitungen wie *East Aurora Advertiser*, *Geneva Signal* (Nebraska) und *Bristol Herald Courier*. Der *Chaska Herald* aus Minnesota schwärmte: JUNGE ARBEITET MIT COMPUTERPROGRAMMEN. Der *Columbia Independent* aus Ohio schlug einen allgemeineren Ton an: EUCLID JUNIOR HIGH SCHOOL TRITT INS COMPUTERZEITALTER EIN. Als in Südkalifornien ein Apple ankam, rief *La Jolla Light* den DAS COMPUTERZEITALTER KOMMT AUFS LAND-Tag aus. Die *Star Press* aus Blairstown, Iowa, berichtete über einen Farmer, der gelernt hatte, einen Apple zu programmieren. Er fand es „nicht annähernd so schwer, wie einem Computermenschen beizubringen, wie man Rinder füttert". Apple-Computer halfen einer Bauchtänzerin, ihre verführerischen Büstenhalter zu verwalten und überwachten die Schlammtemperatur in der Umgebung einer Halbtaucher-Ölbohrung im Golf von Mexiko. Ein Trainer von der University of Virginia benutzte einen Apple, um die Geschwindigkeit eines Footballs zu berechnen, und ein Boeing-Ingenieur programmierte seinen Apple so, dass er vier von fünf Gewinnern auf einer Pferderennbahn im Bundesstaat Washington vorhersagte, gestand jedoch ein: „Je mehr ich das Wettprogramm verbessere, desto schlechter werden die Ergebnisse." In Buffalo Grove im Bundesstaat Illinois veranstaltete ein Oberschüler ein Tennisturnier mit einem Apple, und in Sarasota in Florida konnte ein Opfer der zerebralen Kinderlähmung besser kommunizieren, nachdem ein Apple an einen Sprachsynthesizer angeschlossen worden war. In Manhattan programmierte ein Vizepräsident von W.R. Grace & Company einen Apple II, so, dass er damit kalkulieren konnte, wie viele Rinderhälften die Restaurantkette seines Unternehmens bestellen musste, während der Dichterfürst von Florida mit einem Apple, den er an einen großen Fernseher angeschlossen hatte, Lobgesänge schrieb. Seine Wörter funkelten, rotierten und wuchsen auf dem Bildschirm entsprechend ihrer Bedeutung, und er nannte sich selbst „Halbleiterbarde". Das Polizeirevier von Sunnyvale benutzte einen Apple, um anhand von Personenbeschreibungen die Namen von Verdächtigen zu suchen. Und im kalifornischen Santa Ana wurde ein Mann wegen Betreibens eines großen Prostitutionsrings mithilfe eines Apple verhaftet. Dieser dokumentierte 4.000 Kunden, ihre Kreditgeschichte und ihre Vorlieben.

Was das Ausland angeht, analysierten Apples Volkszählungsdaten in Nordafrika, Messfaktoren, die sich auf die Ernte in Nigeria auswirkten, unterstützten die Diagnose von Augenkrankheiten in Nepal, verbesserten die Bewässerungsplanung in der Sahara, überwachten die Entwicklung von Bankaktivitäten in Lateinamerika, unterstützten einen

Lehrer in Botswana, und in dunkleren Winkeln der Welt wie Cardiff in Wales berichtete *The South Wales Echo*, dass für einen Universitätsdozenten der Apple „vom Hobby zum Lebensstil geworden" war, auch wenn sich seine jugendliche Tochter beschwerte, der Neuzugang habe zur Folge, dass „wir eigentlich nicht mehr richtig miteinander sprechen".

Auch die Usergroups, die auf der ganzen Welt aus dem Boden schossen, legten Zeugnis von der Verbreitung des Apple ab. Die Briefumschläge, die in Cupertino ankamen, hätten an einen Sammler exotischer Briefmarken adressiert sein können. Da gab es Briefe von: Grupo Usarios Apple de Colombia, Brasil Apple Clube, Jakarta Apple, Apple Club Zagreb, Hong Kong Apple Dragon, Apple Gebruikers Groep Nederland, Catalunya Apple Club und welche aus Schweden, von den Philippinen, aus Neuseeland und Israel, Tasmanien und Guam.

In den Vereinigten Staaten erfanden neue Clubs in verschiedenen Städten mit der gleichen Leidenschaft Bezeichnungen, mit dem die Herausgeber von Kochbüchern neue Zusammenstellungen benennen. Da gab es Apfelschäler, Holzäpfel, Grüne Äpfel, Apfelkraut, Apfelmost und Apfeltorte, Apfelpflücker, Apfelschnaps, Apfelkuchen, Apfelkern, Apfelsack, Apfelwurm und Apfelkarren aber die beiden, die sich am nettesten anhörten, waren die Anonymen Apfelholiker und die Apfelsüchtigen von Little Rock. Es wurden Zeitschriften mit Titeln wie *inCider*, *Apple Orchard*, *Call Apple* und *Apple Source* herausgegeben, um Kunden und Händler zu erreichen. Es wurden Ausstellungshallen gemietet, um Apple-Expos und Apple-Feste zu veranstalten, auf denen die Computer des Unternehmens unverhohlen gefeiert wurden.

Den Apple-Gründern wurden Äpfel verschiedener Größen und aus derart vielen Materialien dargeboten, dass sie sich wohl gefragt haben müssen, warum sie das Unternehmen nicht Matrix Electronics genannt hatten. Sie wurden mit Äpfeln überschwemmt, die aus Koa, Mahagoni, Zedern- und Redwoodholz geschnitzt waren, die aus Keramik oder Porzellan gebrannt waren, aus Pappmaschee getrocknet, aus Kristall geblasen, aus Messing gegossen und aus Plastik gestanzt. Außerdem lieferten kleine Unternehmen, die auf Unternehmens-Werbematerial und Symbole spezialisiert waren, eine Flut von Souvenirartikeln. Da gab es Apple-Gürtelschnallen und Apple-Stifte, Apple-Fußmatten und Apple-Becher, Apple-Notizbücher und Apple-Papiermesser, Apple-Kalender und Apple-Briefbeschwerer, Apple-Schlüsselanhänger und Apple-Aufkleber.

• • •

Als Apple zur großen Computerfirma wurde, bekam es auch unerwünschte, indirekte Komplimente zum Ausmaß seines Erfolges. Da gab es zunächst einmal die verzichtbare Anerkennung durch Imitation. An der Ostküste der Vereinigten Staaten stellte die Franklin Computer Corporation ein Gerät her, das dem Apple sehr ähnlich war, bezeichnete es als ACE 100 und pries es in der Werbung schamlos dadurch an, dass es einen gut sichtbaren Apfel abdruckte und behauptete, es sei „süßer als ein Apfel". (Franklin gestand 1983 vor einem Bundesgericht, dass es das Betriebssystem von Apple kopiert hatte.) Ein Computer von Commodore wurde mit einer Reihe von Werbespots angepriesen, in denen es hieß, er sei „der Wurm, der den Apfel gefressen hat". Imitationskünstler aus Taiwan und Hongkong bauten Kopien, die sich mit Namen wie Apolo II, Orange Computers und Pineapple schmückten. Ein westdeutscher Computervertrieb stellte einen weiteren Doppelgänger her, eine kleine italienische Firma konstruierte einen Computer mit Zitronenlogo, während eine britische Firma ihr Gerät mit einer regenbogenfarbenen Birne schmückte.
In Kalifornien wurde Apple von einer lokalen Seuche heimgesucht und von Headhuntern wie eine Leiche gefleddert. Die hartnäckigeren

unter ihnen wurden so bekannt, dass die Telefonisten von Apple angewiesen wurden, ihre Anrufe nicht durchzustellen. Die listigen „Führungskräftewerber" ließen sich aber nicht abschrecken und riefen einfach unter falschem Namen an. Apple war gegen das Jobhopping nicht gefeit, und irgendwann begannen die Leute zu gehen. Es war zwar keinesfalls ein Massenexodus, aber die schleichende Abwanderung war trotzdem irritierend. Die Verlockungen anderer Start-ups, die sichtbaren Fehler und Schwächen der Apple-Gründer und die Befürchtung, sich in einem Großunternehmen zu verzetteln – das alles trug dazu bei, ehrgeizigere Mitarbeiter in Richtung Tür zu drängen. In den zwei Jahren nach dem Börsengang hatten ehemalige Apple-Mitarbeiter vier Unternehmen gegründet, und selbst wenn die Mitarbeiterfluktuation nicht annähernd so hoch war wie in manchen anderen Ecken des Silicon Valley, so war sie doch auch nicht annähernd so niedrig, wie die Apple-Manager gerne behaupteten.

Aufgrund dieser vielen Avancen – manche offen, manche verhüllt – hatten die Menschen, die in den weichen Schatten der Getreidesilos von Cali Brothers in Cupertino arbeiteten, mehr als genug Anlass, stolz zu sein. Man konnte es ihnen nicht verdenken, wenn sie manchmal meinten, die Welt sei nicht mehr rund, sondern habe die Form ihres Firmenlogos angenommen. Aber als sie anfingen, Apple für den Platzhirsch zu halten, fand das Unternehmen Gefallen an der Vorstellung eines Imperiums und ein aggressive Arroganz drohte, einen großen Teil des früheren Erfolges zunichte zu machen.

Außenstehende, die Apples Fortschritte beobachtet hatten, erkannten die Gefahrensignale. Der Venturecapitalist Hank Smith warnte Vertreter anderer junger Unternehmen vor den Nachteilen des Erfolgs und benutzte Apple als Fallbeispiel. Richard Melmon, der Apple im Auftrag von Regis McKennas Agentur betreut hatte und später für eine Software-Firma arbeitete, die Programme für Apple-Computer verkaufte, stimmte ihm zu: „Bei Apple sitzen alle da und sagen: ‚Wir sind die Besten. Das wissen wir.' Das äußert sich in ihrer Kultur, das fängt bei Steve Jobs an und pflanzt sich nach unten fort." Ed Faber, der Präsident von Computerland, fasste Apples angeberisches Auftreten so zusammen: „Da kommt immer wieder das Wort ‚arrogant' hoch." Die Arroganz zog sich durch das gesamte Unternehmen und wirkte sich irgendwann auf alle Aspekte seiner Geschäftstätigkeit aus: den Stil, mit dem es Zulieferer, Softwarefirmen und Händler behandelte, seine Einstellung zur Konkurrenz und die Art und Weise, wie es an die Entwicklung neuer Produkte heranging.

• • •

Jobs interessierte sich von Anfang an in erster Linie für Form und Gestaltung von Apples Computern. Monate nach der Einführung des Apple II wurde er zum Vizepräsidenten für Forschung und Entwicklung, und ab dem Zeitpunkt hatte er bei wichtigen Produktentscheidungen fast immer das letzte Wort. Während das Unternehmen wuchs und Jobs' Einfluss zunahm, wuchs auch die Kraft der Taktiken, die er eingesetzt hatte, um Wozniak während der Entwicklung des Apple II zu schubsen, anzutreiben, anzuspornen, zu umschmeicheln und zu beschwatzen. Er fühlte sich immer zu den neuesten und glänzendsten Aussichten hingezogen, und mit der Zeit fanden die interessanteren Projekte nur noch in seiner Gegenwart statt.
Für mühsame Forschung interessierte sich Jobs kaum. Von nichts war er so tief überzeugt wie von seiner Intuition, seinem Empfinden und seinem Gespür dafür, wo sich die Technik und die Märkte treffen würden. Langfristige Produktplanung und die Frage, ob sich die verschiedenen Computer von Apple zu einem homogenen Sortiment zusammenfügen würden, waren nebensächlich. Mit dem fortgesetzten Erfolg des Apple II entwickelte Jobs gewissermaßen eine religiöse Überzeugung von der Stärke seiner Instinkte: „Bei vielen Entscheidungen richtet man sich hinsichtlich der voraussichtlichen künftigen Entwicklung

der Dinge nach seiner Nase." Er wollte nicht zulassen, dass die Produktplanung mit Analysen, Fokusgruppen, Entscheidungsbäumen, den Verschiebungen der Glockenkurve oder sonstigen mühseligen Arbeiten belastet wurde, die er mit Großunternehmen assoziierte. Den Prototyp des Apple-Kunden sah er im Spiegel, und so kam es, dass das Unternehmen Computer entwickelte, die Jobs zum einen oder anderen Zeitpunkt gern haben wollte.

Im Unternehmen erwarb er sich den Ruf, er besitze einen Riecher dafür, Dinge zu schaffen, und er habe ein Händchen für die „weiche Seite" der Produktion. Bill Atkinson sagte: „Er hat einen Drang zur Exzellenz, Einfachheit und Schönheit." Und Tom Whitney bemerkte: „Zu den Eigenschaften von Jobs gehört eine unendliche Geduld bei der Verbesserung von Dingen. Für ihn ist nie etwas gut genug. Er will immer noch mehr Funktionen zu geringeren Kosten. Er will immer den nächsten natürlichen Schritt überspringen. Apples Erfolg ist zum großen Teil seiner verdammten Sturheit zu verdanken, aber es ist oft sehr schwer, damit umzugehen, weil er immer alles will." Ein anderer Beobachter war skeptischer: „Als Walt Disney wäre er glücklicher gewesen. Da hätte er an einem Tag an Kaninchenohren arbeiten können, am nächsten Tag an Disneyland, am Tag danach an Filmen und am Tag danach am Epcot Center. Das Dumme an der Computerbranche ist, dass man da nicht so viel geistige Abwechslung bekommt."

Jobs entwickelte Computer genauso, wie er an sich selbst arbeitete. Er hatte ein Talent dafür, sich die Ideen anderer Menschen zu eigen zu machen, wenn sie seinen Bedürfnissen entsprachen – und er verwarf diejenigen Aspekte, die ihm mangelhaft erschienen, und nahm noch ein paar Verbesserungen vor. Am Ende lieferte er eine Meinung (oder einen Computer) mit einer derartigen Überzeugung ab, dass man glauben konnte, sie stamme ausschließlich und ursprünglich von ihm. Aber seine Stärken waren auch seine größten Schwächen. Die Fähigkeit, sich überzeugende Argumente anzuhören, stellte zwar ein

Immunsystem gegen seine vorschnellen Urteile dar, aber seine Untergebenen hüteten sich davor, ihre Meinung laut zu sagen. Sein Optimismus, den ein Manager einmal als „die Tiefe seiner technischen Unwissenheit" genannt hatte, führte dazu, dass er es unterschätzte, wie lange die Entwicklung eines Computers dauern würde oder für welchen Preis er verkauft werden müsste. Nach und nach spiegelte die Computerpalette von Apple die launischen, unberechenbaren und schwankenden Charakterzüge von Jobs wider.

Aber seine wagemutige, aggressive Art verlieh den Computern von Apple Farbe und war der Funke, der das Unternehmen erstrahlen ließ. Zwei Jahre nach der Einführung des Apple II wurde die Arbeit an fünf Produkten mit den Codenamen Sara, Lisa, Annie, Mac und Twiggy entweder aufgenommen oder fortgesetzt. Sara, nach der Tochter des leitenden Hardware-Designers benannt, bekam schließlich den Namen Apple III. Lisa war nach der Tochter von Jobs und Nancy Rogers benannt worden. Annie war eine Billigversion des Apple II, die nie das Licht der Welt erblickte. Der Mac war der Lieblings-Apple einer gewissen Person. Eine Arbeitsgruppe, die an der Entwicklung eines Diskettenlaufwerks arbeitete, nannte ihr Produkt Twiggy, weil es in seiner ursprünglichen Form physische Ähnlichkeiten mit dem britischen Model haben sollte: Es sollte zwei Disketten fassen, und darum kam ein findiger Ingenieur zu dem Schluss, dass es dem zerbrechlichen Model, dessen Figur zwei Minifloppys schmückten, ähnlich sehen würde.

Der sichtbare Ruhm des Unternehmens schlug sich unter anderem in den ehrgeizigen Zeitplänen nieder, die für den Apple III aufgestellt wurden. In diesen Zeitplänen spiegelte sich keine der Gefahren wider, die bei der Entwicklung von Computern drohten und die in zahlreichen Artikeln und Büchern sorgfältig formuliert worden waren. „Wir waren fürchterlich optimistisch, was die Fristen für den Apple III angeht", sagte der Produktdesigner Jerry Mannock. „Der Apple II war so erfolgreich gewesen, dass alle herumliefen und dachten, sie könnten alles schaffen." Der Apple III war von Anfang an als Verlegenheitslösung gedacht, als Überbrückung für die Zeit, zu der der Absatz des Apple II den Erwartungen zufolge einbrechen würde, bis zu dem Tag, an dem Lisa fertig war.

Er wurde auch als Test für Apples Fähigkeit betrachtet, als Großunternehmen einen Computer zu bauen. Natürlich hatten sich die Umstände seit der Zeit, als Wozniak am Apple I einige Änderungen vorgenommen hatte, sehr verändert, und nicht nur die Liste von Apples Lohnempfängern hatte sich verlängert, sondern auch die der Verpflichtungen des Unternehmens. Eine wachsende Anzahl von Kunden brauchte Aufmerksamkeit und Unterstützung, das Unternehmensleben bot diverse Ablenkungen und außerdem mussten von dem neuen Computer große Stückzahlen lieferbar sein, wenn er eingeführt wurde, und nicht nur die paar Dutzend, die nach der Ankündigung des Apple II gebraucht worden waren. Der Zeitplan für den Apple III hätte von einem Bastler stammen können, der beschlossen hatte, im Homebrew Club einen Entwurf vorzustellen. Er verlangte einen Computer, der zehn Monate nach der Idee konstruiert, getestet und produktionsreif war.

Apple stellte bald fest, dass die Herstellung eines Computers für ein richtiges Unternehmen weitaus mühseliger war, als in einer Garage eine Maschine zusammenzubauen. „Der Apple III wurde in Ausschüssen designt", jammerte Randy Wigginton. „Apple fand, so sollte ein echtes Unternehmen einen Computer designen. Jeder hatte gewisse Ideen, was der Apple III können sollte, und leider wurden diese alle aufgenommen." Grundsätzlich war ein Computer geplant, der alle Funktionen beinhaltete, die dem Apple II fehlten, und es war geplant, die Leistung des 6502-Mikroprozessors auszureizen, weil leistungsfähigere Prozessoren nicht zu günstigen Preisen zu haben waren. Er sollte einen größeren Arbeitsspeicher haben, ein eingebautes Diskettenlaufwerk, ein besseres Betriebssystem, einen Bildschirm für 80 Zeichen pro Zeile, der für Textverarbeitung und Tabellenkalkulation geeignet wäre, eine Tastatur mit Groß- und Kleinbuchstaben, einen Ziffernblock, eine verbesserte Farbleistung und einen schnelleren Mikroprozessor. Alle Programme, die für den Apple II entwickelt worden waren, sollten darauf laufen, damit er sofort für Dutzende verschiedener Anwendungen genutzt werden konnte.

Im Unternehmen baute sich ein fürchterlicher Druck auf, der zu Zeitplänen führte, die Magengrimmen verursachten. Zum Teil beruhte dies auf Marketingprognosen, die wieder und wieder prophezeiten, dass Umsatzeinbrüche des Apple II unmittelbar bevorstünden. Wendell Sander, der leitende Hardware-Ingenieur für den Apple III, erinnert sich: „Wir fragten uns ständig, wann die Blase des Apple II platzen würde. Wir hätten ein professionelleres Marketing ganz gut gebrauchen können." Für Druck sorgten auch die Lieferverpflichtungen für den Apple III, die in dem Prospekt für den Börsengang eingegangen wurden. Das alles wurde auch dadurch nicht besser, dass sich Jobs ein paar Monate vor der Einführung des Computers Hochglanzposter aus den Fingern saugte, auf denen stand: DIE ENTSCHEIDUNG, DIE SIE JETZT TREFFEN, HAT DAZU BEIGETRAGEN, DASS 1980 SCHON 50.000 APPLE III AUSGELIEFERT WURDEN. Diese unterschiedlichen Faktoren genügten, um die Wutschreie zu ersticken und den Strom hektischer Memos einzudämmen, die zwischen den am meisten belasteten Leuten kursierten. Jef Raskin dazu: „Das war die klassische Geschichte, wo die Leute ganz unten sagen: ‚Hier klappt es nicht. Wir haben Ärger.' Dann sagen die eine Ebene höher: ‚Wir haben damit ein paar Schwierigkeiten', und die Ebene darüber sagt dann: ‚Wir bewältigen diese Probleme', und die Leute ganz oben sagen: ‚Das wird schon klappen, wir liefern.'"

Der hektische Drang, den Computer zu liefern, resultierte darin, dass sich alle abstrampelten. Am schärfsten spiegelte sich das in der

Veröffentlichungsabteilung wider, wo die technischen Redakteure wieder einmal in der Zwickmühle steckten: Auf der einen Seite die Änderungen, die am Labortisch vorgenommen wurden, und auf der anderen Seite die unerbittlichen Forderungen der Marketingabteilung. Die Redakteure bekamen den Apple III erst neun Wochen vor der Einführung zu Gesicht, und die Fristen ließen so wenig Luft, dass die Abläufe für die Prüfung der Handbücher und des Computers im Prinzip ignoriert wurden. Die Fahnen der fertigen Handbücher gingen am gleichen Tag an die Abteilungen Ingenieurwesen, Marketing und Prüfung von Neuprodukten, an dem sie zwecks Reinzeichnung in der Herstellungsabteilung landeten. Dort halfen die Programmierer den Grafikern in Zweistundenschichten beim Seitenlayout.

• • •

Unterdessen lernte Apple auch, dass es nichts gibt, was einem so schön wie die Softwareentwicklung vorführt, wie schnell ein Jahr verfliegen kann. Eigentlich sollten alle Programme, die für den Apple II geschrieben waren, auch auf dem Apple III laufen, aber die Verbesserungen und Änderungen machten die Anpassung der Apple-II-Software zu einem komplizierten und mühseligen Unterfangen. Die Programmierer mussten alle Hardwareänderungen berücksichtigen: Die Computer fuhren unterschiedlich hoch, die Tastaturen und Diskettenlaufwerke waren verschieden gestaltet und der Speicher war erweitert worden. Auch ächzten die Programmierer unter der schieren Programmierlast, die zehnmal so groß war wie beim Apple II.

Trotz der gewachsenen Bürde wollte Apple versuchen, so viel Software wie möglich im eigenen Haus zu entwickeln. Es wurde wenig Wert auf enge Zusammenarbeit mit anderen Softwarehäusern gelegt und man bemühte sich eindeutig, so wenig technische Details wie möglich über die intimen Geheimnisse des Apple III herauszugeben. Dies machte es unabhängigen Softwarefirmen fast unmöglich, Programme für den Computer zu entwickeln. Zwei Wochen vor der Einführung wurde ein Prototyp mit der Bitte um eine Demoversion von Visicalc an Visicorp geliefert. Die Apple-Programmierer hatten die Modifikation der Programmiersprache Pascal erst ein Jahr nach der Einführung abgeschlossen, sodass sie auf dem Computer lief und unabhängigen Softwarefirmen die Möglichkeit gab, Programme in anderen Sprachen als BASIC oder Assembler zu schreiben.

• • •

Im Sommer 1980 wurde der Apple III mit großem Tamtam auf der National Computer Conference in Anaheim vorgestellt. Apple mietete für einen Abend Disneyland, verteilte 20.000 kostenlose Eintrittskarten und charterte eine Flotte roter Doppeldeckerbusse, um die Gäste in den Vergnügungspark zu bringen. In Cupertino ließ sich von diesem Aufwand niemand täuschen. Sherry Livingston erinnert sich: „Die haben den Apple III verpfuscht, und das wussten sie schon bei der Einführung." Mit seinen öffentlichen Versprechungen hatte sich Apple selbst eine Grube gegraben. Der Lieferdruck führte dazu, dass die verschiedenen Abteilungen mit ihren widerstreitenden Interessen – Technik, Marketing, Herstellung und Verwaltung – übereinander herzogen.

Konstruktionsprobleme, die zum Teil daraus resultierten, dass übertrieben viel Wert auf Eleganz gelegt wurde, führten dazu, dass der Computer nicht in sein Gehäuse passte. Dies machte eine zweite, plumpe Platine erforderlich, die auf die erste Leiterplatte aufgesteckt werden musste. Zudem schenkte Apple der Qualitätsprüfung nicht viel Aufmerksamkeit. In der Garage hatten Jobs und Wozniak ihre eigenen groben, aber zielgerichteten Prüfungen vorgenommen, aber als Apple gewachsen war, hatte man keine Abteilung gegründet, die die Qualität der Bauteile kontrollierte. Wendell Sander sagte dazu: „Wir hatten keine Möglichkeit, die Qualität von Bauteilen miteinander zu vergleichen.

Wir hatten nicht genug Bauteilprüfungsingenieure, um die Qualität der Auswahl zu testen. Wir hörten den Verkäufern zu und glaubten, was sie sagten." Ein Chip von National Semiconductor, der dem Computer ein Taktsignal geben sollte, fiel gewöhnlich nach circa drei Stunden aus. Jobs beschimpfte zwar den Vorstandsvorsitzenden der Halbleiterfirma wüst, aber das löste das Problem auch nicht.

Manche Linien auf den gedruckten Schaltungen lagen zu dicht beieinander, und das führte zu Kurzschlüssen. „Wir drängten darauf, dass er ohne neue Platinen nicht ausgeliefert werden sollte", so Rick Auricchio, „aber die Marketingleute sagten, das wäre kein Problem. Die Ingenieure sagten, es wäre eins." Das Produktionsteam hatte auch einiges zu meckern: Schrauben waren so angebracht, dass sie Kabel im Inneren des Computers beschädigten. Aufgrund von Unsicherheiten hinsichtlich gewisser FCC-Vorschriften wurde ein schweres Metallgehäuse verwendet, das für viele kleinere Frauen am Montageband zu unhandlich war. „Das wurde am Ende ein mechanischer Albtraum", so der Produktionsmitarbeiter Roy Mollard. „Die Ingenieure wuschen ihre Hände in Unschuld und sagten, das sei ein Herstellungsproblem." Die Verbindung zwischen den beiden Platinen war nicht dick genug beschichtet und es gab immer wieder Kurzschlüsse. Chips rutschten aus Sockeln und das Tastaturkabel war zu kurz. Die Ingenieure schlugen vor, den Computer aus drei Zoll Höhe fallen zu lassen – als Test und damit die Chips fester in ihre Sockel rutschten. Die Ingenieure sagten, der Aufprall würde den Computer garantiert zum Leben erwecken. Die Männer von der Herstellung entwickelten einen wissenschaftlicheren Test, um festzustellen, ob alles funktionierte: Sie klopften auf dem Computer mit Gummihämmern herum.

Aber bis dahin war das Kind bereits in den Brunnen gefallen. In fast allen Entwicklungsstadien des Apple III war gepfuscht worden. Die Geräte, die geliefert wurden, waren unzuverlässig und fielen oft aus. Den ersten Lieferungen wurde Visicalc beigelegt, weil keine andere

Software fertig war. Die Apple-Software, die zu dem Computer gehörte, war nicht getestet worden. Die Bedienungsanleitung machte einen lieblosen Eindruck und es wurden 20 Seiten Korrekturen mitgeliefert. Als die Käufer feststellten, dass der Computer voller verblüffender Überraschungen steckte, verbreitete sich das Gerücht, dass ständig die Worte SYSTEM FAILURE unkontrolliert über den Bildschirm huschten. Die ersten kritischen Zeitungsartikel erschienen und umhüllten die Maschine mit einem Trauerflor. Apple stellte die Werbung für den Computer ein, unterzog die Geräte anspruchsvollen Prüfungen, gestaltete die Platine um, stellte einige Software fertig, erlaubte den ersten Kunden, ihre Geräte gegen funktionsfähige umzutauschen, und führte den Computer (mit erweitertem Speicher) ein Jahr später wieder ein. Am Ende wurde er zwar ein gesundes, zuverlässiges Arbeitspferd und ein leistungsfähiger Business-Computer, aber die katastrophale Einführung hatte ihm geschadet. Das optimistische Plakat von Jobs wurde zu einem peinlichen Mahnmal für das, was hätte sein können. In den drei Jahren nach Einführung des Apple III wurden nämlich nur 65.000 Stück verkauft.

• • •

Jobs, der sich vom Apple III verabschiedete, sobald Aussehen und Form des Computers festgelegt waren, interessierte sich die ganze Zeit mehr für die Entwicklung von Lisa. Die Arbeit an Lisa hatte schon vor der am Apple III angefangen, und dieses Projekt galt von Anfang an als ehrgeiziger und kühner. Im Oktober 1978, also fast fünf Jahre, bevor nennenswerte Stückzahlen des Computers ausgeliefert wurden – zum Preis von circa 10.000 Dollar –, hatte sich Jobs bildlich vorgestellt, wie der Computer aussehen sollte. Er wusste, dass er einen Computer mit eingebauten Laufwerken und eingebautem Bildschirm sowie abnehmbarer Tastatur haben wollte. Er wusste auch, dass er lieber einen 16-Bit-Mikroprozessor statt des 8-Bit-Bauteils verwenden wollte, das im Herzen des Apple II saß. Und er hatte das Gefühl, dass eine Textverarbeitung und ein Tabellenprogramm wie Visicalc zum Lieferumfang gehören sollten. Ein vorläufiges Konzept, das die meisten dieser Ideen festhielt, veranlasste einen Kollegen zu der Bemerkung, Jobs habe „entschieden, wie Lisa seines Erachtens aussehen sollte, noch bevor er wusste, welche Technologie das Gerät enthalten sollte". Die ersten Schätzungen besagten, dass der Computer im Januar 1980 lieferbar sein sollte, und zwar zu einem Verkaufspreis von 2.000 Dollar und zu Herstellungskosten von 600 Dollar.

Eine kleine Gruppe, die für die Arbeit an Lisa gegründet worden war, quartierte sich in der ehemaligen Heimat von Apple ein – den Büros hinter dem Good-Earth-Gebäude – und begann, sich an ein Ziel heranzutasten, das gelinde gesagt verschwommen war. Fast 18 Monate lang bekam das Projekt keinen festen Boden unter die Füße. Gelegentlich wurde es von Stockungen und Schüben unterbrochen, von der Ankunft neuer Manager oder von der unternehmensinternen Politik. Es gab allerdings nicht allzu viel Kontakt zwischen den Planern und dem Labor und nicht einmal zwischen den Software-Ingenieuren und den Hardware-Ingenieuren. Die grundsätzlichen Fragen, wer das Gerät benutzen würde und wie es zu Apples Vertriebskanälen passen würde, wurden meistens umgangen. Die sich selbst überlassenen Hardware-Ingenieure bauten einen Prototypen auf der Grundlage eines 8-Bit-Chips, nämlich des Intel 8086, der sich als langsam und enttäuschend erwies. Andere begannen die Möglichkeit zu erkunden, einen konkurrierenden 8-Bit-Chip namens Motorola 68000 zu verwenden (den Nachfolger des 8-Bit-Chips 6800, den Wozniak in der Entwicklungsphase des Apple I benutzt hatte).

Unter der Führung von Ken Rothmueller, eines ehemaligen Ingenieurs der Instruments Division von Hewlett-Packard, wurde ein weiterer Prototyp entwickelt. Sein Computer war darauf angelegt, die Herzen von Leuten zu gewinnen, die EDV-Abteilungen von Großunternehmen leiteten, und von Leuten mit einer Schwäche für Technik. Er hatte einen grünen Bildschirm, der genauso gesteuert wurde wie die Bildschirme des Apple II und des Apple III, eine konventionelle Schreibmaschinentastatur und eine absolut langweilige Form – und er entsprach in keiner Weise dem aggressiven Geist von Jobs. Die Zyniker sagten, das sei eine öde, solide Maschine, die Hewlett-Packard hätte einführen können.

Die Nörgeleien und die Streitereien um Ideen, die sich zwischen Rothmueller und John Couch entwickelten, dem damaligen Leiter der Softwareabteilung, waren dem Fortschritt nicht zuträglich. Jeder der beiden Männer hatte zu gewissen Zeiten bei Hewlett-Packard unter dem anderen gearbeitet, und bei Apple waren sie der gleichen Person unterstellt. Es war eine Schlacht um die Kontrolle über den Computer: Ein Kampf zwischen Hardware und Software um die Vorherrschaft. Aber die entscheidende Bedeutung der Software wurde durch Arbeiten hervorgehoben, die nicht von Apple durchgeführt wurden, sondern im Palo Alto Research Center (PARC) der Xerox Corporation.

• • •

Die Xerox Corporation änderte nicht nur für alle Zeiten das Bild, das Jobs von der Zukunft hatte, sondern auch den Charakter und die Art der Computer, von denen er später sagen sollte, dass sie Apple durch die 1980er-Jahre tragen würden. Sie ließ seine Ideen kühner werden und bescherte ihm das Gespenst eines Konkurrenten, der im Labor an Ideen arbeitete, die weitaus revolutionärer waren als diejenigen, über die man bei Apple nachdachte.

Das Forschungszentrum lag auf einem sanft abfallenden Hügel südlich der Stanford University und war von Xerox als Brutstätte erbaut worden, in der sich junge helle Köpfe großartige neue Ideen ausdenken konnten, die genauso spektakulär einschlagen sollten wie die Kopierer des Unternehmens. Es war schon 1969 eröffnet worden, aber bis zum letzten Monat der 1970er-Jahre, als eine Gruppe von Apple vorbeikam, um die Ergebnisse seiner Arbeit an Personal Computern zu inspizieren, hatten die Forscher noch keine goldenen Eier gelegt. Xerox hatte im PARC mehr als 100 Millionen Dollar für Forschungen an Computern, Halbleiterchip-Design und Laserdruckern ausgegeben. Das war mehr als das Doppelte des Jahresumsatzes von Apple 1979, aber das PARC hatte es geschafft, zu demonstrieren, welch große Kluft zwischen dem Labortisch und dem Schaufenster klafft.

Sicherlich ebnete die beträchtliche Finanzbeteiligung von Xerox an Apple den Expeditionen von Programmierern und Ingenieuren, die sich von Cupertino aus aufmachten, den Weg. Aber wenn man neugierig war, bedurfte es nicht des Verstandes eines Sherlock Holmes, um herauszufinden, was im PARC vor sich ging. Das Forschungszentrum war ein Vorzeigeprojekt von Xerox und Besuche von Außenstehenden waren fester Bestandteil des Alltagslebens. Jeder, der sich auf diesem Gebiet auf dem Laufenden hielt, war sich der allgemeinen Trends sicherlich bewusst, auch wenn er nicht im Detail wusste, wie die Desktop-Computer-Prototypen von Xerox konstruiert waren. Ein paar gezielte Telefonanrufe, ein wenig Geplauder auf einer Cocktailparty oder eine Befragung der intelligenten Oberschüler, die Xerox als Versuchskaninchen einsetzte, brachten Licht ins Dunkel. Computerzeitschriften hatten Artikel veröffentlicht, die über Aspekte der Xerox-Forschung berichteten. Eine Sonderausgabe von *Scientific American* von 1977 enthielt einen Artikel von Alan Kay, einem umtriebigen Geist und einem der wichtigsten Wissenschaftler von Xerox. Der Artikel beschrieb die Arbeit in Palo Alto und stellte ein enthusiastisches Rezept für bedienerfreundliche Personal Computer dar.

Über zehn Jahre Forschung von Wissenschaftlern wie Douglas Engelbart am Stanford Research Institute, von Kinderpsychologen und an norwegischen Universitäten – das alles hatte in unterschiedlichem

Maße die Arbeit bei Xerox beeinflusst. Tatsächlich waren die meisten wichtigen Leitlinien schon Mitte der 1960er-Jahre veröffentlicht und vom SRI bereits 1968 bei der Vorführung eines Systems namens NLS präsentiert worden. Sein wichtigstes Bestreben bestand darin, Möglichkeiten zu finden, Menschen ohne technische Ausbildung zu helfen, Computer zu beherrschen. In gewisser Weise war dies eine professionelle Herangehensweise an die grundsätzlichen Bemühungen der Bastler: Computer persönlich zu gestalten und dann die geheimnisvollen und einschüchternden Elemente zu beseitigen oder wenigstens zu verbergen. Die Prototypen von Xerox trugen die Handschrift von Menschen, die überzeugt waren, dass Computer ein vollkommen neues Medium waren, dass sie weitaus mehr waren als träge, passive Geräte für die Verarbeitung von Zahlen und die Bearbeitung von Texten. Einige PARC-Forscher hatten die fantasievolle Vision von flexiblen Geräten, die irgendwann den sinnlichen Charme von Farbfernsehen, Stereomusik und Fingerfarben miteinander verbinden würden. Wie andere vor ihnen erklärten sie, ihr endgültiges Ziel bestehe darin, einen Computer in ein Gehäuse von der Größe eines Notizblocks zu stopfen oder ein Gerät zu bauen, das Geschäftsleute in ihre Aktentaschen stecken und verwenden konnten, um mit anderen Computern und Menschen auf der ganzen Welt zu kommunizieren.

Im Jahr 1973 bauten die PARC-Forscher ihren ersten Computer und nannten ihn Alto. Seine hauptsächlichen Vorzüge bestanden darin, dass er optisch ansprechend und sehr viel flexibler war als andere Computer jener Zeit. Er sollte eher jene Dinge simulieren, mit denen die Menschen bereits vertraut waren, als schwindelerregende Zahlenkolonnen anzuzeigen.

Der Alto beruhte auf Fortschritten in den Bereichen Software und Hardware. Xerox entwickelte eine Sprache namens Smalltalk, die Ähnlichkeiten mit Logo hatte, einer Sprache, die entwickelt worden war, um Kindern das Programmieren durch Bewegen und Drehen kleiner, vertrauter Objekte zu ermöglichen, ohne dass sie sich Gedanken um Codes und Gleichungen zu machen brauchten. Wenn Charts oder Memos so groß waren, dass sie nicht vollständig angezeigt werden konnten, simulierte der Xerox-Computer Blätter, die auf einem Schreibtisch verteilt waren, und im Fachjargon bezeichnete man sie als „überlappende Fenster".

Die Klarheit der Bilder wurde durch ein Verfahren namens Bitmapping ermöglicht. Der Computer kontrollierte jeden winzigen Punkt – oder Pixel – auf dem Bildschirm. Text konnte in mehreren Schriftarten angezeigt werden und der Computer konnte Musik erzeugen. Außerdem verwendete der Alto eine Maus – die ursprünglich 1964 am Stanford Research Institute entwickelt worden war –, um die Codes für eingetippte Befehle zu umgehen. Bis Ende der 1970er-Jahre wurden rund 100 Altos im Rahmen eines Feldversuchs, der Furore machte, im Weißen Haus und in Kongressbüros verteilt.

• • •

Anfänglich widerstand Jobs dem Drängen, er solle Xerox besuchen. Er hinterließ bei anderen den Eindruck, nichts, woran irgendein anderes Unternehmen arbeitete, könne die Projekte übertreffen, die Apple austüftelte. Ein paar Apple-Programmierer, die die Arbeiten von Xerox kannten, drängelten weiter, und irgendwann gab er seiner Neugier nach. Jobs, der keine Geduld mit Dingen hatte, die nicht praktisch waren, und der bereitwillig alles bewunderte, was überlegene Vorzüge hatte, war von dem, was er sah, entzückt. Er war von der Leistungsfähigkeit des Alto genauso beeindruckt wie alle anderen, und als er das Zusammenspiel von Maus, Grafik und überlappenden Fenstern gesehen hatte, wollte er die Expertenmeinung von Bill Atkinson hören. „Steve fragte, wie lange es dauern würde, die Software auf den Lisa zu übertragen, und ich sagte: ‚Ach, na ja, ein halbes Jahr.'"

Die Besuche bei Xerox wurden zu jenen wenigen entscheidenden Ereignissen, die dazu beitrugen, eine gewisse Klarheit in die Form der Apple-Computer zu bringen. Dass ein kleines Unternehmen überhaupt auf die Idee kam, es mit der Arbeit von Xerox aufzunehmen oder sie gar noch zu verbessern, erforderte mehr als nur großes Selbstvertrauen. Doch ohne eine Dosis Kühnheit und einen Schuss Arroganz hätte Apple mit Leichtigkeit auf Sicherheit spielen und das größere Risiko eingehen können, gar nichts zu tun. Die Besuche bei Xerox fielen außerdem mit der Verfestigung der Idee zusammen, dass Lisa die Speerspitze von Apples Angriff auf den Office-Markt sein sollte. Unternehmen – so das Argument – würden sich Geräte leisten können, die eines Tages billig genug für den normalen Verbraucher sein würden.

Die Ergebnisse dieser hektischen Aktivitäten wurden relativ schnell sichtbar. Innerhalb weniger Wochen beschaffte sich Jobs eine Maus, während sich die Programmierer auf die Bitmap-Grafik stürzten und ein paar Demonstrationen ihres Könnens ausarbeiteten. Diese Vorführungen waren so beeindruckend, dass sie eine Palastrevolution auslösten. Die meisten Ingenieure wandten sich gegen die Sturheit des leitenden Hardware-Ingenieurs, und schließlich wurde dieser durch den vierten Hardware-Manager des Projekts ersetzt. Damit wurde auch stillschweigend der Triumph der Software anerkannt.

Somit wurde Apples Kurs von Xerox bestimmt. Schließlich verließ eine Gruppe von Xerox-Programmierern und Wissenschaftlern das PARC und ging zu Apple, um an Lisa zu arbeiten. Sie hatten sehr großen Einfluss darauf, wie sich der Computer dem Nutzer präsentieren sollte. Nach der Offenbarung bei Xerox arbeiteten sich die Ingenieure und Programmierer von Apple stückweise voran. Sie trugen keine neuen, umfassenden Visionen bei, aber sie legten die Entschlossenheit an den Tag, die Arbeit zu verbessern, die anderswo geleistet worden war. Es erfolgten erhebliche Verbesserungen der Software und der großartigste Teil des Unterfangens war die Art, wie das Ganze in ein Desktopgerät hineingepackt wurde. Außerdem setzten sie die Botschaft einer der ersten Apple-Werbungen um – DER GIPFEL DER RAFFINESSE IST EINFACHHEIT – und versuchten, jeglichen Anlass für Verwirrung zu beseitigen. Zum Beispiel wurde nach wochenlangen Debatten die Anzahl der Maustasten von drei auf eine reduziert. Auch andere Funktionen, die zu dem Originalgerät gehört hatten, wurden abgeschafft, zum Beispiel die sogenannten „Softkeys"-Tasten, die mit bestimmten Funktionen belegt waren.

Die Beiträge von Jobs zum Lisa-Projekt schwankten zwischen Inspiration und Destruktion. Ein Marketing-Manager erinnert sich: „Eine Preiskalkulation nach der anderen kam auf einen absoluten Mindestpreis von 5.000 Dollar. Es gab nervenzerfetzende Diskussionen mit Jobs. Er sagte zum Beispiel: ‚Wenn es sein muss, hole ich Woz. Woz könnte das billiger machen. Wenn Ihr gut genug wärt, würdet Ihr das schaffen.'" Außerdem gelang es ihm, die Arbeitsmoral zu untergraben. Ein Beobachter dazu: „Die Ingenieure sagten zum Beispiel: ‚Ist doch egal, ob das pünktlich fertig wird. Wir kennen doch Jobs. Der ändert das eh wieder.'" Aber trotz aller Wirren drückte Jobs in ästhetischer Hinsicht dem Computer seinen Stempel auf. Er verpasste ihm einen ganz eigenen Stil und eine Grundform, und er steuerte auch kleine Details bei, zum Beispiel die abgerundeten Ecken der Ordnerbildchen, die ihm lieber waren als spitze Ecken.

Der Unterschied zwischen Xerox und Apple wurde auf der National Computer Conference 1981 in Houston sichtbar. Xerox stellte den Xerox 8010 vor, der im Volksmund als Xerox Star bezeichnet wurde. Dieser Computer war zwar nicht von der PARC-Gruppe entwickelt worden, wies aber trotzdem einige Markenzeichen des PARC auf. Er bot die visuelle Simulation eines Schreibtischs, eine Maus und Bitmap-Grafik, aber die Umsetzung war schlecht und der Computer funktionierte nur richtig, wenn er an eine Reihe von Xerox-Zusatzgeräten angeschlossen wurde. Die Software war erschreckend langsam und die Umsetzung einiger neuartiger Ideen wurde allgemein als eher misslungen betrachtet.

Bei Apple war man weitaus geduldiger. Die miserablen Ergebnisse des Apple III dienten als stete Mahnung, dass man dafür büßen muss, wenn man die Entwicklung eines Computers übereilt und etwas auf den Markt bringt, das nicht richtig getestet wurde. Außerdem wurde das unmittelbar bevorstehende Ende des Apple II nicht mehr so einmütig vorhergesagt. So langsam dachten die Menschen in Cupertino, er besitze einige der dauerhaften Tugenden von Produkten wie dem VW Käfer.

• • •

Doch nicht nur die Bandbreite der Arbeit an Lisa war ein Beispiel für den Ehrgeiz des Unternehmens, sondern auch die Entwicklung eines Diskettenlaufwerks. Als Apple beschloss, ein Projekt zum Bau eigener Diskettenlaufwerke ins Leben zu rufen, gab es dafür einige absolut vernünftige Gründe. Der Verkauf von Apple-II-Geräten hing stark von den Diskettenlaufwerken ab, und Apples einziger Zulieferer Shugart – zufällig ein Tochterunternehmen von Xerox – produzierte Geräte, die nach Meinung mancher Menschen nicht zuverlässig waren. Es wurde ernstlich befürchtet, Apples Wachstum könnte durch den Mangel an Diskettenlaufwerken gebremst werden. Apple fand einen weiteren Zulieferer, der als zweite Laufwerkquelle fungierte, und beschloss dann, ein eigenes Projekt zu starten. Die Motive wurden durch den gemeinsamen Wunsch von Scott und Jobs überlagert, Shugart zu demütigen.

Wendell Sander beschrieb die Tragweite des Projekts folgendermaßen: „Dem Unternehmen war nicht klar, dass es ein Projekt ins Leben rief, bei dem es eigentlich nicht um einen Computer ging. Zwischen Diskettenlaufwerken und integrierten Schaltkreisen gab es mehr Verwandtschaft als zwischen Diskettenlaufwerken und Computern.

Denen war nicht klar, dass das so eine große Sache werden würde. Die konnten die Schwierigkeiten nicht abschätzen." Ein anderer Beobachter: „Steve war wirklich überzeugt, Apple könnte ein Diskettenlaufwerk schneller, für weniger Geld und mit mehr Leistung bauen als irgendjemand anders, obwohl es mit solchen Produkten keinerlei Erfahrung hatte." Das Laufwerk mit dem Decknamen Twiggy sollte ursprünglich in den Apple III eingebaut werden, aber Entwicklungsprobleme machten dies schon bald unmöglich.

• • •

Die arrogante Missachtung der Konventionen, die sich als so fruchtbar erwies, was das Nachdenken über neue Computer anging, wirkte sich weniger heilsam aus, wenn sie im Umgang Apples mit der Außenwelt zutage trat. Für die Apple-Manager war es ein quälender Balanceakt, im Inneren des Unternehmens mit dem Unmöglichen konfrontiert zu sein und gleichzeitig nach außen hin mit Sterblichen zu verkehren. Außerdem waren sie mit der widersprüchlichen Notwendigkeit konfrontiert, Unternehmensgeheimnisse zu bewahren und gute Beziehungen zu unterhalten. Zu manchen Zeiten schien die Arroganz des Unternehmens an das bewusste Bemühen zu grenzen, sich selbst zu zerstören. Viel von dem Vertrauen zwischen Apple und den Außenstehenden, das so sorgfältig und mühselig aufgebaut worden war, begann sich in Luft aufzulösen.

Daniel Fylstra, der Vorsitzende von Visicorp – ehemals Personal Software –, dazu: „Apple verfolgte sein Eigeninteresse mit einzigartiger Aggressivität." Fylstra musste es wissen, denn das Programm Visicalc war maßgeblich daran beteiligt gewesen, Apple Zugang zu den Büros zu verschaffen. Als Visicorp begann, Apple nachzuahmen, indem es die gleiche Anwaltskanzlei nutzte, die gleiche PR-Agentur, die gleiche Buchhaltungsfirma und die gleichen Investoren, begann sich das freundschaftliche Verhältnis zu verschlechtern. Es kühlte weiter ab, als Visicorp beschloss, Visicalc-Versionen für Computer herauszubringen, die von Apples Konkurrenten hergestellt wurden, und noch weiter, als es versuchte, den Preis für das Programm anzuheben, das es für den Apple III bereitstellte. Um Visicorp auf seinen Platz zu verweisen, wurden Apple-Programmierer angewiesen, ein Tabellenkalkulationsprogramm zu entwickeln. Das Projekt entglitt immer wieder und wurde nie offiziell herausgegeben, aber das Verhältnis zwischen den beiden Unternehmen wurde immer angespannter.

Das Gleiche galt für andere Software-Unternehmen. Die Entscheidung, die meisten Programme für den Apple III in Cupertino zu entwickeln, verärgerte die kleineren Software-Unternehmen. Apple wollte einige Programme – zum Beispiel Textverarbeitung und Tabellenkalkulation – besser unter Kontrolle bekommen, weil sie genauso wichtig wurden wie der Computer. Aber wie der Apple II demonstriert hatte, konnte der Computer für derart viele Dinge verwendet werden, dass Apple nicht annähernd genug Programmierer und nicht annähernd genug Sachkenntnis hatte, um alle Möglichkeiten auszuschöpfen. Als Apple die technischen Informationen und die Sprachen, die für das Schreiben von Programmen notwendig waren, nicht lieferte, wurden weitere Gefühle verletzt. Aufgrund der verfrühten Einführung des Computers waren die Handbücher, in denen die Software erklärt wurde, noch gar nicht geschrieben. Und als Apple dann saftige Eintrittspreise für Seminare verlangte, in denen das Innenleben des Apple III erklärt wurde, wendeten sich die Dinge noch mehr zum Schlechten. Die vielen Probleme mit dem Apple III wurden sicherlich noch dadurch verschlimmert, dass es dafür so wenig Software gab. Als die Arbeit an Lisa begann, herrschte eine ähnliche Einstellung, und es wurden keine außenstehenden Unternehmen eingeladen, damit sie Beiträge dazu hätten leisten können.

• • •

Auch gegenüber Apple-Ingenieuren, die eigene Ideen verfolgen wollten, legte das Unternehmen eine zunehmend straffe Besitzerhaltung an den Tag. Als Chuck Mauro im Jahr 1980 beschloss, Apple zu verlassen und ein Unternehmen zu gründen, um ein Peripheriegerät zu bauen, das die Anzeige des Apple II von 40 auf 80 Zeichen erweiterte, schrieb ihm Jobs einen offiziellen Brief und wünschte ihm alles Gute. Als er sich nach einigen Tagen der möglichen Konsequenzen dieser Entscheidung bewusst geworden war, änderte er seine Meinung und stritt heftig mit Mauro. Er sagte, das Board sei in seiner Apple-Zeit entwickelt worden und deshalb Eigentum des Unternehmens. „Er lud mich zum Essen ein", so Mauro, „und als wir zu dem Restaurant gingen, schaute er mich an und sagte: ‚Weißt Du, wenn wir wollten, könnten wir Dich zerquetschen wie einen Käfer.'" Da jedoch die Rechtslage schwammig war, verzichtete Jobs darauf, Maßnehmen zu ergreifen, und legte ihm keine weiteren Steine mehr in den Weg. Mauro gründete seine eigene Firma.

• • •

Die gleichen Animositäten entstanden zwischen Apple und seinen Händlern. Damit es schnell wachsen konnte, wandte Apple ein zweistufiges Vertriebssystem an. Apple verkaufte seine Produkte an Großhändler und diese verkauften die Geräte an Händler weiter. Nach einer gewissen Zeit wuchsen die Großhändler nicht mehr so schnell wie die Zahl der Bestellungen und sie bremsten Apples Wachstum. Die meisten Großhändler waren kleine Unternehmen, die von unerfahrenen Geschäftsleuten gegründet worden waren, die nicht den örtlichen Bankdirektor ans Telefon bekamen, um mit ihm eine Krediterhöhung zu vereinbaren. Sobald ein Großhändler Anzeichen der Schwäche aufwies, schritt Apple zur Tat. Als beispielsweise klar wurde, dass Byte Industries Schwierigkeiten hatte, ein landesweites Netz von Byte Shops aufzubauen, belieferte Apple die Firma nicht mehr. Ein Apple-Manager sagte dazu ganz einfach: „Byte geriet ins Schwimmen, und deshalb kappten wir das Seil." Als Apple im Jahr 1980 groß genug war und genug Geld hatte, traf es eine absolut vernünftige geschäftliche Entscheidung: Es beschloss, seine Großhändler aufzukaufen und die Händler direkt zu beliefern.

Apple hatte seinen Händlern seit der Anfangszeit massiv im Nacken gesessen, und nach einer gewissen Zeit hatte fast jeder leitende Apple-Manager es einmal geschafft, einen von ihnen zu empören oder zu verärgern. Es ging um die Art von Balgereien, die häufig zwischen Fabrik und Vertrieb bestehen, wobei Erstere mit aller Kraft schiebt, um den Umsatz zu steigern, und Letzterer mit aller Kraft zieht, um so viele Zugeständnisse und Anreize wie möglich herauszuholen. Es war ein Katz- und Maus-Spiel. Jobs erklärte mit seiner anschaulichen Bildsprache: „Wir hatten einander gegenseitig bei den Eiern." Ed Faber, der Chef von Computerland, erklärte, Apple habe nach einer Weile versucht, „die Händler mit Gewalt zu kontrollieren". Apple gewährte den Händlern bereitwillig Preisnachlässe, wenn sie große Mengen kauften. Diese Strategie sollte dafür sorgen, dass die Händler mehr Geräte verkauften, dass sie immer welche vorrätig hatten und nie mit leeren Händen dastanden. Händler, die die Finanzierungskosten nicht tragen wollten, beschwerten sich heftig darüber. Ein Händler erklärte: „Es gab zu viele Verkäufer aus der Halbleiterbranche und nicht genug Leute mit Erfahrung im Einzelhandel. Die sagten mehr oder weniger: ‚Wenn Ihr das nicht exakt so machen wollt, wie wir das haben wollen, dann könnt Ihr uns mal.'"

Der Apple-Vertriebsleiter Gene Carter konterte die Beschwerden der Händler über den Druck, indem er die gleichen Plattitüden von sich gab, die man von einem Automanager aus Detroit erwarten konnte: „Apple Computer, seine Vertriebe und seine Einzelhändler – alle wollen Geld verdienen, und sie verdienen dann Geld, wenn sie das

Produkt verkaufen." Mitte 1982 äußerte er sich folgendermaßen: „Wir sind das goldene Ei. Jeder Händler will den Apple haben, weil er etwas darstellt. Die Händler wissen, wenn man keinen Apple führt, dann stimmt etwas nicht mit dem Laden."

Im Jahr 1982 hörte Apple außerdem auf, Versandhäuser zu beliefern, und griff gegen Schwarzhändler durch, die an nicht autorisierte Händler verkauften. Es sägte Computerland ab, das einmal die Hauptsäule seines Vertriebsnetzwerks dargestellt hatte und einst so begehrenswert gewesen war, dass Apple schon Vorgespräche über eine Fusion aufgenommen hatte. Apple wollte kontrollieren, welche Computerland-Geschäfte seine Produkte führten, damit sie nicht anderen Apple-Händlern in die Quere kamen. Ed Faber sagte damals: „Wir können den Leuten ja nicht sagen: ‚Du bist diesem Hersteller ausgeliefert.'"

• • •

So langsam bekam auch die Presse die Auswirkungen der Machtfülle zu spüren. Als das Fachblatt *Info World* einen urheberrechtlich geschützten Artikel veröffentlichte, der angeblich den künftigen Produktplan von Apple beschrieb, bekam der Redakteur mehrere Anrufe von Jobs, in denen er nacheinander argumentierte, die Veröffentlichung würde Apple ernstlich schädigen, den Artikel als nur teilweise zutreffend bezeichnete, den Reporter als „Kriminellen" titulierte, eine „echt dufte zweiseitige Anzeige" anbot, wenn der Artikel zurückgehalten würde, und ihm anbot, die Kosten zu tragen, wenn die Auflage gestoppt würde. Apples Einstellung zur Presse wurde in einem Memo deutlich, das im Unternehmen zirkulierte. Nachdem in den Monaten nach Apples Börsengang eine Reihe analytischer Artikel erschienen war, die Anflüge von Kritik enthielten, gab Fred Hoar, der Vizepräsident für Kommunikation, ein Rundschreiben aus. Es beklagte, Journalisten würden häufig Dinge aus dem Zusammenhang reißen, indem sie Führungskräfte falsch zitierten und das Gesagte verkürzten. Unter anderem hieß es in dem Memo:

„Betreff: Schlechte Publicity

In letzter Zeit war Apple Gegenstand einiger Presseartikel, die man nicht gerade als ‚Lobeshymnen' bezeichnen kann […], das heißt, sie berichten ziemlich negativ. […] Es liegt in der Natur der Sache, dass schlechte Nachrichten mehr Auflage bringen als gute, und auch, dass es viele oder gar den meisten Reportern schwerfällt, Feinheiten und Komplexität zu vermitteln, und ihren vorgesetzten Redakteuren noch mehr."

Die Journalisten waren der eine Brennpunkt der Verachtung, Apples Konkurrenten ein anderer. Ein Unternehmen nach dem anderen hatte die Entwicklung und die Einführung seines Personal Computers verpatzt. Große Unternehmen wie Hewlett-Packard und Xerox waren gestrauchelt und führten verspätet Geräte ein, die sich nicht mit dem Apple II messen konnten. Firmen, die bei den Verbrauchern einen gewissen Ruf genossen, zum Beispiel Atari und Mattel, hatten den Zug ebenfalls verpasst, während Minicomputerhersteller wie Data General und Digital Equipment nur langsam die Bedrohung erkannten, die von Mikrocomputern ausging, die Monat um Monat leistungsstärker wurden. Und Texas Instruments, das Unternehmen, das einst der Auslöser großer Ängste gewesen war, verpfuschte seine Computerstrategie so sehr, dass Apple mit jedem Tag, der verging, besser dastand. Beim TI-Computer war den kosmetischen Details wenig Aufmerksamkeit geschenkt worden, er hatte ein schlechtes Preis-Leistungs-Verhältnis, ein dünnes Vertriebsnetz und kam so schlecht an, dass der Preis innerhalb von zwei Jahren von mehr als 1.000 auf 100 Dollar fiel. Darum hatte sich die Ankunft eines neuen Konkurrenzcomputers bei Apple zu einem Ritual entwickelt: In den Monaten vor einer größeren Einführung herrschte bei Apple eine gewisse Beklemmung. Aber nachdem die Ankündigungen studiert worden waren und die UPS-Laster mit dem neuesten Produkt in Cupertino vorfuhren, wurden die Geräte in den Styroporverpackungen fast immer mit höhnischen Gejohle begrüßt.

Maschinen, die die Namen japanischer Unternehmen trugen, wurde der gleiche Empfang wie amerikanischen Computern bereitet. Manche Aussagen, die man aus Cupertino zu hören bekam, klangen verdächtig nach den zuversichtlichen Behauptungen aus Detroit Mitte der 1960er-Jahre. Immer wieder hieß es, die Japaner würden den Mikrocomputermarkt nicht verstehen, sie hätten keine Erfahrung mit komplizierten Geräten der Verbraucherelektronik, sie wären nicht in der Lage, die Software in den Griff zu bekommen, sie würden in den Regalen der Händler keinen Platz eingeräumt bekommen und es würde ihnen nicht gelingen, ein Image für ihre Marken aufzubauen. Jobs sagte gern: „Die Japaner klatschen gegen unsere Küsten wie tote Fische."

Das alles trotz der Tatsache, dass Apple für die stetige Versorgung mit Halbleitern, Monitoren, Druckern und Diskettenlaufwerken zunehmend auf japanische Unternehmen angewiesen war. Japanische Hersteller wie Hitachi, Fujitsu und NEC konstruierten und bauten fast alle Teile, die für einen Personal Computer gebraucht wurden, während Apple mehr oder weniger nur die Früchte der Arbeit anderer Leute zusammenbaute. Die langfristige Herausforderung war eindeutig: Wenn Apple die Japaner langfristig schlagen wollte, blieb ihm keine andere Wahl, als zum preiswertesten Hersteller der Welt zu werden und gleichzeitig seinen Kunden den größten Gegenwert zu bieten. Das Ausmaß der japanischen Bedrohung zeigte sich zwar nicht in den Vereinigten Staaten, jedoch in Japan, wo sich die Bedingungen innerhalb von drei Jahren dramatisch geändert hatten. Im Jahr 1979 hatten Apple und Commodore 80 Prozent des japanischen Marktes besetzt.

Bis 1980 war der Marktanteil auf 40 Prozent geschrumpft und die Novemberausgabe 1981 des *Japan Economic Journal* berichtete: „Die drei führenden amerikanischen Hersteller von Personal Computern – Apple Computer, Commodore International und Tandy – mussten zusehen, wie ihr gemeinsamer Marktanteil in Japan von 80 bis 90 Prozent im Jahr 1979 auf derzeit weniger als 20 Prozent abstürzte."

• • •

Es gab allerdings noch einen Konkurrenten, von dem alle erwartet hatten, dass er den Mikrocomputermarkt betreten würde, sobald dieser groß genug wäre, um ins Gewicht zu fallen. Das war das Unternehmen mit den drei imponierendsten Initialen der amerikanischen Geschäftswelt: IBM. Man konnte IBM leicht als altes, träges, angestaubtes Unternehmen von der Ostküste abtun, das seinen Ingenieuren und Programmierern weder Ruhm noch Reichtum bieten konnte und das darauf bestand, dass alle weiße Hemden und gestreifte Krawatten trugen. Als IBM 1981 seinen Personal Computer einführte, war sein Umsatzerlös 90-mal so groß wie der von Apple. Es baute Satelliten und Roboter, Speicherchips und Mainframe-Computer, Minicomputer und Schreibmaschinen, Floppy-Laufwerke und Textverarbeitungssysteme. Im Homebrew Club war der Moloch aus Armonk immer die Zielscheibe von Witzen gewesen, und Ingenieure wie Wozniak waren von den Funktionen der Geräte, die von IBMs Konkurrenten hergestellt wurden, schon immer deutlich mehr fasziniert.
In den 1920er-Jahren hatte das Unternehmen zwar Rechenmaschinen, Tabelliermaschinen, Karten und Fakturiermaschinen verkauft, aber als nach dem Zweiten Weltkrieg der UNIVAC von Remington Rand fasst zum Synonym für Computer geworden war, wechselte es die Richtung. Als IBM 1952 in das Computergeschäft einstieg, wurde sein Gesamtumsatz von General Electric und RCA in den Schatten gestellt und auch von kleineren Fischen wie Sperry Rand, Control Data und

Honeywell, die alle dachten, sie könnten IBM schlagen. Manche Computer waren besser. Aber was die grundsätzliche Stärke angeht, die Gewinnspannen, das Gewinnwachstum, die Vertriebsmannschaft, den Ruf für Service und Zuverlässigkeit, konnte sich niemand mit IBM messen. Im Jahr 1956 kontrollierte IBM mehr als drei Viertel des US-amerikanischen Marktes und ein entnervter Konkurrent seufzte: „Es bringt ja nichts, eine bessere Mausefalle zu bauen, wenn der andere Mausefallenverkäufer fünfmal so viele Vertreter hat."

Ein Jahrzehnt später wurde IBM um eine Computerfamilie herum, die die Nummer 360 bekam, sozusagen neu aufgebaut. Als Ende der 1960er-Jahre Leasing-Gesellschaften aus dem Boden schossen, die als Mittler zwischen Fabrik und Abnehmer fungierten, attackierte IBM sie heftig. Als die sogenannten steckerkompatiblen Hersteller Anfang der 1970er-Jahre begannen, auf den Markt für Peripheriegeräte auszuweichen, reagierte IBM aggressiv. Als andere Mainframe-Unternehmen Mitte der 1970er-Jahre leistungsstarke Maschinen einführten, senkte IBM die Preise und veränderte dadurch die Preisstruktur der Branche.

Es gab nur zwei auffallende Ausnahmen: IBM hatte es nicht geschafft, mit Xerox gleichzuziehen, als es versuchte, Kopierer zu verkaufen, und auch am Minicomputermarkt, der von Unternehmen wie EEC, Data General und Hewlett-Packard dominiert wurde, hatte es nur die zweite Geige gespielt. Diese beiden Beispiele, also die Ausnahmen von IBMs charakteristischer Durchsetzungsfähigkeit, machten den Personal-Computer-Herstellern Hoffnung. Aber die Sachlage war eindeutig: Jedes Mal, wenn die Manager von IBM fanden, andere Unternehmen würden ihr Geschäft bedrohen, schlugen sie wild und mit einer Rücksichtslosigkeit zurück, die sich hinter einer freundlichen Fassade verbarg. Wenn IBM von anderen Unternehmen bedroht wurde, war es in allen Jahrzehnten seiner Geschichte so, dass es irgendwann mit ihnen konkurrierte und meistens gegen sie gewonnen hatte. IBM hatte es zur Kunstform erhoben, der Vergangenheit zu trotzen, und keines seiner Opfer hatte ihm je vorgeworfen, es würde sich brüderlich verhalten.

Und so war es auch bei dem Personal Computer von IBM. Er brachte nichts Neues, aber er war beeindruckend. Der Apple II war zwar schon vier Jahre alt, aber er war eleganter als die IBM-Maschine. Der Apple war besser, er nahm auf dem Schreibtisch weniger Platz ein, er war nicht annähernd so schwer und er brauchte kein Gebläse. Dank der Jahre, die vergangen waren, hatte der IBM eine bessere Tastatur und mehr Arbeitsspeicher. Er kopierte einige Merkmale des Apple II, zum Beispiel die Erweiterungssteckplätze und die Grafik.

Das Beeindruckendste an der Modelleinführung von IBM war nicht der Computer, sondern dass sich dieses gewaltige Unternehmen so flink bewegt hatte. IBM hatte eine kleine Arbeitsgruppe eingerichtet, die in 13 Monaten das schaffte, was Apple mit dem Apple III augenscheinlich misslungen war. IBM griff massiv auf Außenstehende zurück. Bei der Produktplanung wurden Außenstehende herangezogen und Außenstehende lieferten Software. Das IBM-Betriebssystem wurde von Microsoft entwickelt – dem Unternehmen, das an Apple eine BASIC-Version für den Apple II lizenziert hatte. Personal Software machte Visicalc auf dem IBM-Computer lauffähig und die Repräsentanten des seriösen Amerika verhandelten sogar mit einem verurteilten Straftäter in Gestalt des ehemaligen Phone-Phreaks John Draper, der seine Textverarbeitung Easywriter, die er ursprünglich für den Apple II geschrieben hatte, portierte. Auch der Mikroprozessor, der ebenso wie die des Apple II und des Apple III – trotz gegenteiliger Behauptungen von IBM – ein 8-Bit-Chip war, wurde von Außenstehenden geliefert. Außenstehende lieferten die Speicherchips, den Drucker und das Diskettenlaufwerk.

IBM, das sich bisher immer auf seine Armee von Vertretern verlassen hatte, kündigte außerdem an, es würde den Personal Computer in

Geschäften wie Computerland und Sears Business Machines verkaufen. Der Grundpreis des Computers lag zwischen dem des Apple II und des Apple III. Der Elektronikanalyst Ben Rosen bemerkte dazu: „Anscheinend ist dies das richtige Gerät zum richtigen Preis mit dem richtigen Marketingansatz für die richtigen Märkte."

• • •

Bei Apple schienen weder Vergangenheit noch Gegenwart etwas zu zählen. Das Unternehmen begrüßte die Ankunft des Personal Computers von IBM mit einer ganzseitigen Anzeige, die nach aufrichtigem Wohlwollen und in den Augen mancher nach Herablassung roch: „Willkommen IBM. Im Ernst. Willkommen auf dem aufregendsten und wichtigsten Markt seit Beginn der Computer-Revolution vor 35 Jahren. [...] Wir freuen uns auf einen verantwortungsvollen Mitbewerber bei dem intensiven Bemühen, diese amerikanische Technologie in der Welt zu verbreiten." (Das war die höflichere Version einer Anzeige, über die das Minicomputer-Unternehmen Data General nachgedacht hatte, als IBM 1976 den Minicomputermarkt betrat. In dieser Anzeige – die nie das Licht der Welt erblickte – hatte es geheißen: „Die Bastarde heißen Euch willkommen.") Ein paar Tage danach bekam Jobs einen Brief von dem IBM-Vorsitzenden John Opel, der ihm für die Begrüßung dankte und indirekt andeutete, derart freundliche Gesten könnten schiefe Blicke seitens der Bundesbehörden auf sich ziehen.

Markkula und Jobs erläuterten in Cupertino ihre Anzeige. Markkula sagte in der Woche, in der IBM seinen Computer einführte: „Wir sehen da nichts Außergewöhnliches. Da gibt es keine großen technischen Durchbrüche und so weit wir das sehen keinen offensichtlichen Wettbewerbsvorteil." Schon zu diesem Zeitpunkt war klar, dass die Verantwortlichen von Apple die Macht ihres neuen Rivalen schmerzlich unterschätzten. Als Markkula gefragt wurde, wie Apple auf IBM reagieren wolle, konnte er seinen Ärger kaum verbergen. „Wir planen und warten seit vier Jahren darauf, dass IBM in diesen Markt eintritt. Wir sind diejenigen, die am Steuer sitzen. Wir sind die Leute mit einer Drittelmillion Geräten im Einsatz. Wir sind die Leute, die eine Softwarebibliothek haben. Wir sind die Leute mit einem Vertrieb. Es ist ja so, dass IBM auf Apple reagiert und antwortet." Er fuhr fort: „Die werden noch viel mehr reagieren und antworten müssen. IBM hat nicht die leiseste Ahnung, wie man an Privatpersonen verkauft. Wir haben vier Jahre gebraucht, um das zu lernen. Die müssen etwas über Vertriebsstrukturen und unabhängige Händler lernen. Man kann die Zeit nicht dadurch verkürzen, dass man Geld reinbuttert. Abgesehen vom Dritten Weltkrieg wird uns nichts vom Hocker hauen." Jobs lieferte seinen eigenen knappen Befund zur IBM-Ankündigung und sagte voraus: „Wir werden IBM aus dem Markt drängen. Wir haben unsere verdammten Hausaufgaben gemacht."

„Das Paradies ist ein Cheeseburger."
– JIMMY BUFFETT

Der Apple-Heißluftballon drehte sich wie ein nervöser Kreisel neben einer riesigen Bühne. Wenn sein Gasbrenner betätigt wurde, ruckelte der Ballon an seiner Vertäuung und das großzügige Apple-Logo, das an der Seite aufgenäht war, erglühte. Der Ballon war das auffälligste Zeichen von Apple Computer an dem Ort, an dem Stephen Wozniak für das Werbung machte, was nach seinem Wunsch das größte Rockkonzert sein sollte, das je veranstaltet wurde. Am Ende des Sommers 1982 finanzierte Wozniak eine grotesk vergrößerte Version einer Veranstaltung, die genauso gut eine Party in seinem Split-Level-Haus hätte sein können. Sein Rockkonzert am Labor Day wurde zu einer Disneyland-Version von Woodstock und hatte weder mit Computern noch mit Unternehmen viel zu tun. Zu tun hatte es vielmehr mit der Flüchtigkeit des Ruhms, mit dem blechernen Klang der Legende und mit dem musikalischen Mainstream Amerikas.

Wozniak errichtete sein ausgelassenes, zusammenklappbares Monument in einer skrofulösen Wüstenschüssel am Rande der größten Vorstadt der Welt. Hier, auf der Fußmatte von Devore, einem kleinen Städtchen, das außer seinen 372 Einwohnern, einer Kolonie von Nudisten und LKW-Fahrern, die von der Schnellstraße herunterfuhren, um zu tanken oder ein Stück Wassermelone zu essen, niemandem auffiel, wollte Wozniak sein erstes drei Tage langes Rock'n'Roll-Festival veranstalten.

Das Konzert zeugte von Anfang an von Wozniaks spendabler Unschuld und seinem standhaften Glauben an die Freuden des opulenten Lebens. Er hatte Apple verlassen, hatte sich wieder in Berkeley eingeschrieben und wieder geheiratet. Er trieb sich entweder auf dem Campus von Berkeley oder in seinem schindelgedeckten Haus in den Santa-Cruz-Bergen herum, das Türmchen aus Holzimitat und eine sagenhafte Aussicht auf die Monterey Bay hatte. Dort wohnte er mit seiner zweiten Frau, vier Lamas, zwei Eseln, drei Siberian Huskys, vier Mischlingshunden, einem Australian Sheperd und einem Rotschwanzbussard. Er stattete das Haus, das seine Freunde als Woz's Castle bezeichneten, mit allen Annehmlichkeiten aus: einem Raum für Videospiele, einem Großbildfernseher, einer Stereoanlage mit Boxen bis an die Decke und etwas, das aussah wie eine Sammlung aller Personal Computer und Peripheriegeräte, die je gebaut wurden.

Trotzdem langweilte er sich. Die Idee für ein riesiges Rockfestival lieferte etwas Abwechslung. Er sagte, zum ersten Mal habe er daran gedacht, als er in seinem Auto fuhr und sich eine Reihe von Hit-Schallplatten großer Rockgruppen anhörte. „Ich wollte etwas Gutes tun. Ich dachte mir: ‚Es wäre doch cool, wenn diese ganzen Gruppen an einem Ort sein und zusammen spielen könnten.'" Seiner Familie gegenüber stellte er sein neues Abenteuer aber auch als Unterfangen zum Geldverdienen dar und sagte seiner Schwester voraus, das Rockfestival würde 50 Millionen Dollar Gewinn einbringen. Und so entschied sich Wozniak, die bequeme Sicherheit des El Camino Real gegen die glitzernde Welt des Hollywood Boulevard einzutauschen. Wozniak mietete ein opulentes Büro in einem Glasbau in San Jose und engagierte ein bunt zusammengewürfeltes Team. Zu den Referenzen des Mannes, den er als Organisator des Festivals wählte, gehörten eine Management-Beratung und Erfahrung bei *est* [Erhard Seminars Training]. Schon bald schickten sie Pressemitteilungen über die Gründung der UNUSON Corporation raus – das war die Abkürzung für „UNite Us in SONg". Sie predigten ein Evangelium, das sich anhörte, als hätten sie es von der Hausarbeit eines Erstsemesters für „Psychologie für Anfänger" abgekupfert. Sie sagten, der Zweck des Festivals sei es, „die nationale Aufmerksamkeit wieder konzentriert auf die Macht des Zusammenarbeitens zu richten". Denn dies, so bemerkten sie, markiere den Übergang vom Ich-Jahrzehnt zum Wir-Jahrzehnt. Sie versprachen eine große Technikmesse, die zeigen würde, wie Mensch und Maschine zusammen arbeiten könnten.

Wozniak bezog ein kleines Büro, in dem er einen Apple II und ein paar Spielkonsolen aufbaute. Ab und zu erschienen seine Gehilfen und sprachen ihn im Ton großer Brüder an, die ein Geburtstagsfest für das jüngste, etwas verwöhnte Familienmitglied organisieren. Er nickte ausnahmslos zu allen Anfragen oder stimmte ihnen zu. Als die Veranstalter des US-Festivals anfingen, Ausrüstung zu bestellen, kamen ihnen nur Zahlen bekannt vor, die mit reihenweise Nullen endeten. Das Konzert verwandelte sich schon bald in ein Grab für – je nach Monat und Stimmung des Sprechers – acht Millionen, zehn Millionen oder zwölf Millionen Dollar von Wozniaks Apple-Vermögen.

Menschen, die Wozniak kannten, betrachteten das US-Festival mit allen möglichen Gefühlen zwischen Traurigkeit und Alarmiertheit.

Jobs, der immer wieder gern betonte, es sei leichter, einen Dollar zu verdienen, als einen Dollar zu verschenken, sprach von der Einrichtung einer wohltätigen Stiftung und verhehlte seine Verachtung für das Unterfangen kaum. Jerry Wozniak sah sich einige Fernsehinterviews seines Sohnes an und sagte, das Gesicht auf dem Bildschirm komme ihm „manisch" vor. Mark Wozniak sah die Spielereien skeptisch: „Mein Bruder wird von Leuten angezogen, die ihm schmeicheln. Die Menschen benutzen ihn. Er wird immer und immer wieder über den Tisch gezogen. Das ist die Story seines Lebens. Die meisten Leute, mit denen er sich einlässt, zocken ihn irgendwann ab." Sein Freund Chris Espinosa dachte: „Als Kind und Schüler war er unschuldig und vom Weltgeschehen isoliert. Als Erwachsener und Millionär ist er immer noch isoliert."

Monatelang gestalteten gelbe Bulldozer und Planierraupen die Süßhülsenbaumbestände in der Nähe von Devore zu einem sanften Hügel um. Ein paar Wasserläufe wurden umgeleitet und unterirdische Rohre verwandelten einen Teil der Wüstenschüssel in eine grüne Palmettoplantage. In dem Laterit-Flussbett wurden Parkplätze aufgeschüttet. In nahe gelegenen Canyons wurden Stellplätze für 100.000 Zelte organisiert. Dutzende und Aberdutzende türkisfarbene Dixi-Klos wurden in Lastwagen herangekarrt und dienten als mobile Kanalisation. Für die Presse wurden Duschwagen mit kochendem Wasser und kleinen Ablagen für das Shampoo hergebracht.

Die Sicherheitsleute und die Leute, die an den Imbissständen arbeiteten, waren in gestreiften Partyzelten untergebracht, die mit Armee-Feldbetten vollgestopft waren. Als das Festival langsam in Gang kam und Tausende von Autos und Bussen von den extra gebauten Freeway-Ausfahrten kamen, sah man Exemplare aller Transportmittel, die je auf dem El Camino Real gesehen wurden. Abgesehen von Automobilen – mit Schwerpunkt Honda, Datsun (das offizielle Auto des Us-Festivals) und Toyota – gab es Motorräder mit und ohne Beiwagen,

zweirädrige Motocross-Maschinen, dreirädrige Motocross-Maschinen, Cushman-Golfwagen, Tieflader, Wohnmobile, Sixpack Vans, Airstream-Wohnwagen, Bulldozer, Löffelbagger, Traktoren, Gabelstapler, Sattelschlepper und Abwasserlaster.
Wozniak wollte dafür sorgen, dass niemand länger als fünf Minuten braucht, um etwas zu Essen zu bekommen. Deshalb wurde das Gelände in ein Freiluft-Vorstadt-Shoppingcenter verwandelt. In den Biergärten stapelten sich braune Eisbeutel und Kohlensäureflaschen. Es gab ein offizielles einheimisches Bier und ein offizielles Importbier. An den Ständen gab es auch etwas zum Naschen: M&Ms, Müsliriegel, Studentenfutter, Kaugummi und Zigaretten. Es gab Wassermelonen, Ananas, Erdbeeren, Nüsse, Plätzchen, Pizza New Yorker Art, Hamburger, Chillidogs, Hotdogs, Polish Dogs, Burritos, Tacos, Soda, Limonade, 7-Up, Coca-Cola und Pepsi-Cola. Jimmy Buffett, einer der auftretenden Künstler, sagte dazu: „Das Paradies ist ein Cheeseburger."
Auch eine Drogerie zog in das Vorstadt-Shoppingcenter ein. Die Tausenden Konzertbesucher konnten auf der Ladefläche von gemieteten Lastwagen Zahnpasta, Seife, Sonnenbrillen, Insektenschutzmittel und Sonnenschutzmittel kaufen. Die Sonnencreme war auch nötig, um den Geist eines anderen Jahrzehnts heraufzubeschwören. Als der Rockproduzent die Menge zur Großzügigkeit aufrief, griff er nämlich auf den flott-freundlichen Satz der 60er-Jahre zurück: „Wenn Ihr ein bisschen Sonnencreme habt, teilt sie mit Euren Brüdern und Schwestern."
Auch gab es eine holperige Law-and-Order-Pyramide. Die Schilder an den Eingangstoren ließen an Deutlichkeit nichts zu wünschen übrig: DROGEN, FLASCHEN, WAFFEN, HAUSTIERE, ZELTE, SCHLAFSÄCKE UND LIEGESTÜHLE VERBOTEN. ALLE PERSONEN KÖNNEN DURCHSUCHT WERDEN. Dutzende Männer vom San Bernardino County Sheriffs Department (in Hubschraubern und Streifenwagen, zu Pferd und auf Motorrädern) hatten ein Auge

auf alles. Ein Mitglied eines Polizistenteams aus Southern Pacific erklärte, er sei „hier, um die Eisenbahn zu schützen". Dutzende eilig engagierter Ordner in blauen Hemden, die wachsame Gang aus der Nachbarschaft, praktizierten ihre eigene Version von Gerechtigkeit und bewachten die strategischen Eingänge im kilometerlangen Maschendrahtzaun. Dass so viel Wert auf Sicherheit gelegt wurde, hatte auch Nachteile – eine bunte Kollektion von sorgfältig mit Farben versehenen und peinlich genau codierten Sicherheitsausweisen und laminierten Pässen. Die Pässe, die Wozniak für seine Freunde auf seinem Computer programmiert hatte, wurden nicht einmal erkannt. Die Rockbands und die Presse wurden besser behandelt als die strömenden Massen. Die Bands – nach Unterzeichnung aller Verträge mehr als 20 – hatten um die Bedingungen gefeilscht und exorbitante Summen verlangt, als durchsickerte, dass Wozniaks Brieftasche so gut wie bodenlos war. Die meisten sagten, das wäre ein anderer Zeitpunkt, ein anderer Auftritt, ein anderer Tag, und sie kicherten bei der Erwähnung des Wir-Jahrzehnts. Hinter der Bühne hielten sich die Bands in klimatisierten Wohnwagen auf, die von lackierten Lattenzäunen verborgen wurden. Ihre Namen waren in gotischer Schrift in Holzschilder geschnitzt, die an allen Türen hingen, und für ihre Bedürfnisse sorgte ein Trupp Laufburschen, der von einem weiteren Wohnwagen aus arbeitete, auf dem „Ambience Control" stand, was ein hochtrabender Ausdruck für Zimmerservice war. Außerhalb der Wohnwägen lärmten, jammerten und stritten Massen von Presseagenten, Managern, Geschäftsmanagern, persönlichen Managern – eben Managern aller Art.

Sogar der Himmel stand zum Verkauf. Ein provisorischer Kontrollturm überwachte eine bunte Sammlung von Flugobjekten, die gegen den Uhrzeigersinn kreisten. Ein paar Ultraleichtflugzeuge stotterten wie untermotorisierte Motorroller mit Flügeln. Einige Fallschirmspringer sprangen ab. Um zwölf Uhr mittags am Eröffnungstag des

Festivals ritzten fünf Moskitos fünf weiße röhrenförmige Spuren quer über den Himmel. Kleine, knatternde Flugzeuge zogen Werbebanner hinter sich her, die Autoversicherungen, Sweatshirts und Billigflüge nach Honolulu anpriesen. Unter den belebten Luftkorridoren warnte ein Sheriff seinen Kumpel im Hubschrauber per Funk: „Da ist ein tief fliegender Starrflügler in der Schüsselregion. Wollte nur sichergehen, dass Du ihn bemerkt hast." Abends ließ das Goodyear-Luftschiff ein Lichtmosaik blinken: WAS FÜR EIN DICKES DING. DANKE, WOZ. Rund um die Uhr beförderten geschäftige Hubschrauber die Rockstars und ihre Groupies von einem weichen, dampfenden Teerfleck aus in Hotels, die sich westlich von Rancho Cucamonga und Cucamonga befanden.

Die Technikmesse fiel der Hitze und dem Staub zum Opfer. Es gab keinen fahrenden Homebrew Club und keine fahrende West Coast Computer Faire. Einige Aussteller kamen erst gar nicht. Andere merkten, dass ihre Geräte nicht dafür gebaut waren, die Eigentümlichkeiten des Southland-Wetters zu ertragen. Viele Besucher schienen sich ebenso sehr für die brummenden Klimaanlagen zu interessieren, die sich bemühten, die Partyzelte zu kühlen, wie für die Ausstellung. Es gab ein paar preisgünstige Beispiele für die Macht der Technologie, zum Beispiel die Reihen von Telefonen und die Walkmans und die Frauen, die ihre Lockenstäbe in die Stromkabel einstöpselten, die es in manchen der kinogroßen Zelte gab.

Aber der eigentliche Triumph der Technologie wurde eines späten Abends zur Schau gestellt, als drei Männer eine Demonstration mit einer Fernseh-Satellitenschüssel durchführten. Mit einem Mikrocomputer berechneten sie die horizontale und vertikale Neigung, mit der sie einen Satelliten fanden, der 25.000 Meilen hoch flog, und die Ergebnisse ihrer Bemühungen zeigten sie auf einem Farbfernseher. Sie justierten die Schüssel nach, und sie sprangen von einem unsichtbaren Satelliten zum anderen, bis sie gefunden hatte, was sie suchten:

Einen Pornokanal aus Los Angeles, der sein Signal mehr als 50.000 Meilen weit durch den Weltraum schickte, damit drei Männer in der kalifornischen Wüste zusehen konnten, wie eine nackte schwarze Frau mit einer ebenfalls entblößten weißen Frau Cunnilingus praktizierte. Zumindest war dies eine Allianz von Gemeinschaft und Technologie, und die Festival-Veranstalter wären nicht überrascht gewesen, wenn sie gehört hätten, dass die Frauen gut zusammenarbeiteten.

Viele der um die 200.000 Menschen (genaue Zahlen wusste niemand), die sich in die Biergärten ergossen, sich von Außenduschen beregnen ließen, einander mit Plastiksprühflaschen bespritzten oder sich in dem Strahl einer Wasserkanone suhlten, schienen sich gut zu unterhalten. Diejenigen, die gut mit Worten umgehen konnten, bezeichneten das US-Festival als eine einzige große Party, auch wenn das bei ihnen klang wie „Paadi". Wer Adjektive mochte, fand, das sei eine einzige große geile Paadi. Viele sagten, sie seien gekommen, um Paadi zu machen, um Spaß zu haben, eine tolle und eine schöne Zeit zu erleben. Das US-Festival war: dufte, toll, unfassbar, fantastisch, unglaublich, super, toll, einfach wow.

Der Altar dieser enormen Veranstaltung war eine Bühne von gigantischen Dimensionen, die Cecil B. De Mille alle Ehre gemacht hätte. Zwei drei Stockwerke hohe Videoleinwände bildeten die äußeren Flügel des Triptychons. Die Krönung des Ganzen war eine weitere Leinwand, wie man sie für Sofort-Zeitlupen in Baseballstadien einsetzt. Sie war einen halben Wolkenkratzer hoch über der Bühnentreppe befestigt. In den Eingeweiden der Bühne bedienten Roadies und Bühnenarbeiter Aufzüge und Hebebühnen, sie wuchteten Gitarrenständer, tragbare Garderoben und Stahlkisten mit der typischen Ausrüstung von Rockgruppen steile Treppen hinauf. Draußen in der Wüstenschüssel sandten Lautsprechertürme 400.000 Watt hinaus, die zwischen den Bergen von San Bernardino und San Gabriel hin und her sprangen, und Kameras filmten das Geschehen für überregionale Kabelsender. Laserstrahlen schossen über den nächtlichen Himmel und zeichneten elektronische Muster auf schläfrige schwarze Wolken. All die Geräte und der Lärm erschienen wie kosmografische Versionen der Videorekorder, Großbildfernseher, Stereoanlagen und Videospiele, die sich in Wozniaks Haus eingeschlichen hatten. Neben der Bühne taumelte der Apple-Ballon hin und her, der in dem ganzen Brimborium harmlos und friedlich aussah.

Über das ganze Konzert wachte Bill Graham, ein Rockpromoter aus San Francisco: ein Klotz voller jähzorniger Drohungen, der in abgeschnittenen Jeans, T-Shirt und Basketballschuhen brüllte, bis die Adern an seinem Hals hervortraten und ihm die Spucke wegblieb – aber er hatte das Festival im Griff. Er schlug mit seinen Fäusten Löcher in die Luft, ließ seine Muskeln spielen und sagte später, Wozniak sei eine tragische Gestalt. Wenn er zwischen den Auftritten auf die Bühne kam, bat er um eine große Begrüßung für eine großartige Band, für einen großartigen Künstler, einen großartigen Rock'n'Roller, und er pries diese drei großartigen Tage mit großartigem Rock'n'Roll.

Alle Tugenden, die Wozniak im Apple-Computer miteinander kombiniert hatte, fehlten hier. Es war eine Holzhammer-Aktion, bei der es keine Spuren von Subtilität, keinen Sinn für Feinheiten und wenig Scharfsinn gab. Vielleicht entsprang das Festival dem Wunsch, zu amüsieren und zu unterhalten. Vielleicht war es nichts weiter als ein übertrieben spektakulärer Ausdruck von Eitelkeit. Auf jeden Fall war es ein Standbild des starverseuchten Amerika. In einem weißen Pressezelt warteten 200 Reporter, Fotografen und Kameraleute auf Wozniak. Anwesend waren Journalisten von den großen Fernsehsendern, von den Kabelsendern, von Dutzenden Radiosendern, Tageszeitungen, Wochenzeitschriften, Rock'n'roll-Magazinen und der Computerfachpresse. Sie bildeten ein irres Wirrwarr wohlbekannter Namen und während sie auf eine Pressekonferenz warteten, stocherten sie auf

Tabletts mit Essen herum, machten telefonisch Meldung an Freunde und Redakteure und schlugen nach den Wespen, die um Getränkedosen, Müllkübel und Tabletts mit halb aufgegessenem Essen herumschwirrten.

Sie warteten darauf, dass Wozniak aus einem Haus herabkam, das er auf einem Hügel gemietet hatte, der das Festivalgelände überblickte, und das er als Ausgangsbasis für Ausflüge in einer langen schwarzen Limousine benutzte. Alle Journalisten warteten auf einen Satz, einen Spruch, ein Bild oder eine Großaufnahme. Sie blätterten Stenoblöcke durch, bauten dreibeinige und einbeinige Stative auf oder fummelten an Kassettenrekordern und Diktiergeräten herum. Ein breiter Strom von Kabeln führte zu einem Wald aus Mikrofonen und Kassettenrekordern, und als Wozniak unter eine Zeltbahn geduckt eintrat, erwachte das Zelt zum Leben. Ein ganze Armada Nikons, Canons und Pentax' klickte und klackte. Es wurde geschubst, gedrängelt und mit den Ellbogen gestoßen. Die Wand aus Kameras glitt nach vorne. Ein Tisch brach zusammen und man hörte lautes Kreischen. Die Motorantriebe surrten, ein Bild nach dem anderen und eine Filmrolle nach der anderen wurden verknipst. Es wurde gerufen und gepfiffen. „Halt sie tiefer ... Klappe, verdammt ... Ruhe ... Ruhe ... Woz! ... Woz! ..." – und die ganze Zeit wurde geschubst und gedrängelt, um bessere Bilder und Einstellungen zu bekommen. Wozniak saß mit schräg aufgesetzter Baseballmütze, T-Shirt, kurzer Hose und Socken an einem Tisch zwischen dem Rockpromoter und dem Absolventen von Erhard Seminars Training, grinste und sah aus wie ein Schuljunge, der einen Verweis bekommen hat. Er wurde mit einer öden, sinnfreien Endlosschleife von Fragen bombardiert: „Wie viel haben Sie verloren? ... Wie viele Menschen sind hier? ... Warum haben Sie das gemacht?"

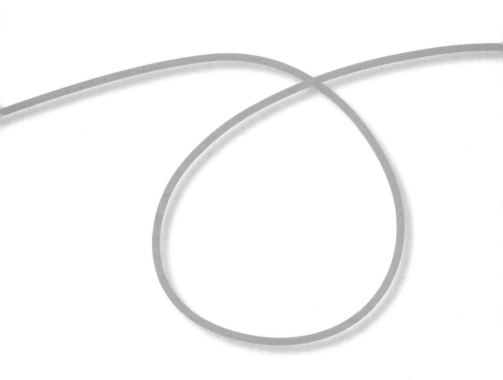

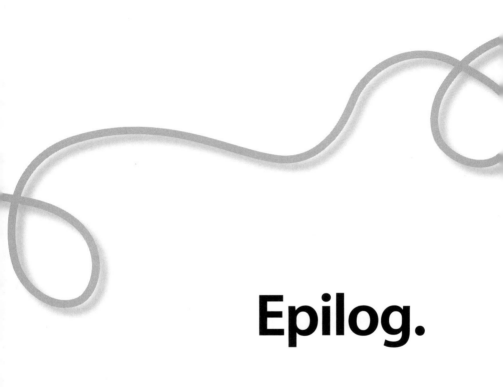

Epilog.

Mehr als ein Vierteljahrhundert ist vergangen, seit ich die vorige Seite auf einem Apple III geschrieben habe. Als im Jahr 1984 die erste Auflage dieses Buches auf dem Weg in die Druckerei war, bekam ich mehrere Briefe vom Verlag – das war noch die Zeit, bevor E-Mails zum universellen Telefgrafensystem geworden waren –, in denen er die Befürchtung äußerte, die goldene Zeit von Apple könnte bereits vorüber sein. Diese Besorgnis war verständlich. Das Brimborium um die Einführung des Macintosh – der mit einem Orwell'schen Fernsehwerbespot am Superbowl-Sonntag 1984 vorgestellt worden war – war abgeebbt und die Kommentare wurden kritischer. Das Personal-Computer-Geschäft von IBM legte zu. Compaq hatte schneller als je ein Unternehmen zuvor 100 Milliarden Dollar Umsatz erreicht, und das Microsoft-Betriebssystem DOS fand jeden Monat neue Lizenznehmer. Es gab eine Menge Gründe, zu glauben, Apple würde wanken.

Jetzt, 25 Jahre später, sind die Menschen mit den Namen iPod, iPhone und Macintosh genauso vertraut wie mit Apple, und besonders denjenigen, die mit Handys und sozialen Netzwerken aufwachsen, fällt es schwer, sich eine Zeit vorzustellen, in der es so aussah, als wäre das Unternehmen nur eine weitere Technologiefirma, die von einem Konkurrenten ausradiert oder geschluckt werden könnte. Seit 1984 hat es eine Menge Technologieunternehmen gegeben, die in eine Grauzone oder in die Finsternis gerutscht sind, und es ist ziemlich leicht, eine alphabetische Liste der Opfer von A bis Z zusammenzustellen.

Allein schon der Buchstabe A beinhaltet Aldus, Amiga, Ashton-Tate, AST und Atari. Und was das restliche Alphabet angeht, da haben wir Borland, Cromemco, Digital Research, Everex, Farallon, Gavilan, Healthkit, Integrated Micro Solutions, Javelin Software, KayPro, Lotus Development, Mattel, Northstar Computers, Osborne Computer, Pertec, Quarterdeck, Radius, Software Publishing, Tandy, Univel, VectorGraphic, Victor, WordPerfect, Xywrite und Zenith Data Systems.

Diejenigen großen Technologieunternehmen, die diese Jahrzehnte überstanden haben – IBM und HP –, haben dies in Bereichen getan, die weit vom Personal Computer entfernt sind. IBM – einst das Unternehmen, das andere Unternehmen in der Personal-Computer-Industrie fürchteten – hat sein Geschäft sogar dem chinesischen Unternehmen Lenovo überlassen.

Diese Sterblichkeitsrate macht Apples Überleben – und erst recht sein Wohlergehen – noch bemerkenswerter. Ich beobachte Apple schon fast seit ich erwachsen bin, zuerst als Journalist und dann als Investor. Journalisten leiden unter der Krankheit, dass sie ein Thema, das sie einmal interessiert hat, nicht mehr vergessen. Mir geht es da nicht anders. Aber ein paar Jahre, nachdem ich dieses Buch fertiggestellt hatte, geschah es, dass ich aufgrund von Launen des Schicksals bei Sequoia Capital arbeitete, der privaten Beteiligungsgesellschaft, deren Gründer Don Valentine geholfen hatte, einige Grundbausteine zusammenzusetzen, aus denen Apple aufgebaut wurde. Seither investiere ich in junge Technologieunternehmen und private Wachstumsunternehmen in China, Indien, Israel und den Vereinigten Staaten, und darum habe ich ein präziseres Gespür für die gewaltige Kluft entwickelt, die zwischen den wenigen erstaunlichen Unternehmen und den Tausenden Unternehmen besteht, die von Glück sagen können, wenn ein Fußnotensternchen in den Geschichtsbüchern für sie abfällt.

Ich wette, wenn man im Jahr 1984 Verbraucher gefragt hätte, welches Unternehmen in ihrem Leben wohl eine größere Rolle spielen würde – Sony oder Apple –, dann hätten die meisten für Ersteres gestimmt. Der Erfolg von Sony beruhte auf zwei mächtigen Kräften: dem unermüdlichen Antrieb seines Gründers Akio Morita und der Miniaturisierung der Elektronik und der Produkte, nach denen sich die Verbraucher so sehnten. Das japanische Unternehmen, das im Jahr 1946 gegründet worden war, hatte sich eine Gefolgschaft als Konstrukteur und Hersteller von fantasievollen und zuverlässigen Produkten der Unterhaltungselektronik aufgebaut: Transistorradios, Fernseher, Tonbandgeräte und in den 1970er- und 1980er-Jahren auch Videorekorder, Videokameras und des Walkman, des ersten tragbaren Geräts, mit dem man überall und zu allen Zeiten Musik hören konnte. Der Walkman trug ebenso wie eine Generation später der iPod den Stempel des Unternehmensgründers. Er wurde im Jahr 1979 innerhalb weniger Monate kreiert, baute sich vor allem durch Mundpropaganda eine große Gefolgschaft auf, und in den zwei Jahrzehnten bis zum Aufkommen der MP3-Player wurden mehr als 250 Millionen Stück verkauft. Wie jeder weiß, wurde der Spieß inzwischen umgedreht, und vor ein paar Jahren kursierte ein böser Witz, der die veränderten Umstände verdeutlichte: „Wie buchstabiert man Sony?" Antwort: „A-P-P-L-E."

Das wirft die Frage auf, wie es dazu kam, dass Apple Sony überholte, aber noch interessanter ist die Frage, wie das Unternehmen mächtige Industrien bis ins Mark erschüttern konnte und Musikimpresarios, Filmproduzenten, Besitzer von Kabelsendern, Zeitungsinhaber, Druckereien, Telefongesellschaften, Gelbe-Seiten-Verlage und altmodische Einzelhändler zum Zittern bringen konnte. Im Jahr 1984 hätte man nichts davon für möglich gehalten. Damals war Ronald Reagan Präsident, die Hälfte der amerikanischen Haushalte empfing drei Fernsehprogramme, die Auflage US-amerikanischer Morgenzeitungen überschritt mit 63 Millionen den Höhepunkt, es wurden 90-mal so viele LPs und Kassetten verkauft wie CDs, das Mobiltelefon Motorola DynaTAC 8000x wog ein Kilo, man konnte eine halbe Stunde damit telefonieren und es kostete fast 4.000 Dollar. Sas japanische MITI war im Westen gefürchtet und die Heimstatt der fortschrittlichen Produktion war Singapur.

Drei mächtige Strömungen spielten Apple in die Karten, aber diese Gewässer konnten auch von anderen Mannschaften befahren werden. Die erste Strömung schwemmte die Elektronik tiefer in alle Ecken und

Winkel des Alltagslebens, sodass es heutzutage fast keinen Ort auf der Erde gibt, der sich außerhalb der Reichweite eines Computers oder der verwirrenden Kollektion von Telefonen und unterhaltungselektronischen Geräten befindet, die uns umgibt. Die zweite machte es möglich, dass Unternehmen, die in der Ära des Personal Computers gegründet wurden, Verbraucherprodukte entwickeln. Computerunternehmen mit feinem Software-Gespür fiel es weitaus leichter, Verbraucherprodukte zu konstruieren, als denjenigen, die aus der Unterhaltungselektronik stammten und deren Expertise hauptsächlich in der Hardware-Konstruktion und im Herstellungs-Know-how lag. Es ist kein Zufall, dass die Unternehmen, die Apple am meisten beneiden, Namen wie Samsung, Panasonic, LG, Dell, Motorola und natürlich Sony tragen. Die dritte Strömung war das „Cloud Computing" – die Idee, dass ein großer Teil der Rechenleistung, der Speicherkapazität und der Sicherheitsvorrichtungen für beliebte Software auf Hunderttausenden Geräten in Datencentern von der Größe von Fabriken liegt. Diese Computerarchitektur förderte Mitte der 1990er-Jahre Dienstleister wie Amazon, Yahoo, Ebay, Hotmail und Expedia, und später förderte sie Google und die Apple-Dienstleistungen, welche die Macs, die iPods und die iPhones glänzen lassen. Heute können zum ersten Mal Verbraucher – nicht Unternehmen oder Regierungen – die schnellsten, zuverlässigsten und sichersten Computerdienstleistungen genießen.

Im Jahr 1984 wurde Apple allerdings mit akuteren und banaleren Herausforderungen konfrontiert. Angesichts der Herausforderung, ein schnell wachsendes Unternehmen in einer zunehmend umkämpften Branche zu managen, stand der Verwaltungsrat von Apple vor der wichtigsten Aufgabe, vor der jeder Verwaltungsrat steht: eine Person auszusuchen, die das Unternehmen leitet. Mike Markkula, der 1976 zu Jobs und Wozniak gestoßen war, hatte keinen Hehl daraus gemacht, dass er wenig Lust auf ein Leben als langfristiger Vorstandsvorsitzender von Apple hatte. Darum musste der Verwaltungsrat, dem auch Steve Jobs angehörte, entscheiden, welchen Kurs das Unternehmen einschlagen sollte. Diese Entscheidung – und drei ähnliche Entscheidungen in den 13 Jahren danach – gestalteten die Zukunft von Apple.

Mir ist erst im Nachhinein klar geworden, wie immens groß das Risiko ist, das damit verbunden ist, einen Außenstehenden einzustellen – erst recht einen aus einer anderen Branche –, um ein Unternehmen zu leiten, dessen Weg massiv von der Entschlossenheit und Energie seines Gründers oder seiner Gründer bestimmt wurde. Es ist kein Zufall, dass die meisten großartigen Unternehmen von gestern und heute in ihrer Blütezeit von den Menschen geleitet oder kontrolliert wurden, die sie gegründet haben. Die Botschaft ist unabhängig von der Branche, der Zeit und dem Ort die gleiche, und sie hat viele Namen: Ford, Standard Oil, Chrysler, Kodak, Hewlett-Packard, Wal-Mart, Fedex, Intel, Microsoft, NewsCorp, Nike, Infosys, Disney, Oracle, Ikea, Amazon, Google, Baidu oder Apple. Der Gründer handelt mit dem Instinkt eines Besitzers und hat die nötige Zuversicht, die nötige Autorität und die nötige Führungskompetenz. Manchmal – wenn die Instinkte des Gründers fehlgeleitet sind – führt dies zum Ruin. Aber wenn sie funktionieren, kann sich niemand auch nur annähernd mit ihm messen.

Wenn Verwaltungsräten Bedenken über den Zustand des Unternehmens oder die Fähigkeiten des Gründers kommen und wenn sie keinen geeigneten internen Kandidaten haben, machen sie fast immer den falschen Schachzug. Normalerweise müssen sie dann über einen Vorstandsvorsitzenden entscheiden, wenn das Unternehmen auf den Abgrund zurollt, wenn die Nerven blank liegen, wenn der Testosteronspiegel steigt und – besonders bei so exponierten Unternehmen wie Apple – wenn jeder Mitarbeiter, Analyst, Besserwisser und Miesepeter seinen Senf dazugibt. Bei Apple wurde die Entscheidung 1985 noch dadurch erschwert, dass es innerhalb des Unternehmens keinen geeigneten Nachfolger gab. Jobs galt als zu jung und zu unreif, und er wusste selbst, dass er Hilfe brauchte, wenn Apple die zehn Milliarden Dollar Umsatz erreichen wollte, von denen er bereits zu träumen begonnen hatte. Die erdrückende Last der herrschenden Meinung führte schließlich dazu, dass Kandidaten mit beeindruckend klingenden Titeln und Referenzen gesucht wurden. Aber Erfahrung – besonders, wenn sie in einer anderen Branche erworben wurde – bringt in einem jungen, schnell wachsenden Unternehmen in einer neuen Branche mit einem anderen Puls und einem unbekannten Rhythmus wenig. Mit Erfahrung steht man auf der sicheren, aber häufig auch auf der falschen Seite.

Nach langwieriger Suche verkündete der Verwaltungsrat von Apple, John Sculley würde der neue Vorstandsvorsitzende des Unternehmens werden. Im Silicon Valley war Sculley ein Unbekannter, was kaum überraschend war, denn er hatte seine gesamte Laufbahn bei Pepsi-Cola verbracht, wo er zuletzt die Softdrink-Sparte PepsiCo geleitet hatte. Sculleys Ankunft in Cupertino wurde mit der abschätzigen Bemerkung kommentiert, Apple (und Jobs) „brauchten eine erwachsene Aufsichtsperson". Das ist aber das allerletzte, was einzigartige, wunderbare Gründer brauchen. Diese seltene Sorte Mensch mag Hilfe benötigen, sicherlich tut ihr Unterstützung gut und es mag eine Menge Dinge geben, die ihr neu oder fremd sind. Aber das Erscheinen eines Chefs, vor allem wenn er wenig Erfahrung mit Technologie und der rauen Ungeschliffenheit eines Unternehmens im Entwicklungsstadium hat – endet fast immer in einer Misere.

Sculley wurde bei Apple begrüßt wie ein Erzengel, und eine Zeit lang konnte er gar nichts falsch machen. Er und Jobs wurden mit der Aussage zitiert, sie könnten einer des anderen Sätze zu Ende sprechen. Im Nachhinein sagt es sich leicht, es sei fast unmöglich gewesen, dass ein Mann wie Sculley, der in den Grenzen eines etablierten Unternehmens von der Ostküste groß geworden war, das Softdrinks und Snacks verkauft, in einer Branche gedeiht, in der sich die Lebenszyklen von Produkten in Quartalen oder gar Monaten bemessen und in der die Unterwerfung unter Konventionen den Beginn des Totengeläuts markiert. Leichter lernt ein Gründer – vor allem, wenn er von Menschen mit unterschiedlichen Erfahrungen umgeben ist – etwas über Management, als ein Manager von einem Großunternehmen die Feinheiten und Komplexitäten einer vollkommen neuen Branche lernt – vor allem, wenn es dabei um ein Technologieunternehmen geht.

Innerhalb von weniger als zwei Jahren wurde aus allzu großer Vertraulichkeit Verachtung – eine Situation, die noch durch die Tatsache verkompliziert wurde, dass Jobs in der Zeit, in der Sculley den Titel des Vorstandsvorsitzenden trug, der Vorsitzende des Unternehmens war. Es kam zu Meinungsverschiedenheiten. Gehässige Bemerkungen hinter dem Rücken und üble Nachrede waren an der Tagesordnung und die Uneinigkeit wurde so belastend, dass Sculley 1987 derart verärgert, verstimmt, aufgebracht und verdrossen über Jobs war, dass er dessen Entlassung aus dem Unternehmen organisierte. Sculleys Amtszeit bei Apple dauerte bis 1993 und während eines Teils dieser Zeit waren die Kritiken von außen – zumindest diejenigen, die von Wall-Street-Analysten stammten – positiv.

In dem Jahrzehnt, das Sculley bei Apple verbrachte, stieg der Umsatz von weniger als einer Milliarde Dollar im Jahr auf mehr als acht Milliarden Dollar im Jahr. Oberflächlich betrachtet sieht das nach einer wundervollen Erfolgsbilanz aus. Aber die Wirklichkeit sah ganz anders aus. Sculley profitierte nämlich von einer mächtigen Kraft – der gewaltigen Nachfrage nach Personal Computern. Ein derartiges Marktwachstum verschleiert allerlei Defizite, und erst wenn die Veränderungsrate langsamer wird oder die Konjunktur zurückgeht, werden die wahren Risse sichtbar.

Während Sculleys Zeit bei Apple wurde das Unternehmen von IBMs schierer Größe in die Knie gezwungen und anschließend von den listigen Manövern des Waffenhändlers der Branche – Microsoft –, der das Betriebssystem, das er an IBM lizenziert hatte, jedem zur Verfügung stellte, der es haben wollte. Dies führte zur starken Vermehrung der sogenannten IBM-kompatiblen Computer – manche wurden von Start-up-Unternehmen wie Compaq hergestellt, andere von etablierten Unternehmen wie DEC, wieder andere von kostenbewussten taiwanischen Unternehmen wie Acer. Diese Geräte hatten zwei Eigenschaften gemeinsam: Die Hardware basierte auf Mikroprozessoren von Intel und das Betriebssystem wurde von Microsoft geliefert. Apple setzte indes auf Chips von Motorola (und später von IBM) und musste sich sehr anstrengen, um Programmierer davon zu überzeugen, Software für den Macintosh zu schreiben, dessen Marktanteil im Laufe der Jahre geschwunden war. Apple kämpfte mit schwachen Verbündeten an zwei Fronten: einerseits gegen das gigantische Budget von Intel – in einer Branche, in der Ingenieurtechnik und Kapital viel zählen – und andererseits gegen die Legionen von Programmierern, die festgestellt hatten, dass sie sich auf der Grundlage von Microsoft DOS und dem Nachfolger-Betriebssystem Windows ein gutes Geschäft aufbauen konnten. Sculley reagierte darauf unter anderem damit, dass er die Preise von Apple nach und nach erhöhte, um die Gewinnspannen aufrechtzuerhalten – eine Weile peppte dieser Trick die Gewinne zwar auf, aber irgendwann erlahmte er.

Während der Attacken nervtötender Newcomer verwelkte der Erfindungsreichtum bei Apple. Mit der Farbfähigkeit des Apple II, der grafischen Benutzerschnittstelle des Macintosh, Desktop-Publishing, Laserdruck, integrierter Netzwerkfähigkeit und Stereo-Sound hatte das Unternehmen die Branche angeführt, aber das hörte jetzt auf. Als Sculley in einem Wirbel von Vorwürfen wegen seiner Vorliebe für das Rampenlicht und seiner Liebäugelei mit der landesweiten Bühne ging, war der Vorratsschrank leergefegt. Der Funke der Fantasie, genauer gesagt die Fähigkeit, eine vielversprechende Idee in ein attraktives

Produkt zu verwandeln, war erloschen. In dem Jahrzehnt, in dem Sculley am Ruder war, führte Apple keine nennenswerten neuen Produkte ein. Die Computer, die es herausbrachte, trugen sterile Namen wie Performa, Centris und Quadra. Computer mit mehr Speicher, größeren Monitoren und größeren Festplatten zählen bei der Preisverleihung für das Lebenswerk allerdings nicht. Aus dem Newton, einem kleinen digitalen Organizer, für den Sculley in seiner selbst geschaffenen Rolle als Chief Technology Officer kämpfte, wurde nicht viel mehr als ein teurer Türstopper. In einer 1987 erschienenen Autobiografie – die heute als sehr zutreffende Einschätzung der Kluft zwischen seinen Fähigkeiten und dem Gründer erscheint, den er ersetzte – verriss Sculley die Zukunftsideen von Jobs, indem er schrieb: „Apple sollte ein Unternehmen für wunderbare Konsumartikel werden. Das war ein irrwitziger Plan. Man konnte Hightech nicht als Konsumartikel bauen und verkaufen."

Als Sculley entlassen wurde, war Apple in Gefahr. Das von Microsoft 1990 eingeführte Windows 3.0 war zwar nicht so elegant wie die Macintosh-Software, aber es war gut genug. Als Sculley an die Ostküste zurückkehrte, war Apples Marktanteil gebröckelt und seine Ertragsmargen waren eingebrochen. Die besten jungen Ingenieure bewarben sich lieber auf Stellen bei Unternehmen wie Microsoft, Silicon Graphics oder Sun Microsystems.

Zu der Zeit, als Sculley ging, war der Verwaltungsrat von Apple ausgelaugt. Die Leute, die große Beteiligungen des Unternehmens besaßen und handfestes Interesse an seinem Erfolg hatten, waren durch eine seltsame Mannschaft ersetzt worden. Diese Truppe war fast mit Sicherheit von einem Ernennungsausschuss zusammengestellt worden, der unbedingt politische Korrektheit demonstrieren wollte und deshalb Menschen mit unterschiedlichen Erfahrungen und Vorgeschichten ins Board setzte. In einem Zeitraum von 48 Monaten Mitte der 1990er-Jahre umfasste der Verwaltungsrat den Finanzvorstand des Unternehmens, der zuvor ein Flussschiffahrt-Spiele-Unternehmen aufgebaut hatte, den Vorstandsvorsitzenden einer gigantischen europäischen Verpackungsfirma, den Chef von National Public Radio und einen Vorstand von Hughes Electronics und StarTV. Keine dieser Personen hatte Erfahrungen in der PC-Branche, keine kannte die anderen, und mit Ausnahme von Markkula hatte keiner ein größeres ökonomisches oder emotionales Interesse an Apple. Es ist schwer vorstellbar, dass sie wie Besitzer dachten, geschweige denn so handelten. Wenn es irgendein Band gab, das sie zusammenhielt, dann wahrscheinlich der Wunsch, Peinlichkeiten zu vermeiden. Es ist kein Wunder, dass sie zwei desaströse Personalentscheidungen trafen, die beide eher zu einem Unternehmensbestatter als zu einem innovativen Unternehmenslenker gepasst hätten.

Da war als Erstes Michael Spindler, ein Europäer, der vor Apple kurzzeitig als Marketingstratege bei DEC und Intel gearbeitet hatte. Als Vorstandsvorsitzender setzte er Sculleys Bemühungen fort, Apple zu verkaufen – seine Hauptziele waren IBM, Sun Microsystems und Philips – und darüber zu diskutieren, ob man Lizenzen auf das Macintosh-Betriebssystem an andere Hersteller vergeben sollte. Eine Allianz von IBM und Motorola – ein verworrenes Unternehmensknäuel von der Sorte, bei der in der Welt der Technologie nie viel herauskommt – sollte Microsoft dadurch bremsen, dass Apple-Software mit Mikroprozessoren der beiden genannten Hersteller vermählt wurde. Nach weniger als drei Jahren als Vorstandsvorsitzender wurde Spindler 1996 hinauskonplimentiert. Der aus acht Personen bestehende Verwaltungsrat, der keine außenstehenden Aufsichtsräte enthielt, wandte sich an eines seiner Mitglieder namens Gil Amelio und beauftragte ihn mit der Verjüngung von Apple. Amelio ließ sich zwar gern als „Doktor" titulieren (wegen seines Doktorgrads in Physik), aber schon vor seiner Ernennung war offensichtlich, dass er nicht der Medizinmann war, den der Patient brauchte.

Während Apple verkümmerte, ertrug Steve Jobs seine Jahre in der Wildnis – eine beschwerliche, mühsame Reise, die rückblickend wohl das Beste war, was ihm passieren konnte. Nach seiner Verbannung von Apple verkaufte er alle Aktien bis auf eine und stürzte sich mit 30 Jahren in einen Neuanfang. Im Jahr 1986 kaufte er Pixar, ein aus 44 Personen bestehendes Unternehmen, das dem Star-Wars-Schöpfer George Lucas gehörte und sich einen gewissen Ruf mit der Herstellung von Geräten für die Computer-Animation erworben hatte. Jobs interessierte sich vor allem dafür, wie sich die Technologie von Pixar auf den Personal Computer auswirken könnte. Allerdings war Pixar für Jobs nicht das wichtigste Projekt. Im Jahr 1985 gründete er ein neues Computerunternehmen, das er mit seiner ihm eigenen Eleganz und der für ihn typischen Symbolik NeXT nannte. Damit begann eine mühselige Geschichte, die Ende 1996 in dem unwahrscheinlichsten Finale gipfelte: in der Übernahme durch Apple.

Zwischen der Gründung von NeXT und seinem Verkauf lagen viele erzählenswerte Geschichten. Das Unternehmen illustrierte, wie schwer es ist, ein neues Unternehmen zu gründen, wenn man mit einem ersten außerordentlich erfolgreich war. Jobs wurde das Opfer seines Ruhms und seiner Bekanntheit, und anstatt sich an die Lektionen aus dem ersten Jahr von Apple zu erinnern (als das Geld knapp war, die Ressourcen beschränkt waren, das Überleben ständig in Frage stand und die Fertigungsstrecke aus einer Werkbank in der Garage seiner Eltern bestand), handelte er bei NeXT anfangs so, als sei dies die Fortsetzung eines Milliarden-Unternehmens. Paul Rand, der bereits die Logos von IBM, ABC und UPS designt hatte, gestaltete das NeXT-Firmenlogo. I. M. Pei, der Hohepriester der modernistischen Architektur, wurde mit dem Bau einer freitragenden Treppe beauftragt (Anklänge daran tauchten Jahre später in vielen Apple Stores auf). Ross Perot, die Stanford University und andere (einschließlich Jobs)

steuerten Startkapital in einer Höhe bei, die etwa dem entsprach, was Microsoft 1986 mit seinem Börsengang erlöste.
Als sich NeXT zu einem Hersteller von Workstations für Unternehmen entwickelte, wurde Jobs aus seinem natürlichen Milieu gerissen. Anstatt Ideen für Produkte auszubrüten, die Millionen von Verbrauchern würden benutzen können, war er einem Markt ausgeliefert, in dem Kaufentscheidungen von Ausschüssen getroffen werden, die für wagemutige Beschlüsse nicht belohnt werden; in dem Konkurrenten wie Sun, Silicon Graphics, IBM, Hewlett-Packard und natürlich Microsoft keine Gelegenheit verstreichen ließen, einen mit Schmähungen zu überhäufen; und in dem man eine kostspielige Vertriebsmannschaft braucht, die sich an die Kunden heranmacht. Der schwarze, würfelförmige Computer, der enormen Verzögerungen zum Opfer fiel – das ist einer der vielen Flüche, die überfinanzierte Start-ups gefährden –, landete zwar bald ebenso wie andere von Jobs inspirierte Produkte im New Yorker Museum of Modern Art, aber die Kunden waren davon weniger beeindruckt. Die Belastung und die Gefahr des Scheiterns machten der Gründungsmannschaft von NeXT immer mehr zu schaffen. Im Jahr 1993 warf Jobs im Computergeschäft das Handtuch und versuchte, NeXT in eine Softwarefirma umzuwandeln – eine Strategie, die ausnahmslos bei allen Computerunternehmen der Vorbote des Untergangs ist.
1996 lagen sowohl NeXT als auch Apple am Boden. Im Computergeschäft war Jobs zu einer Nebenrolle verurteilt, aber bei Pixar hatten sich seine Beharrlichkeit und seine Geduld ausgezahlt. Neun Jahre nach dem Kauf des Unternehmens verliehen ihm die Veröffentlichung des Animationsfilms *Toy Story* und der anschließende Börsengang die nötigen finanziellen Mittel, um die Macht seines exklusiven Vertriebspartners Disney (der das Unternehmen ein Jahrzehnt später für 7,4 Milliarden Dollar kaufte und dadurch Jobs zum größten einzelnen Aktionär seit Walt Disney selbst machte) auszubalancieren.

Was dann geschah, könnte fast einer viktorianischen Romanze aus dem 19. Jahrhundert entstammen: Als Jobs Wind von Apples Interesse an der Übernahme von Be bekam – eines Unternehmens, das ein ehemaliger Apple-Manager gegründet hatte –, überzeugte er Amelio davon, dass er besser beraten wäre, NeXT zu kaufen und dessen Expertise auf dem Gebiet des Betriebssystems UNIX als Software-Fundament für Apples Zukunft zu nutzen. Amelio entschied sich für NeXT, kaufte das Unternehmen für 430 Millionen Dollar in bar, gab Jobs 1,5 Millionen Aktien und stellte sich damit unwissentlich selbst ein Ausreisevisum aus. Es folgte eine heikle Periode, in der Jobs versicherte, er interessiere sich nur dafür, Amelio zu beraten und sich um Pixar zu kümmern. Was er wirklich von Amelio hielt, zeigte sich daran, dass er alle kürzlich erhaltenen Apple-Aktien bis auf eine wieder verkaufte. Weniger als drei Monate, nachdem NeXT zu einem Teil von Apple geworden war, wurde Amelio von Jobs ersetzt, der Interims-Vorstandsvorsitzender wurde. Dies sorgte für Getuschel und Schlagzeilen, die sich wie Todesanzeigen anhörten: „Wie konnte es zu diesem Chaos kommen? Die unsägliche Geschichte von Apples Untergang" und „Bis ins Mark verfault" waren nur zwei von vielen Botschaften, mit denen die Titelseiten der landesweiten Zeitschriften gepflastert waren. Michael Dell, der damals zu den Lieblingen der PC-Branche gehörte, stellte im Herbst 1997 eine rhetorische Frage zum Thema Apple: „Was würde ich tun? Ich würde dichtmachen und den Aktionären ihr Geld zurückgeben."

Die Jahre in der Wildnis hatten Steve Jobs abgehärtet. Sein Kampf mit NeXT hatte ihn gelehrt, mit widrigen Umständen klarzukommen, und bei Pixar hatte er in der Animationsbranche Erfahrung als Chef des technisch fortgeschrittensten kreativen Unternehmens der Welt gesammelt. Das Unternehmen Apple, das er im Herbst 1997 erbte, hatte seinen kreativen Reiz und seine Führungsposition in der Technologiebranche verloren. Ihm war fast das Geld ausgegangen, es gelang ihm nicht, junge, exzellente Ingenieure zu gewinnen und es hatte nichts Kreatives in der Pipeline. Jobs war unromantisch. Die Marketing-Abteilung, erpicht darauf, unbedingt einen Wechsel zum Besseren anzukündigen, wollte eine Anzeige schalten, in der es hieß: „Wir sind wieder da!" Jobs wollte nichts davon wissen.

Stattdessen startete er eine Anzeigenkampagne unter dem Motto „Think different" mit einer Reihe Schwarz-Weiß-Fotos bemerkenswerter Persönlichkeiten. Dabei wurden zwar auch ein paar bilderstürmerische Geschäftsleute präsentiert, aber die künstlerischen und kreativen Personen waren deutlich in der Überzahl. Dazu gehörten Musiker (Bob Dylan, Maria Callas und Louis Armstrong), bildende Künstler (Picasso und Dalí), ein Architekt (Frank Lloyd Wright), charismatische Führer (Mahatma Gandhi und Martin Luther King), Naturwissenschaftler (Einstein und Edison), Filmemacher (Jim Henson), Tänzerinnen (Martha Graham) und eine Abenteurerin (Amelia Earhart). Diese Kampagne war ein Schlachtruf, aber auch der klare Ausdruck der künstlerischen, sinnlichen, romantischen, mystischen, wissbegierigen, verführerischen, asketischen und theatralischen Seite von Jobs – Adjektive, die man normalerweise nicht mit dem Chef eines Technologieunternehmens verbindet. Und diese Attribute fanden sich schließlich auch in den Apple-Produkten wieder, die Jobs zu begehrten Objekten machte.

Diese Werbekampagne war einfach und direkt, was womöglich innerhalb des Unternehmens von größerer Wichtigkeit war als außerhalb. Sie drückte in einfachen Begriffen aus, dass es sich das Unternehmen nicht leisten konnte, andere nachzuahmen, sondern dass es sich seinen eigenen Weg bahnen musste. Jobs zwang das Unternehmen auch, anders zu handeln. Er reduzierte Kosten, setzte beträchtliche Entlassungen durch und schaffte komplette Produktlinien ab, die er für wertlos, undifferenziert oder fade hielt, zum Beispiel die Drucker und den Newton. Er stoppte die Lizenzierung des Macintosh-Betriebssystems an andere Hersteller, schränkte den Vertrieb von Apple-Produkten auf die treuesten Händler ein, installierte fünf NeXT-Manager als Säulen seiner Führungsmannschaft – behielt aber Fred Anderson als Finanzvorstand –, warf den größten Teil des diskreditierten Verwaltungsrats über Bord und holte dafür praxisorientierte, hartgesottene Leute, denen er vertraute. Er organisierte eine Investition in Höhe von 150 Millionen Dollar von Microsoft (die gleichzeitig das juristische Gezänk zwischen den beiden Unternehmen beendete, den Cashbestand von Apple auffüllte und dem Internet Explorer einen markanten Platz auf Macintosh-Computern sicherte) und führte innerhalb von zehn Monaten eine neue Palette von Macintosh-Computern ein, die das gewohnte kokette Flair besaßen. Ein Jahr danach, also im Herbst 1998, meldete Apple einen Jahresumsatz von fast sechs Milliarden Dollar und einen Gewinn von mehr als 300 Millionen Dollar. Als Jobs das Ruder übernahm, waren es 7,1 Milliarden Dollar Umsatz und ein Verlust von einer Milliarde Dollar gewesen.

Das Platzen der Dotcom-Blase, die Rezession 2001 und der geringe Marktanteil des Mac bedeuteten, dass Apple gegen den Strom schwimmen musste, obwohl Jobs das Steuer übernommen hatte. Lecks waren kalfatert worden, nutzlose Mannschaftsmitglieder waren über die Planke geschickt worden, wertlose Ladung war über Bord geworfen worden, aber der Kurs des Schiffs hatte sich nicht geändert. Das schlug sich 2001 in Verlusten nieder, den ersten roten Zahlen seit drei Jahren. Vor diesem bedrohlichen Hintergrund wurden der iPod und die Apple Stores geboren – beide aus der Not und aus dem Gefühl heraus, das Unternehmen könne sich bei der Förderung seines Wachstums nicht auf die Freundlichkeit anderer Firmen verlassen. Unabhängige Softwareentwickler – darunter Unternehmen wie Adobe, die Apple bei der Schaffung des Marktes für Desktop-Publishing geholfen hatten – begannen, sich vom Macintosh abzuwenden. Vor allem die großen Einzelhändler ignorierten oder vernachlässigten die Produkte von Apple. Jobs und sein Führungsteam widerstanden der Versuchung, große Übernahmen zu tätigen – das ist die übliche Art, auf die große Unternehmen versuchen, harten Prüfungen aus dem Weg zu gehen. Es fängt fast immer mit Präsentationen an, bei denen das Blaue vom Himmel versprochen wird, endet aber mit Abschreibungen und Schuldzuweisungen. Wenn die Apple-Führung ein kleines Produkt oder ein vielversprechendes Team entdeckte, das schnell produktiv genutzt und in ein bestehendes oder im Entstehen begriffenes Projekt eingebaut werden konnte, schlug sie durchaus zu. Aber für das eigentliche Wachstum verließ sie sich auf die eigene Schläue und Erfindungsgabe.

Das erste Beispiel für Apples Wunsch, selbst für sich zu sorgen, war iMovie, ein Programm, mit dem Verbraucher Videos verwalten und bearbeiten können sollten – eine Anwendung, die zuvor womöglich von Adobe geliefert worden wäre. Da Jobs so überzeugt davon war, die Videofähigkeiten seien Apples Fahrschein in die Freiheit, wurde das Unternehmen vom Anbruch des Zeitalters des digitalen Musikbusiness fast aus heiterem Himmel getroffen. Während Apple den Verbrauchern Video-Software präsentierte, entdeckten zig Millionen Menschen, dass man überall im Internet Musik bekommen konnte. Webseiten wie Napster und Kazaa erzürnten Musikverlage und Plattenfirmen, aber in Verbindung mit Hunderten verschiedenen tragbaren MP3-Playern verhießen diese Portale ein neues Kapitel im Vertrieb von Unterhaltung.

Vor dem Hintergrund dieses Wandels der Konsumgewohnheiten wurde der iPod in einem ähnlichen Tempo entwickelt und auf den Markt geworfen wie eine Generation zuvor der Walkman von Sony. Er schaffte es in weniger als acht Monaten vom Start bis in die Regale – ein tollkühner Versuch, Apples Umsatzflaute in der Weihnachtssaison 2001 zu beenden. Der iPod, der anfangs nur mit Macintosh-Computern funktionierte, hatte eine neuartige Benutzerschnittstelle –

ein Rädchen, mit dem die Menschen ihre Musikbibliotheken durchstöbern konnten – und eine längere Batteriebetriebsdauer als die meisten anderen MP3-Player. Das wichtigste Merkmal verbarg sich jedoch im Inneren: ein UNIX-Betriebssystem, aufgrund dessen das harmlos aussehende Gerät genauso viel Rechenleistung besaß wie so mancher Laptop. Im Jahr 2003, als die Plattenlabels noch stritten und trödelten, führte Apple den ersten legalen Online-Musikdienst ein und ersetzte das Konzept des Albums durch die Realität des Tracks.

Im gleichen Jahr, in dem der iPod eingeführt wurde, eröffnete Apple ein paar Meilen von der Atlantikküste entfernt in Tyson's Corner im Bundesstaat Virginia sein erstes eigenes Einzelhandelsgeschäft. Noch im Laufe des gleichen Tages eröffnete der zweite Laden nahe der Pazifikküste im kalifornischen Glendale. Die Läden waren ebenfalls Ausdruck der Notwendigkeit, dass Apple sein Schicksal selbst in die Hand nahm. In den Augen der meisten Beobachter sah das nach einem verzweifelten Schritt aus, vor allem weil es außerhalb der Welt der Mode und der Kosmetik so wenige Beispiele dafür gab, dass Hersteller auch erfolgreiche Einzelhändler wurden. Apples Herangehensweise an den Einzelhandel wurde vom Erfolg eines anderen Unternehmens aus Nordkalifornien beeinflusst, nämlich The Gap. Jobs saß inzwischen im Verwaltungsrat dieses Unternehmens und im Gegenzug kam Mickey Drexler – der Kaufmann, der The Gap während seines jahrzehntelangen Aufstiegs geführt hatte – in das Board von Apple. Der erste Apple-Laden verriet die Virtuosität eines Kaufmanns. Computer, Software und Unterhaltungselektronik wurden in einer Atmosphäre präsentiert, die so frisch war wie eine Brise von der kalifornischen Küste.

Der iPod und die Apple Stores fanden bei den Verbrauchern Anklang und die Unternehmensführung stürzte sich auf diese Gelegenheiten mit dem Durst und der Lust unermüdlicher und erfahrener Reisender, die endlich an einer Oase ankommen. So schnell wie möglich wurden verschiedene Versionen des iPod eingeführt, und innerhalb von 48 Monaten hatte er sich von einem monochromen Gerät mit 5 GB in einen 60 GB-Color-Player verwandelt. Wenn eines der Modelle veraltete, widerstand Apple der Versuchung, noch den letzten Tropfen Umsatz herauszupressen, und ersetzte es stattdessen durch ein besseres Modell.

Das gleiche Flair hatten die Geschäfte mit ihren „Genius Bars" und den mobilen Verkäufern, die mit drahtlosen Kreditkarten-Terminals bewaffnet waren. Der Höhepunkt war die Eröffnung von Apples Flagship-Store in den Vereinigten Staaten im Jahr 2006 in der Fifth Avenue – auf den Tag genau fünf Jahre nach Eröffnung der beiden ersten Geschäfte. Auf dem Platz vor dem GM-Building, das einst ebenfalls das Symbol eines amerikanischen Erfolgs gewesen war, schwebte ein gläserner Würfel, in dem ein beleuchtetes Apple-Logo hing. Der Rahmen des Würfels bestand aus handgeschmiedetem japanischen Stahl und der Boden war mit Pietra Serena ausgelegt. Rund um die Uhr kamen Menschentrauben jeden Alters und jeder Herkunft, um zu bummeln, zu schauen, zu stöbern und zu kaufen. Die Apple Stores erreichten schneller als je ein anderes Unternehmen eine Milliarde Dollar Einzelhandelsumsatz und der Umsatz pro Quadratfuß – eine Kennzahl für das Wohlergehen von Einzelhändlern – war im Jahr 2007 mehr als zehnmal so hoch wie der von Saks, viermal so hoch wie der von Best Buy und ließ sogar Tiffany locker hinter sich.

Es war unvermeidlich, dass Apples Vorwärtskommen durch Schönheitsfehler getrübt wurde. Gelegentlich kam es zu Produkt-Fehlern: In dem durchsichtigen, würfelförmigen Kunststoffgehäuse eines Macintoshs bildeten sich Haarrisse, zusammen mit Motorola und Hewlett-Packard wurden öde iPod-Versionen eingeführt, Laptop-Akkus wurden zu heiß und gelegentlich blieb ein Produkt weit hinter den Erwartungen zurück – zum Beispiel die erste Version von Apple TV.

Später gab es böses Blut wegen Aktienbezugsrechten, insbesondere über zwei große Zuteilungen für Steve Jobs in den Jahren 2000 und 2001, die er 2003 zurückgab. Diese und andere, die an andere Führungskräfte vergeben worden waren, erregten die Aufmerksamkeit der Börsenaufsicht SEC, ließen einen Anschein von Unredlichkeit aufkommen und beschäftigten die Wirtschaftspresse. Aber nichts bedrohte Apple so sehr wie der Gesundheitszustand von Steve Jobs, als im Jahr 2004 bekannt wurde, dass er eine Operation wegen Bauchspeicheldrüsenkrebs hinter sich hatte.

Es hatte schon lange Gerüchte über eine Zugabe zum iPod gegeben, als Steve Jobs im Jahr 2007 einen seiner charakteristischen Soloauftritte in San Francisco für die Einführung des Beitrags des Unternehmens zum Thema Handheld Computing nutzte. Das Gerät, das Jobs vorstellte, hieß zwar iPhone, aber es war weder ein konventionelles Handy noch ein konventioneller MP3-Player, von einem Personal Digital Assistant war es weit entfernt und es hatte nicht allzu viel Ähnlichkeiten mit einem tragbaren Spielgerät. Am gleichen Tag, an dem das iPhone eingeführt wurde, wurde das Wort „Computer" aus dem Firmennamen gestrichen. Dieser wurde auf „Apple, Inc." verkürzt – ein Zeichen dafür, welche Reise das Unternehmen in den Jahren davor hinter sich gebracht hatte.

Das iPhone war ein leuchtendes Beispiel für Apples Umgang mit Produktdesign. Der Ausgangspunkt waren nicht aufwendige Forschungen, Fokusgruppen oder die Übernahme eines anderen Unternehmens, das ein heißes Produkt hatte. Es fing damit an, dass ein paar Leute versuchten, ein Produkt zu gestalten, das sie selbst gerne benutzen würden und auf dessen Besitz sie stolz wären. Wie bei so vielen früheren Produkten, die unter der Leitung von Jobs ersonnen wurden, musste auch in diesem Fall ein genauer Blick auf die Mängel existierender Produkte geworfen werden. Ideen von anderen mussten übernommen und in ein Produkt gegossen werden, das im

Jahr 2007 nur von Apple kommen konnte. Die Vorstellung, mit Apple verbunden zu sein, war dermaßen verlockend und romantisch, dass die Unternehmensführung von AT&T einen Vertrag mit drakonischen Bedingungen über den US-Exklusivvertrieb unterzeichnete, ohne einen gründlichen Blick auf das Produkt geworfen zu haben. In Anzeigen, Werbespots und Presseberichten wurde in Bezug auf das iPhone und andere Apple-Produkte zwar häufig das Wort „revolutionär" verwendet, aber eigentlich waren sie *evolutionär* – exquisite Verfeinerungen der halbfertigen Ideen und der vor Kompromissen und Mängeln strotzenden Produkte, die andere Unternehmen voreilig in die Regale gestellt hatten.

Das iPhone erschien einfach. Es zündete sofort. Es steckte in einem Gehäuse, das weniger als zwölf Millimeter dick war, und konnte an jedes Gerät – vom Supercomputer bis zum Rauchmelder – angeschlossen werden, das mit dem Internet verbunden war. Aber Einfachheit, insbesondere elegante Einfachheit, ist eine trügerische und schwierige Sache. Die maßgebliche Leistung von Jobs, für die es kaum oder gar keine Vorläufer gibt, besteht darin, dass ein Technologieunternehmen mit Zehntausenden Mitarbeitern Millionen enorm komplizierter, aber doch herausragender Produkte herstellen und verkaufen konnte, die leistungsfähig und zuverlässig waren, aber gleichzeitig eine gewisse Leichtigkeit des Seins vermittelten. Das ist der Triumph von Apple. Dass sich eine Person ausdrückt – Matisse in einer Linie, Henry Moore in einer Form, W. H. Auden in einem Satz, Copland in einem Takt und Chanel in einem Schnitt –, ist die eine Sache. Es ist aber eine ganz andere Sache, den Keim einer Idee zu entwickeln, zu verfeinern, umzuformen, zu verschmelzen, abzustimmen, zu verändern und immer und immer wieder zu verwerfen, bis sie als perfekt genug gelten kann, sie millionenfach zu reproduzieren. Auch ist es eine andere Sache, die Tausenden von Menschen auf der ganzen Welt, die man braucht, um etwas zu produzieren, das man in Jacken- und

Handtaschen steckt, das man in ein Computergehäuse packt, das auf einem Schoß oder auf einem Schreibtisch steht, zu lenken, zu umschmeicheln, anzustoßen, anzustacheln, zu beschwatzen, zu inspirieren, zu beschimpfen, zu organisieren und zu loben.

Das iPhone wurde in mancher Hinsicht eine Rückkehr zu den Anfangstagen von Apple und der Art, wie Softwareentwickler auf der ganzen Welt dazu angespornt worden waren, Programme für den Apple II zu schreiben. Das iPhone entfachte in einer Art und Weise explosionsartig das Interesse von Programmierern in aller Welt, die es nicht mehr gegeben hatte, seit Microsoft ein Heer von Softwaresöldnern aufgebaut hatte, das sich um seine Betriebssysteme DOS und Windows scharte. Und so kann man heutzutage in Apples AppStore mit einer Fingerbewegung Zigtausende Anwendungen kaufen, die von lebensrettend bis belanglos reichen.

Die Absatzzahlen von Apples Macintosh-Computern werden heute von Produkten überflügelt, die man sich um die Jahrhundertwende nicht einmal vorstellen, geschweige denn konzipieren konnte. Die Popularität von iPod und iPhone sowie die Erreichbarkeit der Einzelhandelsgeschäfte von Apple frischen den Absatz der Macintosh-Computer auf. Dazu tragen auch die Umstellung auf Mikroprozessoren von Intel und die ständige Verbesserung des Betriebssystems bei, das sich den Ruf erworben hat, stabiler und sicherer zu sein als Windows. Das Gesamtergebnis ist ein außerordentliches und legt Zeugnis von dem wohl kreativsten Industrie-Turnaround in der Geschichte Amerikas ab. Am Ende des Jahrzehnts, in dem Jobs Apple leitete – einer Ära, in der sich das Wachstum der PC-Industrie auf Fußgängertempo verlangsamt hatte –, stieg der Umsatz des Unternehmens von sechs auf 32,5 Milliarden Dollar und der Aktienkurs hatte sich auf dem Höhepunkt vervierzigfacht.

In einer Zeit, in der so vieles fingiert war, in der so viele Imperien auf heiße Luft gegründet waren und in der Betrügereien enthüllt wurden, steht Apple als Sinnbild für Wagemut, Erfindungsreichtum und Unternehmungsgeist da. Wenn derart viele Schuldenberge angehäuft werden, ist es beruhigend, zu wissen, dass man reale Gewinne und handfeste Profite für Investitionen in die Zukunft verwenden kann. Wenn schwache Unternehmen nach Washington eilen und um Rettungsgelder betteln, ist die Erkenntnis wohltuend, dass es nichts Effektiveres gibt als den Geist eines ruhelosen Unternehmens, dem die Vernichtung droht. Als dermaßen viele Mathematiker und Naturwissenschaftler die Witterung der Wall Street aufnahmen und ihre Fähigkeiten für die Konstruktion sinnloser Risikomodelle einsetzten, war es erfreulich zu wissen, dass einige von ihnen den Verlockungen Manhattans widerstanden und sich stattdessen dafür entschieden, Software zu schreiben oder Chips zu programmieren, ohne die die Geräte von Apple nie zustande gekommen wären. Als den glänzendsten Köpfen aus dem Ausland Einreisevisa und Arbeitsgenehmigungen verweigert wurden, war es umso bedeutungsvoller zu sehen, dass es in den Reihen der Apple-Ingenieure nur so vor Einwanderern und Amerikanern in der ersten Generation wimmelte. Als andere Unternehmen eilig neue Produkte auf den Markt warfen, ohne auf Design und Verarbeitung Wert zu legen, war es eine Wohltat, vorgeführt zu bekommen, dass Ästhetik und ein Auge für Details wirklich etwas ausmachen. Wenn es je ein Unternehmen gegeben hat, das die Umsetzung der Aufmunterung „Yes we can" demonstriert hat, dann Apple in den letzten zehn Jahren.

Wie alle Bücher über Unternehmen ist auch dieses eine Erzählung über gestern und heute. Und wie alle Erfolgsstorys war auch diese ein Triumph des menschlichen Willens. Jetzt kommt das Morgen. Bisher ist es noch keinem Technologieunternehmen gelungen, ein halbes Jahrhundert lang großartige Konsumartikel zu produzieren. Darum stellt sich in Bezug auf Apple die unvermeidliche Frage: Was kommt als Nächstes? Kann es weiterhin Spitzen-Performances abliefern?

Wird der Kern immer anders denken und handeln? In einer Zeit, in der man sich um die Gesundheit von Steve Jobs Sorgen macht, nachdem seine Lebertransplantation bekannt wurde, ist es ganz natürlich, dass man sich fragt, wer eines Tages Nachfolger des Mannes werden könnte, dessen Persönlichkeit und Schicksal so eng mit dem Unternehmen verknüpft sind. Wie kann Apple das Schicksal von Sony nach Akio Moritas Ausscheiden vermeiden? Wird Apples nächster Chef so viel Besitzerinstinkt besitzen, dass er nicht ständig innehält und sich fragt: „Was würde Steve jetzt tun?" Und dann gibt es noch das ultimative Barometer für alle Technologieunternehmen – ob es im Geiste jung bleiben kann. Dies beinhaltet die Beantwortung der schwierigsten Frage von allen: Was wird dafür sorgen, dass sich die brillanten 23-jährigen Ingenieure an den besten Colleges und Universitäten der Welt weiterhin nach der Nachricht sehnen, das Unternehmen, das früher Apple Computer, Inc. hieß, biete ihnen eine Stelle an?

Michael Moritz wurde im walisischen Cardiff geboren und besuchte das Christ Church College in Oxford. Nach seiner Arbeit als Korrespondent von *Time* ging Moritz zu Sequoia Capital, der privaten Investmentgesellschaft, die bei der Gründung und Organisation von Unternehmen wie Yahoo, Google, PayPal, Cisco Systems, Electronic Arts, Oracle, Network Appliance und YouTube geholfen hat. Er wohnt mit seiner Frau und zwei Kindern in San Francisco.